立憲平和主義
と憲法理論

山内敏弘先生古稀記念論文集

浦田一郎
加藤一彦
阪口正二郎 編
只野雅人
松田　浩

法律文化社

謹んで古稀をお祝いし

山内敏弘先生に捧げます

執筆者一同

山内敏弘先生 近影

　　　　　はしがき

　山内敏弘先生は1940年1月3日山形県にお生まれになり、本年2010年1月にめでたく古稀を迎えられた。本書を献呈し、先生の古稀をお祝いすることができ、心から喜ばしく思っている。

　先生は1968年から獨協大学、1994年から一橋大学、2003年から龍谷大学に勤められ、本年3月に龍谷大学を退職される。2003年6月一橋法学2巻2号において山内敏弘教授退官記念号を献呈してから、7年が経過した。先生は平和主義を中心にして、違憲審査制、地方自治、情報公開、生命権などの研究によって、常に学界をリードしてこられた。この7年間においても平和主義に関する著書、論文を次々と発表され、立憲主義との関係に関する理論的な問題から有事法制や防衛省設置などの現実的問題に至るまで広く論じられてきた。その一つの集大成として、2008年に『立憲平和主義と有事法の展開』をまとめられた。また平和主義と関わりながら、改憲論の動向に常に注意を喚起され、批判的な観点から分析してこられた。さらにこれらの問題をアジアとの関係で論じられるのも先生のご研究の特徴であり、とくに韓国との関係に焦点を当ててこられた。その他憲法学を広く論じられ、学生や市民のために憲法論を分かりやすく説くことも忘れられなかった。

　東京と京都のあいだの遠距離通勤は先生の体力にとって厳しいものであったと思われるが、龍谷大学の新生法科大学院の教育に全力を傾けてこられた。そのような状況の下でも、市民とともに憲法を考える姿勢を貫かれ、その姿勢は先生の学問にも教育にも反映されていると思われる。

　本書は先生から直接の指導を受け、また職場で先生にお世話になり、あるいは学界において先生と学問的な親交の深い人々による論稿から成り立ってい

る。多彩な執筆者は先生の学問的影響の広がりと強さを示している。執筆者から、先生の中心的なテーマである平和主義を意識しながら、しかし必ずしもそこに収まりきらない多様なご論稿を寄せていただいた。本書のタイトルが『立憲平和主義と憲法理論』とされたのは、そのためである。本書は便宜的に「平和主義の展望」と「立憲主義の展望」の二部構成になっている。

　先生は現在の憲法状況をみながら、憲法学に対する強い意欲をおもちである。また市民から先生に期待するものも大きいと思われる。先生がご健康に気をつけられ、ますますご活躍されることを願っている。

　本書の編集には浦田一郎、加藤一彦、阪口正二郎、只野雅人、松田浩が当たった。

　出版事情が大変厳しいなかで、法律文化社には出版をお引き受けいただき、また編集部の小西英央氏に大変お世話になり、最後に厚く御礼申し上げる。

2010年3月

浦田　一郎
加藤　一彦
阪口正二郎
只野　雅人
松田　浩

目　次

はしがき

平和主義の展望

緊急事態における法の支配………………………愛敬　浩二　3
　――〈9・11〉後の英米憲法理論を参考にして――

EUにおける共通の安全の実現……………………石村　　修　18
　――警察活動を中心として――

平和的生存権と人間の安全保障……………………稲　　正樹　37

近代戦争遂行能力論の終焉（1954年3～12月）………浦田　一郎　54

戦争被害者の事後的救済……………………………栢木めぐみ　69
　――被害者救済のガイドラインを事例として――

「人権としての平和」論の再構築……………………辻村みよ子　85
　――平和主義の「ジェンダー化戦略」を契機として――

戦争被害と平和的生存権の法理……………………内藤　光博　104
　――東京大空襲訴訟東京地裁判決（2009年12月14日）をもとに――

韓国における平和的生存権…………………………李　　京柱　122

立憲主義の展望

死刑と人権の道徳規範性 …………………………… 池端　忠司　143
　――ペリーの宗教的信条から出発した死刑廃止論――

フランス憲法院における比例性原則 ………………… 植野妙実子　165

ドイツ基本法における連邦参議院の地位と権能 …… 加藤　一彦　185
　――二院制の例外形態としての連邦参議院――

司法支配制と日本の特殊な違憲審査制 ……………… 阪口正二郎　202

日本国憲法の解釈論としての遵法義務論・ノート … 佐々木弘通　220

統治行為論について ……………………………………… 宍戸　常寿　237

「饒舌な立法」と「一般意思」…………………………… 只野　雅人　254
　――フランスにおける立法と政治――

貧困・差別問題と憲法学 ………………………………… 西原　博史　272
　――自律・社会的包摂・潜在能力――

フランスにおける「地域語」の憲法編入 ……………… 糠塚　康江　288
　――国民国家の言語政策演習――

「修正一条制度」論と学問の自由 ……………………… 松田　浩　304

　　山内敏弘先生　略歴・著作目録　321

平和主義の展望

緊急事態における法の支配
―― 〈9・11〉後の英米憲法理論を参考にして ――

愛敬　浩二

1　〈9・11〉後の憲法理論と法の支配

　イギリスのトニー・ブレア首相（当時）は、ロンドン同時爆破事件（2005年7月7日）後のある記者会見において、「ゲームのルールが変りつつある」とのメッセージを裁判官に送った（8月5日）。トマス・プールは、このブレア発言は今日の「憲法を取り巻く雰囲気」を捉えていると評価する。なぜなら、〈9・11〉後の憲法状況において、裁判所は意味のある役割を果たすことはできないと論ずる憲法学者が現われてきているからである。[1] もちろん、デヴィッド・ダイゼンハウスも指摘するとおり、「緊急事態においてはリベラル・デモクラシーといえども、自らの存続のために諸権利の保障を停止しなければならない」という主張は決して目新しいものではない。しかし、「斬新なのは、この緊急事態がいつ終わるのかは予見不可能であり、よって永久的なものであるという主張が普及していることである」[2]。

　「憲法を取り巻く雰囲気」が憲法理論に及ぼす影響を測定する上で参考になるのが、ブルース・アッカマンの議論である。アッカマンは、「1989年の後の勝利主義の時期が終焉を迎え、リベラルな理念は自らの防衛のために非常的行動を要求する場合があるということを、我々は冷静に認めなければならない」と論ずる。[3] アッカマンはまた、「9・11は『全てを変えた』わけではないが、

civil libertariansはそれが何も変えていないというふりをすべきではない」とも述べる。〈9・11〉以降、緊急事態においても人権保障の水準を引き下げるべきではないと論ずれば、civil libertarianと論難されかねない状況がある。

〈9・11〉後の英米憲法理論の動向において、とりわけ注目されるのは、アッカマンやキャス・サンスティンのように民主主義の観点から立憲主義を正当化する有力な憲法学者が、「ゲームのルールの変更」と評価しうる議論を展開していることである。他方、「緊急事態への対応は法の支配によって統治されるべき」と主張するダイゼンハウスは、アッカマンの議論をblack hole、サンスティンの議論をgrey holeと呼んで批判する。black holeとは、緊急事態において法の支配は停止され、行政活動への司法審査が明示的に排除される事態を指す。grey holeとは、法の支配の外観のみが残される場合（たとえば、裁判所とは別の裁定機関が設置され、行政活動にゴム印を押すような事態）を指す。ダイゼンハウスによれば、black holeよりもgrey holeのほうが、法の支配に対して深刻な害悪を及ぼすとされる。

ダイゼンハウスの議論は、リベラル・デモクラシーと整合的な緊急事態権限の理論化を試みた著者によって、緊急事態を法の支配の枠内で処理する議論の中で最も洗練されたものと評価されている。日本では、法の支配を旗印にする司法制度改革が「テロとの戦争」への協力を惜しまない政府の下で遂行されたわりには、「緊急事態における法の支配」という問題が十分に議論されなかった印象がある（日本の「テロ対策」の眼目が自衛隊の海外派遣だったのも一因であろう）。しかし、ダイゼンハウスの議論に示されるとおり、英米の憲法理論では、「緊急事態における法の支配」という問題関心が広く共有された。そこで、本稿では、〈9・11〉後の英米憲法理論の動向を参考にしながら、現代憲法理論における法の支配の意義と問題点を改めて検討してみたい。

ただし、ダイゼンハウスの法の支配論を評価する前提として、彼が批判の対象としたアッカマンとサンスティンの議論の概要をみておく必要があろう。そこで、「2」と「3」では、両者の議論を簡単に紹介した上で、若干の批判的検討を行う。その意図は、ダイゼンハウスとは別の論理で、アッカマンとサンスティンの議論の問題点を指摘できるならば、両者の議論を斥けつつも、ダイ

ゼンハウスの議論を全面的に受け入れる必要はなくなるからである。

2 アッカマンの「緊急事態憲法」論

まず、アッカマンの「緊急事態憲法」論からみていくことにしよう。ただし、この議論については、大河内美紀による丁寧な紹介と検討があるので、ここでは、本稿の問題関心との関係で、その要点を書き止めておきたい。[10]

緊急事態憲法の目的は、「第二の攻撃」の抑止である。その目的のために必要なあらゆる手段を政府が行使することを認める時限的な組織法体系が、緊急事態憲法である（形式は連邦議会制定法）。なぜ緊急事態憲法が必要なのか。次の攻撃が発生し、議会と国民がパニックに陥れば、「愛国者法」よりも抑圧的な法律を次々と成立させ、アメリカの自由の伝統を自ら葬り去る危険がある。この悪循環を断ち切るため、政府が第二の攻撃を抑止するために有効に機能していることを示して国民を安心させる（reassurance）必要がある。これは「安心原理」の象徴的側面である。緊急事態権限の発動により、第二の攻撃の可能性を実際に低下させるのが、安心原理の機能的側面である。[11]

緊急事態憲法の対象は〈9・11〉のようなテロ組織による武力攻撃であり、「戦争」や「犯罪」への対応とは峻別される。テロ攻撃の目的は一般市民と国家の間の信頼関係、すなわち、「有効な主権 effective sovereignty」への期待を動揺させることにある。領土的占領の欲望を欠いている点において、テロ攻撃は国民国家としての政治的生存そのものが問題となる戦争とは異なる。他方、テロ攻撃は刑法によって対処すべき犯罪とも異なる。そもそも、有効な主権の確保がなければ、有効な刑事裁判システムは機能しないからである。[12]

大統領が緊急事態宣言を行う権限を持つが、議会の過半数による承認がなければ、直ちに失効する。議会の承認があっても、緊急事態は2ヶ月で自動的に終了するので、その延長を求める大統領は改めて議会の承認を得なければならない。2回目の承認は70％、3回目は80％の賛成を必要とする（エスカレータ式特別多数決）。他方、裁判所は権限行使を最大限に自制すべきである。緊急事態憲法の下での裁判所の役割は、大統領が緊急事態憲法から逸脱しようとする

場合にそれを統制するための審査と、予防的拘禁の対象者への拷問を防ぐための審査等に限定される[13]。このように、緊急事態憲法の発動により、裁判所は平時の権限を奪われるので、black hole と評されるわけである。

　緊急事態憲法の下、国家保安機関は通常の基準より相当に緩やかな「合理的疑い」に基づいてテロ容疑者の身柄を拘束し、最長45日間拘禁できる[14]。緊急事態憲法は「監視リスト」に基づく「一網打尽」の身柄拘束を許容するので、多数の無実の人間が拘禁されることになるが、テロ計画の首謀者の身柄拘束によって二次攻撃を防ぐことが可能になる[15]。他方、「無実の人間」は公共の利益のために自由を制約されたのだから、損失補償が必要である。アッカマンは一日当たり500ドルの補償を提案している[16]。

　アッカマンの議論に対しては様々な批判が可能であろう[17]。しかし、私にとっての最大の問題点は次の点である。デヴィッド・コールも指摘するとおり、被拘禁者のほとんどがアラブ諸国の出身者である[18]。このように「我々」と「彼ら」の間に明白な区別がある場合、すなわち、「無知のヴェール」に裂け目がある場合、「我々」は「彼ら」に向けられた抑圧的な非常手段を安易に容認してしまう[19]。このような場合、ロナルド・ドゥオーキンも述べるとおり、トレードオフやバランスの比喩はミスリーディングである。必要とされるのは、「我々」の利益のバランスの考慮ではなく、自分の利益を犠牲にしてでも実現すべき正義の要求は何かを考えることだからである[20]。しかし、アッカマンはこの問題を理解しようとしない。安心原理に基づく予防的拘禁はカントの定言命題（人間を手段ではなく、目的として扱え）に反する不道徳な手段であるとのコールの批判に対して[21]、アッカマンは致死性ウィルス感染者の強制隔離とテロ容疑者の予防的拘禁を同一視し、前者を受け入れるのであれば、コールの道徳的直観を拒否すべきと論ずる[22]。社会的に排除された少数者のみが感染するウィルスが存在するとでも、彼は考えているのだろうか。ともあれ、このような道徳的判断を前提にしている以上、アッカマンの議論を受け入れることはできない。

3 サンスティンの「戦時の司法ミニマリズム」論

次に、サンスティンの「戦時の司法ミニマリズム論」をみてみよう。まず、金澤孝の論稿を参考にして、サンスティンの「司法ミニマリズム論」の概要を紹介しておく。熟議民主主義を支持するサンスティンは、連邦最高裁を憲法の独占的かつ優越的な解釈機関とは考えず、民主的熟議を促進する触媒としての役割を裁判所に期待する。そのため、憲法問題の解決に当たって裁判所は、根本的価値対立に関する合意形成を断念し（「完全には理論化されていない合意」の推奨）、「狭く・浅い」決定を行うことが要請される[23]。

サンスティンによれば、〈9・11〉は司法ミニマリズムと司法マキシマリズムに関する新たな問題を提起した。「テロとの戦争」の名の下にブッシュ政権の取った立場が、「国家安全マキシマリズム」である。この考え方は、緊急事態において憲法は大統領の無制約の権限行使を容認する一方、裁判所に対して高度の自制を要求する。多くの下級裁判所がこの立場を採ったが、連邦最高裁で国家安全マキシマリズムの立場を明言したのは、Hamdi 事件におけるトマス反対意見であった[24]。もう一方の立場である「自由マキシマリズム」は、裁判官は戦時においても可能なかぎり平時と同様に憲法上の自由を保護すべきと考える。しかし、緊急事態において裁判官が自由マキシマリズムの立場を取るという想定は非現実的であるし、審査能力を欠くのに裁判所が介入して政府の緊急事態権限を制約した結果、大惨事が発生する可能性を考慮すると、自由マキシマリズムの採用は望ましくないとサンスティンは論ずる[25]。

サンスティンが推奨するのは司法ミニマリズムである。戦争の文脈でミニマリストは、次の二つの目的を達成するために、狭くて完全には理論化されていない合意を支持する。すなわち、(a)行政権に対する裁判官の過度の干渉の回避と、(b)大統領への過度な権限付与と解釈しうる先例を残すことの回避である。戦時の司法ミニマリズムの内容は次の三点である。①憲法上の保護が強く要求される利益への行政的介入は連邦議会の明示的な権限付与を必要とする、②個人の自由を行政権が剥奪する場合、一定の事前の聴聞を必要とする、③裁判所

は狭くて完全には理論化されていない判決を出すことに自制すべきである[26]。

サンスティンの議論の特徴は、緊急事態において司法ミニマリズムが望ましいという規範的主張だけではなく、〈9・11〉後の連邦最高裁は司法ミニマリズムを実践しているという分析的主張をしている点にある。また、アッカマンと異なり、サンスティンは「テロ攻撃」と「戦争」を区別せず、一括して緊急事態の問題として扱っているので、連邦最高裁は第二次大戦中と〈9・11〉後の両期間とも、司法ミニマリズムを実践していると評価される[27]。その結果、日系アメリカ人に対する強制移転命令を合憲とした Korematsu 判決[28]や、ドイツに戦争協力した在米ドイツ人を軍事裁判にかけるのを容認した Quirin 判決[29]のような「悪しき先例」が、司法ミニマリズムの観点から「正当化」されることになる[30]。この点、アッカマンは Korematsu 判決や Quirin 判決を「悪しき先例」として強く非難する[31]。緊急事態における裁判所の役割を低く見積もる点は同じであるが、二人の議論には重大な相違もある。ともあれ、緊急事態においても連邦最高裁は望ましい機能を果たしていると論じている点で、サンスティンの議論は grey hole と評価されることになる。

サンスティンの議論に対しても、様々な批判が可能であろう[32]。私が検討したいのは、戦時の司法ミニマリズムを規範的に要求することの是非である。規範的要求に従って司法ミニマリズムを実践する裁判官は、「緊急事態においても可能なかぎり、法の支配を維持すべき」という倫理的責任から解放されることになろう。この場合、法の支配へのコミットメントを示す裁判官の言説は失われ、市民の間に法の支配へのコミットメントを広げるための道徳的資源が枯渇する恐れがある。市民が受け取るのは、「緊急事態において裁判官にできることはほとんどないが、それは望ましい事態である」というメッセージだからである。この点に関して、長谷部恭男の議論が参考になる。たとえば、①個人が投票に行こうが行くまいが、選挙の結果に影響はない。この事実を専門家の間で議論するのは結構である。しかし、②一定以上の有権者が同様に考えて投票に行かなくなれば、民主過程は崩壊する。そこで、①の事実の公表を控えるべきであると長谷部は論ずる[33]。ならば、緊急事態において裁判所が望ましい機能を果たしつつ、法の支配に対する市民のコミットメントを弱体化させないため

に必要なのは、戦時の司法ミニマリズム論の公表を控えることであろう。

　戦時の司法ミニマリズムが規範的要求であり、全ての裁判官がそれを受け入れるべきだとすれば、反対意見の存在は消極的に評価されることになろう[34]。しかし、緊急事態の下、裁判所が反対意見というかたちでしか、政府活動を批判的に再評価する言説を生み出せないとしても、それは事後的にせよ、緊急事態レジームの問題点を検証するための道徳的資源になりうるのではないか[35]。ダイゼンハウスも述べるとおり、緊急事態における判決の記録が落胆させられるものだとしても、反対意見に言及しない憲法の講義など考えがたい。そして、反対意見の中にこそ、法の支配が危機にある場合に依拠できる道徳的資源があるとダイゼンハウスは論ずる[36]。もしこの主張が妥当ならば、反対意見の封じ込めを要求する（ものと解しうる）戦時の司法ミニマリズム論は、法の支配というプロジェクトを失敗に追い込む「悪魔の囁き」なのかもしれない。

4　ダイゼンハウスの「法の支配プロジェクト」論

　ダイゼンハウスは、法の支配を「国家の恣意的活動から個人を保護する基本的憲法原理による支配」と実質的な観点から定義した上で、「緊急事態への対応は法の支配によって統治されるべき」と主張する[37]。ダイゼンハウスの法の支配論の特徴は、「法の支配プロジェクト」という考え方に示されている。

　ダイゼンハウスによれば、ある社会が法を通じて支配することを選択した場合、その社会は、権利章典の有無にかかわらず、法の支配の憲法原理に従うことを選択したことになる。この法の支配プロジェクトの実現に関わる国家機関は裁判所だけではない。立法府や行政府も同様にこのプロジェクトに参加する。立法府と行政府が法の支配プロジェクトに生産的に従事している場合、裁判所はそれと協同すべきなので、立法権・行政権に対する司法的謙譲が要求される。ただし、立法府と行政府が法の支配プロジェクトから撤退しようとするとき、裁判所には法の支配を堅持すべき憲法上の義務があるとダイゼンハウスは論ずる[38]。以上の主張との関係で、ダイゼンハウスが、イギリスの両院人権合同委員会や特別移民上訴委員会のように、裁判所とは別の機関の人権保障機能

を重視している点に注目しておこう。

　では、法の支配プロジェクトにおける立法府・行政府の協同が失われたとき、裁判官は何をなすべきか。ダイゼンハウスは、法実証主義の提示する二つの裁判官像、すなわち、「法律の明確な内容を語る口」として裁判官を捉える見方と、ハードケースにおける裁判官を「小さな立法者」とみなす見方の両方を拒絶する。また、ドゥオーキンの『法の帝国 *Law''s Empire*』を法的テクストの解釈に関する最善の説明と評価しながらも、ハーキュリーズが政治哲学の抽象原理に訴える場合がある点を疑問視し、裁判官はあくまでも法秩序の構造原理である法の支配や合法性（legality）の原理に依拠すべきと主張する。そこで、ダイゼンハウスが提案するのが、「天気予報士としての裁判官」である。立法府・行政府が法の支配プロジェクトから撤退しようとするとき、裁判官は「どちらに風が吹いているか」を人々に知らせる責任がある。そして、「天気予報士としての裁判官」のロール・モデルが、第二次大戦中の Liversidge 事件におけるアトキン卿（Lord Atkin）の反対意見である。

　ダイゼンハウスによれば、アトキン卿の法解釈の文脈はコモン・ローの原理によって構造化されているが、Liversidge 事件で俎上に乗せられていたのが、コモン・ローの原理（行政機関による決定は法の支配の統制に服すべき）そのものであった。アトキン卿は仮に司法審査が可能であっても、それが有効ではないことを承知の上で、できるかぎりの司法審査を行おうとした。裁判官が困難であってもぎりぎりまで法の支配を追求すべきなのは、それが行政権の恣意の下にある個人に対する裁判官の義務であり、法の支配の維持に協力すべきとのメッセージを立法府に送る責任があるからだとダイゼンハウスは論ずる。

　ダイゼンハウスの法の支配論の基底には、アパルトヘイト時代の南アフリカ共和国という「邪悪な法制度」の下でも、コモン・ロー的解釈アプローチをとる裁判官には一定の範囲で行政的専制に抵抗する余地があった（他方、法実証主義の亜流である「憲法実証主義」のアプローチをとる裁判官はアパルトヘイト政策に法の支配の外観を与えた）ことを明らかにしたケース・スタディがある。ともあれ、コモンウェルス諸国の判例も踏まえて、「緊急事態における法の支配」の可能性をあくまでも追求するダイゼンハウスの議論は、一般理論への「偏愛」

を示すアッカマンやサンスティンの議論よりも魅力的である[44]。

　もちろん、ダイゼンハウスの議論に対しても様々な批判が可能であろう[45]。ここでも、私が最も重要と考える問題点についてのみ論ずる。ダイゼンハウスは「緊急事態における法の支配」の可能性を擁護するのに急な余り、ロンドン大学を拠点とする左派系公法学者（J. A. G. Griffith、K. D. Ewing、Martin Loughlin等の「機能主義」の論者[46]）の議論を厳しく批判する。機能主義派は裁判官と法律家が政治に介入しなければ、社会進歩の実現が不可避であると考えてきたが、この意識はサッチャー政権によって粉砕されたとダイゼンハウスは論ずる[47]。また、民主主義社会における基本的諸権利を硬性憲法で保障し、それを司法手続によって保護するという近年の支配的な考え方（法的立憲主義）を批判し、「政治的立憲主義」という考え方を擁護するリチャード・ベラミーの議論へのダイゼンハウスの批判も手厳しい[48]。しかし、このようなダイゼンハウスの態度は、現代の憲法理論のあり方として妥当なのだろうか。

　ラン・ハーシュルによれば、近年80カ国以上の国々が代表機関から司法部へと権力を移すための憲法改革を実施している。ハーシュルはこの事態を「司法支配制 juristocracy」と呼ぶが、司法支配制へと向かう世界的傾向は、学者、法律家、政治運動家の間での立憲主義への明確な支持によって強化されていると論ずる[49]。ここで注目したいのは、この「立憲主義のグローバル化」の時代は同時に、国内的・国際的な経済格差が拡大した時期と一致するとの指摘である。そして、立憲主義を通じた司法権強化の世界的傾向は、自己利益を追求する政治的・経済的エリートが、民主主義と持続可能な発展への支持を表明しつつ、民主的政治の気まぐれから政策形成を絶縁させるための試みの一つであるとハーシュルは論ずる[50]。ハーシュルの診断が完全な的外れであれば格別、そうでないかぎり、「法的立憲主義の覇権」に対する理論的批判の可能性をもう少し冷静かつ丁寧に評価する必要があるのではないか。

　〈9・11〉以前のダイゼンハウスは、ダイシーやハイエクの法の支配論はリバタリアニズムとの親和性が高いことを正当に指摘していた[51]。また、ワイマール共和国の根本的問題は十分な民主主義者が存在しなかったことにあるとし、現実政治と政治哲学の双方において平等主義の後退があるとき、我々はヘルマ

ン・ヘラーの議論を再考する必要があると論じていた。他方、〈9・11〉後のダイゼンハウスは、ダイシーとハイエクがレッセフェールの支持者であることを認めつつも、そのことをもって、彼らの法の支配への関心を無視するのは誤りであるという言い方をする。ダイゼンハウスの理論に「転換」があったかどうかの判断は留保するが、ともあれ、市場規制からの「国家の撤退」と「安全・安心」を梃子にした治安・軍事分野における「国家の伸張」の両方が、現代憲法理論の取り組むべき課題であるとすれば、「緊急事態における法の支配」の意義を説くのに熱心な余り、「濃い法の支配」の観念とリバタリアニズムの親和性という問題の意義を相対化するのは妥当ではあるまい。

5 Korematsu 事件のジャクソン反対意見——『憲法的思惟』再訪

蟻川恒正は『憲法的思惟』の結論部分の直前で、Korematsu 事件のジャクソン反対意見における「不可解な言明」に対して興味深い考察を加える。蟻川の考察を導きの糸としつつ、ジャクソン反対意見を読んでみたい。

ジャクソンは、(a)裁判所にできるのは憲法と法律の適用だけであり、憲法に違反する強制移転命令を裁判所が執行することは許されないと論ずる。もしそれを認めれば、裁判所は軍事政策の道具になってしまうからである。そして、(b)裁判官は軍事的裁量の当否を判断する義務を負わないし、裁判所が軍の任務の遂行に干渉すべきであったと示唆するつもりもないと述べた上で、Korematsu を釈放すべきと結論した。ただし、蟻川が注目するのは、(a)と(b)の議論の間に挿入されたジャクソンの言明である。彼はこう論じた。軍事力の存在は自由に対する本来的な脅威であるが、その審査を人々が連邦最高裁に期待するのは完全な思い違いである。人々が戦争権限を無責任な者の手に委ねたら、裁判所がそれを制約することはできない。大統領の戦争権限に対する主な抑制は、同時代人の政治的判断と歴史の道徳的判断に対する彼の責任である、と。

蟻川によれば、ジャクソンがこう言明したのは、「国民の司法に頼る精神を潰えさせるためであった」。そして、蟻川がジャクソン反対意見の核心から取り出したのは、「自由の真の護り手は、司法ではなく国民ひとりひとりである

とする鞏固な意志」である。ただし、緊急事態における司法の脆弱性を論じたからといって、ジャクソン反対意見を司法ミニマリズムの枠組みで理解することは困難であろう。また、ここでのジャクソンが緊急事態憲法の構想を受け入れるとも思えない。なぜなら、ジャクソンによれば、裁判所は憲法に違反する軍事的便宜の道具となることはできないからである。

　他方、ダイゼンハウスはジャクソンの言明をシリアスに受け止める。自分が論じているのは、抑圧の時代にも我々に道徳的資源を提供する法の潜在能力であるとしながらも、ある社会に法の支配の信奉者が十分に存在しなければ、法はその道徳的資源を提供しないことをダイゼンハウスは認める。そして、ジャクソン反対意見に言及した上で、権力が邪悪な者の手中にあるとき、裁判官もその権力を制約することはできず、最終的に権力を抑制できるのは国民のみであると述べて、ジャクソンに同調する。しかし、裁判官が法の支配を維持する義務を怠れば、国民が法の支配と調和する責任政府を構築することが困難になるとダイゼンハウスは論ずる。このダイゼンハウスの議論は、ジャクソンの立場（そして蟻川の立場）と必ずしも遠くない。しかし、ダイゼンハウスの議論において国民は自己統治ではなく、法の支配にコミットすべきものとされている。これはジャクソンの峻烈な立場と比較するとき、裁判官と国民の関係について（とりわけ緊急事態の下では）、予定調和的に過ぎるように思われる。

　〈9・11〉後の英米憲法理論の検討を通じて本稿がたどり着いたのは、ジャクソン反対意見を再読することの可能性であった。アッカマン、サンスティン、ダイゼンハウスの議論を批判するばかりで、何ら積極的な提言をしていない本稿に成果があるとすれば、これからの思索の出発点を私なりに確認したことにある。たとえば、マーク・タシュネットは国家緊急権を憲法外の問題とする自説の補強に、ジャクソン反対意見を援用するが、大河内によって、「パニックの際に立憲主義が機能しないことをもって立憲主義を役立たずだとみなすべきではないとする見解」と整理された私の立場は、タシュネットのように緊急事態を「法外の問題」として概念構成する議論と親和的なのかもしれない。ともあれ、これらの問題を含めて、その検討は今後の課題としたい。

注
1) Thomas Poole, "Courts and Conditions of Uncertainty in 'Times of Crisis'" [2008] *Public Law*, p.234.
2) David Dyzenhaus, *The Constitution of Law* (Cambridge University Press, 2006) p.2.
3) Bruce Ackerman, *Before the Next Attack* (Yale University Press, 2006) p.121.
4) *Ibid.*, p.170.
5) 批判的な文脈で civil libertarian に言及する例として参照、Cass R. Sunstein, "Minimalism at War" 2004 *Supreme Court Review*, p.106; Stephen Holmes, "In Case of Emergency" *California Law Review*, vol.97, p.316（2009）.
6) 〈9・11〉後の英米憲法理論の動向を概観する上で、川岸令和「緊急事態と憲法」憲法理論研究会編『憲法の変動と改憲問題』（敬文堂、2007年）89頁以下が有益である。
7) Dyzenhaus, *supra* note 2, pp.2-3. 40-50.
8) Nomi Claire Lazar, *States of Emergency in Liberal Democracies* (Cambridge University Press, 2009) p.139.
9) 一例として、Owen Fiss, "The War Against Terrorism and the Rule of Law" *Oxford Journal of Legal Studies*, vol.26, pp.235-56（2006）. 江島晶子「テロリズムと人権」社会科学研究59巻1号（2007年）48頁が指摘するように、イギリスの上級裁判所の裁判官が法の支配を表題にする論文を次々と発表した事実も注目される。江島が紹介する論文のほかにも、Lord Bingham, "The Rule of Law" *Cambridge Law Journal*, vol.66, pp.67-85（2007）等がある。
10) 大河内美紀「Emergency constitution 論の検討」森英樹編『現代憲法における安全』（日本評論社、2009年）165頁以下。なお、アッカマンの議論の概要は、ブルース・アッカーマン（飛田綾子訳）「次のテロ攻撃の翌朝に」藪下史郎・川岸令和編『立憲主義の政治経済学』（東洋経済新報社、2008年）77頁以下で読むことができる。
11) Ackerman, *supra* note 3, pp.2-4, 44-47, 77
12) *Ibid.*, pp.3-4, 20-24, 39-44.
13) *Ibid.*, pp.80-83, 101-14.
14) *Ibid.*, pp.46-47.
15) Bruce Ackerman, "This Is Not a War" *Yale Law Journal*, vol.113, p.1883（2004）.
16) Ackerman, *supra* note 3, p.54.
17) 緊急事態憲法をめぐる議論状況については、大河内・前掲注(10)175-87頁を参照。また、イギリスの公法学者による相当に辛辣な（ただし共感できる）批判として参照、Conor Gearty, "The Superpatriotic Fervour of the Moment" *Oxford Journal of Legal Studies*, vol.28, pp.183-200（2008）.
18) David Cole, "The Priority of Morality" *Yale Law Journal*, vol.113, p.1754（2004）.
19) Oren Gross, "Chaos and Rules" *Yale Law Journal*, vol.112, p.1083（2003）. 実際、〈9・11〉の前は80％の人々が人種的プロファイリングに反対していたが、〈9・11〉の後、プロファイリングの対象がアラブ人やムスリムの場合、60％が賛成したと報告されている。David Cole & James X. Dempsey, *Terrorism and the Constitution* (3rd ed., The New Press, 2006) pp.219-20.
20) Ronald Dworkin, "The Threat to Patriotism" in *Understanding September 11*, eds.

by Craig Calhoun, *et al.* (The New Press, 2002) pp.281-82.
21) Cole, *supra* note 18, pp.1795-1800.
22) Ackerman, *supra* note 15, pp.1881-82.
23) 金澤孝「Cass R. Sunsteinの司法ミニマリズムに関する一考察(1)」早稲田大学大学院法研論集109号（2004年）。
24) Sunstein, *supra* note 5, pp.49-50, 58-60. トマス判事は、制憲者意思や先例を引用しつつ、憲法は国家安全保障の責任を大統領に委ねたのだから、戦争権限の行使について裁判所は干渉するべきではなく、連邦議会が付加的な手続的保障を定めていない以上、裁判所は手続的保障も要求できないと論じて、Hamdiを「敵性戦闘員」として拘禁した政府の判断は憲法上の権限内であるとした。Hamdi v. Rumsfeld, 542 U. S. 507, 579-86 (2004). なお、Hamdi事件を含めて「テロとの戦争」下の連邦最高裁の諸判決の概要については、塚田哲之「『対テロ戦争』を戦う合衆国最高裁」森・前掲注(10)328頁以下を参照。
25) Sunstein, *supra* note 5, pp.49-52, 66, 108.
26) *Ibid.*, pp.103, 109.
27) *Ibid.*, pp.50-51, 75-105.
28) Korematsu v. United States, 323 U.S. 214 (1944).
29) Ex parte Quirin, 317 U.S. 1 (1942).
30) Sunstein, *supra* note 5, pp.89-93.
31) Ackerman, *supra* note 3, pp.23-25, 63-64.
32) たとえば、憲法問題を狭い制定法解釈の問題へと還元するミニマリスト・アプローチは、立法府による更なる基本的価値の侵害を促す効果があると批判される。Owen Fiss, "Law Is Everywhere" *Yale Law Journal*, vol.117, pp.268-70 (2007). ダイゼンハウスも同様の批判をする。Dyzenhaus, *supra* note 2, pp.48-50. 印象論に止まるが、戦時の司法ミニマリズム論は平時のそれよりも、望ましくない実践上の帰結をもたらす可能性が高いように思われる。
33) Yasuo Hasebe, "Why We Should not Take Sovereignty Too Seriously" in *National Constitutions in the Era of Integration*, ed. by Antero Jyränki (Kulwer Law International, 1999) p.122.
34) サンスティンの司法ミニマリズム論は主に多数意見を構成するテクニックに関わる話なので、反対意見の問題は考慮の外にあるのかもしれない。しかし、規範論のレベルで戦時の司法ミニマリズムを推奨する以上、反対意見（とりわけ自由マキシマリズムに立つそれ）を肯定的に評価すれば、自己矛盾に陥ると解される。
35) Laurence H. Tribe & Patrick O. Gudridge, "The Anti-Emergency Constitution" *Yale Law Journal*, vol.113, p.1846 (2004).
36) Dyzenhaus, *supra* note 2, pp.63-64.
37) *Ibid.*, p.2. なお、法の支配の実質的意義と形式的意義の区別については、愛敬浩二「戦後日本公法学と法の支配」棚瀬孝雄編『司法の国民的基盤』（日本評論社、2009年）281-84頁を参照。
38) Dyzenhaus, *supra* note 2, pp.3-4, 10-11.
39) *Ibid.*, pp.163-73, 230-33. 江島・前掲注(9)45頁以下も両院人権合同委員会等の役割を

「多層的人権保障メカニズム」と呼んで、積極的に評価する。
40) Dyzenhaus, *supra* note 2, pp.8-11, 200.
41) Liversidge v. Anderson, [1942] AC 206. なお、Liversidge 判決の紹介・検討として参照、植村勝慶「第二次大戦下イギリスの市民的自由(2)」名古屋大学法政論集128号（1989年）218-19頁。
42) Dyzenhaus, *supra* note 2, pp.154-55.
43) David Dyzenhaus, *Hard Cases in Wicked Legal Systems* (Clarendon Press, 1991).
44) ただし、ダイゼンハウスが裁判官の解釈実践との関係でのみ法理論の意義を評価し、法実証主義を性急に批判する点は賛成できない。Dyzenhaus, *supra* note 2, pp.7, 225; Dyzenhaus, *supra* note 43, p.269. ちなみに、深田三徳『現代法理論論争』（ミネルヴァ書房、2004年）130-33頁は、法理論の意義を司法裁定論との関係だけで評価すべきでないことを強調する。
45) たとえば、ダイゼンハウスは「コモン・ローの精神」を美化しすぎているのではないかという疑問や（アトキン卿の情熱は自由へのコミットメントではなく、統治機構内部での行政官に対する裁判官の地位の相対的優越性への考慮に基づいていたとのシニカルな評価もある。A. W. Brain Simpson, *In the Highest Degree Odious*, Oxford University Press, 1992, p.363)、「天気予報士としての裁判官」の議論は、イギリスやカナダのように憲法問題に関する最終決定権を立法府が留保する権利保障システムを前提としており、アメリカ型違憲審査制を前提にするサンスティンの司法ミニマリズム論の批判には成功していないのではないかといった疑問がある。
46) 「機能主義」の説明も含めて、イギリス憲法理論の動向については、愛敬浩二「イギリス『憲法改革』と憲法理論の動向」松井幸夫編『変化するイギリス憲法』（敬文堂、2005年）47頁以下を参照。
47) Dyzenhaus, *supra* note 2, pp.123-24; David Dyzenhaus, "The Politics of the Question of Constituent Power" in *The Paradox of Constitutionalism*, eds. by Martin Loughlin & Neil Walker (Oxford University Press, 2007) pp.134-35.
48) David Dyzenhaus, "How Hobbes Met the 'Hobbes Challenge'" *Modern Law Review*, vol.72, pp.488-91 (2009). ベラミーの著作は、Richard Bellamy, *Political Constitutionalism* (Cambridge University Press, 2007)である。
49) Ran Hirschl, *Towards Juristocracy* (Harvard University Press, 2004) p.1.
50) *Ibid.*, pp.211-23.
51) David Dyzenhaus, "Form and Substance in the Rule of Law" in *Judicial Review & the Constitution*, ed. by Christopher Forsyth (Hart Publishing, 2000) pp.149-51.
52) David Dyzenhaus, *Legality and Legitimacy* (Oxford University Press, 1997) pp.5, 258.
53) Dyzenhaus, *supra* note 2, p.56.
54) たとえば参照、樋口陽一「撤退してゆく国家と、押し出してくる『国家』」憲法問題14号（2003年）182頁以下、森英樹「憲法学における『安全』と『安心』」森・前掲注(10)2頁以下。
55) ただし、2002年の書評では、コモン・ロー立憲主義とリバタリアニズムの親和性を問題視している。David Dyzenhaus, "Book Review: *Constitutional Justice: A Liberal*

Theory of the Rule of Law, by T. R. S. Allan" [2002] *Public Law*, p.380. なお、「濃い法の支配」という用語については、愛敬・前掲注(37)283-84頁を参照。
56) 蟻川恒正『憲法的思惟』（創文社、1994年）258頁以下。
57) Korematsu v. United States, 323 U.S. 214, 247-48 (1944).
58) *Ibid.*, p.248.
59) 蟻川・前掲注(56)267-68頁。
60) Dyzenhaus, *supra* note 2, pp.64-65.
61) 英米憲法論議の文脈では、法の支配の観念は「近道 short cut」（蟻川・前掲注(56)109-13頁）の役割を果たしうるので、法の支配の意義を認めつつも、その利用は慎重であるべきというのが、私の年来の主張である。愛敬・前掲注(37)、愛敬浩二「『法の支配』再考」社会科学研究56巻5 = 6号（2005年）、「立憲主義、法の支配、コモン・ロー」愛敬浩二ほか編『現代立憲主義の認識と実践』（日本評論社、2005年）。
62) Mark Tushnet, "Defending Korematsu?" 2003 *Wisconsin Law Review*, pp.306-07.
63) 大河内美紀「違憲審査の保障する憲法」長谷部恭男編『岩波講座　憲法6　憲法と時間』（岩波書店、2007年）178頁。大河内による評価の対象となった私見は、愛敬浩二『改憲問題』（ちくま新書、2006年）117-18頁に示されている。また、大河内の評価に対する私のコメントとして、愛敬浩二「「予防原則」と憲法理論」森・前掲注(10)154-56頁を参照。私はオレン・グロスの「通常モデル the Business as Usual Model」と「法外モデル the Extra-Legal Measures Model」を区別する議論（Gross, *supra* note 19）に魅力を感じるが、この議論の意義と問題点の検討も今後の課題である。

EUにおける共通の安全の実現
――警察活動を中心として――

石　村　　　修

　警察は、ヨーロッパ大陸においては独特の発展を遂げてきた。とくに、17・18世紀の絶対君主制の時代は警察権限の拡充をもって市民生活に徹底的に関与することがなされ、これをもって「警察国家」と後に批判されることとなる[1]。したがって、警察国家とは特定の人間や機関に権限が集約された状態を意味し、身分制に馴染みやすい国家体制であったことになる。

　そこで、近代国家は、警察国家の負の部分をできるだけ否定することに努力し、それは具体的には国家権限の分割・縮小を意図することにあったし、その関係では警察権限の明確化と実定法化が必要であった。国家の存立を正統化してきた国家目的論からして、国民の安寧を維持することと国家の安寧を実現することとを同時に配慮しなければならないという状態にあった。著名な1794年のプロイセン一般ラント法は、警察の職務を「公の平穏、安全、秩序の維持、およびその構成員の危険の回避」を行うこととし、この中の「安全」がとくに鍵概念になることが示唆されている。この内容を巡る当時の法学者の論争を経る事によって、近代の行政法理論における警察権限が整除され、警察を法治国家論の中で語る場合では、迫り来る危険を量る尺度として、例えば、「比例の原則」が見出され、これを警察消極の原則との関わりから説明することになった[2]。

　本稿は、こうした警察の歴史的展開を過去に遡って議論することを目的とするものではなく、むしろ、警察の歴史的な発展の行方を探求しようとしてい

る。近代国家が国家主権に拘泥し、公的な権限を国法によって保持し、私的な市民社会との二元関係をもっているという構造にあって、警察は特異な存在であった。つまり、警察は国民の生命・自由・財産を護るだけでなく、社会の秩序を維持し、国家の平穏を維持するという意味で、国法と関係し、その国法に規定された限りでの「権力」を保持することができた。

　ヨーロッパの法治国家において、「軍隊・憲法保障（擁護）・警察」という3区分が意図的に提唱されているのは、国家目的を具体的に実現する機能としてこれらの3区分があり、これを国家目標と絡めて定めておく必要があったからである。[3] 中間にある憲法保障とは、憲法内に設定された憲法の価値を擁護するための予防的な活動であり、そのためにある警察活動の延長にある情報収集活動がその具体的な内容である。また、この3組織は一応は区分されてはいるが、必要があれば連携を求められることになり、その例外事例と限界も法定される必要がある。

　こうした「軍隊・憲法保障・警察」は、主権国家の高権に係わる特性をもって発展してきたが、現在、ヨーロッパでは、国家以外のEU（欧州共同体）が、主権国家を乗り越える存在としてこの権限を持とうとしている。マーストリヒト条約（1993年）体制以降、より立憲主義的な様相を帯びてきたEUは、擬似主権国家になろうとしている。ニース条約以降では、主権国家の特性であった「憲法」を持とうと努力し、ほとんどそれは成功するかの段階にまで至った。しかし、加盟国が拡大しているにも係わらず全ての加盟国の合意を得なければそれ以上は進まないという欠陥を露呈することになってしまった。[4]

　リスボン条約は、次なる策としてブリュッセル政府が提示した内容であり、その内容は明らかに憲法条約のミニュチュア版であった。EUの立法権・行政権の強化は、EUの法人化と3列柱構造の集約化に現れてくる。なぜ三つの列柱構造になったのかは、EUの発展史から理解しなければならない。本体は、経済共同体であり、その完全な完成はマーストリヒト条約において「EC（欧州共同体）」となって現れている。第二の柱は共通外交および安全保障政策（CFSP）であり、2003年の欧州理事会で示された。そして第三の柱が、アムステルダム条約（1999年）で確立された、「警察・刑事司法協力（PJCC）」である。

この第二・三の機能をまとめあげることで、かなり擬似国家性は高まったことになり、この機能を一つにまとめ、全体を法人化ようとしたのが、欧州憲法条約の制定目的の大半を占めていたことになる。

本稿はこうした流れの中で、第三番目の機能に注目する。ヨーロッパはすでに共通の情報収集・分析機関としてヨーロッパ警察である、「ユーロポール」を有しており、これとの関係で、ブリュッセル指導の下に再構成されようとしている警察とは如何なる組織になるのかは、興味深いところである（2章）。また、このユーロポールをリスボン条約では、昇格させる試みがなされており、ここに各国が反発する状況がでてきた。リスボン条約での、警察権限の扱われ方を概観し、これの新しさを知ることにする（3章）。そして、情報の国家を超えた伝達に伴うことの問題点を指摘する（4章）。国際組織である共同体が、警察に関係する情報を交換する必要性は、国境がなくなったことによるものであるが、それ以上に共通の犯罪への対処を目論んでいることにある。もちろんEUは国家ではないから、共通の刑事法を持っている訳ではないが、国境をまたぐ犯罪に昔から対処してきた。ヨーロッパ共通の刑事法という発想を受けて、警察の周辺は、今、動かなければならないと認識されている[5]。山内先生は、暴力を伴う平和・安全の実現には常に懐疑の念をもって対処されてきた。筆者はこの姿勢に賛同するとともにその立脚点に近づきたいという気持ちからこの論文を認め、先生に献呈しようと考えた。

2　ユーロポールとユーロジャスト

2-1　国際警察機構として、インターポール（ICPO: International Criminal Police Organization）がフランスのリオンにあり、これは1956年から活動していて、主に犯罪情報の交換を行ってきた。これをモデルとして、ユーロポール（EUROPOL: European Police Office）はオランダのハーグに設けられている。ヨーロッパの麻薬対策室としてあったものを拡充し、95年の理事会決議によるユーロポール設置決議により正式決定され、実際に活動を始めたのは99年である。現在のこの組織の概要は、欧州条約の第6編「刑事事件における警察およ

び司法協力に関する規定」に規定されている。この組織の存在を決定付けたのは、原則としてヨーロッパ市民の自由移動を認めた85年のシェンゲン協定にあったことは確かであるが、それ以上に警察協力を必要とする事例の緊急性が出てきたことによる。

　条約に規定された目的は、「自由・安全・司法領域」内での高水準の安全を市民に提供することであり（29条）、その活動は「重大な国際犯罪の予防・摘発に向けた欧州連合の法執行活動を支援することを使命とする」（30条）ものである。その具体的な任務は、あくまでも「警察協力」であって、警察活動そのものではない。これを具体化する所掌事務として、「不法な薬物取引、不法な放射線物質及び核取引、地下移民ネットワークが関係する犯罪、不法な自動車取引、人身売買、これらの犯罪と関係するマネーローンダリング」があり、組織犯罪ないし複数国が関係する犯罪が重点対象になっている。99年には「テロ行為、児童ポルノ、通貨偽造」が加わり、役割の重点が変化してきている。

　警察協力には、第１に、刑事犯罪の防止、探知および捜査に関する、加盟国の警察、税関及び他の専門的法執行部局を含む所轄機関間の業務協力、第２に、個人情報の保護を考慮した上で、関連情報の収集、保管、処理、分析、交換がある。第３に、研修、連絡担当官の交換、出向、装備使用および科学捜査における協力および共同イニシアテイブがある。第４に、重大な形態の組織犯罪の探知に関する特別捜査技術の共通評価がある（30条１項）[6]。第３に関しては、付属の警察大学校が設立されている（CEPOL）。以上の内容は、条約の30条２項に定められている。この機関の存在意義の要は、「国を超えた犯罪に関する研究、資料収集、統計ネットワークを確立すること」、であった。つまり、民間レベルでも確立しているEU通信網と別枠での警察網を、網の目のように作り出すことである。こうした役割の強化の意図は明確であった[7]。それは、9.11以降に強化された政治的テロ活動と組織犯罪に対処することを意識することであった[8]。

　警察協力は、本来的には限界のある行為であった。警察権限は国家の主権的な機能であるから、国際法上での格別な取り決めがない限りでは、他国の領土内では警察権限の行使は制約されている。これを広げる試みが、ユーロポール

協定以来の課題であった。したがって警察活動の最終局面である捜査、逮捕権限が主権国家の警察権限に委ねられている関係からして、警察協力は、情報活動や監視活動に集約されてくるようになった。逮捕後の司法共助に関しては、古典的には自国の犯罪に関しての犯人引渡し要請が国際刑事慣行としてあったが、外国刑事判決の執行や刑事訴追の移管という新しい国際司法共助が作られることによって、その重要性は相対的に変化してきている[9]。したがって、情報（データ）活動に絡むさまざまなルールの確立こそが重要になった。他国での監視活動については、事前の要請に基づいてなされ、その結果も報告しなければならないことになっているので、安易にはできない（シェンゲン協定40・43条）。しかし、オランダ・ベルギー・ドイツでは、追跡国警察が自ら容疑者を逮捕することまで相互に認めており、こうした警察権限の拡張は、広まっていく傾向にある。

　ハーグ市の郊外にあるオランダ風のレンガ作りの建物は、約600人の加盟国の警察・国境警備・入国審査官等から派遣された職員と本部職員で構成されている。予算の規模は2009年で6千5百万ユーロで、加盟国がGDPに応じて負担している。組織は大きく3部に区分され、それは情報管理と技術部（IMT）、重大犯罪部（SC）、コーポレートガバナンス部（CG）、であり、それぞれの部が7から5の課に区分されている。さらに各加盟国に一箇所に限って指定される国家局（ENU）と連絡員によって、情報が交換されることになる。また、ヨーロッパ外にも必要があれば派遣される約100名のリエゾン職員によって情報が確保される。具体的には、麻薬の捜査の関係からラテンアメリカ諸国に派遣され、その職員は大使館付きという身分をもって働くことになる。その機能はすでに言及してきたように警察権限を有しないことから、「情報交換、犯罪分析、専門技術支援」に限定され、情報交換のルールを明確にすることが重要になってくる。2007年のレポートによれば、重点的な情報交換がなされたのは、ヨーロッパ北西部でのコカイン・ヘロイン処理、南西部での薬物、盗難車、不法な密入国関与、北西及び南西部でのトルコ人、モロッコ人による組織犯罪、北東部でのリトアニア、ポーランド人によるタバコ、薬物、南東部でのルーマニア、ブルガリア、トルコ人による組織犯罪が問題となっている。今日では拡大

するヨーロッパを象徴するような事件が生起している。つまり、旧加盟国に新加盟国からの不法行為が多数輩出し、しかも組織化された犯罪行為がなされている。EU内での経済・治安格差が生み出した犯罪であり、新たな悩みとなってきている。

　ユーロポールが機能するその前提として、「可能な限りでの、加盟国における刑罰規定の整合化」を求めることが、すでにアムステルダム条約で示されていた。これを受けて各国レベルでその可能性が模索されてはいるが、その実現は困難である。例えば、薬物にしても、その範囲の特定が困難であり、ドイツ基準がそのままウクライナ基準にはならないこととがその例である。フランスやドイツでタバコの喫煙が規制されだしても、東欧諸国でのその反応は遅いのが現状である。情報の交換だけでなく、ユーロポールがイニシアチブをとって特定犯罪防止に努めるという方向が、今後は望ましい活動であろう。欧州条約の30条では、加盟各国に「特定の犯罪事件の捜査に資することができるように特定の調査を行うこと」を依頼することができるとあり、テロ犯罪行為、不法な薬物取引の根源を絶つための措置が、現に、ユーロポールから発せられている。

　2-2　ユーロジャスト（Eurojust）は、すでに1999年のタンペレでのヨーロッパ理事会により、重大な組織犯罪に関して、法協力による捜査を実施することが提案されていたが、実際に設置が決まったのは遅れて2002年である。建物はハーグの国際司法裁判所の近くのガラス張りの近代建築である。その目的は、複数の加盟国が関係する重大な犯罪の捜査及び訴追について、①各加盟国の所轄機関間の調整、②国際的な司法共助及び犯罪者の引渡しの実施、を行うことにあり、③　その他、加盟国の所轄機関の刑事手続きの実行化に帰することにある（2002年の2月28日の理事会決定3条）。対象犯罪は、ユーロポールとほぼ重なり、主に「麻薬・薬物の取引、人身売買、マネーローンダリング」にある。

　ユーロジャストは、より犯罪に対抗する実践的な機関であるが、犯罪を予防する活動を援助するのはユーロポールであり、こうして相互にその職域を区分している。しかし、独自の法人格を有しているので、EUそのものとは独立し

ている点は、ユーロジャストもユーロポールも同様である。各加盟国は、それぞれの権限の有する者（例えば、判事、検察官、これに準ずる警察官）1名を派遣し、これにアシスタントを付けることができる。具体的には、各加盟国の刑事手続きに係わる機関が派遣した代表者を通じて、ユーロジャスト内で他国での捜査を依頼することができることになる。そこでその機能は、以下の3段階を踏まえることとなる。第1段階は、各国のそれぞれの犯罪についての照会を行うための会議を開き、第2段階は、具体的な実際の犯罪に関する情報交換を行うことになり、第3段階は、重大な犯罪に関する対処を考えることとなる。ここでユーロポールとの協力関係だけでなく、さらに、各加盟国に対して、ユーロジャストが指導権を発揮して、捜査や訴追の実施を求め、あるいは共同捜査チームを作って文字通りの警察協力を実施する場合もある。集められたデータの処理は、独立した委員会の下で管理されている。

3　リスボン条約とそれへの批判

3-1　EU憲法条約は、一部の加盟国の市民の理解をえることがなく流産に終わった。しかし、EUは新加盟国を迎えて、憲法条約に変わるニース条約の最新版が取りあえず必要であり、ブリュッセルは代替としてリスボン条約を用意した。この新条約の目的は、拡大EUの立憲主義化にあり、その具体化として、民主主義理念の拡張とその結果としての組織の改変であった。その結果、EU議会は権限を拡充し、対外権を強固にするための処置を講じている。こうした作業の一環として、EUの警察権限の拡充があったが、こうした密かな試みをドイツの国民は見逃すことはなかった。

流産に終わった憲法条約に含まれていた、第三の柱の警察協力に関しては、すでに一歩を踏み出していた。[11]憲法条約第Ⅲ部のⅣ章では、1節　一般規定、2節　国境検査、庇護および移住の分野における政策、3節　民事事件における司法協力、4節　刑事事件における司法協力、5節　警察協力、となっていた。他方でリスボン条約では、同じく第Ⅲ部のⅤ編にて、ほぼ同様の節区分に応じて、警察協力を規定している。全体の表題は、「自由、安全および正義

（Recht）の領域」であり、この部分は、条約の第Ⅰ編にある、EUの目標規定を具体化したものである（3条2項）。EU市民として「域内国境のない自由、安全および正義の領域を提供し、ここにおいては—外囲国境における検査、庇護、移住、犯罪の予防と克服に関する適切な措置と結びついて—人の自由移動が保障される」とある。市民権の保障と連動して移動の自由があり、移動しても域内においては同様の安全権が保障されることが示されている。

　この両者の条文内容を見ると、全体における文言はほぼ同様であるが、法の根拠付けの部分等での細かい字句の訂正が見られる。例えば、刑事事件における司法協力において、より強力な法的な表現を避ける意味で、「……当該分野における刑罰を定めるためには不可欠であることが明らかになるときには、当該分野における犯罪行為および刑罰を定めるための最小限の規定を、指令によって定めることができる。」（82条1・2項）とした。新たに規定された箇所は少ないが、一般規定の75条は新提案であり、「テロリズムおよびそれと結びついた活動の予防および対抗に関する第67条の目標を実現するために必要である限り、欧州議会および理事会は、自然人もしくは法人またはグループもしくは非国家的団体が保有または所有する資金、金融資産または経済的収益の凍結を含めることのできる、資本移動および支払いに関する行政措置のための枠組みを、……、規則によってつくる。」とある。テロ活動を規制するための新提案であり、それがブリュセル指導でなされることの宣言であり、例え規則という規範構造によってであっても、その加盟国に与える影響は大きいものである。

　新装成ったこのⅤ編は、従来のユーロポールとユーロジャストの目的とその組織の決め方を明確にしただけでなく、加盟国間の警察協力を定め、さらにブルッセルが係わる警察権限を明記したことで、国内警察だけでなくEU警察の新設を匂わすことになる。一般規定のところで目に付くのは、欧州理事会が、「自由、安全、正義の領域における立法計画案および戦略的指針を定める」（68条）として、「指針」という弱い規範構造であるがその指導を示している。ただし、あくまでも慎重にして、「加盟国の管轄権の行使には抵触しない」（72条）という留保がついている。第4章の刑事事件における司法協力では、欧州議会、理事会とユーロポール、ユーロジャストの相互関係が規定されている。

加盟諸国の法秩序の違いに配慮しながらも、以下の点で最小限度の協力できる内容を指令で定めるとしている。それは、「加盟国間での証拠の相互承認、刑事手続における個人の権利、犯罪被害者の権利、理事会がすでに決定によって定めた刑事手続のその他の特殊な側面」(82条2項)においてである。通常の憲法に保障された人身の自由と刑事手続法の内容を、理事会が指令という形式で確定しようとする意欲的な試みであり、意欲は評価できるものの、実際に「最小限度」とはいえ合意に達するのか疑問である。

　4章で表されたテロに関する司法協力の内容も新しいものである。強化された特定犯罪として、「テロリズム、人身売買、女性および児童の性的搾取、違法な薬物取引、違法な武器取引、資金洗浄、贈収賄、通貨小切手の偽造、コンピュータ犯罪および組織犯罪」(83条1項後段)があり、欧州議会と理事会は、これらの「犯罪行為および刑罰を定めるための最小限の規定を、通常の法律制定手続に従って、指令に定めることができる」(83条1項前段)とある。加盟国間のこの分野での「刑法の接近」(同条2項)を見込んでの判断を、議会、理事会の指導の下で実行しようとしているが、規定の上では歯切れが極めて悪い。例えば、その留保として、「理事会の構成員が、この指令案が自国の刑法秩序の基本的側面に抵触するのではと考える時は、欧州理事会に付託される」(3項)とある。決定手続にこれほど慎重を期する結果、理事会を構成する大国の反対でこの指令に至る合意は流れる可能性があり、刑事犯罪の特定は極めて困難な作業になることが予測される。また、規定された犯罪の中身についても、例えば「テロ犯罪、組織犯罪」に関しては、その個別の事例に即しての対応がなされることになるが、相変わらずその判断も大国指導の下でなされる可能性がある。しかし、犯罪予防に限っては、ブリュッセルは強権を発動できることになり、「欧州議会および理事会は、犯罪予防の分野における加盟国の対策を促進し支援するための措置を、加盟諸国の法規のいかなる調和も排除しつつ、通常の法律制定手続に従って制定できる」(84条)とある。しかし、犯罪予防こそどの段階で行うのかの判断が困難な部分であり、上記した犯罪に限定したとしてもその発動に対しては問題が残ることになる。規定が精蜜に亘って条件を限定すればする程、その行為の実体の正しさを疑わざるをえないのである。

新条約では、ユーロポールとユーロジャストに関してはこれまで規定されていた事項を確認し、さらに、欧州議会および理事会が定める規則によってその内容が決まるとされた。従来の理事会付属という性格から脱し、議会がここでも関わってくる点が新たなところである。それは、民主主義の赤字を埋める作業をここでも形式的に整えたことになるが、警察の機能に関して議会が関わる必要があるかが問われることになる。「ユーロジャストは、複数の加盟国に関係するか、または共同の追及が必要とされるときに、重大犯罪の捜査および追及を管轄する各国当局間の協調および協力を支援し、強化する使命を有する。ユーロジャストはその際、加盟国当局およびユーロポールによって実施された捜査および提供された情報に依拠する。」(85条1項)。

　問題の警察協力については、条約はやはり控えめにしか規定してはいない。文字どおりの「協力」に留まるように工夫され、欧州議会、理事会が決定する措置の中身も文字どおりの協力の範囲に留まっている (87条2項)。しかし、それを超えて「捜査協力」に関する措置を、理事会の全会一致で決することができるとされた (3項)。全会一致がなされない時は、9カ国提案でもって「強化協力」がなされうる。こうした二段階の構えの対応を予測していることは、全会一致がなかなか実現されないにしても、それでも理事会指導の下で、強力な警察対応を考えていることになる。それは、同様の理事会権限である安全保障の活動と一体となって表される可能性があり、安全保障と警察の区分は薄れてくる。そこにこの条約の本質的な狙いがあるとすれば、「強化協力」の名の下で、議会は無視されて、特定の有力理事国提案によって、一定のEUの安全保障政策が実施される可能性がこの条項には残されている。

　リスボン条約は警察協力の章ではユーロポールに関して一か条を用意し、以下のように従来の役割を明記している。「ユーロポールは、加盟国の警察機関およびその他の犯罪捜査機関の活動、ならびに複数の加盟国に関わる重大犯罪、テロリズムおよび連合の政策の共通利益を害する犯罪形態の予防・対抗におけるこれらの機関の相互協力を支援し強化することを使命とする」(88条1項)。なんら新しさがない様に見える条文であるが、「連合の政策の共通利益」を盛り込むことで、この組織が連合指導であることの意味を明確にしている点

に注目する必要がある。この章の全体を流れる「自由、安全、正義」は、条約のⅠ編の2条に掲げられた欧州連合の実現する目的と実質的に関連していなければならないはずであり、確かに3条2項にはこの文言が見られる。この共通規定は、近代立憲主義の要素を盛りだくさんに詰め込みすぎた傾向があり、一体その構造は何を核にしているのかは不確かである。あえて立法者の意を汲むとすれば、連合が形成された後の連合全体の秩序を維持する目標として、「自由、安全、正義」が実現されなければならないと考えたのであろう。警察の目的は冒頭で簡単に言及したように、「正義と平和の中で、人間の尊厳と人権が確保されること」という国家目標と関係する。そうであるならば、この国家目標との関わりで、「自由、安全、正義」の標語が検証されなければならないであろう。[12]

　88条2項ではユーロポールの組織、運営方法、活動分野、任務については規則と細則で定めるとし、85条2項と形式を合わせている。この趣旨は、現在の理事会決定という根拠を、条約の制定をもって明確にする意図である。ここにも更なる立憲主義化の方向を見ることができよう。3項はユーロポールの職務上の限界を規定するが、これを記することによって、警察権限の連合集約という加盟国の心配を和らげる意図が覗われる。「ユーロポールは、作戦行動を、自国の領土に関係する加盟国の当局との連携および協議の下でのみ行うことが許される。強制措置の適用は、専ら管轄する加盟国当局に留保される」。

　3-2　以上の規定内容には、各加盟国の側からは異論がありうるところである。その代表的なものとして、ドイツの連邦憲法裁判所に訴えられたものがある。以下では、この訴訟とその判決を検討することで、その批判の有り様の一端を考えることとしたい。

　連邦憲法裁判所へは、2組の機関訴訟と4組の憲法異議が提起され、様々な視点からリスボン条約の違憲性が訴えられている。憲法裁の第2部は、この訴えを集約する形で長文の判決を口頭弁論を経て、2009年6月30日に示し、違憲とされた判決部分の修正を連邦議会に促している。[13]この修正が終わらない内は、ドイツ連邦大統領の批准はなされないことになり、連邦議会は任期末までに解決しなければならない大事な宿題を与えられたことになった。本稿で問題

になっている部分は大方問題はないとされていた。本稿に関わる訴えは、匿名のある学者が提起した憲法異議に含まれていた。その訴えの内容は、リスボン条約がドイツの高権をEUに委ねることにより、「本来のドイツの立法権限の意義の喪失が始まる」とし、それは「本来備わっていた国家権限のバーゲンセール」の開始を意味するとした。この一般的な対外政策・安全政策こそが超国家的なものとなる恐れがあるからである。つまり、安全保障の実行と刑事事件における警察と司法協力は、超国家的なものであると看做されるからである。

　異議申立人の疑念はドイツ連邦共和国がこの条約の発効によって、その国家性を失うのではないかという点にあった。国家と同じくして、「EUは国家の扱う領域、つまり、自由、安全、正義の領域と並んで国民に関しても意のままに行使することができることになる。こうしてヨーロッパ議会は加盟国の国民の代表者というものではなく、EU市民の代表者になってしまう」(113)。また、別の訴願者の表現を借りれば、「リスボン条約によって構成された国家(Gemeinwesen) は、もはや国際法上の国家同盟ではなく、むしろ、自らが法主体である大きな同盟であり、固有の立法機関、固有の省庁そして独自の市民からなる一つの国家の様に現れる」との認識をもつことになる。とくに、刑事法、刑事手続法に関わる法の合一は、国家の高権の核心領域に関わることとなる。この実質的な刑事法や手続法を制定することこそが、国家の高権の本質部分をなしているからである (114)。

　憲法裁の判決は、こうした憲法異議を認める所には至ることはなく、「刑事事件における司法協力、民事事件における司法協力、対外経済関係、共同防衛、共通通商政策」の順にその問題について丁寧に回答している。確かに、刑事法をもって法的に平和な状態を維持することは国家権力の役割であり、その目的を実行するためにも、立法者は民主的な正統化をもって個人の自由な領域の中に関わりうることを決定していくことになる。この立法権限は、国家同盟である国際秩序にドイツが関わることによって制限しうるのであろうか。とくにこの点は、反人道的な犯罪や戦争犯罪に対する国際司法管轄の問題とも関係している。「これまで第三の柱であった、自由、安全、正義の領域を構成する

ことによって、EU は共同の発展と人・物・サービス・資本の境界を開くことを、共通の刑事機関を持つことと結び付けようとしたのである」(357)。国際機関は国家の有してきた刑事に関する排他的な権限を十分に考慮して、国際機関が関わる事例を厳格に配慮してきた。それは法倫理的には最小限度の範囲でなされなければならず、リスボン条約もこの点を配慮した条文を用意しており、それが83条3項であるが、ここでいわゆる拒否権が規定されている。ここでは理事会の構成員による拒否権があり、裁判所はこれを強力なブレーキと評価している(358)。

　ヨーロッパ全域に危険が及ぼされるようなとくに重大な組織犯罪は、国家高権の委譲に関する事例である。リスボン条約は、83条1項でこの点を明らかにしている。「このような特別の必要性は、その機関が事前に政治的な意思を形成していたことにあるのではない。その必要性は、犯罪行為の種類や効果で区別すべきではない。当該犯罪の種類や効果からは判断できず、共通の基礎への戦いの必要性から判断しなければならないからである(359)」。さらに、新条約83条2項における連合内での「調和措置」についても憲法裁は理解を示している。この管轄事項は、非常に厳格に解釈されうるがゆえに合憲である。これまでの状況と比較しても、非常に重大な犯罪の取り決めが差し迫っている状況が条文から理解され、とくに、「連合の政策の効果的な実施のため」という縛りが評価されうる。「こうした権限規定は、刑事法の立法権限が必要性の前に限界を見せることができないことから、高権の委譲の原理と一致する訳にはいかないし、国内の立法手続での国民の多数の決定と同様の民主的手続きに依るものでもない」(361)。

　「リスボン条約は、合憲的な解釈が可能な余地を含んでいる。刑事法を定立する権限は、条文の文言から厳格に解釈することができる。」こうした例外事例は、重大な欠損が存在し、刑事的な措置をもって解決できる場合であることが実証されなければならないが、こうした前提は、ヨーロッパの司法的な判断によってすでに承認された刑事法上の管轄権限にも妥当しているのである(362)。

　ドイツの連邦憲法裁判所は、こうして基本法23条1項2文の「法律により、

諸々の高権を欧州連合に委譲する」とする規定内容に、リスボン条約の刑事事件の協力も逸脱するものではないとの判断を示した。その理由の大半は、条約の内容が極めて慎重に例外事例として警察協力の場面を描いていることにある。実証主義的な意味で、新条約はドイツ憲法裁の判事の満足を満たしたことになる。ただし、問題の82条3項および83条3項のいわゆる「非常ブレーキ」（Notbremseverfahren）条項については、一定の留保を付けることとした。この条文では理事会の構成員が異議を申し立てることになるが、その手続以前に国内的な対応が必要であり、この点を国内法が定めておかなければならない。個別のドイツに関しては、民主的な手続として連邦議会と連邦参議院の対応の問題である。このドイツ国内の手続に関する整除を最終的に憲法裁は求めたことになる（365）。立法者からしてこれが厄介な作業であることは、他と同様であった。他方で、必要性の前に警察協力の一部があるというトーンも失われてはいないことに注意しなければならないであろう。連合がこれから抱えるであろう刑事問題は予想の付かない局面を迎えるかもしれない。そのための「自由、安全、正義の領域」での協力関係が新しく前面に出てきた。憲法裁の判断にも関わらず、根本的なところでの疑問は依然として解消されていないような気がする。とくに、安全保障全体で、大国がリードする動向が推定されるのである。

4　情報の交換とその問題

　本稿で問題にしているユーロポールやユーロジャストが、もっぱら情報の流れをコントロールする機関であることを考えるならば、これらの機関に関わる情報の流れを把握しておく必要がある。情報は個人の人格権に関わる事項であるがゆえに、違法な手段での情報の入手は原則的に禁止されなければならない点は、これまでのドイツ憲法裁判所の判断からも明らかなことである。合法的に入手した情報の利用可能性とその限界を、国家を超えた次元で、各種のケースに区分して考察することが、ここでは必要になってくる。ここではドイツを自国として考えられるケースを想定することにしたい。[14] いずれのケースでも、個人情報保護の視点がどこまで貫徹されているかが重要になってくる。

ケース１、ドイツ国内のデータの他国への提供。

ケース２、ユーロポールを経由して、ドイツが他国のデータを入手する場合。

ケース３、別のルート（他国、インターポール、ブリュセル等）を経由して、ドイツが他国のデータを入手する場合。

まずケース１は、専らドイツ側の判断が十分に考慮される場面である。まず自国のデータ保護法に基づいて処理されたデータが、他国に提供されるからであり、さらに、その他国が十分にそのデータをドイツの基準でもって処理するであろう信頼が成立しなければならない。関係する法は、ドイツ法、EU法、そして国際条約であり、警察という利用機関の特殊性は後天的に現れることになる。すでに発効が予定されているヨーロッパ憲章では、個人情報の保護が規定されているが(68条)、実効化には個別の立法が必要なところである。これに関するEU法では、個別警察情報に関わる統一法はいまだ実現されてはいない。個別の合意文書によっての取り決めが存在するに過ぎないが、合意された順番でそれを記すると、2006年12月18日の「EU加盟国の捜査機関相互の情報と認識の交換の簡素化に関する枠組決定」（＝①スウェーデン提案）、2008年１月１日の理事会決定（＝②ハーグプログラム）、2008年11月27日の「刑事に関する警察および司法の協力の領域での加工された個人データの保護に関する理事会枠組決定」（＝③熟慮規定）、が該当する。③が最も詳細に情報交換のルールを定めたものと考えることができよう。ただし、あくまでも枠組規定であるがゆえに、加盟国のそれぞれがこの決定よりも高い基準を設けることは可能であり、具体的に情報を送り出すドイツ側が設定した基準をもって判断できる。したがって、EUの低い基準は、ドイツの高い基準によってガードされることになる。また、自国の利益とEU全体の利益との調整が図られなければならないところであり、個別の基本権の保護と「最大限の公共の安全」との調整が必要なことであり、そこで古典的な警察法原理である「目的適合性と比例性の原則」が登場することになる。さらに、ドイツ国内法から各種の制約を遵守しなければならないことは同様であり、例えば与えられた情報の利用、加工、廃棄、蓄積に関する制約があるのは、受け取る側の責任として甘受しなければな

らない点である。ドイツの海外への警察関連の情報の受け渡し窓口は、現時点では連邦刑事局に集約されており、法律に詳細に制約はないものの国家的な利益と個人情報保護の観点から、厳しい基準のチェックを受けた後に受け渡しをしているようである。

　ケース2に関しては、上述した内容は適用されず、独自の基準によっている。ユーロポールを現時点で規定している「2009年4月6日の理事会決定」が具体的にその内容を定めている。ただしこの決定には、概括的な取り決めが定められているに過ぎず、実際のデータの処理は、その都度で判断されなければならない部分が残されている。そもそもユーロポールの役割が、加盟国間での重要犯罪に関する情報提供を行い、犯罪を未然に防ぐことにある訳であるから、正確で適切な情報を素早く入手し、必要とされる機関（国）に情報を提供する必要がある。少なくとも、提供先やその時期を誤ることのないような慎重さが、ユーロポール側にあるはずである。

　先の決定は、ユーロポールの特別な任務として、治安情報を収集・選別し、加工し、その結果、実際の捜査活動を情報提供によって支援し、共同グループによる捜査活動を促すことになる。さらに、蓄積されたデータを、EU外の機関に提供する可能性もある。こうして、ユーロポール自身が捜査活動をすることはないとしても、情報の流れを作ることがその後の捜査の決め手になることは確実である。ヨーロッパ外にデータが流れていくことには、慎重でなければならないし、相互信頼の関係がそこに成立していなければならない。現場の処理に委ねられている部分であり、その処理の詳細な方法については調べ上げることは困難である。ましてやデータの外部流失に神経を使っているはずであるから、そのデータの流れの全体像を掴むことも困難である。問題は最終的なデータの取り扱いの責任者の決定であり、一応長官が目的、範囲、程度を勘案して最終決定を下すこととなっている。

　ドイツ法で定められたデータ保護の程度は極めて高いものとされている。すると、ドイツのデータを受領したユーロポールが、このデータをドイツ基準でその後も維持しながら処理してくれるかどうかは保証がないし、逆に、ドイツがユーロポールから受け取る情報が、違法性のないものと考えられるかどうか

も保証の限りではない。ただし、学説からは、ドイツから提供されたデータについては、ドイツの法制で決められた手続き、権利保護への考慮、比例の原則等の警察法の諸原則を遵守することが提供の条件であると解されている。

ケース3についても簡単に記しておくことにする。他国が違法な方法によって、例えば、拷問によって、あるいは、違法な盗聴によってえたデータは、そのままデータとして利用できないことは、国内法上の問題と同様である。しかし、これも国家による基準の違い、さらには、時間の問題からして、その全てを事後的に否定できないところが困難性を引き起こしている。違法収集データと後続の警察措置を別ものとする考え方が導かれる余地も出てくる。原則論と現実論の齟齬が生ずる由縁がここにある。したがって、データの相互利用については、EU内であれば、共通のルール作りが急がれる理由がある。それを超えて共通の人権憲章とそれを判断する裁判所がルールを確立することで、違法なデータが、少なくともEU内では流れないという信頼関係の形成が作られることを前提として、警察協力も成り立つという構造が形成されると思われる。

ま と め

ユーロポールはその設立の1999年から、今日で10年を経過した。EUの組織としてこれほど膨張した機関は少ない。人員も、100名から600名にまで膨れあがった。当然保有するデータも増えている。現在の建物はすでに手狭となり、新しい近代的なビル建築に着手している。当初は、亡命者の流れを対象にしていたのも、今は、組織犯罪とテロ行為を主にターゲットとしている。その関係で、アメリカや南米とも太い連絡網をもつようになるまでに至った。

ユーロポールの成長を促してきたのは、第1に、犯罪の国際化、グローバル化があり、第2に、冷戦後の国際関係にあって、東西対立ではない、新たな民族、宗教、経済格差を原因とする対立が生じ、第3に、軍事と警察の境界線を不鮮明にしていること、が指摘できる。こうした世界レベルの共通現象に向かうのは、国家だけの役割ではなく、国際組織の役割であり、その意味での警察協力は必然化してきたことになる。ユーロポールは、さらに、EUの発展と呼

応する形で増殖する運命に乗っかったことになる。全ては大きな流れの中で、この10年は進展してきた。

　EUのなかでの法の統一は、経済法から始まって、市民法や刑事法にまで向かおうとしている。これが完全な融合に至らなくとも、婚姻や犯罪の統一化は、EUの向かう方向性と一体のものである。市民法と刑事法の一部分での統一がなされれば、司法と警察は同じく統一に向かうことになろう。EUの設立以来、常に立憲主義化がテーマであったが、その質と量は今や往時をはるかに凌いでいる[17]。次の10年でどのような段階にまで至るかどうかであるが、国家の機能の合わせて考えなければならないであろう。国家という入れ物は変わらなく存在するという予測を立てるとするならば、ユーロポールは、警察協力の組織であり続けることになる。そうした将来予測を占う仕事の一環として、本稿は用意されたが、もっと重要なこととして平和への共有をこの先作れるかという分析の仕事があるが、それは次の課題とさせていただきたい。

注
1) 鵜飼信成「Polizeiの観念」美濃部還暦記念『公法学の諸問題　第一巻』(有斐閣、1934年) 42頁以下。
2) とりあえず、奥平康弘「警察権の限界」『行政法講座　第六巻』(有斐閣、1966年) 67頁以下を参照。
3) 石村修「警察の法構造」公法研究70号 (2008年) 186頁以下。
4) 石村修『憲法国家の実現』(尚学社、2006年) 240頁〜264頁。
5) A. Weyembergh, V. Santamaria (Ed.), The evaluation of European criminal law, Bruxelle, 2009.
6) その概要は、ユーロポールのホームページで知ることができる。www.europol.europa.eu. さらに、以下の解説は、庄司克宏『EU法政策編』(岩波書店、2003年) 131頁以下ならびに、私の2008年でのハーグでの調査で得た資料、および以下の警察関係者のレポートによる。大塚尚、木島雄一「欧州警察協力について上・下」警察学論集53巻 (2000年) 1号142頁以下、2号 (2000年) 159頁以下、篠原英樹「ヨーロッパにおける国際警察協力の進展と現状について上下」警察学論集55巻 (2002年) 1号160頁、2号 (2002年) 148頁、谷口清作「ユーロポールの現状」警察政策研究4号 (2000年) 56頁以下、大塚尚、木島雄一「欧州警察協力について」警察政策研究4号 (2000年) 59頁以下。
7) R. Mokros, Polizei und Justiz auf der Europäische Union, in Liskin/Denninger, Handbuch des Polizeirechts, 4Aufl. München 2006 S.1333.
8) 庄司克宏「欧州連合におけるテロ対策法制」大沢秀介・小山剛『市民生活の自由と安全』(成文堂、2006年) 203頁以下。山内敏弘「ドイツのテロ対策立法の動向と問題点」

『立憲平和主義と有事法制』（信山社、2008年）353頁。
9) 少し古いが、森下忠『国際刑法の基本問題』（成文堂、1996年）8頁が参考になる。
10) 注7)のMokros, 1347-49頁。
11) 条文の原文はそれぞれEU理事会のホームページにあり、邦訳として、小林勝監訳『欧州憲法条約』（御茶の水書房、2005年）、同訳『リスボン条約』（御茶の水書房、2009年）があり、これを参考にした。
12) D. Schneider, Möglichkeiten und Chancen polizeilicher Prävention, in A. Roßnagel (Hrsg.) Sicherheit für Freiheit?, Baden-Baden 2003, S.105ff.
13) 判決文は、ドイツ憲法裁判所のホームページによる。www.bundesverfasungsgericht.de/entscheidungen/ 引用はそのガイドナンバーによる。ドイツ政府は、この憲法裁の判決を遵守すると宣言し、2009年8月21日、「欧州連合の事項における連邦議会および連邦参議院の権利の拡大および強化に関する法律」を提案し、同法案は両院の議決を経て成立している。リスボン条約は、その後、ドイツを含む加盟国の批准を受けて、2009年12月1日に発効することになった。参照、中西優美子「EU法の最前線」118回、貿易と関税（2010.2）
14) 以下の内容は、2009年フライブルグで行われた「第6回 日独憲法シンポジウム」で報告された、ヴュルテンベルガー、島崎健太郎仮訳「国際的警察情報協力の法的諸問題」に多く依拠している。
15) 批判的に描いたものとして、Braun, Europäischer Datenschutz und europäisches Strafrecht, KritV 2008, 82 S.86f.
16) 当初の協力関係は、移民政策に限定されていたがそれも広がる要素をすでに内包していた。T. Brübach, Die Zusammenarbeit der Mitgliedsstaaten der Europäischen Union auf dem Gebiet Innes und Justiz, unter besonderer Berücksichtigung der Asyl-und Einwanderungspolitik sowie der polizeilichen Zusammenarbeit, Aachen 1997.
17) 最近の著作として、T. Christiansen, C. Reh, Constitutionalizing the European Union, Hampshire, 2009、がある。すでにリスボン条約以降のことが理事会では発想されていることになる。

【付記】 本稿は、平成20年度専修大学研究助成・個別研究「EUにおける共通安全保障政策――警察を中心として」の研究成果の一部である。

平和的生存権と人間の安全保障

稲　　正樹

1　はじめに

　長きにわたって日本憲法学界において指導的な役割を果たしてこられた山内敏弘先生がめでたく古稀を迎えられる。平和憲法の理論の構築と学説の発展に多大な貢献をなさった山内敏弘先生の学恩に多大な感謝を申しあげて、小論を寄稿させていただく。本章では、最初に平和的生存権の裁判例と学説の現状に触れ、次に国際社会と日本政府の外交において論じられている人間の安全保障論とその問題点を検討し、最後に平和的生存権と人間の安全保障の関係を論じる。

2　平和的生存権に関する裁判例

　自衛隊のイラク派兵差止等請求控訴事件に関する2008年4月17日の名古屋高裁判決は、イラクにおいて航空自衛隊が行っていた空輸活動はイラク特措法に違反し、憲法9条1項に違反するとの判断を示すとともに、平和的生存権について、以下のような判断を示した。[1]
　①多様で幅の広い権利である平和的生存権[2]

「憲法前文に『平和のうちに生存する権利』と表現される平和的生存権は、例えば、『戦争と軍備及び戦争準備によって破壊されたり侵害ないし抑制されることなく、恐怖と欠乏を免れて平和のうちに生存し、また、そのように平和な国と世界をつくり出していくことのできる核時代の自然権的本質をもつ基本的人権である。』などと定義され、控訴人らも『戦争や武力行使をしない日本に生存する権利』、『戦争や軍隊によって他者の生命を奪うことに加担させられない権利』、『他国の民衆への軍事的手段による加害行為と関わることなく、自らの平和的確信に基づいて平和のうちに生きる権利』、『信仰に基づいて平和を希求し、すべての人の幸福を追求し、そのために非戦・非暴力・平和主義に立って生きる権利』などと表現を異にして主張するように、極めて多様で幅の広い権利であるということができる。」

②基底的権利であり、憲法上の権利である平和的生存権

「このような平和的生存権は、現代において憲法の保障する基本的人権が平和の基盤なしには存立し得ないことからして、全ての基本的人権の基礎にあってその享有を可能ならしめる基底的権利であるということができ、単に憲法の基本的精神や理念を表明したに留まるものではない。法規範性を有するというべき憲法前文が上記のとおり『平和のうちに生存する権利』を明言している上に、憲法9条が国の行為の側から客観的制度として戦争放棄や戦力不保持を規定し、さらに、人格権を規定する憲法13条をはじめ、憲法第3章が個別的な基本的人権を規定していることからすれば、平和的生存権は、憲法上の法的な権利として認められるべきである。」

③複合的権利であり、具体的権利である平和的生存権

「この平和的生存権は、局面に応じて自由権的、社会権的又は参政権的な態様をもって表れる複合的な権利ということができ、裁判所に対してその保護・救済を求め法的強制措置の発動を請求し得るという意味における具体的権利性が肯定される場合があるということができる。」

④平和的生存権の具体的権利性の例――自由権的態様の侵害事例とその裁判救済可能性

「例えば、憲法9条に違反する国の行為、すなわち戦争の遂行、武力の行使等や、戦争の準備行為等によって、個人の生命、自由が侵害され又は侵害の危機にさらされ、あるいは、現実的な戦争等による被害や恐怖にさらされるような場合、また、憲

法9条に違反する戦争の遂行等への加担・協力を強制されるような場合には、平和的生存権の主として自由権的な態様の表れとして、裁判所に対し当該違憲行為の差止請求や損害賠償請求等の方法により救済を求めることができる場合があると解することができ、その限りでは平和的生存権に具体的権利性がある。」

以上のような名古屋高裁判決について、小沢隆一は以下の諸点を指摘している。

①の特徴は、平和という現象自体の多様性・包括性に由来するものである。平和とは戦争において被害者にも加害者にもならないこと、そのような状況を生み出すことを政府に求め、自らの平和的確信に基づいて生きること、そうした状況を社会のなかから生み出すことなど、多様な内容でありうる。

②は、平和な状態がすべての基本的人権の享有の基礎であることを明らかにし、憲法前文と、9条と13条をはじめとする憲法第3章各条項があいまって憲法上の権利として平和的生存権を保障している、日本国憲法の規範構造の「正当な把握」をしたものである。

平和のうちに「生きる」ことが権利である以上、戦争による人権侵害から免れ（自由権）、戦争に反対し平和な世界を作り出すために国家に積極的に働きかけていく（参政権）ことや、平和的生存権の確保・拡充のための公権力の積極的発動を求める（社会権）ことが含まれる。③の指摘するように、平和的生存権が「平和」のうちに「生きる」という二つの要素に規定されて複合的権利として存立するのは自然なことである。

平和的生存権が裁判で救済される場合には、被害と被害者の特定性が必要となる。④はこの点を考慮して、平和的生存権の侵害に対して裁判的救済が受けられる事例として、自由権的態様のみをあげている。他方で、これらは控訴棄却の直接の前提となっている。しかしながら、この指摘からは、「戦争行為による人的・物的被害の回避ないし救済だけでなく、戦争目的のいわゆる徴兵・徴用・徴発・収用の禁止、軍事施設の周辺での人的・物的被害の補償やその原因行為の差し止め、戦争遂行への加担・協力を拒否した場合の不利益取扱いの禁止など」を読み取ることが可能であり、平和的生存権の豊かな可能性の把握がなされている。

このような指摘は判決の意義をきわめて正当にとらえ、今後の憲法裁判において平和的生存権の裁判規範性を確実なものにし、日本の軍事大国化に抗して、恐怖と欠乏から解放された平和な地域と世界をつくっていくことを希求する市民の運動にとっても大きな力を与えるものであることを明らかにしている。

　ただし、名古屋高裁の判決に対しては、総論部分において平和的生存権の具体的権利性を明快かつ積極的に打ち出しているようにみえるが、本当をいえばその論証において成功していないのではないか、という批判もなされている。上記の④の判示部分は危機的事態を指しており、そういう事態になってはじめて平和的生存権は顕在化し具体化されるとでも言うのであろうかという疑問を投げかけ、平和的生存権なるものはこうした極限状況にいたることがないように、そういう事態になることを防止する事前の権利として構成されるべきであるという批判である。[3]

　しかしながら、本判決においては、平和的生存権の裁判規範性を肯定したこと自体を重視するべきであろう。今後は、戦地派遣に直面した場合の自衛隊員とその家族、米軍基地によって平和な生存が日常的に脅かされている沖縄県民、武力攻撃事態法に基づく指定行政機関・地方公共団体・指定公共機関の対処措置に対して協力拒否をする国民一般等々が出訴する種々の裁判において、「生命、自由が侵害され又は侵害の危機にさらされ、あるいは、現実的な戦争等による被害や恐怖にさらされ、また、憲法9条に違反する戦争の遂行等への加担・協力を強制されるまでの事態が生じている」ことを立証することによって、平和的生存権の具体的権利性の肯認と勝訴への道が切り開かれる大きな可能性がもたらされると考えるべきではないだろうか。

　ともあれ、本判決はイラク派兵差し止め等を裁判によって請求した市民の思いに対する深い理解を示している。判決は本件の提訴に至った控訴人らが、「それぞれの重い人生や経験等に裏打ちされた強い平和への信念や信条を有している」ことを認め、「そこに込められた切実な思いには、平和憲法下の日本国民として共感すべき部分が多く含まれているということができ、決して、間接民主制下における政治的敗者の個人的な憤慨、不快感又は挫折感等にすぎな

いなどと評価されるべきものではない」と述べているのである。[4]

3　平和的生存権に関する学説

1　山内敏弘の見解[5]

　山内敏弘は、自由権や幸福追求権とは相対的に区別された人権として、生命権を把握すべきだとする。生命権の権利内容として、生命についての侵害排除権と生命についての保護請求権の二つに分ける。前者は国家に対する不作為請求権、後者は国家に対する作為請求権としての意味合いをもつ権利である。さらに、前者は、①戦争や軍隊のために自己の生命を奪われたり、生命の危険に曝されたりすることのない権利（平和的生存権）、②国家の刑罰権などによって自己の生命を剥奪されない権利、③生命の保持存続についての自己決定権に、後者は、④最低限度の生存を国家に要求する権利（狭義の生存権）と⑤生命の侵害（の危険）からの保護を国家に要求する権利に分けることができる。

　生命についての侵害排除権とは、国家によって自己の生命を剥奪されることなく、自分で自分の生命の維持存続を決定できる権利であり、その第一に、国家による戦争や軍隊のために自己の生命を奪われたり、生命の危険に曝されない権利がある。日本国憲法においては、近代国家の下での制約を取り払い、戦争や軍隊によっても自己の生命を犠牲に供することのない権利として保障されている。一切の戦争を放棄し、一切の軍隊の保持を禁止した憲法9条の下で、憲法前文が保障している平和的生存権は、このような権利としての意味内容をもっている。

　日本国憲法の平和的生存権は、20世紀前半における平和への国際的な潮流を背景とし、同時に、日本国憲法第9条の非武装条項と結びつくことによって独自の意味合いをもつことになった。一切の戦争を放棄し、また自衛のためであると否とを問わず一切の軍隊の保持を禁止した第9条とあいまって、平和的生存権を、いかなる戦争及び軍隊のためにも自らの生命その他の人権を侵害されない権利として構成することが可能となったのである。その核心にあるものは、国家の戦争行為や軍事力に対する個人の生命その他の人権の優位性の思想

である。

　平和的生存権の内容を狭義と広義に分けて考えれば意味内容が明確になる。すなわち、狭義における平和的生存権とは、平和のうちに文字通り生存する権利あるいは生命を奪われない権利を意味し、これに対して広義の平和的生存権は、戦争の脅威と軍隊の強制から免れて平和のうちに諸々の人権を享受しうる権利を意味している。狭義の平和的生存権とは、別のいい方をすれば、戦争や軍隊によって自己の生命を奪われない権利あるいは生命の危険にさらされない権利のことであり、これには、とりわけ理由のいかんを問わず（したがって良心に基づくと否とを問わず）徴兵を拒否しうる権利が含まれている。これに対して、広義の平和的生存権とは、いいかえれば、戦争や軍隊あるいは総じて軍事目的のために個人の自由や財産などをはく奪・制限されない権利のことを意味している。具体的には、たとえば軍事目的のために個人の財産を強制的に収容されない権利、軍事目的のために表現の自由を侵害されない権利等々である。

2　浦田一郎の見解[6]

　浦田一郎は、法規範性と裁判規範性の区別を前提にして、平和的生存権の「憲法上の権利」と「裁判上の権利」を区別する。「憲法上の権利」を検討する意義は、憲法規範は政治部門に対する拘束力を有しているからである。

　前者に関する広義の権利内容は、人権全体を歴史的にカバーしている。恐怖から免れる権利は19世紀的権利としての自由権、欠乏から免れる権利は20世紀的権利としての社会権、平和のうちに生存する権利は21世紀的権利としての狭義の平和的生存権を意味している。広義の平和的生存権は歴史的に、13条の幸福追求権は論理的に、包括的に人権を規定している。広義の平和的生存権の主体が「全世界の国民」とされていることに、国際人権の理念を見出すことができる。平和的生存権は9条と25条の結合を強調しており、軍事大国化と新自由主義を進める現実の政治動向に対抗する意味をもつ。

　平和的生存権は、狭義には平和に関する権利である。この場合、恐怖から免かれるのは戦争がないという意味の「消極的平和」を意味し、欠乏から免かれ

るのは「構造的暴力」からの解放としての「積極的平和」を指している。

　憲法第3章の人権規定の論理的体系性・完結性を重視すれば、平和に関する自由権、社会権、国務請求権、参政権など、9条の戦争放棄と3章の人権を結合させたものを、平和的生存権の法的内容として考えることができる。通常の人権論と同様、個別人権規定によってカバーされないものは13条の幸福追求権の問題になる。そのようなものとして、9条の遵守を求める権利、「9条のもとで生存する権利」を考えることができる。さらに、「全世界の国民」の権利という思想構造をもった権利が日本の領域内の人々に保障されると考えれば、殺されない権利、殺させられない権利、加害者にさせられない権利、戦争に加担させられない権利も想定できる。

　平和的生存権の「裁判上の権利」に関しては、平和的生存権の内容が具体性、特定性を持っていなければ、裁判規範性は認められず、裁判上の救済を受けることができない。平和的生存権の主体は個人であり、その内容は9条のもとで戦争を放棄した平和であり、その相手方は原則として公権力である。その意味で、平和的生存権は相当程度、具体化、特定化している。公権力による9条違反の行為によって3章の通常の人権が直接侵害された場合は、一般の人権問題として裁判的救済を考えることができる。問題は、9条と幸福追求権の結合によって9条の遵守を求める権利＝公権力による9条違反の行為によって平和な生存が間接的にも圧迫を受けない権利である。これは憲法の客観的な制度の遵守を求める主観的な権利である。原告適格の問題については、①国民全員に認める説と、②特定の関係者に限定する説があり、通常の訴訟のあり方を前提にして特定の関係者に限定する②の立場のほうが無理がないと考えられる。[7]

3　深瀬忠一の見解[8]

　平和的生存権を、「戦争と軍備および戦争準備によって破壊されたり侵害ないし抑制されたりすることなく、恐怖と欠乏を免かれて平和のうちに生存し、またそのような平和的な国と世界を作り出してゆくことのできる核時代の自然権的本質をもつ基本的人権であり、憲法前文、とくに第9条および第13条、また第3章諸条項が複合して保障している憲法上の基本的人権の総体である」と

定義する。

　平和的生存権の「具体的な現れ方」に関しては、原水爆の被爆や戦争・軍事的圧迫の集積などの場合には、平和的生存権の「極限的状況に対する保護・救済」が課題になる。極限状況には至らないが「日常的状況における保護」が課題となる場合には、平和的生存権は、①「自由権的態様（戦争・軍備・戦争準備からの自由としての権力的侵害抑制を排除する権利）」、②「参政権的態様（戦争・軍拡に反対ないし抵抗し、また平和な世界をつくり出すため、国家行為に能動的に参加ないし影響を及ぼしてゆく権利）」、③「社会権的態様（国や地方公共団体の公権力の積極的な発動により、よりよい『平和的生存権』の確保・拡充措置をとらせる請求権的権利）」というような、「多様な諸形態」が存在する。

　平和的生存権の全体像を要約すれば、「目的においても手段においても平和に徹し、国際的・国内的次元にまたがり、客観的制度・主観的権利の両側面の保障があり、外延に政治的規範をもち、中核に法（裁判）規範を含む、日本国憲法の平和に徹した基本的人権の総体である」。

　深瀬説は、「平和的生存権」の「規範性の諸形態」として、以下のような見取り図を示す。「平和的生存権」は政治的規範（外延部分）と法的規範（中核部分）とから成り、前者は、日本国民および全世界の国民に対して、政治・外交・経済・文化等のあり方についての政治的・立法的指針を示すものであり、後者は、①自然権の法規範性を発揮する場合、②単独の具体的法的権利にまで凝縮されている場合、③個別的基本的人権保障条項と複合する場合、④一定の個別的基本的人権ないし立法の解釈の指針となり、また憲法的保障の実質的具体化としての法軌範性を発揮する場合という四つの「効果発生形態」をもつ。①からは平和的生存権の大量破壊（集団的殺害、核攻撃等）について裁判的・合法的救済がなされないとき個人的・集団的抵抗権が発生し、②は裁判所に出訴して救済を求める根拠となり、③の個別条項との結合からたとえば徴兵制や軍機保護重罰が違憲となる等の効果が発生し、また④の場合の具体化立法の侵害は平和的生存権の侵害を構成する、と説明されている。

4 小林武の見解[9]

　平和的生存権は人類の平和を希求する努力の中で誕生したものであって、自然権に下支えられつつ、実定法上の権利化された部分と、なお現在生成途上にある部分を含み、法と政治の双方の領域にまたがる総合的な権利である。

　平和的生存権の「中核」と「周辺」について次のように考える。「周辺」部分は政治的・立法的指針を示す政治軌範とされるものであり、平和的生存権がこの意味での規範としての性格をもつことについては、異論の余地がない。問題は法的規範とされる「中核」部分であり、深瀬説ではこれが上記の四種類として提示されていたのであるが、これを以下のように整理する。

　まず、「周辺」に最も近い第一層に置かれるのは、憲法本文の各条文および下位の関係法令の解釈基準となり、また具体化法令を立法する際の基準となる部分（深瀬説の④）である。この部分が上記のような意味・態様において裁判規範として扱われうることには問題がない。

　第二層は、集団的なジェノサイドや核兵器使用を裁く法規となる部分（深瀬説の①）である。人類と平和に対する犯罪を構成するものとして、関係国家の裁判所および国際法廷の双方において断罪されるべきこれらの行為は、平和的生存権の存立それ自体を破壊するものである。この層の裁判規範性は明白である。

　第三層は、他の個別の人権と結合しうる場合（深瀬説の③）であって、たとえば、平和的生存権が18条の「奴隷的拘束・苦役からの自由」と結びついて「徴兵されない自由」が導き出され、あるいは19条の「思想・良心の自由」と結合して「良心的兵役拒否」の権利が形成される。このような場合、結合の相手の18条なり19条はすでに具体的な裁判規範であるから、それらと一体となって裁判規範性を発揮するとみることができる。したがってこの層も問題ない。

　最後の第四層は、平和的生存権が他の人権と結びつきえない領域において独自で主張されるものであり（深瀬説の②）、いわば核心中の核心にあたる。この場合も裁判規範としての性格をもちうるか否かが、平和的生存権の裁判規範性をめぐる最大の問題である。この点に関して深瀬説では次のように説明されている。「戦争あるいは武力衝突の危険あるいは軍事演習等により、生命・身

体・健康・財産・環境・精神的圧迫が具体的に集中し、重大な『恐怖と欠乏』状況に追いつめられた場合には、差し止め請求、妨害排除請求、行政処分執行停止、取消訴訟、国家賠償請求訴訟等により、『平和的生存権』を独立した一つの総合的権利として、裁判所に出訴して救済を求めることができると解しうる。ただし、国民一般の抽象的な『平和的生存権』の侵害を理由に出訴することは、わが国の現行訴訟法体系からいって（個別的具体的立法がないかぎり）無理である。けれども『平和的生存権』侵害の危険性が重大かつ根本的であるような場合、また、具体的条件や範囲が一定の特定性をもつ場合、憲法訴訟としての法的権利性（住民の『平和的生存権』を『訴の利益』として認める）を排除する理由はないと考えられる」。

これは、裁判の場での平和的生存権の主張について、「権利」の特定性に配慮した記述である。平和的生存権が裁判所をとおして実現される実体的権利であるかというテーマと、現行訴訟制度を前提にした場合に訴えの利益を肯定する根拠として援用されうるかというテーマを区別して取り上げ、いずれも極めて厳格な要件の下に、その可能性を肯定している。したがって、「政府の９条違反の戦争加担行為によって国民の平和に生きる環境が極端に圧迫され、それゆえ平和的生存権が重大な侵害を被っている状況の下では」、この権利は裁判規範として扱われなければならない。

以上の各学説は、平和的生存権の働く場面ごとに個別的・分析的に考察する思考態度においていずれも共通しており、自衛隊のイラク派兵差止請求事件名古屋高裁の画期的な判決[10]を生み出すのに大きな貢献を果たしたといえる。

4　人間の安全保障

1　国連開発計画と人間の安全保障委員会

「人間の安全保障」という考え方は、国連開発計画（UNDP）が1994年の報告書においてはじめて提唱したものである。UNDPの報告書は、「人々が安全な日常生活を送ることができなければ、平和な世界を実現することはできない」。これまで、「安全は国境に対する脅威への対処と同一視され、国家は自国の安

全を保障するためつねに武器を要求してきた」が、「多くの人にとって、安全とは病気や飢餓、失業、犯罪、社会の軋轢、政治的弾圧、環境災害などの脅威から守られることを意味している。」「人間の安全保障は武器へ関心を向けることではなく、人間の生活や尊厳にかかわることである」と述べた。

人間の安全保障は、「恐怖からの自由」と「欠乏からの自由」という2つの主要な構成要素からなり、「いまこそ、国家の安全保障という狭義の概念から、人間の安全保障という包括的な概念に移行すべき」であり、「領土偏重の安全保障から人間を重視した安全保障へ」、「軍備による安全保障から持続可能な人間開発による安全保障へ」と転換しなければならない。報告書は人間の安全保障に対する脅威を7つの分野に分けて具体的に示した。①「経済の安全保障」、②「食料の安全保障」、③「健康の安全保障」、④「環境の安全保障」、⑤「個人の安全保障」、⑥「地域社会の安全保障」、⑦「政治の安全保障」がそれである[11]。

このような提唱に対して日本政府は、2000年9月の国連ミレニアム総会において「人間の安全保障」のための国際委員会の発足を提唱し、国連事務総長の要請を受けて、2001年1月にアマルティア・センと緒方貞子を共同議長とする人間の安全保障委員会が設立され、同委員会は2003年5月にアナン国連事務総長に報告書を提出した。『安全保障の今日的課題』と題する委員会報告書は以下の点を指摘している[12]。

「従来の考え方では、国民を守るための権限と手段は国家が独占し、秩序と平和は、国家権力と国家の安全保障を確保し拡充することによって維持できるとされてきた。」「国家はいまでも人々に安全を提供する主要な立場にある。しかし、今日、国家は往々にしてその責任を果たせないばかりか、自国民の安全を脅かす根源となっている場合さえある。だからこそ国家の安全から人々の安全、すなわち『人間の安全保障』に視点を移す必要がある」。そして、「人間の安全保障」を「人間の生にとってかけがえのない中枢部分を守り、すべての人の自由と可能性を実現すること」と定義する。すなわち、「人間の安全保障」とは、「人が生きていく上でなくてはならない基本的自由を擁護し、広範かつ深刻な脅威や状況から人間を守ることである。……『生』の中枢とは、人が享受すべき基本的な権利と自由を指す。」「人間の安全保障」は、「国家の安全保

障の考え方を補い、人権の幅を広げるとともに人間開発を促進するものである。そして、多様な脅威から個人や社会を守るだけでなく、人々が自らのために立ち上がれるよう、その能力を強化することをめざす。」

その後も国連や国際社会において、人間の安全保障論は多様な展開を見せているが[13]、紙幅の都合によりここで詳細に検討できない。しかしながら、「国家安全保障は元来人間安全保障であることが、その正統性の根拠であるはず」[14]ならば、以上のような内容をもつ人間の安全保障によって、「安全保障」論のパラダイム転換がなされる必要があることを指摘しておきたい。それは、軍事力によって人間の安全は保障されず、非軍事的な手段を総合的・創造的に活用して、21世紀の地球社会の人々の平和的生存と飢餓・貧困からの自由と持続可能な発展を図っていく必要があるという簡明な命題に到達することの必要性である[15]。

2 日本政府の外交青書にみる人間の安全保障論[16]

1999年版の外交青書においてはじめて、「人間の安全保障」が項目として取り上げられた。「人間の安全保障とは、環境破壊、人権侵害、国際組織犯罪、薬物、難民、貧困、対人地雷、エイズ等感染症といった人間の生存、生活、尊厳を脅かすあらゆる種類の脅威を包括的に捉え、これらに対する取組を強化する考え方」であり、これらの問題は国境を越えた問題であるので、「国際社会の一致協力した取組、さらには、各国政府、国際機関、NGO等市民社会の連携・協力が重要である。」「人間の安全保障の実現に向けた取組においては、経済問題、環境破壊等地球規模の問題、紛争下の児童等地域紛争との関係等様々な視点からのアプローチがあり得るが、取組強化のためには、国際的な共通ルールの策定、共同対処の方途の確立や途上国との連携の強化などが課題となっている。今後、各国政府、国際機関、NGO等市民社会と連携しつつこのような課題に対応して人間の安全保障という概念を具体的な行動に結びつけるとともに、この分野で中心的な役割を果たし得る国連の改革に反映させていくことが求められ」ると述べられていた。

2003年版になって、外交青書は次のように記述を変化させた。「冷戦時代の

ように、価値観や国境等に基づく明確な枠組みがあった世界と異なり、グローバル化が急速に進む世界においては、イデオロギーに起因しない紛争の多発、難民の急増、麻薬犯罪等の国際化、HIV／AIDS 等の感染症、テロ、環境破壊、さらにアジア通貨・金融危機に見られたような突然の経済危機等、人々に対して国境を越えて忍び寄る様々な脅威が、従来とは異なった形で深刻の度を増している。こうした中で、人間が人間らしく尊厳をもって生きるために、国家の安全と繁栄を通じて国民の生命・財産を守るという伝統的な国家の安全保障の考え方に加え、人間ひとりひとりの視点を重視した取組を強化することがますます重要となっている。人間に対する直接的な脅威から各個人を守り、かつ人間個人がもつ可能性を花開かせるために、……『人間の安全保障』という考え方の推進が、グローバル化された世界にとっての課題となっている。」

ここに至って、第一に、「伝統的な国家の安全保障の考え方」が基本であって、「人間ひとりひとりの視点を重視した取組」である「人間の安全保障」はそれを補完する存在でしかないことが明記された。第二に、2000年版からすでにその傾向は窺えるが、人間の安全に対する脅威を包括的、構造的に捉える視点は欠落するようになり、また脅威の要因として貧困と人権侵害は削除されてしまった。

2004～2006年版においては共通して、グローバル化に伴う様々な脅威に対して、国際社会が人間一人一人に焦点をあてて、国家・国際社会による保護に加え、各国・国際機関・NGO・市民社会が協力して、人々が自らの力で生きていけるよう、人々や社会の能力強化を図っていこうとする考え方が「人間の安全保障」であるという、矮小化された記述に終始している[17]。

浦部法穂は、外交青書と同様な内容をもつ外務省の政策パンフレット[18]に関して、次のような批判を加えている[19]。

ここでは、人々の安全を脅かしている種々の現象は指摘されているが、そうした脅威が何故にもたらされているのか、あるいは、そうした脅威をもたらしている主体は何なのか、についての認識は欠落している。人々の安全を脅かしている主体はグローバル資本であり、それを支えるアメリカ単独覇権の「世界秩序」なのである。

こうした構造の中で、近時の日本においては、アメリカの軍事覇権への最大限の協力が、まさに「国益」の名において推進され、戦時体制への傾斜が急速に進んでいる。「国益」の観点からアメリカの軍事行動を全面的に支持しそれに協力するといういまの日本政府の行動は、「人間の安全保障」と決して両立するものではありえない。結局のところ、日本政府は「人間の安全保障」をみずからの問題として捉えているのではなく、さまざまな脅威に直面して困窮している国々や人々への援助という側面だけで捉えている、と見る以外にはないであろう。それはODAの別表現であり、今日の「グローバル化」の中での各国の「国益」の追求を当然のこととして、その前提の下で、それがもたらす「病理現象」に対症療法的に対処するのが「人間の安全保障」だという理解である。しかし、このような「人間の安全保障」の捉え方は、人々の安全に対する「脅威」を自らつくっておきながら、そのことに頬かむりして、その「脅威」に直面して困窮している人々に救いの手をさしのべるという欺瞞的・偽善的なものにしかなりえない、と指摘している。

日本政府は、日米安保体制を堅持しながら、人間の安全保障論を国連安保理常任理事国入りのための外交手段にしているのではないかという疑問がある。[20]

5　結びにかえて

「国家の安全保障」と「人間の安全保障」の相互関係をどのように考えるべきか。われわれは、「人間の安全保障」の意義を認めつつも、伝統的な「国家の安全保障」との関係において「国家の安全保障」を「人間の安全保障」の必要条件と考える見解、あるいは前者が後者に優位するものと捉える見解、両者を並立的あるいは相互補完的な関係にあるものととらえる見解に立つべきではない。日本国憲法の平和的生存権が人権としての平和を立憲主義における基本価値として選択している以上、「人間の安全保障」を「国家の安全保障」に優位するものとして捉える見解に立つべきである。テロと反テロ戦争の横行する新しい戦争の時代においても、一番小さく弱い人々に着目して、恐怖と欠乏から解放される世界秩序の構築を日本国と日本国民の使命として努力すること

を、日本国憲法は要請しているからである。

「人間」の「安全保障」は本来の「安全保障」の国家中心の概念規定そのものを問題にし、その結果「神封じ」にされて不可視化されてきた現実を可視化する概念であり、具体的・個別的な人間と人間集団とについて、その「安全」を規定し、「保障」しようとするのが「人間の安全保障」の基本的な立場である[21]。

千葉眞は、平和的生存権と人間の安全保障の統合が、人間の尊厳によりふさわしい地球的ガヴァナンスの対抗ヴィジョン形成の中核を担うと述べている。そして、人間の安全保障の概念を、今日の新自由主義的なグローバル化に対する一つの対抗ヴィジョンないし戦略として活用していくためにも、平和的生存権という世界の人々の道徳的および法制的基盤に確固として基礎づけられる必要があることを指摘している。

人間の安全保障を平和的生存権によって根拠づけていくことは、前者に対して二重の方向づけを課していくことを含意する。第一は、人間の安全保障の概念の非軍事化という方向づけであり、第二はこの概念の民主化——つまり、社会的弱者や民族的ないし宗教的少数者のエンパワメント——という方向づけである[22]。

「日本国憲法第9条は、軍は人間の安全保障にとって脅威であるという認識から軍の否定に至ったものと見ることができる[23]」以上、「保護する責任」論に依拠した軍事的な「人道的介入」論の安易な肯定には慎重でなければならない。市民社会による「人道的平和」論の非現実性を批判して、文民の直接保護と戦争犯罪者の逮捕を実行する国際法の履行例として「人道的介入」を肯定していく議論の方向性に関しては、なお慎重な留保が必要であると考える[24]。

注
1) 名古屋高判2008・4・17判例時報2056号74頁。
2) ①②③④の見出しは、小沢隆一「平和的生存権をめぐって」戒能通厚・原田純孝・広渡清吾編『渡辺洋三先生追悼論集・日本社会と法律学——歴史、現状、展望』(日本評論社、2009年) 67-83頁による。
3) 奥平康弘「『平和的生存権』をめぐって——名古屋高裁の『自衛隊イラク派兵差止請求控訴事件』判決について (下)」世界781号 (2008年) 104-105頁。

4) 小林武「自衛隊イラク派兵違憲名古屋高裁判決の意義」法律時報80巻8号（2008年）1頁以下は、「少数者の権利擁護にこそ司法権本来の役割があることの自覚を物語るものとして、きわめて重要」であり、平和が「市民が選択する人権価値であることの憲法思想史的意義をきわめて正当に理解・展開した」ものであるという。川口創・大塚英志『「自衛隊のイラク派兵差止訴訟」判決文を読む』（角川書店、2009年）193頁も、裁判官という立場を超えて、同じ平和憲法の価値をもつ市民として「共感」したと述べている。
5) 山内敏弘『人権・主権・平和——生命権からの憲法的省察』（日本評論社、2003年）2頁、97頁以下、同『平和憲法の理論』（日本評論社、1992年）291-292頁、山内敏弘・古川純『新版・憲法の現況と展望』（北樹出版、1996年）60-61頁。
6) 浦田一郎「平和的生存権」樋口陽一編『講座憲法学2・主権と国際社会』（日本評論社、1994年）137-169頁、同「平和的生存権」杉原泰雄編『新版・体系憲法事典』（青林書院、2008年）358-361頁。
7) 麻生多門「平和的生存権の再構築に向けて」法学セミナー638号（2008年）54-57頁は、浦田は「憲法上の権利」との関連で「裁判上の権利」がどう処遇されるかをまだ明らかにしていないが、平和的生存権をポジティブに転換するために「憲法上の権利」を重視する視座は有意義だという。
8) 深瀬忠一『戦争放棄と平和的生存権』（岩波書店、1987年）225頁以下。
9) 小林武『平和的生存権の弁証』（日本評論社、2006年）40-71、248-267頁。
10) 深瀬忠一「ポスト経済大国の理念としての立憲民主平和主義」深瀬忠一・上田勝美・稲正樹・水島朝穂編著『平和憲法の確保と新生』（北海道大学出版会、2008年）361頁は、立憲民主平和主義憲法の下、平和的生存権が「基底的権利として裁判的救済を受け得る場合のある法的規範」であることを「憲法の番人」が明晰し、かつ「確定」したことに、最大・不朽の今日的意義があるという。
11) United Nations Development Programme, Human Development Report 1994, New York : Oxford University Press, 1994, pp.1, 3, 22-24, 24-33.
12) Commission on Human Securirty, Human Security Now, New York: 2003, pp.2-4. http://www.humansecurity-chs.org/finalreport/English/FinalReport.pdf 人間の安全保障委員会『安全保障の今日的課題——人間の安全保障委員会報告書』（朝日新聞社、2003年）10-11頁。
13) 詳細は、大久保史郎「〔序論〕グローバリゼーションと人間の安全保障の登場」同編『講座・人間の安全保障と国際組織犯罪〔第1巻〕グローバリゼーションと人間の安全保障』（日本評論社、2007年）17頁以下を参照。
14) 武者小路公秀『人間安全保障論序説——グローバル・ファシズムに抗して』（国際書院、2003年）、191頁。
15) 山内敏弘、「『安全保障』論のパラダイム転換——『国家の安全保障』から『人間の安全保障』へ」『人権・主権・平和——生命権からの憲法的省察』（日本評論社、2003年）』285頁の指摘。
16) 以下は、http://www.mofa.go.jp/mofaj/gaiko/bluebook/index.html による。
17) 大久保史郎「グローバリゼーション・人間の安全保障と日本国憲法」同編『講座・人間の安全保障と国際組織犯罪〔第1巻〕』（日本評論社、2007年）50頁は、これは国家安全保障による状況認識であり、これをもって「人間の安全保障」の考え方とするのはブ

ラック・ユーモアに近いという。
18) 『人間の安全保障基金――21世紀を人間中心の世紀とするために』外務省国際協力局多国間協力課制作発行、2007年 http://www.mofa.go.jp/mofaj/press/pr/pub/pumh/pdfs/t_fund21.pdf
19) 浦部法穂「『人間の安全保障』と日本国憲法の平和主義」森英樹編『現代憲法における安全――比較憲法学的研究をふまえて』（日本評論社、2009年）790-792頁、浦部法穂「平和的生存権と『人間の安全保障』」深瀬忠一・上田勝美・稲正樹・水島朝穂編著『平和憲法の確保と新生』（北海道大学出版会、2008年）30-32頁。
20) 佐藤誠「人間の安全保障と日本の外交政策」武者小路公秀編著『人間の安全保障――国家中心主義をこえて』（ミネルヴァ書房、2009年）101、105-106頁。
21) 武者小路公秀「羅針盤としての『人間の安全保障』」同編著『人間の安全保障――国家中心主義をこえて』（ミネルヴァ書房、2009年）6、9頁。
22) 千葉眞『「未完の革命」としての平和憲法――立憲主義思想史から考える』（岩波書店、2009年）193-215頁。
23) 君島東彦「主権国家システムと安全保障観の現段階――『人間の安全保障』をめぐって」公法研究64号（2002年）、132頁。
24) 代表例として、Mary Kaldor, Human Security, Cambridge: Polity Press, 2007を参照。

近代戦争遂行能力論の終焉（1954年3～12月）

浦田　一郎

1　はじめに

　このところ自衛力論の前史として近代戦争遂行能力論の歴史過程を検討してきたが、本稿はその続編である。近代戦争遂行能力論の歴史過程を時期区分すると、「対内的実力に関する近代戦争遂行能力論」期（1946～53年）と「対外的実力に関する近代戦争遂行能力論」期（53～54年）に大きく二分できる。「対内的実力に関する近代戦争遂行能力論」は、対内的実力の形式をとっていても近代戦争遂行能力を持つものは、戦力に当たり憲法上認められないことを示すためのものである。「対外的実力に関する近代戦争遂行能力論」は、対外的実力であっても近代戦争遂行能力を持たないものは、戦力に当たらず憲法上認められることを示すためのものである。前者は一切の対外的実力の保持の禁止を前提にしているので、非武装平和主義解釈の論理形式をとっていると言うことができる。後者は一定の対外的実力の保持を認めているので、非武装平和主義解釈の論理形式から離れている。

　前者の時期はその前史（1946～51年）、成立期（1951～52年）[1]、展開期（1952～53年）[2]に分けられる。後者の時期は、その成立期（1953～54年）[3]と終焉（1954年）に二分してみた。

　本稿は、「対外的実力に関する近代戦争遂行能力論」の終焉として、1954年

3月8日のMSA（Mutual Security Act、相互安全保障法）[4]4協定の調印、9日の自衛隊法案と防衛庁設置法案の閣議決定から、自衛力論を定式化した12月22日の政府統一見解までの時期を扱う。

この時期の憲法9条解釈がどのような構造を備え、政治とどのような関係を持っていたかを見ていくこととする。

2　MSA協定と防衛2法案

憲法9条解釈の前提として、立法の経緯を見ておきたい。

1　MSA協定承認と防衛2法論議

アメリカからMSA援助を受けるためには、日本が一定の軍事的義務を果たすことが必要であった。自衛隊の設置はその軍事的義務の履行の意味を持ち[5]、「自衛隊の生みの親はMSA」[6]と評されている。

第19回通常国会（1953年12月10日～54年6月15日）において1954年3月11日MSA協定が防衛2法案とともに国会に提出され、4月28日承認された。自衛隊の設置はMSA援助を受けるためではないと、政府は説明した。「MSA協定によりまして日本の再軍備はいよいよ本格化したのではないかというような御質問でありますが、自衛隊の設置は国力に応じた自衛力増強のために行うのでありまして、MSA援助を受けるために行うものではない」[7]。翌日12日に木村篤太郎保安庁長官によって行われた防衛2法案の趣旨説明において、「現在の……諸情勢にかんがみ、……自衛力を増強する」[8]とのみ言われ、MSAには全く触れられなかった。日本の自主的判断が強調された。「自衛力の増強につきましては、MSAの関係から増強したものではございません。……日本として自主的に考え」[9]た。そこで「MSAとこの防衛庁関係の法案は無関係だ、……誰がそんなことを……信じられますか」[10]とする批判が出され、政府は補足説明し軌道修正した。「結果的には防衛力増強とMSAが当然関連を持って来るわけです。決して私は全然関係がないとい（ママ）言いません。」[11]以上のように、政府はMSAと防衛2法案の関係を可能な限り切断して説明しようとした。

MSA協定によって日本が負う軍事的義務は、協定締結前は安保条約の範囲内のものと説明されていた。それは二つあるという。「アメリカの軍隊を日本に置くということと、それから第三国に日本の基地を無断で供与しない」ということである。これは1951年日米安保条約1・2条による。しかし、MSA 4協定のうち「相互防衛援助協定」（Mutual Defense Assistance Agreement）8条は安保条約上の軍事的義務を再確認するとともに、「自国の防衛力及び自由世界の防衛力の発展及び維持に寄与し、自国の防衛能力の増強に必要となることがあるすべての合理的な措置を……執るものとする」としている。そこで戸叶里子議員（社会党）の追及を受けて、政府は「防衛力の増強をするのだという義務も、別個に負う」ことを認めるに至った。その義務の中に集団安全保障上の義務や海外派兵の義務が含まれるかが問題になったが、それについては後述する。

　防衛力増強に関するアメリカの具体的要求について、「保安隊の地上部隊の増強目標を、一応三十二万五千ないし三十五万程度に置くべき」との数字が1953年10月の池田・ロバートソン会談で出されていた。その後12月にはアイゼンハワー政権における日本再軍備の兵力目標として「陸上兵力は三四万八〇〇〇人」という数字が決定された。国会でも「アメリカが三十万人以上の激増を数年間に要請して来ていることは、今日国民のみな知つているところ」と言われていたが、政府は「地上部隊を仮に三十万持つておつても日本の内地にいる限りにおいては、これを運ぶ艦船もなければ……戦力というべきものではない」という立場を採った。

　日本の再軍備の対米従属性は繰り返し問題にされてきたが、この時期に特に厳しく追及された。「事実上はアメリカ側が日本に対する軍事的支配を行う」、自衛隊は「傭兵的な軍隊」、「自衛隊ではなくて他衛隊」、「MSA援助を、政府が七重のひざを八重にまで折つて、受け」等と言われた。またアメリカ貸与の装備品が日本人の体格に合わず、「腰掛一つが合わなくて机が顔まで来る」とも言われた。戸叶から日米共同作戦の場合の指揮権の所在を聞かれ、政府は「自衛隊の指揮監督権はわが国にある」と答弁した。しかしながら、アメリカ側資料によれば、1954年2月8日吉田茂首相とアリソン駐日大使は、「在日米

軍の使用を含む有事の際に、最高司令官はアメリカ軍人がなる」ことに口頭合意していた。[26]

政府はMSAと防衛2法案の関係を可能限り切断して説明しようとしたが、実質的にその関係が非常に強いことは否定できない。

2　防衛2法案

自衛隊の基本的任務について、1953年11月自由党は警察の予備を基本にしつつ、直接侵略対処を付け加えるという態度をとった。それに対して改進党は、主任務を外敵に備えることとするように強硬に迫った。その結果12月に入り自由党が譲歩し、自衛隊法3条の表現で合意が成立した。[27]

防衛2法案の趣旨説明において、自衛隊法案は保安庁法を基礎とし、新任務を追加したとされた。「おおむね現在の保安庁法の内容を基礎として規定したものでありまするが、次に述べる任務に即応し、必要な規定の追加、整備を行つております」[28]。そのうえで、自衛隊法案3条1項が読み上げられた。

木村禧八郎議員（労働者農民党）[29]から、保安庁法の主たる任務は警備であったが、防衛庁の任務から警備が落ちているのではないかという質問が出された[30][31]。それに対して加藤陽三保安庁人事局長は、「『国の安全を保つ』……という言葉の中には、広い意味におきまして、国内の公共の秩序の維持に当るということも含まれておる」[32]と説明した。さらに、保安庁の任務に「我が国を防衛するという任務が附加わつて来たという意味で」、法形式として「現行法令の一部改正」だとした。木村禧八郎は、「その御答弁は非常に牽強附会」だと批判した。[33]

加藤は以下のような説明も行った。防衛庁設置法案は「国家行政組織法の役所という政治的な面」から、自衛隊法案は「活動の実態に着目して組立てられている」[34]。そのため、警備は防衛庁設置法案4条1項に明示されないが、自衛隊法案3条1項には「公共の秩序の維持」として明示されている。さらに防衛庁設置法案5条の所掌事務として1号に「防衛及び警備」が掲げられているので、4条と5条と併せて読んでほしい。

しかしこの説明によれば、同じ「国の安全を保つ」ことが防衛庁設置法案4

条1項では警備を含み、自衛隊法案3条1項では含まないことになる。さらに、警察予備隊も保安隊も警察組織と説明され、警察予備隊令1条[35]と保安庁法4条の同じ「わが国の平和と秩序を維持し」における「わが国の平和……を維持」することも警察作用とされてきた[36]。しかし、防衛庁設置法案4条1項と自衛隊法案3条1項の同じ「わが国の平和と独立を守り」における「わが国の平和……を守」ることは防衛作用を意味している。「わが国の平和……を維持」することは警察作用、「わが国の平和……を守」ることは防衛作用とされているのである。矢張り不自然な部分が残っている。

この不自然さは、基本的には警察と防衛の区別を曖昧にすることによって再軍備が進められてきたことに由来する[37]。直接的には、保安庁法と防衛2法案をできるだけ連続させようとした自由党と、断絶させようとした改進党の間の妥協を反映しているのであろう[38]。

3　憲法解釈

この時期に示された政府の憲法解釈のうち、特徴的なものを見ておきたい。

1　憲法9条解釈

この時期には自衛権論が多く見られ、そこで自衛権の固有性が強調されたように思われる。「憲法のいかんによらず日本には自衛権がある」[39]、「自衛権というものはもう固有の権利、……一種の生存権、……天然自然の権利」[40]等と言われた。保安隊は対内的実力だとする建前の下では、固有の自衛権論を強調すべき必然性はない。固有の自衛権論が多く見られるようになったのは、「対外的実力に関する近代戦争遂行能力論」によって自衛隊を対外的実力と認めるようになったからであろう。

その上で9条解釈として、1項では自衛のための実力行使は禁止されていないとする。「国際紛争の解決の手段としてでない場合においては、……自衛のための戦争といい、或いは実力行使といい、第九条第一項から言えば禁止しておらない。」[41] 2項に言う「前項の目的」は、「前段の、いわゆる『国際平和を誠

実に希求し』そういうことに繋がつているのでありまして、要するに第二項においては、目的の如何を問わず戦力は保持しない、かように憲法御制定の当時から政府としては考えて参つております[42]」。このように制憲期の解釈との連続性を強調しつつ、結論として芦田均や改進党の自衛戦力合憲論を採らないことを明言した。

　そして政府は武力と戦力を区別した。「自衛のために武力を使うことになる。憲法に禁止しておるのは戦力であつて武力ではない[43]」並木芳雄議員から、戦力が武力に入るか聞かれて、肯定した。「戦力が活動の形を現わして参りますれば、ここ（武力——浦田）に入ります[44]。」

　交戦権については、「国際法上の交戦国としての権利[45]」であり、否認されているとした。「戦力という物的手段、それから交戦権という法的手段、この二つを放棄[46]」している。しかし、「自衛権」があるので、「自衛権の行動」をとることができる[47]。「自衛力の範囲内において相当の処置をすることになろう[48]」。結果として、「交戦権というのは、自衛の場合を除い[49]」たものになる。認められない交戦権の内容として、「拿捕、臨検[50]」、「敵の本国を大いに蹂躙して全滅してやれという活動[51]」等が挙げられた。他方で「自衛権の限界の範囲内において……必要最小限度の防御手段」が認められるとされた。議論が整理されていない部分があるが、現在の交戦権論の原型が出されている。即ち、交戦権は認められないとする論理形式を維持しつつ、自衛のための必要最小限度の手段を留保し、残ったものを交戦権の内容としている。

　さらに、政府の憲法解釈の変更可能性に言及したことも注目される。矢嶋議員は、1946年6月26日に吉田首相が「自衛権の発動としての戦争はできない」と述べたことや、大橋武夫前保安庁長官が武力攻撃への反撃を違憲としたことから、現在の政府の憲法解釈が変わったと追及した[52]。それに対して政府は、憲法解釈は変わっておらず、解釈の枠内で政治的措置が変わっただけだと説明した[53]。そうしつつ同時に、「一般論として」、内閣は「一々両院の指名」によるので、内閣の性格は「前の内閣とは全然法的根拠が違つて来」るとした[54]。「進歩によつて解釈がだんだんと変化を遂げて行く」とも述べ、「おのおのその内閣の特殊性」によって「その内閣の正しいと信ずる憲法解釈をおとりになる、こ

れは当然のことだ」とした[55]。それは、憲法解釈の変更可能性を事実上意識していたためだと思われる。

2　戦　　　力

　憲法9条解釈のうち、中心問題である戦力解釈について見てみる。自衛隊を正当化するこの時期の正式の論理は、近代戦争遂行能力論である。「憲法第九条は、……戦力、すなわち近代戦争遂行能力を有するような大きな実力を持つことを禁じたものである」[56]。しかし、近代戦争遂行能力論は以前より減った印象を受ける。戦力＝近代戦争遂行能力と攻撃的脅威を結合する。戦力＝近代戦争遂行能力は、「日米安全保障条約の前文に掲げられております、外国に対して攻撃的脅威を与えるようなそういう力、この二つのものはまつたく表裏一体をなす」[57]。このことは、近代戦争遂行能力の水準を上げる効果を持つ。同時に下記のように、制約を課す意味も有する。「幾ら目的が自衛のためであつてもそれが他国に攻撃的脅威を与えるような大きな実力ではこれはいかん」[58]。

　このような近代戦争遂行能力論に関して、近代戦争遂行能力の有無に関わらず対外的実力は違憲だと、政府は1952（昭和27）年3月10日[59]と6月6日[60]に答弁したと、矢嶋は追及した[61]。それに対して木村篤太郎は「私はそう言つた覚えはありません。あれば間違いです。取消します」と答え、それは「詭弁」、「頬かむり再軍備」だと矢嶋は批判した[62]。これは、「対内的実力に関する近代戦争遂行能力論」から「対外的実力に関する近代戦争遂行能力論」への意味転換の問題である。このように、前者が自衛隊設立期でも問題にされていた。

　他方で、「自衛力」という言葉自体は制憲議会には見られないが、国会では1950（昭和25）年11月30日に最初に見られ[63]、比較的古くから使われている。本稿が対象としている時期に、近代戦争遂行能力論を言い換えて、「わが憲法は国家の自衛権を否定していないのでありまして、独立国として自衛のために戦力に達しない程度の自衛力を持つことは憲法上さしつかえない」[64]とする趣旨の答弁がしばしばなされている。自衛権の3要件も示されている。「第一点は急迫不正なる侵害であり、それに対応する方法として他に方法がない、手段がないという場合に止むを得ず必要最小限度の措置をとる」[65]。萌芽的な自衛力論は

この時期に既に登場し、その上でその定式化が後に12月22日の政府統一見解によって行われることになる。

3 海外派兵

　MSA協定と自衛隊の設置による軍事力の増強の関係が問題にされるなかで、MSA協定といわゆる海外派兵の関係も問題にされた。「MSA協定がかりに成立したといたしするならば、太平洋軍事同盟のごとき形の集団安全保障の機構が生まれるであろう」[66]。その場合、「このMSA軍事援助協定によりまして日本は海外派兵の義務を負わされて来るのではなかろうか。」このような問題の根拠として協定8条が指摘された。そこでは、「人力、資源、施設及び一般的経済条件の許す限り自国の防衛力及び自由世界の防衛力の発展及び維持に寄与……(す)ることがあるすべての合理的な措置を……執るものとする」とされている。この疑問に対して、岡崎は次のように答えた[67]。「人力」や「資源」という言葉が入っているので、心配もあるようである。しかし、重大な義務を負う場合には、特別の規定が必要であり、そのようなものはない。

　この点に関わって、8日に行われたMSA協定調印式における挨拶が問題にされた[68]。岡崎外相挨拶の中で、「この協定に基づいてわが国が受諾する義務は、……わが国の治安部隊の海外派遣義務などを生じないのであります」とされた。またアリソン大使挨拶の中でも、「相互防衛援助協定の中には日本がその青年たちを海外に派遣しなければならないという規定はどこにも見当たりません」と言われた。そこから、そうだとすれば、その趣旨を協定中に書き込むべきだとする意見が出された[69]。しかし海外派兵は日本独自の問題だとする立場を、政府はとっていた。「海外派兵などということはMSAの協定とはまったく関係のないことでありまして、これはわが国独自できめる問題であります。従いまして、協定の中に海外に派兵するとかしないとかいうことを書き表すのは、協定の性質上、これはおかしな話であります。」[70]このように海外派兵の可能性は、調印式において日米担当者の挨拶の中に入れられる程、問題にされていた。

　以上のように、海外派兵は集団的自衛権の問題として出されたが、政府は個

別的自衛権の問題として対応する態度をとった。そこで、自衛隊の任務は個別的自衛権に基づくので、海外派兵をしないとする基本的な説明を、木村篤太郎が行った。「自衛隊はわが国が外部からの侵略に対してこれに対処する目的をもつて創設されるのでありますから、この任務、目的からして、決して外国に対しての派遣は想像することはできないのであります。」そこから、「敵の領域内において敵を撃破するということ自身が、すでに自衛権の限界を越えている[71]」ことになる。しかし、そうではなく、「単に公海に出て行く」ことはできるとする。ここには、海外派兵と海外派遣の区別の原型が見られる。さらに自衛権の問題として、「国境から一歩外に出なければその国の完全なる自衛はできない[72]」ことになる。さらに、「攻撃をとめるのにどうしても必要やむを得ない手段としてその根元をとめるという実力作用は、厳格な自衛権の範囲の中に入る」。

　以上のような政府答弁に対して、個別的自衛権と集団的自衛権という「二つの種類のものを一つの海外派兵の範疇に取り入れて[73]」いるとして、改進党から批判が出された。結局、防衛２法案の成立に当たって、「自衛隊の海外出動を為さざることに関する決議」が６月２日参議院で出された。そこでは、MSA協定やその調印式における挨拶にも言及したうえで、「我が国のごとき憲法を有する国におきましては、……自衛とは海外に出動しないということ[74]」だとされた。海外派兵は個別的自衛権と集団的自衛権の両者を意識して、憲法問題とされている。この決議に対する「政府の所信」では、「自衛隊は、……直接並びに間接の侵略に対して我が国を防衛することを任務とするものでありまして、海外派遣というような目的は持つていない[75]」とされた。すなわち海外派兵は、憲法への言及なしに、個別的自衛権の問題とされている。討論に見られた海外派兵禁止の意味の限定は、決議にも政府の所信にもない。

　海外派兵の禁止は集団的自衛権の問題を基礎に置きつつ、個別的自衛権の問題とする建前がとられた。海外派兵禁止の具体的意味は後の解釈、運用に委ねられることになる。

4　政権交代と解釈変更

1　保守三党の憲法論

　吉田茂を中心とする自由党は与党として、近代戦争遂行能力に達しない実力は合憲であるとし、当面再軍備をせず改憲を考えない立場をとっていた。逆に言えば、改憲、再軍備を全面的に否定しているわけではない。「再軍備については、未来永劫しないと私は申しておるのではありません。」[76]再軍備反対論は敗戦の状況などの条件によることを、吉田は指摘していた。[77]

　それに対して、自由党内にあって公然と分派活動を行っていた分党派（鳩山一郎派）自由党は、再軍備、改憲を主張した。1952年7月10日の「政綱政策試案」は「必要にして有効なる軍備を保持すること」や、「日本国憲法第九条は以上の趣旨を明確にするごとく修正す」と規定していた。[78]

　改進党も当初は再軍備、改憲の姿勢を示していた。1952年2月11日の「改進党綱領」では「民力に応ずる民主的自衛軍を創設」[79]するとし、党自衛力特別委員会が中央常任委員会に対して提案した「再軍備に関する基本方針（案）」では「自衛軍を速やかに創設する、これがため憲法を改正する」[80]とした。

　しかし、党内の意見はまとまらず、改進党は1953年4月19日の総選挙に向けて再軍備しかし改憲不要の立場をとるようになった。[81]1954年の「衆議院選挙資料・日本復興への道―改進党政策大綱草案」では、憲法解釈として自衛戦力合憲論をとり、改憲については微妙な立場を示した。「第二項の戦力不保持の規定については、改進党は憲法議会における修正の経過から自衛のための戦力の保持を禁じるものではないと考えるが、世上反対説もあるからこの点を明らかにすることは賛成である。……（しかし改進党は現在の自衛隊をすでに軍隊であると解しているから軍備保持のためのみの憲法改正を緊要とは考えていない。）」[82]

　芦田修正で知られる芦田均は、党の有力メンバーである。芦田も自衛戦力合憲論と改憲不要論を採っていたが、[83]その理由として1953年5月28日には「憲法改正などは急の間に合わない」[84]ことを挙げ、根本的には改憲を考えていた。1954年1月31日新党問題について同党の林屋亀次郎に、党を纏めるために、

平和主義の展望

「憲法改正、民主的自衛軍創設の準備をすること」を提案していた[85]。

保守三党の憲法論は実質的にかなり接近していたが、なお違いが残っていた。

2 政権交代

1954年11月改進党と三木武吉・河野一郎を中心とする日本自由党がそれぞれ解党し、それに自由党の鳩山・岸両派が脱党して合流し、24日鳩山を総裁とする日本民主党が結成された。第20回臨時国会（11月30日〜12月9日）において12月6日本民主党と両派社会党共同で内閣不信任案が出され、第21回通常国会（12月10日〜1955年1月24日）において12月10日吉田内閣は総辞職し第一次鳩山内閣が成立した[86]。鳩山首相は政府の立場と本人の立場の矛盾を追及され、答弁不能に陥った。そこで、用意されていた政府統一見解が22日出され、その中で自衛力論が示された。「自衛隊のような自衛のための任務を有し、かつその目的のため必要相当な範囲の実力部隊を設けることは、何ら憲法に違反するものではない[87]。」

5 おわりに

以上をまとめると、防衛2法案は実質的にはMSAに強く規定されていたが、政府は両者を可能な限り切断して説明しようとした。また、なし崩し再軍備のなかで作られた防衛2法案には、警察概念と防衛概念を巡る混乱が含まれていた。防衛2法案の基礎にある憲法論は正式には近代戦争遂行能力論であったが、萌芽的な自衛力論も既に登場していた。海外派兵の禁止はMSAとの関わりで集団的自衛権の問題として出されたが、政府は個別的自衛権の問題として対応した。防衛2法案の成立後、吉田内閣から鳩山内閣に政権交代し、自衛力論が定式化された。

出来上がった防衛2法の憲法上の問題について、法案の立案に当たった加藤陽三[88]が、次のように指摘している。政府の憲法論を紹介した後で、「私はいま、自衛隊が憲法に違反しないということを説明いたしましたけれども、しかしな

がら、憲法に違反しないということと、憲法に明文で認められているということは違うのであります。憲法にはご承知のように軍隊とか、自衛隊について積極的な規定は少しもない。……世界のどの国の憲法――自由圏、共産圏、それに中立の諸国のどの憲法――を見ましても、国防とか軍隊に関することを規定していない憲法というものを私は見出し難いのであります。日本の旧憲法におきましては、諸君ご承知のとおり宣戦、媾和、軍隊の編制から統帥等いろんな規定があったわけであります。新憲法では全然そういった規定がない。日本国憲法においては、そういう規定はないが、憲法には違反しないものであるということをご諒解願わなくてはなりません。」[89] 軍事力に関する日本国憲法上の根拠がないという立憲主義にとって本質的な問題が、立案者によって認識されている。

このような問題が含まれたまま、政府解釈は近代戦争遂行能力論から自衛力論に転換した。その転換の意味については、別の機会に検討したい。

注
1) 前史と成立期について、浦田一郎「対内的実力に関する近代戦争遂行能力論――自衛力論前史1」法律論叢79巻4・5合併号（2007年）35-67頁。
2) 同「MSA論議前の『対内的実力に関する近代戦争遂行能力論』――自衛力論前史」戒能通厚・原田純孝・広渡清吾編、渡辺洋三先生追悼論集『日本社会と法律学――歴史、現状、展望』（日本評論社、2009年）3-19頁。
3) 同「近代戦争遂行能力論の意味転換――自衛力論前史」浦田一郎、清水雅彦、三輪隆編『平和と憲法の現在――軍事によらない平和の探求』（西田書店、2009年）109-130頁。
4) 1951年に成立し、52年と53年に改正された（大嶽秀夫編『戦後日本防衛問題資料集 3巻』（三一書房、1993年）333-351頁）。
5) 浦田・前掲注3)111-113頁。
6) 読売新聞戦後史班編『「再軍備」の軌跡』（読売新聞社、1981年）346頁。
7) 日本社会党の伊藤好道議員の質問に対して、緒方竹虎副総理3月11日衆・本18号10頁。
8) 19号8頁。
9) 緒方18日参・本20号7頁。
10) 矢嶋三義議員12頁。
11) 岡崎勝男外務大臣4月9日参・外務18号3頁。
12) 浦田・前掲3)113、116頁。
13) 岡崎3月15日衆・外務17号7頁。
14) 大嶽秀夫編『戦後日本防衛問題資料集 2巻』（三一書房、1993年）233-234頁。
15) 同・前掲注4)406-411頁。これは正確にはMDA協定であるが、当時はこれもMSA協

定と呼ばれていた。
16) 岡崎・前掲注13)。
17) 宮澤喜一『東京―ワシントンの密談』(中央公論社、1999年) 260頁。
18) 植村秀樹『再軍備と五五年体制』(木鐸社、1995年) 185頁。
19) 伊藤1954 (昭和29) 年3月11日衆・本18号8頁。
20) 木村4月17日参・外務23号10頁。
21) 伊藤・前掲注19)。
22) 山下義信議員 (社会党) 3月18日参・本20号15頁。
23) 戸叶31日衆・本31号31頁。
24) 矢嶋5月26日参・内閣44号19頁。
25) 前田正男保安政務次官3月15日参・外務17号8頁。
26) 古関彰一『「平和国家」日本の再検討』(岩波書店、2002年) 159-160頁。警察予備隊、保安隊段階における指揮権について、浦田・前掲注1)「対内的実力に関する近代戦争遂行能力論」44-45頁。
27) 読売新聞戦後史班・前掲注6) 400-402頁。
28) 木村1954 (昭和29) 年3月12日衆・本19号8頁。
29) 保安庁法4条は、「わが国の平和と秩序を維持し、人命及び財産を保護する」としている (大嶽・前掲注14) 391頁)。
30) 防衛庁設置法案4条1項は、防衛庁の任務を「わが国の平和と独立を守り、国の安全を保つこと」としている (大嶽・前掲注4) 581頁)。法案は無修正で成立した。
31) 5月27日参・内閣45号18頁。
32) 同19頁。
33) 同22頁。
34) 同19頁。
35) 大嶽・前掲注4) 446頁。
36) そこにおける微妙な問題について、浦田・前掲注3) 114-115頁。
37) この時期でも、「防衛力という言葉」は「国内における治安の維持」を含むと、佐藤達夫法制局長官は説明している (4月17日参・外務23号13頁)。
38) 矢嶋はこの点を指摘する (5月27日参・内閣45号23-24頁)。
39) 木村篤太郎4月5日衆・内閣19号7頁。
40) 佐藤23日参・外務連合3号6頁。
41) 同5頁。
42) 同5月20日参・内閣39号4頁。加藤陽三『日本の防衛と自衛隊』(朝雲新聞社、1964年) 74頁によれば、その「前項の目的」の解釈は、1項前段と2項の「前項の目的」が制憲議会において同時に追加修正された経緯による。また、その後鳩山一郎内閣以降、時の経過とともに「前項の目的」は1項全体を受けていると解されてきている。
43) 岡崎3月15日衆・外務17号20頁。
44) 佐藤21頁。
45) 木村4月5日衆・内閣19号7頁。
46) 佐藤23日参・外務連合3号6頁。
47) 同3月30日参・予算23号15頁。

48) 木村4月5日衆・内閣19号7頁。
49) 佐藤23日参・外務連合3号6頁。
50) 木村5日衆・内閣19号7頁。
51) 佐藤23日参・外務連合3号6頁。
52) 1954（昭和29）年4月22日参・外務連合2号19頁。
53) 佐藤22、23頁。岡崎23日参・外務連合3号5頁。佐藤5、6頁。
54) 佐藤22日参・外務連合2号22頁。
55) 同23日参・外務連合3号5頁。現在政府は憲法9条解釈の変更について極めて慎重な態度をとっている（浦田「政府の憲法解釈とその変更――国会・内閣・内閣法制局」浦田・只野雅人編『議会の役割と憲法原理』（信山社、2008年）133頁）。
56) 緒方3月11日衆・本18号6頁、佐藤15日衆・外務17号22頁、木村篤太郎18日参・本20号14頁等。
57) 木村篤太郎4月12日衆・内閣24号10頁。
58) 同17日参・外務23号10頁。
59) 木村篤太郎13回参・予算17号3頁。
60) 大橋参・内閣36号15頁。浦田・前掲注3)125頁。
61) 1954（昭和29）年5月26日参・内閣44号17頁。
62) 18頁。
63) 中曽根康弘議員9回衆・予算5号4頁。
64) 緒方1954（昭和29）年3月11日衆・本18号6頁。
65) 佐藤30日参・予算23号15頁。
66) 片山哲議員3月11日衆・本18号11頁。
67) 15日衆・外務17号8頁。
68) 朝日新聞9日朝刊。
69) 戸叶15日衆・外務17号8頁。
70) 岡崎11日衆・本18号7頁。
71) 高辻正己法制局第一部長15日衆・外務17号24頁。
72) 佐藤26頁。
73) 並木31日衆・本31号34頁。
74) 鶴見祐輔議員参・本57号35頁。
75) 木村篤太郎38頁。
76) 吉田10回1951（昭和26）年1月27日衆・本6号54頁。浅野一弘『日米首脳会談と戦後政治』（同文舘出版、2009年）29頁。
77) 『回想十年　2巻』（新潮社、1957年）160-161頁。
78) 大嶽・前掲注4)32頁。1953年3月14日の「立党宣言」同42頁も参照。
79) 同27頁。
80) 同29頁。6月6日の中央常任委員会「再軍備に関する基本方針（案）」同31頁も参照。
81) 総選挙について、浦田・前掲注3)111頁。「防衛の範囲を出ないならば、戦力を備えても良いと考える。これは憲法解釈である。」（清瀬一郎（改進党顧問）「自衛戦力と憲法改正」法律のひろば1953年12月号5頁）
82) 大嶽・前掲注4)55頁。

83) 「自衛のための戦争と武力行使はこの條項によつて放棄されたのではない。」(『新憲法解釋』(ダイヤモンド社、1946年) 36頁)「この條項」は「第九條」を指しており、1項と2項の両方を含む (35頁)。「侵略戦争を行うための陸海空軍の戦力は保持しない」(「自衛武装論」ダイヤモンド1951年2月1日号8頁)。
84) 『芦田均日記　4巻』(岩波書店、1986年) 346頁。
85) 『芦田均日記　5巻』(岩波書店、1986年) 108-109頁。58頁も参照。
86) 大河内繁男「第五一代第五次吉田内閣」林茂・辻清明編『日本内閣史録　5巻』(第一法規出版、1981年) 259-261、272-273頁。
87) 大村清一防衛庁長官、衆・予算2号1頁。
88) 加藤は保安庁法と防衛2法の立案に当たり (加藤『私録・自衛隊史』(「月刊政策」政治月報社、1979年) 98頁)、前述のように防衛2法案の審議期間中には保安庁人事局長として国会答弁に立ち、後に防衛事務次官になっている。
89) 加藤・前掲注42) 85-86頁。

戦争被害者の事後的救済
―― 被害者救済のガイドラインを事例として――

栢木　めぐみ

1　はじめに――問題の所在

　近年、国際刑事法の顕著な展開に伴い、重大な人権侵害や人道に対する罪の加害者処罰の動きが実体的にも手続的にも国際法上確立されてきた。本稿は、同じく近年、加害側の対極に焦点をあて、戦争被害者となった彼女ら・彼らが実効的な救済を受けられるよう、国際人権法や国際人道法の領域で主として行われてきた試みを検討する。具体的には、国連で約15年の検討作業を経て2005年4月に国連人権委員会が採択し、同年12月には国連総会も採択した「国際人権法および国際人道法の重大な違反の被害者のための救済と回復を受ける権利に関する基本原則およびガイドライン」(以下、基本原則・ガイドライン)[1]を事例に取り上げる。[2] 同文書は、被害者に対する実効的救済および十分な回復措置の保証、違反の再発防止を義務として国家に履行させる貴重な道具と評価される。[3] 同文書の起草過程を整理した後、本稿はその被害者志向性を明らかにし、日本の戦後責任へのインプリケーションを検討する。[4]

2　国際人権法・人道法における法典化作業？

　国際社会で活躍するアクターが多様化し、国家間関係を規律すると考えられ

てきた伝統的国際法観が変容することで、国家のヴェールで覆われてきた生身の人間にも国際法は及ぶとの認識が高まった。国際法学上、被害者救済は外交保護制度を中心とした国家間の枠組で従来から捉えられてきた[5]。近時、NGOや市民社会の声が絶大な影響力を及ぼすようになったことで、被害救済の枠組の再考が試みられ、そのミクロ化、すなわち個人が有する救済請求権の国際法上の有無や位置付けが徐々に問われてきた。被害者の権利を国際法上に確立しようとする取り組みを汲みいれる基本原則・ガイドラインは、国際場裡で賠償請求できるのが加害行為によって損害を被った被害者自身ではなくその国籍国であるとしてきた伝統的な回復枠組の妥当性を問うものである。以下に基本原則・ガイドラインの策定作業を整理する[6]。

　人権小委員会は、人権及び基本的自由の重大な侵害による被害者が原状回復、賠償、リハビリテーションを受ける権利に関する研究報告を van Boven に委ねた（決議1989/13）。人権委員会は決議1990/35で、人権及び基本的自由の重大な侵害による被害者が原状回復、賠償、リハビリテーションを受ける実効的権利を有することが国際レベルで認められる重要性を確認し、国際的な基準作りの必要性を明記した。Van Boven は予備報告[7]や諸経過報告[8]を踏まえ、1993年に最終報告書[9]を人権小委員会に提出した。人権委員会は van Boven 報告書を歓迎し、提案されたガイドライン（1993年 van Boven ガイドライン）が被害者救済における原状回復、賠償、リハビリテーションを検討するうえで最優先されることを明らかにした（決議1994/35）。人権小委員会決議1995/117は1993年 van Boven ガイドラインの修正案提出を要請し、加盟国政府や NGO の見解[10]、小委員会での司法運営および賠償に関する作業部会での諸報告[11]が修正案に反映されることを求めた。同決議に基づき van Boven は、修正案（1996年 van Boven ガイドライン）[12]を提出した。そして、小委員会決議1996/28を受け、1996年 van Boven ガイドラインと小委員会での同案に対する検討[13]や司法運営及び賠償に関する作業部会のコメント[14]が人権委員会に提出された。その際、参照すべき留意事項の作成を人権小委員会が求めたので van Boven は留意事項[15]と部分修正を施した1997年 van Boven ガイドライン[16]も提出した。

　1998年には1997年 van Boven ガイドラインに対する各国政府や NGO のコメ

ント並びに人権侵害の加害者の不処罰に関する特別報告者 Joinet の作業を考慮に入れた修正作業の担当者として Bassiouni が任命された[17]。Bassiouni の報告書[18]は人権委員会によって受け入れられ、翌年には2000年 Bassiouni ガイドラインを含む最終報告書が人権委員会に提出された[19]。

国連人権高等弁務官事務所は2000年 Bassiouni ガイドラインを回付し、政府や NGO のコメントが寄せられたことを受け、加盟国政府、国際組織、NGO を交えた国際協議会合を開催した(人権委員会決議2002/44)。チリの Salinas が議長を務める同会合では van Boven および Bassiouni の両氏が専門的見解を述べた。Salinas は同会合の報告書を人権委員会に提出し、ガイドライン案の最終確定に必要な適切かつ効果的なメカニズムを人権委員会が設けることを提言した[20]。人権委員会決議2003/34はガイドライン案を完成させること、そしてその採択に向けての方策を検討する第二回協議会合を開催することを同事務所に要請し、これを受け、Salinas は各国政府・NGO のコメントを取り入れ、ガイドラインの修正版を作成した。

2003年10月に開催された第二回協議会合の最大の争点はガイドライン案の射程であった。対象を人権の侵害に限るのではなく国際人道法の違反も含めるのか、重大な侵害の場合に制限するのかについて議論が収束することはなく、人権や国際人道法の区別にこだわらずに国際法の違反による被害者救済に射程を拡げるという議長提案も解決の糸口にならなかった。同会合の報告書[21]が人権委員会決議2004/34で留意され、Salinas は各国政府や NGO によるコメント、見解[22]を反映する形でのガイドラインの再修正作業を要請された[23]。第三回協議会合が2004年9月から開催され、「国際人権法および国際人道法の重大な違反の被害者のための救済および回復を受ける権利に関する基本原則およびガイドライン」[24]を含む Salinas 報告書が作成された[25]。ガイドライン案の射程について意見の一致がみられないまま開催された同会合は、ガイドライン起草作業の完成をかけた最後の挑戦とされたが、国際人権法と国際人道法の双方を対象とするガイドラインの最終案に疑問を残す代表も少なくなかった[26]。被害者救済を主眼としたガイドラインを採択することの重要性が多数国から支持されていたため、Salinas 報告書は人権委員会によって受け入れられ、最終的には賛成40—反対

0―棄権13で基本原則・ガイドラインが採択された[27]。人権委員会決議2005/35は基本原則・ガイドラインに対する関心が各国内で喚起されるよう各国政府に勧告した[28]。同決議が提示した経社理決議草案が採択され[29]、これを受けて国連総会が基本原則・ガイドラインを採択することが勧告され、総会決議60／147の採択に至った[30]。

基本原則・ガイドラインの対象範囲について最後まで意見の一致がみられなかったことは既述したが、被害者自身に救済および回復の請求権があるかどうかについても策定作業で見解の違いがみられた[31]。最終的に、基本原則・ガイドラインは国家に課された義務から被害者の救済および回復請求の権利を導き出したので、被害者の権利を主軸とした構成にならなかった[32]。すなわち、基本原則・ガイドラインは国家の国際人権法および国際人道法の遵守義務をまず規定し、この義務のなかみを詳述した。つまり、国家に課された義務の一つとして被害者に回復を含めた実効的救済を講じることを位置づけた。他方、時期を同じくして人権小委員会で検討が進められていた人権侵害の加害者の不処罰に関するJoinet報告書は権利を中心に構成され、第33原則で「いかなる人権侵害も被害者あるいはその受益者に回復の権利を生じさせる」と規定した[33]。

第二次世界大戦後に起草、締結された多くの人権条約は効果的な救済を被害者に保障する[34]。さらに、回復措置の請求に被害者自身が直接参加しうる裁判所を設置する条約も出てきた[35]ことで、個々の条約制度には、権利侵害による被害者自身が直接に回復措置を求める基盤が実体的にも手続的にも整備されたものもある。しかし、これらの回復レジームは当該条約の射程内に留まるものであって、地球上で起こりうる全ての権利侵害に対処できる普遍的なものではない。特殊な回復レジームからこぼれおちた被害者の救済をどのように行うかという課題が残る。

2001年に採択された国家責任条文は、国のすべての国際違法行為が当該国の国際責任を伴うことを規定し、その法的帰結が履行すべき義務の継続、当該行為の中止および再発防止、当該行為によって生じた被害に対する回復であるとした[36]。国際義務の違反が違反国を名宛人とした回復義務を生じさせることが国際法の基本原則であることは常設国際司法裁判所が明示したことである[37]。2004

年の壁事件勧告的意見で国際司法裁判所は「関係するすべての自然人および法人に対して及ぼされた損害を回復する義務がイスラエルにある」ことを認め、加害国に課された回復義務を明らかにした。[38] 国際人権条約違反や国際人道法違反はその回復義務を当該違反国に発生させ、このような国際違法行為の事後的救済や再発防止など諸措置が講じられないかぎり、法的責任が解除されない図式が定着してきた。

　被害者救済に関わる種々の条約規定や判例が散在する状況を改善するため、基本原則・ガイドラインは既存国際法での回復に関する規定や認識を整理し、国際人権法および国際人道法の重大な違反に伴う法的帰結を二次法として網羅しようとした。そして、国家に課された義務の一つに被害者の回復を位置付けたことで、文書自体の構成を被害者の権利を主軸に据えたものにはしなかった。義務に焦点を定めた結果、「国際人権法および国際人道法の重大な違反の被害者のための救済および回復を受ける権利に関する基本原則およびガイドライン」の名称とは裏腹に、被害者の国際法上の法主体性や請求主体の難題に正面からぶつかることは回避された。基本原則・ガイドラインが孕む理論面および実践面の問題性が指摘されつつも、被害者救済を唱える国際世論に後押しされての起草作業は、「在るべき法」を新たに確立するのではなく既存の国際法を確認する国際的文書としての性格付けを貫徹しようとした。[39]

3　基本原則・ガイドラインのライトモチーフ

　基本原則・ガイドラインの基底をなすのが被害者志向性であることは、van Boven や Bassiouni が繰り返し確認してきただけでなく、採択された文書自体も前文で明記する。[40] 被害者の視座を重視し、排除されてきた他者の声を取り込もうとした基本原則・ガイドラインの特徴はサティスファクションや消滅時効ないし除斥期間の規定に具体的にみることができる。

　Van Boven は1993年の報告書で、重大な人権侵害の被害者が正義実現の第一要件に求めるのが真相の究明であることが圧倒的に多いとした。[41] この指摘もあり、基本原則・ガイドラインはサティスファクションの具体的形態の列挙

（第22原則）で、違法行為が継続している場合における中止を求める効果的措置に次いで事実解明およびその公表、失踪・誘拐の被害者捜索および被害者の遺志や文化的慣わしに則した遺体埋葬の援助を挙げた[42]。サティスファクションの形態として従来から主たる位置づけを占めてきたのは公式の陳謝とされ[43]、ILC国家責任条文第37条2項でも「違反の自認、遺憾の意の表明、公式の陳謝その他の適当な態様」によって行うことが規定された。国家間の回復枠組に囚われることのない基本原則・ガイドラインが加害側の対極に生身の人間を可視化することで、公式陳謝や司法機関における宣言判決など従来から想定されてきたサティスファクションの態様に留まらなくなることは当然であろう。しかし、サティスファクションの態様の多様化に加え、国家実行上、サティスファクションの具体的形態の代表例とされてきた陳謝や宣言判決が先ず挙げられなかったことの背景には被害者志向性が影響していると考えられる[44]。

　基本原則・ガイドラインは、国際法上犯罪を構成する国際人道法および国際人権法の重大な侵害に対して、条約その他の国際法上の義務が定めるところにしたがい、時効が適用されないことを明記した（第6原則）。その他の侵害に関しては、民事請求やその他の手続きについての国内法上の時効規定が過度に制限的であってはならないことを求めた（第7原則）。

　起草作業でもみられた過去の不正義を放置することへの反発は[45]、冷戦終結前後から国際社会で急速に広まってきた[46]。ラテン・アメリカあるいはアフリカの国々が真相究明・和解委員会を設置して事実の解明と被害者の尊厳回復を目指すのは過去の清算を試みる具体的な顕れである。フランスのパポン裁判など戦争犯罪人や重大な人権侵害の加害者を裁く国内的営みも、現在から過去に視線が向けられた一例である。オーストラリアやニュージーランドなど先進諸国で近年、頻繁になった先住民族の権利回復過程も時空を超えた正義の相貌である[47]。過去の克服の営みは2001年に南アフリカのダーバンで開かれた反人種差別世界会議の基調にもはっきりと現れ出ている[48]。同会議は、一世紀以上の時を遡る奴隷制と植民地支配への法的責任の所在を最重要議題に位置付けた。最終的に採択されたダーバン宣言は先進工業国との妥協を強いられ、謝罪や賠償への言及こそ回避したが[49]、奴隷制と植民地主義が人類的規模の不正義であったこと

を認めた。[50]

　過去を召還する課題に対峙する「謝罪の時代」を導いたのはポスト構造主義の知的潮流であり、構築主義を掲げるその思潮は国際法学も含め、広範な学問領域にわたって知のパラダイム転換を促すとともに、現実変革への関心も導き出した。このようにして、物理的空間のみならず時間的にも隔てられた事象や人々の正義実現を要請する使命感が醸成されていった。重大な人権侵害による被害者の救済には過去に遡っての正義実現が必要との国際社会での共感が高まる中で基本原則・ガイドラインは作成された。被害者の視点に立った正義実現からすれば、被害者が受けて然るべき救済や回復を求める権利を時の経過によって奪う時効は適用されるべきでないとの信念に基づき時効規定は策定されたと考えられる。

　しかし、同文書に垣間見られるヒューマニズムに対して、冷静な反論も寄せられた。例えば、事件から長期間が経過したことによる証拠の散逸や不必要に長期にわたって被疑者を精神的に苦しめることになる等、公訴時効が認められる根拠を日本代表はコメントした。[51]「人権侵害に対する効果的な救済が存在しない期間には時効が適用されない。人権の重大な侵害に対する回復の訴えに関して時効は適用されない。」とした1993年 van Boven ガイドライン（第15原則）について、ウルグアイ代表も、法の支配に基礎づけられた国家にあっては時効制度を廃止することはできないとし、第二文の修正を求めた。[52] 被害者救済という個別の正義実現の手段としてのみ法が機能するのではなく、社会に対して予測可能性や安定性を提供することも法の重要な機能であることを強調するこれらのコメントは、時効不適用規定の抜本的修正を導くことはなかった。1996年 van Boven ガイドライン（第9原則）、1997年 van Boven ガイドライン（第9原則）は、時効が適用されない人権の重大な侵害回復の訴えを民事請求に制限した。[53] Bassiouni ガイドラインは、1968年の時効不適用条約[54]の射程との整合性から、人権侵害の度合いによる区別を明確にしながら時効規定案を提示した（第6及び7原則）。つまり、国際法上の犯罪を構成する国際人権法および国際人道法の重大な違反についての訴追は時効を適用せず、その他の侵害についての訴追や民事請求に関しては時効規定を過度に厳格にしないことを求めた。その

後、時効不適用とする法的根拠についての説明が求められ、同条約への言及が
なされた他、重大な人権侵害における時効不適用における刑事と民事の区別が
取り払われ、最終的に採択されたガイドラインでの時効規定となった。

　被害者志向性を過度に追求することで、策定作業での法的議論の客観性ある
いは既存法を確認する法規範としてのガイドライン自体の論理性や法的論拠が
不十分になることが許されてはならない。過去に重大な不正がなされ、被害者
がその償いを求める時、それに心動かされ、被害者の傍らで被害者の願いを実
現しようと努める者には正義感だけではなく厳醒な省察も必要である。どの被
害者の、どの時期の、誰に向かって発せられた、どの発言を、被害者の視点を
代表するものと考えるのかと問いかけることは、基本原則・ガイドラインを根
底から支える価値を再考する契機となる。

4　救済の扉を叩く基本原則・ガイドライン

　日本で用いられる「戦後補償」は、第二次世界大戦において日本政府や軍当
局さらには私企業が行った国内・国際法違反行為によって身体的・精神的・物
質的損害を受けた自国民および／または外国人（敵交戦国国民のみならず日本の
植民地・従属地域の人々を含む）が、日本の裁判所で、その事実を明らかにし、
損害賠償など回復措置を得ることで、日本国の責任を解除することを主に目指
すものとして一般的に捉えられている。このような訴訟は1990年代以降急増
し、2010年現在、130件台に達した。しかし、現実には、原告が日本の裁判所
に請求する国際法上の権利を有さないとか国内法上の理由で実体審理や事実へ
の国内・国際法適用まで至らずに請求棄却されるものも少なくなかった。

　門前払いをさせないように法理が探求され、裁判で主張されたことで、国際
法ないし国内法の裁判所での解釈・適用からくる閉塞状況に変化の兆しがみら
れ始めた。結論的には被害者原告の敗訴が圧倒的に多いままであるが、地裁や
高裁のレベルでは重要な一歩が踏み出された。例えば、2002年の福岡強制連行
訴訟判決は、国家無答責の法理を適用しつつも、企業の責任については除斥期
間の適用制限の論理が著しく正義に反するとし、除斥期間の問題克服を試み

た。2003年の中国人強制連行訴訟判決は、除斥期間を適用して請求を棄却しつつも、強制連行が国家の権力作用に基づく行為ではなく旧日本軍による単なる不法な実力行使と判断して国家無答責の法理の対象外であることを初めて示した。同年のアジア太平洋戦争韓国人犠牲者補償請求訴訟は、国家賠償法施行前の公権力行使の責任は問えないとする国家無答責の法理が現行法の下では正当性も合理性も見いだせないとし、その実体法的意味を否定した。磐石とされた諸法理・原則が徐々に崩されようとするなか、被害者個人の国際法上の請求権そのものの存否の問題解決は進展せず、戦後補償訴訟の障壁として立ちはだかってきた。

　平和条約による個人請求権の処理の後でも被害者個人が加害国に違法な戦争行為に基づく被害に対する救済・回復を求める国際的権利をどのようにして認めていくかは、懸命に模索し続けられてきた。しかし、先行研究が示すように難関突破の道は険しい。個人の補償請求権の問題克服は基本原則・ガイドラインの起草作業でも果たせなかった。既存の国際法を確認する国際文書として採択された基本原則・ガイドラインは、被害者が自ら被った侵害の救済や回復を加害国に国際場裡で請求することを個人に固有の権利として実定法上、新たに規定し、さらには手続的基盤を確立させるものではない。採択された文書を考慮に入れつつ国際法協会（ILA）で現在も検討を続けられる戦争被害者の補償に関する研究に至っても個人の補償請求権の問題は解決されていない。基本原則・ガイドラインを被害者個人の請求権存否の問題への特効薬としてではなく、国内裁判所の司法救済に固執することの負の側面を明らかにできる回復概念を提示する国際的文書と捉えることが建設的と考えられる。

　基本原則・ガイドラインでの回復概念の外延は起草経緯から明らかになる。例えば、回復の諸規定にみられた裁判所における裁き、とりわけ刑事上の制裁（責任者処罰）に力点を置く色彩が薄らいだことが以下からわかる。1993年 van Boven ガイドラインは国際法上の犯罪を構成する一定の重大な人権侵害に関する訴追および責任者処罰の義務を回復に含めたが、1996年 van Boven ガイドラインはこれを義務として特記しつつも回復の諸方式に含めず、2000年 Bassiouni ガイドライン以降は、国際法上の犯罪を構成する重大な違反の帰結

として回復とは別立てで同義務が捉えられた。[66]

　基本原則・ガイドラインは国際人権法および国際人道法の尊重・履行確保の義務の一つとして被害者に効果的救済を与えることを国家に課し、この救済が被害者の救済手続利用（access to justice）への権利、被った損害の回復への権利、違反および回復措置に関する情報を得る権利を含むとした。そして第IX部で回復の諸方式（原状回復、金銭賠償、リハビリテーション、サティスファクション、再発防止の保証）を列挙し、違反の重大性や侵害状況に比例した回復措置が個々の事態の状況を加味して国際法および各国の国内法に則して提供されることを求めた。違反の性質に見合う回復措置が多様な方式の中から選ばれる必要性が策定段階で指摘されたことや、[67] その選択・実施に際しての各国の裁量の余地[68]が1996年 van Boven ガイドラインで示されたことが、回復規定における柔軟性をもたらしたといえる。さらに、ILC 国家責任条文の回復規定との対比から、基本原則・ガイドラインの回復概念が実際に生じた損害に対する事後的対応のみならず、再発防止の保証など将来志向性を帯びたものも包括的に含めるものであることが明らかになる。[69]

　同文書が提示する被害の救済および回復形態や回復概念の多様性は、希望的観測に基づいて裁判所に国家補償や責任者処罰を求めて動くことの暗黙の前提を再考するよい材料を提供する。国内裁判所での司法救済にこだわれば、裁判法理の変更を目指した法理論・解釈理論を構築することが急務であり、最重要課題となる。しかし、既述 ILA の試案では補償委員会が検討されており、[70] 常設仲裁裁判所でも司法機関で用いられる厳格な基準を採用せずに柔軟性および迅速性を重視した手続に着目した研究が進められており、[71] 大規模な集団的不法行為の損害回復ないし関係改善の救済方法が国際法学上、既存制度にこだわることなく新たに模索され始めた。このような傾向を加味すると、救済および回復を実現するフォーラムを裁判所に限定する必要性は少ない。基本原則・ガイドラインは裁判至上主義に対して警鐘を鳴らすことで日本に対するインプリケーションを最大限にもたらすであろう。

5 おわりに

　戦後補償訴訟の現況では国際法を直接適用して個人の救済および回復の請求権を認める判例は確立していないが、[72]過去の清算を求める声は具現化し続けて新たな法を創り出す原動力として国際法の発展を方向づけていくであろう。日本が今日も抱える戦後補償訴訟は国際法の国家中心主義的性格によって沈黙を強いられてきた被害者らの救済および回復をどのようにして実現するかを考える絶好の機会を国際社会に提供する。日本国憲法のいう「国際社会において名誉ある地位」を占めるためにも、日本に期待されるアクションは、戦後補償訴訟が門前払いされず、司法の場で戦争中の被害や損害の事実認定および謝罪の宣言がなされることに留まらない。司法的解決の部分性・一面性に鑑み、行政的・立法的解決に繋げるべく、戦後補償訴訟が国際的な次元での「政策志向型訴訟[73]」であることに注目することも求める[74]。さらには、国際法の構造転換の顕現例として回復枠組の変容が生じつつあると捉えれば、市民団体のレベルにおける多様な試みをも含むと考えることができる[75]。

注
1) Basic Principles and Guidelines on the Right to Remedy and Reparation for Victims of Gross Violations of International Human Rights Law and Serious Violations of International Humanitarian Law, U.N. Doc. E/CN.4/RES/2005/35. Adopted and proclaimed by U.N.G.A. Res. 60/147, U.N. Doc. A/RES/60/147（Dec. 16, 2005）。なお、国連人権委員会は2006年の国連総会決議60/251により、国連人権理事会に格上げされた。
2) 訳として、申惠丰「国際人権法および人道法の違反に対する責任と救済」坂元茂樹（編）『国際立法の最前線』（有信堂、2009年）所収、408頁；五十嵐正博「日本の『戦後補償裁判』と国際法」国際法外交雑誌105巻1号（2006年）27頁；古谷修一「国際人道法違反と被害者に対する補償」ジュリスト1299号（2005年）64頁；藤田久一「戦後補償の理論問題」国際人権15号（2004年）8頁があるが、起草経緯を加味し本文のように訳す。「回復（reparation）」について大沼保昭・植木俊哉「『国際条約集』の編集に携わって」書斎の窓573号（2008年）11頁を参照。
3) Gabriela Echeverria, "Codifying the Rights of Victims in International Law: Remedies and Reparation," in Permanent Court of Arbitration (ed.), *Redressing Injustices Through Mass Claims Processes: Innovative Responses to Unique Challenges* (Oxford University Press, 2006), p.279.

4) 大沼保昭『東京裁判から戦後責任の思想へ』(東信堂、1997) 206-211頁。
5) 常設国際司法裁判所は「回復 (réparation) を規律する法規は二国間の関係を規律する国際法規であって、不法行為を行った国家と損害を受けた私人の間の関係を規律する法ではない」と明示し、私人の受けた損害が国家の受けた損害と別次元にあるもので国家の賠償の金額の計算のために便宜的な基準を提供するにすぎないと指摘した (*Affaire relative à l'usine de Chorzów (Demande en indemnité) (Fond)*, 1928 C.P.J.I. (sér. A) no. 17 (le 13 septembre), p.28.)。伝統的国際法観の基盤の揺らぎを受け、外交保護制度の再考が国連国際法委員会で行われてきた。西村弓「国際法における個人の利益保護の多様化と外交的保護」上智法学論集49巻3・4号 (2006年) 290-324頁；土屋志穂「個人の国際法上の権利と外交的保護」同上51巻2号 (2007年) 157-171頁などを参照。
6) 起草過程の検討として他に、申「前掲・脚注2)」論文、409-419頁；Dinah Shelton, "The United Nations Principles and Guidelines on Reparations: Context and Contents," in de Feyter *et als.* (eds.), *Out of the Ashes: Reparations for Victims of Gross and Systematic Human Rights Violations* (Intersentia, 2005), pp.14-18。
7) Preliminary report, U.N. Doc. E/CN.4/Sub.2/1990/10.
8) Progress report, U.N. Doc. E/CN.4/Sub.2/1991/7; Second progress report, U.N. Doc. E/CN.4/Sub.2/1992/8.
9) Final report submitted by Mr. Theo van Boven, Special Rapporteur, U.N. Doc. E/CN.4/Sub.2/1993/8.
10) U.N. Doc. E/CN.4/Sub.2/1994/7; E/CN.4/Sub.2/1994/7/Add.1; E/CN.4/Sub.2/1995/17; E/CN.4/Sub.2/1995/17/Add.1; E/CN.4/Sub.2/1995/17/Add.2.
11) U.N. Doc. E/CN.4/Sub.2/1994/22, paras.18-39; E/CN.4/Sub.2/1995/16, paras.10-33.
12) Basic Principles and Guidelines on the Right to Reparation for Victims of Gross Violations of Human Rights and Humanitarian Law, U.N. Doc. E/CN.4/Sub.2/1996/17, Annex.
13) U.N. Doc. E/CN.4/Sub.2/1996/SR.25-29 and 35.
14) U.N. Doc. E/CN.4/Sub.2/1996/16, paras.10-32.
15) Notes prepared by Mr. Theo van Boven, U.N. Doc. E/CN.4/1997/104, Annex.
16) U.N. Doc. E/CN.4/1997/104, Appendix. 1997年案のタイトル (Basic Principles and Guidelines on the Right to Reparation for Victims of [Gross] Violations of Human Rights and *International* Humanitarian Law) では「国際」が人道法に加筆された他、「重大な侵害 (gross violations)」に制限する必要性がないことを示すために括弧が付された。
17) Final Report by Mr. Joinet, U.N. Doc. E/CN.4/Sub.2/1997/20/Rev.1, Annex II.
18) U.N. Doc. E/CN.4/1999/65.
19) U.N. Doc. E/CN.4/2000/62.
20) U.N. Doc. E/CN.4/2003/63.
21) U.N. Doc. E/CN.4/2004/57, Annex.
22) *Supra* note 20; *ibid.*.
23) U.N. Doc. E/CN.4/2004/127, para.3.
24) Basic Principles and Guidelines on the Right to a Remedy and Reparation for

Victims of Gross Violations of International Human Rights Law and Serious Violations of International Humanitarian Law, U.N. Doc. E/CN.4/2005/59, Annex. 法規範の重大な違反を表現する際、混乱を避けるために国際法上の既存の用語法に則して "gross（重大な）violations of human rights and grave breaches（重大な違反）and other serious violations（深刻な違反）of international humanitarian law" とすることをスウェーデン代表が指摘したが（U.N. Doc. E/CN.4/1998/34, p.12.）、その後、専門用語の調整がなされ、「重大な違反」として国際人権法では gross violations、国際人道法では serious violations が用いられた。

25) U.N. Doc. E/CN.4/2005/59.
26) 「基本原則およびガイドライン」は最終的には「重大な侵害」の被害者に限定したことで被害者救済の射程を狭めるものであったが、同文書が国際人道法をも対象にするためには止むを得ない妥協であったと Echeverris は分析する（Echeverria, *supra* note 3, p. 293.）。
27) See chap. XI, U.N. Doc. E/CN.4/2005/L.10/Add.11.
28) *Supra* note 1.
29) *Supra* note 27, para.68.
30) *Supra* note 1.
31) 例えば、日本代表は1993年 van Boven ガイドラインのコメントとして、国際法主体性が認められるためには国際法で規定された当該権利を行使、実現する手続きが国際法上存在することが必要であるから、条約に個人の権利や義務が規定されただけでは不十分であると指摘した。また、van Boven は ILC の国家責任条文草案に依拠して人権侵害の被害者個人が被害回復請求の権利を国際法上有すると主張するが、ILC での「国家責任法」論は国家間の枠組に基礎づけられ、被害者個人の国際法上の請求権を想定するものではないため、被害者個人の請求権の法的根拠及び基礎付けが十分になされていないと批判した（U.N. Doc. E/CN.4/Sub.2/1994/7/Add.1, p.3; E/CN.4/1998/34, p.9.）。他方、ペルー代表は被害者の救済および回復の権利が実定法に規定され、制度上確立されることの帰結として生じるのではなく、固有の権利として個人が有すると主張した（U.N. Doc. E/CN.4/Sub.2/1995/17/Add.1, p.4.）。
32) *Supra* note 18, paras.46-47.
33) *Supra* note 17, p.26.
34) 権利侵害に対する効果的な救済の保障を規定するものとして、世界人権宣言第8条、自由権規約第2条3項、人種差別撤廃条約第6条、拷問等禁止条約第14条など。地域的なものとして欧州人権条約第13条および第41条、米州人権条約第25条および第63条、バンジュール憲章第21条2項など。
35) 欧州人権条約は欧州人権裁判所での個人申立制度を設けた。他、国際刑事裁判所規程第68条3項は被害者の手続き参加を可能とした。
36) The International Law Commission's Draft Articles on Responsibility of States for Internationally Wrongful Acts, in James Crawford, *The International Law Commission's Articles on State Responsibility* (Cambridge University Press, 2002), pp.61, 67, arts.1, 29-31.
37) *Affaire relative à l'usine de Chorzów, supra* note 5, p.29.

38) *Conséquences juridiques de l'édification d'un mur dans le territoire palestinien occupé (avis consultatif)*, 2004 C.I.J. (le 9 juillet), para.152. 壁の建設によって物質的損害を被った被害者自身に対して金銭賠償を行う義務がイスラエルにあるとした部分（*Ibid.*, para. 153）を受けて、被害者の回復請求権が判決で確認されたとする見解もある（Rainer Hofmann, Draft Declaration of International Law Principles on Compensation for Victims of War, in ILA Conference Report vol.73, Rio de Janeiro 2008, p.477; Élisabeth Lambert-Abdelgawad, L'avis consultatif sur le Mur en Palestine: la CIJ et le droit à réparation des victims individuelles de graves violations, *Revue de science criminelle et de droit penal comparé* nouv.série 2005. n°1 (2005), p.155.）。
39) ただし、古谷「前掲・脚注2)」論文、64頁を参照。
40) 被害者の観点を取り込むことで議論の複雑化に繋がる惧れから先行研究が被害者の救済や回復の問題を十分に検討しなかった事実を van Boven は指摘し、基本原則・ガイドラインが被害者を中心に据える必要性を強調した（Final report submitted by Mr. Theo van Boven, *supra* note 9, paras.132-133.）。Bassiouni も整合性を備えたガイドラインの出発点を被害者に合わせるべきことを指摘した（Report of Mr. M. Cherif Bassiouni, *supra* note 18, para.83; Comment by Mr. Bassiouni, *supra* note 20, p.19 para.20.）。
41) Final report submitted by Mr. Theo van Boven, *ibid.*, para.134.
42) *Supra* note 1, p.8.
43) Eibe H. Riedel, Satisfaction, in Rudolf Bernhardt (ed.), *Encyclopedia of Public International Law* vol.IV (2000), pp.320-321.
44) なお、基本原則・ガイドラインは回復の具体的方式であるサティスファクションの一例として違法行為の中止を挙げるが、ILC 国家責任条文は国際違法行為の中止が比例原則に服さないことを受け、回復の諸方式と別個の法的帰結として定めた（Crawford, *supra* note 36, p.197.）。
45) 例えば韓国代表の指摘（U.N. Doc. E/CN.4/Sub.2/1994/7, p.4.）。
46) 過去の清算に関する論稿は Roy L. Brooks (ed.), *When Sorry Isn't Enough: The Controversy over Apologies and Reparations for Human Injustices* (New York University Press, 1999); Elazar Barkan, *The Guilt of Nations: Restitution and Negotiating Historical Injustices* (W. W. Norton & Company, 2000); George Ulrich and Louise Krabbe Boserup (eds.), *Reparations: Redressing Past Wrongs* (Kluwer Law International, 2003); John Torpey (ed.), *Politics and the Past: On Repairing Historical Injustices* (Rowman & Littlefield Publishers, 2003); Laurence Boisson de Chazournes *et als.* (eds.), *Crimes de l'histoire et réparations: les réponses du droit et de la justice* (Editions Bruylant, 2004) など。過去に遡及する正義の問題性について Jeremy Waldron, Superseding Historical Injustices, *Ethics* vol.103 (1992), pp.4-28 を参照。
47) オーストラリアではゴーヴ訴訟からの論理構成（無主地先占理論）の妥当性がマーボ第二判決（*Mabo and Others* v. *State of Queensland*, (1992) 107 Australian Law Reports, p.28) で変更された（桜井利江「国際法における先住民族の権利（二）――先住民族の土地の権利をめぐって」九州国際大学法学論集8巻3号（2002年）80-88頁や五十嵐正博「オーストラリアにおける先住民の権利――オーストラリア法に対する国際法の影響」山手治之・香西茂（編）『現代国際法における人権と平和の保障』（東信堂、2003

年)所収、76-82頁を参照。)。ニュージーランドでのワイタンギ法廷設置について井口武夫「マオリ族の権利回復問題をめぐって」国際人権5号(1994年)17-21頁を参照。他、先住民族問題や先住権原について Federico Lenzerini (ed.), *Reparations for Indigenous Peoples: International & Comparative Perspectives* (Oxford University Press, 2008)。
48) 賠償に関する第一回汎アフリカ会議(1993年)を端緒として国際的に広がった歴史的不正義責任追及の営みは、各地域準備会合や国連人権諸機関を舞台に勢いを増していった。ダーバン会議以降のフォローアップとして Report of the Durban Review Conference (U.N. Doc. A/CONF.211/8.)。
49) アジア地域準備会合(2001年2月)で採択された宣言には、植民地主義や奴隷制の遂行国がその責任を認め、被害者に賠償するよう求める一節が挿入されていた (Declaration and Plan of Action of the Asian Preparatory Meeting for the World Conference against Racism, Racial Discrimination, Xenophobia and Related Intolerance, Tehran, 19-21, February 2001, para.50.)。
50) Report of the World Conference against Racism, Racial Discrimination, Xenophobia and Related Intolerance, Durban, 31 August — 8 September 2001, Declaration, paras. 13-14, 98-102. (U.N. Doc. A/CONF.189/12, pp.11-12, 23-24.) ダーバン宣言は全体としてみれば現在中心主義の重圧を免れないが、法の言葉を用いて正義の時間的射程を現在から解き放とうとした(阿部浩己「戦後責任と和解の模索——戦後補償裁判が映し出す地平」『20世紀の中のアジア・太平洋戦争』(岩波書店、2006年)所収、361頁。)。
51) U.N. Doc. E/CN.4/Sub.2/1994/7/Add.1, pp.4, 6-7.
52) *Supra* note 45, p.8.
53) これらは、人権侵害の場合では救済制度未整備の間は一律に時効不適用とし、人権の重大な侵害の場合では民事と刑事の間に時効不適用の差異を設けたが、チリ代表は民事・刑事間の差異の必要性を否定した (U.N. Doc. E/CN.4/1998/34, p.6.)。
54) Convention on the Non-Applicability of Statutory Limitations to War Crimes and Crimes Against Humanity, G.A. Res.2391 (XXIII), annex, 23, U.N. GAOR Suppl. No.18, p.40. (U.N. Doc. A/7218.) 和訳は藤田久一「『戦争犯罪及び人道に反する罪に対する時効不適用に関する条約』の成立」金沢法学15巻1・2号(1973年)219頁を参照。
55) *Supra* note 25, para.29.
56) 大沼保昭『「慰安婦」問題とは何だったのか』(中公新書、2007年)228頁。
57) 同上、85-87、92頁。
58) 藤田「前掲・脚注2)」論文、2頁。
59) 松本克美「〈資料〉戦後補償裁判リスト」法時76巻1号、42-43頁;山手治之作成「専門演習資料・戦後補償をめぐる最近の動き」http://page.freett.com/haruyamate/ (last visited 2010/1/9)を参照。
60) 福岡地裁2002・4・26、判タ1098号267頁、判時1809号111頁、訟月50巻2号363頁。
61) 京都地裁2003・1・15、判時1822号83頁。
62) 東京高裁2003・7・22、判時1843号32頁、訟月50巻10号2853頁。
63) 藤田「前掲・脚注2)」論文、4頁。
64) 藤田久一ほか(編)『戦争と個人の権利——戦後補償を求める旧くて新しい道』(日本評論社、1999年);申惠丰ほか(編)『戦後補償と国際人道法——個人の請求権をめぐっ

て』(明石書店、2005年);五十嵐正博「前掲・脚注2)」論文、1-28頁などを参照。
65) 戦争被害者の補償に関する国際法原則の宣言(2008年 ILA)案は実体部分と手続部分から成るが、同権利実施を被害者自身が請求する国際的手続きが未整備であっても、完全かつ迅速な回復を受ける権利が被害者個人に与えられたものであるとする実体部分は、現状では lex ferenda であるとされた(ILA Conference Report vol.73, supra note 38, p. 519.)。
66) 他、被害者の救済手続利用の保障規定の策定で司法裁判やこれを介した金銭賠償に固執しない多様なメカニズムが正義実現手法として想定された結果(supra note 20, p.10 para.44.)、「その他の救済手続」が第12原則に明示された。
67) Supra note 53, p.13.
68) See subtitle "Forms of Reparation" in supra note 12, p.4; supra note 16, p.4.
69) But see, supra note 25, para.46.
70) Supra note 38, pp.494-518.
71) Howard M. Holtzmann, "Foreword" in Permanent Court of Arbitration (ed.), Redressing Injustices Through Mass Claims Processes (Oxford University Press, 2006), p. vi.
72) 個々の判決検討は別稿に譲るが、一般的考察として、個人の補償請求権についてはヘーグ条約第3条、あるいは、強制労働条約第14条から直接に、または、それに加えて、国際法上の国家責任を通じて、さらには日本における国際法と国内法との関係に依拠する重層的な主張がなされてきた。主張を補強するために、諸外国の判例や自由権規約委員会の意見や国連の諸人権機関の報告書も援用されてきた。地裁、高裁レベルでの原告勝訴例はあるが、原告の請求権の根拠を国際法に直接求めたものではなく、民法上の不法行為責任や安全配慮義務違反、国家賠償法に求めている。
73) 平井宣雄「現代法律学の課題」平井宣雄(編)『法律学』(日本評論社、1979年)所収、24-31頁。
74) 吉田邦彦『多文化時代と所有・居住福祉・補償問題』(有斐閣、2006年)280-283頁。
75) 石本泰雄『国際法の構造転換』(有信堂、1998年)28頁。

「人権としての平和」論の再構築
――平和主義の「ジェンダー化戦略」を契機として――[1]

辻村　みよ子

1　はじめに――「人権としての平和」論の意義

　「人権としての平和」論とは、人権論の視座から平和の理論を構築する議論であり、1960年代に高柳信一教授によって提唱された。高柳教授は、「多数決によって決定される『政策』としての平和……ではなくて、地上における最大の悪を拒否する『人権としての平和』……でなければならず、……平和をそのようなものとして再獲得しなければならない。……それ［戦争の禁止］が憲法上の規範になることにより、平和の確保は国家権力の国民に対する約束、責任となったのであり……平和が、国民が人権として要求できるものになった」と述べた。ここでは、「人権としての平和」の思想は、良心的兵役拒否の権利のような「内面的自由にたてこもる個人的自由」ではなく、「民主主義と自由の文明的成果を最高度につかって……戦争政策を告発し、それに加担する政府の行為を糾弾する人類連帯的・行動的理念である」とされた[2]。
　日本の憲法学界では、ほぼ同時代から星野安三郎・深瀬忠一教授らによって平和的生存権に焦点が当てられ、国連等における「人間の安全保障」論との関係も論究されてきた[3]。また、近年では山内敏弘教授によって生命権に基礎を置く理論構成が確立された[4]。筆者も平和的生存権の21世紀的意義をとくに重視する立場から平和と人権との相互依存関係について注目してきたが[5]、ジェンダー

の視点を加えて三極構造として捉える点に特徴がある。それは20世紀後半以降、女性差別撤廃条約や北京綱領など多くの国際文書で女性と平和の問題が取り上げられ、女性の人権の視座から国際女性人権論が展開されてきたことによる。最近では、学際的研究をふまえた「ジェンダー人権論」の視座と成果が、憲法学にも重要な視座を提供しているようにみえる。[6]

　本稿は、このような観点から平和・人権・ジェンダーの三極構造として捉えたうえで、「人権としての平和」論の憲法理論的再構築を図ることを目的とする。それは、例えば、スイス、ドイツ、フィンランド等の憲法の中に、徴兵義務に関連して性別による差異を定めたものがあり、その合理性等についてジェンダー視点を導入した憲法理論的検討が必要となるからである。また、本稿では、比較憲法的視座や国際人権論的視座を重視することで、「人権としての平和」論の21世紀的意義を明らかにしたい。とくに最近では、世界の諸憲法のなかに平和主義に関する規定をおくものが増加しており、非核宣言を含む南太平洋諸国の憲法などには、環境権などを根底においた「人権としての平和」論と通底する思考が認められるからである。

2　「ジェンダー人権論」的考察——三極構造からみた「人権としての平和」論

1　平和・人権・ジェンダーを総合する視点

　最初に、平和・人権・ジェンダーの相互関係について確認しておこう。第1に、平和と人権との関係については、日本国憲法前文の平和的生存権を中核としてその相互依存関係が明らかにされてきた。基礎となった1941年ルーズヴェルトの「4つの自由」をはじめ、国連等における「人間の安全保障」論、「平和に生きる権利」としての生命権、2008年3月の国連決議など、平和と人権の相互関係に依拠した議論が展開されてきた。[7]

　第2に、平和（戦争・軍隊）とジェンダーとの関係については、戦争の被害者・犠牲者としての女性の人権侵害や、グローバリゼーション下での女性の貧困化などに焦点が当てられてきた。[8]その背景には1990年代から「女性の権利は人権である」という形で議論された女性の人権論の展開があった。反面、女性

の自己決定権や職業選択の自由等を根拠とする軍隊への女性の参加が急増して、女性兵士問題が出現した。これは、セックスワーカーの場合などと同様に、フェミニズムとリベラリズムが対立する争点でもあり、「フェミニズムの難問」として解決困難な課題を提起している。

こうして平和・人権・ジェンダーのそれぞれ二極間の関係が問題とされてきたが、さらに三極構造全体について議論を深める必要がある。とくに、女性兵士問題は、このような三極関係の中心に位置しうるため、この問題を例にとって検討しておこう。

2 女性兵士と徴兵制──フェミニズムの難問

1) 欧米諸国では、フェミニズムの進展とともに軍隊内の「女性の戦闘職種解禁」が進み、女性兵士をめぐって「フェミニズムの分断」がもたらされた[9]。とくにアメリカでは、NOW（全米女性機構）などのフェミニズム運動の本流が、リベラル・フェミニズムの立場から軍隊への女性の参加を要求し、湾岸戦争時には「女性にも戦闘参加の自由を」と叫んで女性兵士の職種を拡大させた（参戦女性兵士は4万人・12％に及んだ）。これに対する反対論は、第二波フェミニズムに属する諸派、例えば母性主義を前提とするエコロジカル・フェミニストや、女性解放の視点を反戦・平和と結びつけるラディカル・フェミニストなどによって支持された。しかし徴兵制から志願兵制への移行や軍備のハイテク化のもとで、NOWに反対する論理のなかに、「女性は平和愛好者」というような特性論ないし本質主義的な理解があることが批判され、「本質主義に依拠しない反戦の論理の構築」[10]を迫られることになった。

2) 他方で、先にみた徴兵制をめぐる憲法規定と上記の議論との関係が問題となる。例えば、現行スイス憲法（2001年1月施行）59条は、「スイス人男性はすべて、軍事役務を遂行する義務をおう（1項）」、「スイス人女性については、軍事役務は自由意思に委ねる（2項）」と定め、性差による別異取扱いを認めている[11]。ドイツ連邦共和国基本法でも、「女性はいかなる場合にも、武器をもってする役務を給付してはならない」という規定が、2000年12月1日の基本法改正で「女性はいかなる場合にも、武器をもってする役務を義務づけられては

ならない」と修正され、志願による戦闘参加が認められた[12]。この背景には、女性を一般的に戦闘職種から排除していたドイツ国内法の諸規定をEUの平等取扱指令違反と断じた2000年11月11日の欧州司法裁判所 Kreil 判決があった[13]。ここでは、女性の職業選択の自由の侵害が根拠とされており、上記のリベラル・フェミニズムの路線上にあるようにみえる。

3）しかし、仮に女性の権利（職業選択の自由や自己決定権）を尊重する議論が採用されうるとしても、そこからいくつかの疑問点が生じる。

第1に、徴兵制における男性兵士の権利侵害はどうなるのか、である。この問題は、従来は一般に男性の良心的兵役拒否の問題として処理されてきたが、先にみた高柳教授の指摘のように、ここで問題になるのは単に個人的自由（個人の信教・良心の自由）だけではない。より広範な平和に対する権利が問題となり、国家のために殺傷を強制されない権利など、より基本的な人権の問題として捉える必要がある。何故男性のみに対する徴兵制や強制的戦闘参加が正当化されるのかを、一般的に問題にしなければならないだろう。この点、男性の戦闘能力の相対的高さが強制理由に含まれてきたことは否定できない。兵役は戦闘能力のある壮健な男性（「真の公民」）の義務と捉えられてきたことは事実であり、その義務を正当化するものが国民国家の論理であったことはいうまでもない。兵役を国民国家の構成要素としての公民資格要件（シティズンシップ）に関わらせることによって、国民国家への男性市民の包摂と女性の公民権からの排除（女性の二流市民化）の論理が正当化されてきた[14]。アメリカ合衆国最高裁判所も1981年 Rostkar 判決において、徴兵のための登録を男性のみに義務づける連邦法を合憲と判断していた[15]。

第2に、女性についてはなぜ強制でなく志願制なのか。女性に対して兵役参加を強制しない理由が問題となる。この点は、(i)女性の非戦闘的性格、男性との能力差などの特性や本質が理由とされ、女性の参加による軍事的効率の低下などが指摘されることがある。しかし軍備のハイテク化がそのような議論を不可能にしたこともあり、この論点を一般化しえないことはすでに確認済みである。これに対して、多少とも説得力があるようにみえるのは、(ii)母性保護の観点から、生命の再生産という性役割をもつ女性の「母体の健康」を守るためと

いう理由である。しかし、湾岸戦争下の米軍のイラク攻撃時の劣化ウラン弾が障害児の出生に影響したことなどを想起すれば、戦争から女性（母性）だけを保護する理由がないことは明白となる。現代では、戦闘行為等によって生命・身体を害されない権利や、戦争への協力を拒否する権利は、女性だけでなく男性にもある、といわなければならない。

もし、このような議論が成り立つとすれば、戦争による身体的被害、さらには戦争という人権侵害（加害）行為から保護される権利（国家に対する保護請求権）の主体として男女が同等であることが導かれるはずであり、人権論からの理論的再検討が不可欠となろう。

3　「人権アプローチ」の有効性——被害者から「担い手」へ

1）1979年の女性差別撤廃条約以降、国際人権論の土俵で、平和や軍縮の達成が男女の人権確立に不可欠であることが表明されてきた背景には、女性を武力紛争の被害者と捉える視座があった。実際、国連の「女性に対する暴力撤廃宣言」（1993年）や、国際刑事裁判所（ICC）規定における「性的暴力」の明示などは画期的なこととして歓迎された。[16]

しかし、問題はこのような「女性に対する暴力の否定」にとどまってはいない。「本質主義からの脱却による平和志向の論理」すなわち、単なる「女性＝被害者」の視点や、旧来の「女性＝平和志向」という特性論・本質主義に立脚した女性差別撤廃論・「女性の人権」論を超えて、軍縮・平和による男女の人権確立と、平和への男女共同参画をめざす方向が明確にされた。[17] いわば戦争の被害者としての女性から、反戦・平和の「担い手」としての女性へ、特性論から「担い手」論へ、「女性の人権から男女の人権、男女共同参画へ」という理論の進化が認められる。[18] 例えばニューヨーク女性2000年会議の「成果文書」が掲げる「紛争防止・紛争解決・紛争後再建・平和創造・平和維持・平和構築を含む開発活動及び和平プロセスにおける、意思決定及び実行のあらゆるレヴェルへの女性の完全な参加」という方針には、従来の女性兵士型とは違った男女共同参画の構想が念頭にあることが窺える。

2）以上のように、女性に対する暴力の否定から、脱本質主義論を経て、

（男女共同の）「担い手」論に進化させる理論を強化するためには、戦争自体が（男女双方にとっての）人権侵害であるという観点を明確にしたうえで、男女共同参画の課題が、人権保障のための反戦・軍縮・平和にむけた意思決定参加を含むことを明らかにしなければならない。さらに、このような理論展開を実践に結びつける努力も必要となろう。実際に、このような理論展開を確認することは、世界の平和運動や女性団体のあり方にも重要な指針を提示するものである。とりわけ平和憲法を擁し、平和的生存権の重要性を理解する日本の平和運動は、理論面で世界のそれをリードしうる位置にある。現に、沖縄の反ミリタリー・ヴァイオレンス運動（Okinawa Women Act Against Military Violence: OWAAMV）[19]はミリタリー・ヴァイオレンス、セクシュアル・ヴァイオレンス、環境破壊、帝国主義に抗する立場から、ローカルでグローバルなフェミニスト問題を提起して世界的に注目されている。[20]また、平和創設のための女性のイニシアティヴを強化するための国際組織（International Fellowship of Reconciliation's Women Peacemakers Program: WPP）などの活動も知られている。[21]

3）これらの女性平和団体にとっては、今後も本質主義や女性の特性論に埋没することなく、男女の人権確立と戦争の犯罪化のために新たな方向性を示すことが課題となろう。この点では、ジェンダー・アプローチの有効性を認識しつつもなお、視野の拡大や運動主体の拡大によって問題を周辺から「中央」に引き戻すこと、主観的・運動論的アプローチを超えて、客観的・規範的アプローチに止揚することが求められる。そのためには、憲法学・平和学・国際政治学等やジェンダー法学等との学際的連携によって、国際的規範に高めることも必要となろう。とくに平和憲法を擁する日本にとっては、広く比較憲法学的な視点から日本国憲法の平和的生存権と戦争放棄規定の意義を再確認し、このような規範の世界化・グローバル化をめざすことが有効であると思われる。その意味で、次に、平和憲法の比較憲法的考察を加えておこう。

3　比較憲法的考察──「人権としての平和」論の21世紀的意義

1　平和憲法の諸類型

1）近代憲法の成立以後、1791年フランス憲法、1931年スペイン憲法、1947年イタリア憲法など多くの国の憲法で、平和主義を明記する立憲平和主義の立場が確立された。しかし殆どが侵略不正戦争のみを放棄するにとどまったのに対して、日本国憲法では、平和主義の現代的形態を先取りする形で戦争放棄・戦力不保持と平和的生存権が保障された。その後、新たに独立したアジア・アフリカ・中南米諸国の憲法のなかに、平和主義条項をもつものが急増した。世界の憲法を鳥瞰すれば、以下のような類型化が可能となる。[22]

(i)抽象的な平和条項を置く憲法（フィンランド、インド、パキスタン、中国、ロシアなど）、(ii)侵略戦争・征服戦争の放棄を明示する憲法（フランス、ドイツ、大韓民国など）、(iii)国際紛争を解決する手段としての戦争を放棄し、国際協調を明示する憲法（イタリア・ハンガリーなど）、(iv)中立政策を明示する憲法（スイス、オーストリア、マルタ、モルドバなど）、(v)核兵器等の禁止を明示する憲法（パラオ、フィリピン、コロンビアなど）、(vi)軍隊の不保持を明示する憲法（コスタリカ）、(vii)戦争放棄・戦力不保持および平和的生存権を明示する憲法（日本）の7類型である。

2）このうち、日本国憲法を(iii)のイタリア憲法等と同視する見解があるが、[23] イタリア憲法（1947年）11条では「イタリアは、他の人民の自由を侵害する手段および国際紛争を解決する方法としての戦争を否認する」と規定して国際機関への主権移譲等を認める反面で、戦争状態の決定（78条）等の規定が存在することに注意すべきである。ハンガリー共和国憲法も同様に、6条で紛争解決手段としての戦争を放棄しつつ、攻防と徴兵の規定（70条H）、大統領の軍隊指揮権（29条）、軍隊・警察の規定（8章）を置いている。[24]

また、(vi)のコスタリカ憲法と同視する見解も散見されるが、コスタリカ憲法では、12条1項で「常設制度としての軍隊は禁止される」と定める一方、2・3項で軍隊の保持も可能としており、日本国憲法とは異なっている。[25] 但し、世

界第6位の軍事大国として防衛庁の防衛省への昇格や自衛隊の海外派兵などを推進している日本に比して、実際に60年近くも軍隊は設置されなかったコスタリカや、軍隊をもたない世界27カ国の実態には、大いに注目すべきであろう。[26)][27)]

3）さらに、比較憲法的にみれば、核兵器の恐怖をふまえ、核軍縮の国際的機運が生じた1980年代以降に制定された太平洋沿岸諸国、中南米諸国等の憲法（上記ⅴ類型の諸憲法）において、核・生物・化学兵器の禁止が明記されたことが注目される。とくにコロンビアの1991年憲法81条では、これらの核兵器等の持ち込み禁止を健康な環境を享受すべき環境権の観念と結びつけていることが特筆される。[28)]

コロンビア憲法では、第2編で人権保障と義務について定めているが、人権に関して、基本的人権（1章）、社会的・経済的・文化的権利（2章）、集合的権利と環境権（3章 Collective Rights and the Environment）に分類し、第3章の79条で「何人も、健康的な環境を享受する権利を有する。法律が、これに関連する決定へのコミュニティの参加を保障する。環境における多様性と完結性（diversity and integrity of the environment）を確保し、とくに生態学上の重要性を有する地域を保全し、これらの目的の完成のための教育を促進することは、国の責務である」と定める。また、80条では、天然資源の永続的な発展と保全ないし補充を行うために、天然資源の利用・処理について国が計画を立てるべきことを定める。それに続く81条1項では、「化学兵器、生物兵器または核兵器の製造、輸入、所有および使用は、核および有毒廃棄物の国内への持ち込みと同様に、禁止される。」と明示し、2項で遺伝子的な資源とその利用について国が輸出入を規制することを定めている。さらに、第5章の国民の責務と義務の項目では、他人の人権の尊重などと並んで、「平和的共存の基礎として、人権を擁護し促進すること（4号）」「平和の完成と維持に向けて努力すること（6号）」を定めている。

4）このように環境権と平和を結びつけた思考方法は、地球環境と平和の維持、平和的生存権の確立を最重要課題とする21世紀的な憲法課題を明確にしたものであるといえるであろう。その意味でも、日本国憲法が先取り的に規定した平和的生存権や「人権としての平和」論との理論的接合が求められる。

2 平和的生存権の構造

1) 日本国憲法の平和的生存権の権利構造については、なおも幾多の理論的課題が残存しており、「人権としての平和」論を再構築するという観点からはこの問題を避けて通ることができない。とくに平和的生存権の法的権利性については、次第にこれを認める積極説が有力となりつつあるとはいえ、これらを否定する説もなお多数である[29]。

平和的生存権の法的権利性を承認する積極説では、その法的根拠について、①憲法前文に直接的根拠を求める見解（浦田賢治説など）、②9条が客観的な制度的保障の意味をもつとして9条を根拠とするもの（杉原泰雄説、浦部法穂説など）のほか、③憲法前文、9条、13条、憲法第3章の人権規定が複合して保障していると解する見解（深瀬説）などがあるが、④前文を直接の根拠規定としたうえで13条・9条を含めて広く捉える見解（山内説ほか）が妥当であろう[30]。

2) 私見では、9条を有する日本国憲法の前文に明示されている平和的生存権については、憲法前文の裁判規範性を肯定し、さらに平和的生存権の法的権利としての性格を承認したうえで、「平和的手段によって平和状態を維持・享受する権利」と解することを妥当と考える[31]。ただし、根拠規定を前記③や④のように捉える場合には、憲法前文が「全世界の国民」の権利として規定した平和的生存権（広義）と、9条・13条から抽出される個人の実定的権利としての平和的生存権（狭義）との分離が必要となろう。

まず前者の広義の平和的生存権については、（ルーズヴェルトの「四つの自由」の教書や大西洋憲章が欠乏・恐怖からの自由と平和的生存を掲げたにとどまって「権利」として確立しなかったのに対して）日本国憲法前文がこれを明確に権利として確立したことに大きな意義がある。さらに国際条約上の「平和への権利」が戦争の全面否定に基づいていないのとは異なって、日本国憲法では9条で戦争の全面放棄と非武装を明記しことでその意味内容が具体化された。前文と9条が結合することによって日本国民の戦争拒否の権利、政府に対する平和請求権としての（狭義の）平和的生存権の保障が導出されたと解される。

また、前文のいう「恐怖と欠乏からのがれて平和のうちに生存する権利」（全世界の国民の自然権的権利）が、憲法13条の生命・自由・幸福追求への個人の

権利の保障という形で具体化されたと解することで、日本国憲法下の（狭義の）平和的生存権の主体を個人として捉えることができる。このような考え方にたてば、（狭義の）平和的生存権は、憲法前文、9条、13条を根拠として、生命・自由への侵害の排除と平和的環境の維持、平和的環境での生存を請求する権利を主たる内容とする個人の権利（自由権的性格と請求権的性格をあわせもつ権利）と解することができよう。

　3）権利の主体について、日本の憲法学説では、a）国民・個人と解する立場（星野説、深瀬説、山内説ほか）、b）民族とする立場（長谷川正安説）、c）個人と民族の両者（影山日出弥説、浦田賢治説）に分かれると解されてきたが、上記のような広義・狭義の区別を加えることで、権利主体も明確にすることができると思われる。すなわち広義・狭義に区別する私見を前提とすれば、狭義の平和的生存権について、これを個人の権利と捉えるa）説が妥当となる。[33]

　4）裁判規範性についても、これを否定する説と肯定する説に分かれ、後者にも国民全体に原告適格を認める立場と限定的に捉える立場に分かれる。裁判例も、長沼訴訟一審判決（札幌地裁1973年9月7日）やイラク派兵違憲訴訟控訴審判決（名古屋高裁2008年4月17日）が裁判規範性を認めた以外は、長沼訴訟二審、百里基地訴訟一審・控訴審・上告審など、いずれも裁判規範性を認めていない。[34] しかし、これらの根拠は、おもに平和の概念が抽象的であることや前文の裁判規範性の否定であり、今日では、とくに上記イラク派兵違憲訴訟控訴審判決の出現によって、説得力を失いつつあるように見える。すなわち、この判決では、平和的生存権を「すべての基本的人権の基礎にあってその共有を可能ならしめる基底的権利」とし、「平和的生存権に具体的権利性が肯定される場合がある」と認めたことに大きな意義が認められる。[35] ここでは抽象的概念であること等を根拠に権利性を否定する見解について「平和的生存権のみ、平和概念の抽象性等のためにその法的権利性や具体的権利性の可能性が否定されなければならない理由はない」として一蹴している点が注目される。

　上記のような理解を前提にすれば、その法的権利性も裁判規範性も認めることが可能となると思われる。[36] 小林武教授も指摘するように、前文で平和的生存権を定め、9条で平和の内容を確定したうえで「この平和主義の理念が第3章

の掲げる基本的人権の意味を指導するという構造³⁷⁾」が次第に明らかにされつつあるといえよう。さらに2009年2月24日には、イラク派兵違憲訴訟岡山第3次訴訟における岡山地裁判決において「徴兵拒絶権、良心的兵役拒絶権、軍需労働拒絶権等の自由権的基本権として存在し」、またこれが具体的に侵害された場合は、「不法行為法における被侵害法益としての適格性があり、損害賠償請求ができることも認められる」いう踏み込んだ判断が示されたことが注目される[38]。

3　「人権としての平和」論の再構築

1）平和的生存権を上記のように構成する場合も、「人権としての平和」論の全体構造を明らかにするためには、その他の諸権利と併せて理論構成する課題が残っているようにみえる。上記の広義の平和的生存権については、国連の「平和に対する権利」と同旨の権利として大きな意義が認められているが、発展の権利や連帯の権利など第三世代の人権として位置づけられていることに限界も指摘される[39]。そこで、先の比較憲法類型論の(ⅴ)類型の諸憲法で示されたように、単に個人の生存権という位置づけだけではなく、地球環境保全や核廃絶のための環境権としての位置づけを論究することが有意義となろう。

2）また最近では、山内教授によって13条後段の生命権を（幸福追求権とは切り離して）すべての人権の基礎に置き、平和的生存権の核心に生命権を見出す見解が説かれてきた[40]。上田勝美教授によっても、人権生成の基礎に生命基本権（人間の生きる権利）を置く「生命権を基礎とした人権類型論」が提示され、山内説との比較もなされている[41]。山内説では、私見とは異なる仕方で広義の平和的生存権（生命権）と狭義の平和的生存権（戦争の脅威や軍隊の強制から免れて種々の人権を平和のうちに享受する権利）とを区別しており、前者の生命権を「人権中の人権」と捉えている点では上田説と大きな隔たりはないようにみえる。この点、私見では狭義の平和的生存権のみを個人を主体とする実定的権利と捉えその裁判規範性を認めるのに対して、狭義の平和的生存権を「切り札としての権利」（「公共の福祉」によっても制限されない人権）と解する山内説では、広義の権利も同様に個人の実定的権利として捉えているのかどうかなど、なお議論

3）いずれにしても、私見でいう「狭義」の「個人の権利」としての平和的生存権の「内包」と「外延」を精査することが今後の課題となる。「内包」の点では、先の名古屋高裁判決が、「具体的権利性が肯定される場合がある」と認めた点に意義があるとしても、実際には、例示されたような「憲法9条に違反する戦争の遂行等への加担・協力を強制されるような場合」等にどのような条件下で個人的権利が承認されるべきか、なお不明である。私見では、上記のように「生命・自由への侵害の排除と平和的環境の維持、平和的環境での生存を請求する権利（例えば、9条違反の政府の行為によって生命・自由を侵されない権利など）」のような内容を念頭においているが、イラク派兵など具体的な事例においてその権利性をいかに判断するか、という課題は今後も依然として存在する。この点は、「人権としての平和」論の中心に位置する平和的生存権論の構造を明らかにするうえで重要な課題であり続けることになろう。

　4）さらに、平和的生存権の周辺に位置する種々の人権（「外延」）についても、「人権としての平和」論構築の観点からこれを明らかにすることが必要である。この点では、例えば、13条の（侵害排除請求権としての）生命権、幸福追求権、環境権、25条の（社会権＝請求権としての）生命権、環境権、生存権、14条・24条の平等権、19条の思想良心の自由と20条の信教の自由（良心的兵役拒否権、国家により殺傷を強制されない権利等）、21条の表現の自由（国家の行為に対する批判の自由等）、31条以下の適正手続保障、15条の参政権（主権者の意思決定権行使による平和の維持、主権者国民〈市民〉の権利としての平和維持権等）が構想できるであろう。

4　「人権としての平和」研究のマトリクスと今後の課題

1　ジェンダー視点の導入によって明らかになった課題

　1）本稿の冒頭で指摘したように、平和・人権・ジェンダーの三極構造を問題にする視点を導入することによって、戦争の本質や徴兵制からの女性排除の理由等に含まれる問題が明らかになる。この点については、上野千鶴子氏の鋭

い問題提起がある。上野氏は、「『慰安婦』問題が女性の『人権侵害』として言説構成されるのならば、『兵士』として国家のために殺人者となることもまた男性にとって『人権侵害』であると、立論することが可能だ。人権論はそこまでの射程を持つだろうか。『慰安婦』問題が突きつける問いは、たんに戦争犯罪ではない。戦争が犯罪なのだ」と指摘した。この議論については、すでに筆者から、人権論の射程に関する問いに対して肯定的に応答したところである。良心的兵役拒否論だけでなく、平和的生存権や「平和への権利」の法理を強化してきた日本の憲法学や国際人権論の展開には、戦争を人権の力で超越する「人権としての平和」論を獲得した点で大きな意義を見出すことができるからである。

2）同時に、筆者は、Ｘ軸（平和・戦争）、Ｙ軸（男性・女性）、Ｚ軸（人権肯定・人権否定）という三次元マトリクスを用いて、平和・人権・ジェンダーに関する研究課題を分析することを試みた。ここでは３つの軸によって切りわけられる８つのディメンションのうち、（女性兵士など）女性の人権と平和に関連する研究が進展した反面で、男性の人権と平和に関する研究が不足していることがわかる。これはジェンダー人権論やジェンダー学の研究成果に比して、普遍主義的な人権論（近代以降、男性（man）＝人間の権利として認識されてきた人権論）自体に課題が残されているためでもある。

例えば、上記の８つのディメンションは、［ａ］戦争×男性×人権肯定（男性の参戦の権利など）、［ｂ］戦争×女性×人権肯定（女性の参戦の権利、女性兵士の職業選択の自由、軍隊内の男女平等問題など）、［ｃ］平和×女性×人権肯定（女性の参戦拒否権、女性の平和的生存権など）、［ｄ］平和×男性×人権肯定（男性の良心的兵役拒否・参戦拒否権など）、［ｅ］戦争×男性×人権否定（男性兵士の戦場での人権侵害など）、［ｆ］戦争×女性×人権否定（女性兵士の戦場での人権侵害、ナショナリズムに依拠する女性の参戦など）、［ｇ］平和×女性×人権否定（人権批判論にたった女性の平和主義論、女性を平和主義者とする本質主義的理解）、［ｈ］平和×男性×人権否定、のように区分される。このうち［ｂ］・［ｃ］・［ｇ］など女性の人権と平和に関する議論が進んでいる反面、［ａ］・［ｅ］・［ｈ］など男性と平和に関連する問題は未検討の領域といえる。［ａ］には男性の人権にとっ

ての戦争の意味、[e]には戦場におけるレイプなどの男性兵士による人権侵害の例などが含まれる。[46)]

こうして、戦争に駆り出される男性兵士の人権侵害、戦争の本質と「男性性」との関係などが、今後の重要な研究課題となる。ここでは、男性学など性差に敏感なジェンダーの視点を導入した検討が不可欠となろう。平和的生存権や戦争協力拒否権など「人権としての平和」のための権利論を理論化する視点をもって、平和・人権・ジェンダーの構造的・多面的理論分析が今後一層進展することを期待したい。

2 憲法理論上の研究課題

1）国連等をはじめとする「人間の安全保障」論や「平和に対する権利」論の展開によって、「人権としての平和」論の骨格はかなり明確になってきたようにみえる。しかし、国連軍等の武力攻撃容認論を伴うこれらの議論は、憲法9条と13条を基礎とする日本国憲法のそれとは本質的に異なる点も否定できない。比較憲法的考察によって、前記(iv)のイタリア型や(vi)のコスタリカ型と日本国憲法との相違点が明確にされた通りである。日本国憲法の場合は、まず前文で平和主義の理念と広義の平和的生存権を明示し、さらに9条の非武装平和主義と13条の生命権・幸福追求権（および環境権など）によってその具体的内容を限定的に明らかにすることで狭義の平和的生存権を国民個人の実定的・法的権利として保障した。そのうえで、さらに18条、19条（良心的兵役拒否の権利）、25条や14条・24条（社会や親密圏における平等権）等の第3章の諸権利と関連づけてその保障を担保したものであると解することができよう。ここでは、まさに戦争に加担することを拒否し、平和的な環境の中で生存する権利という形での「人権としての平和」の体系が形成されていると解することができる。

2）さらに加えれば、憲法上の基本原理としての基本的人権尊重、国民主権、平和主義の間には、それぞれ相互依存的な関係があり、国民主権の原理も、基本的人権や平和主義を保障するために機能することが求められている。すなわち、人権を実現するために国民主権があり、主権者は、人権保障や平和の確保のために「担い手」となるべく政治的権力を行使することが求められ

る。この場合の国民主権を、抽象的・観念的国籍者の総体を主権主体とするフランス流のナシオン主権ではなく、具体的な市民（政治的意思決定能力者）の総体としての人民にあるとするプープル主権、ないしはこのような市民自体に主権があるとする「市民主権」の論理によって理解するならば、みずからの政治的意思決定によって平和や人権を維持することが必要となる。とくに、平和の「担い手」としての主権者市民がその役割を十分果たすためには、選挙等の主権行使の機会に、平和主義にかかわる意思決定において、選択肢が明確に提示されていることが大前提となる。「市民主権」のもとでは、主権者である男性市民と女性市民は、自らの主権者としての地位と主権行使において、自らの人権と平和を実現する責務を有するといえるのである。

「平和の担い手としての主権者市民」、さらには主権者市民の構成員である女性市民と男性市民にとっての「人権としての平和」の21世紀的な意義を、今こそ問い直す時であろう。

注
1) 本稿は、2009年5月28～30日にヘルシンキ大学で開催された国際シンポジウムの基調講演（The 3rd Gendering Asia Network Conference: Gender, Mobility and Citizenship: Keynote Speech, Miyoko Tsujimura, "Gendering Strategy for "Peace as Human Rights" — toward the construction of an Anti-Military Theory"）を契機としている。このタイトルは日本国憲法9条に強い関心を寄せる同大学岩竹美加子教授の意向に沿うものであり、講演の内容は http://www.law.tohoku.ac.jp/gcoe/ja/archive/document_index.html; http://www.genderingasia2009.niasconferences.cet/indes.php に掲載されている。また、拙稿「平和・人権・ジェンダー」植木俊哉・土佐弘之編『国際法・国際関係とジェンダー』（東北大学出版会、2007年）、拙著『ジェンダーと人権』（日本評論社、2008年）、拙著『憲法とジェンダー』（有斐閣、2009年）とも重なる部分があることをご容赦頂きたい。
2) 高柳信一「戦後民主主義と『人権としての平和』」世界1969年6月号（井上ひさし・樋口陽一編『「世界」憲法論文選』（岩波書店、2006年）209頁以下所収、引用は218、219頁）。ここでは良心的兵役拒否の権利等の個人的自由よりも広範な理念として捉えられている。
3) 浦部法穂「平和的生存権と『人間の安全保障』」深瀬忠一ほか編『平和憲法の確保と新生』（北海道大学出版会、2008年）23頁以下参照。
4) 星野安三郎「平和的生存権序説」小林孝輔・星野編『日本国憲法史考』（法律文化社、1962年）、深瀬『戦争放棄と平和的生存権』（岩波書店、1987年）、学説・判例の展開は、山内敏弘『人権・主権・平和』（日本評論社、2003年）4章、小林武『平和的生存権の弁

証』(日本評論社、2006年) 1章、上田勝美「世界平和と人類の生命権確立」深瀬ほか前掲編書(前注3)参照。
5) 拙著『女性と人権』(日本評論社、1997年)、拙稿「『女性の人権』と平和の理論」深瀬・杉原ほか編『恒久世界平和のために』(勁草書房、1998年) 895頁以下、拙著『憲法』(日本評論社、2000年) 122頁以下、同3版 (2008年) 108頁以下参照。
6) 「ジェンダー人権論」とは、「男性並み平等論」や「女性の人権」の確保をおもにめざす議論ではなく、性差そのものを問題とするジェンダーの視点に立った人権論として構想されている。一般に「社会的・文化的性差」と訳されるジェンダーの概念を含め、ジェンダー視点に立った人権論・憲法論については、前掲拙著『ジェンダーと人権』序章、『憲法とジェンダー』2章を参照されたい。
7) 国際人権保障の展開につき、建石真公子「『平和のうちに生存する権利』と国際人権保障」深瀬ほか前掲編書(前注3) 52頁以下、山内前掲書(前注4) 10・11章等参照。
8) 土佐弘之『グローバル/ジェンダー・ポリティクス——国際関係論とフェミニズム』(世界思想社、2000年)、同「バックラッシュ(再領域化)の政治と暴力」竹村和子編『ポストフェミニズム』(作品社、2003年)、Spike Peterson, *Gendered States: Feminist (Re) Vision of International Relation Theory*, 1992; Tine Davids and Francien Van Driel (ed.), *The Question in Globalization*, 2005, pp.3-22; Torry D. Dickinson and Robert K. Schaeffer, *Transformations: Feminist Pathways to Global Chance*, 2008, pp. 224-227参照。
9) 金井淑子『フェミニズム問題の転換』(勁草書房、1989年) 149頁以下、Jean Bethke Elshtain "Thinking about Women and Internation Violence", Peter R. Beckman and Francene D'Amico, *Women, Gender and World Politics*, 1994, pp.109-118参照。
10) 上野千鶴子「女性兵士の構築」江原由美子編『性・暴力・ネイション』(勁草書房、1998年) 4頁。上野氏は、「フェミニズムが自動的に、平和主義で、反軍事的で、民主的で、反差別的であるという論理のパッケージを拒否するなら、その裏返し、フェミニズムは全体主義、軍事主義、人種主義と相容れない、という『予断』をも拒否しなければならなくなる」として、「フェミニズムの脱パッケージ化」、国民国家や女性の「脱本質主義化」を目指した。同『ナショナリズムとジェンダー』(青土社、1998年) 24、94、199頁参照。
11) Federal Constitution of the Swiss Confederation of 18 April 1999, http://www.admin.ch/ch/e/rs/101/a59.html, (Art.59 Military service and alternative service).
12) 詳細は、水島朝穂「ジェンダーと軍隊」法律時報73巻4号 (2001年)、前掲拙稿「平和とジェンダー」全国憲法研究会編『憲法と有事法制』(日本評論社、2003年) 参照。
12) Basic Law for the Federal Republic of Germany (Promulgated by the Parliamentary Council on 23 May 1949) Art.12a added in 24 June 1968, http://www.fordham.edu/halsall/mod/CONST-DE.html, Basic Law of the Federal Republic of Germany, Art.12a〈Compulsory military and alternative civilian service〉, 2008, http://www.bundestag.de/interakt/informat/fremdsprachiges-material/downloads/ggE
13) Kreil v. Germany, Case C-285/98, European Court of Justice, Judgment of January 11, 2000 [2000] ECR I-69.
14) 拙稿「ジェンダーとシティズンシップ」法律時報73巻12号 (2001年)、拙著『市民主権

の可能性』（有信堂、2002年）188頁以下、Ruth Lister, *Citizenship: Feminist Perspectives*, 1997, 上野千鶴子「市民権とジェンダー」思想955号（2003年）、同『生き延びるための思想』（岩波書店、2006年）参照。
15) Rostkar v. Goldberg 453 U.S.57 (1981) 憲法判例研究会編『アメリカの憲法判例』（有斐閣、1998年）196頁〔戸松秀典執筆〕。
16) その展開の概観は、山下泰子『女性差別撤廃条約の展開』（勁草書房、2006年）26頁以下参照。
17) 前掲拙著『ジェンダーと人権』292頁以下参照。
18) 拙稿「男女共同参画社会と『女性の人権』」ジュリスト1192号（2001年）69頁以下参照。
19) Yuko Fukumura and Martha Matsuoka, "Redefining Security: Okinawa Woman's Resistance to U.S.Militarism", in Nancy Naples and Manisha Desai eds., *Women's Activism and Globalization*, 2002, pp.239-263, 259-261.
20) Torry D. Dickinson and Robert K. Schaeffer, *op.cit.*, pp.238-240.
21) Shelly Anderson "Crossing the Lines: Women's Organizations in Conflict Resolutions", *Ibid.*, p.260.
22) 詳細は、拙著『比較憲法』（岩波書店、2003年）Ⅸ章、前掲拙著『憲法とジェンダー』（前注1）9章参照。
23) 西修『よくわかる平成憲法講座』（TBSブリタニカ、1995年）193頁参照。
24) The Constitution of Italy, http://en.wikisource.org/wiki/ConstituionofItaly (official translation); The Constitution of the Republic of Hungary, http://en.wikisource.org/wiki/Constituionof Hungary (official translation).
25) The Constitution of Costa Rica, http://www.costaricalaw.com/legalnet/constitutional-law. コスタリカ憲法については、澤野義一『永世中立と非武装平和憲法』（大阪経済法科大学出版部、2002年）3章、同「『永世中立』構想による安全保障政策」深瀬ほか前掲編書（前注3）264頁以下参照。
26) 日本の軍事支出は、2008年のミリタリー・バランスによれば、アメリカ、中国、ロシア、イギリス、フランスについて世界第6位である。防衛省編『日本の防衛（平成21年版）』資料23、http://www.iiss.org/publications/the-military-balance 参照。また、女性自衛隊員の人数も1万人を超え「男女共同参画」の名のもとに増員されている実態がある。
27) 前田朗『軍隊のない国家――27の国々と人びと』（日本評論社、2008年）、吉岡逸夫『「平和憲法」を持つ三つの国――パナマ・コスタリカ・日本』（明石書店、2007年）参照。
28) Text of the Constitution of Colombia [1991] http://confinder.richmond.edu/admin/docs/colombia_const2.pdf（非公式版）参照。
29) 否定説として、芦部信喜（高橋和之補訂）『憲法〔第4版〕』（岩波書店、2007年）38頁、松井茂記『日本国憲法』（有斐閣、2007年）193頁参照。
30) 深瀬前掲書（前注4）235頁以下、山内敏弘『平和憲法の理論』（日本評論社・1992年）268頁以下参照。学説状況は、野中俊彦ほか『憲法Ⅰ〔第4版〕』（有斐閣、2006年）154頁〔高見執筆〕、小林武前掲書（前注4）52頁以下も参照。

31) 樋口陽一ほか『注解法律学全集・憲法Ⅰ』（青林書院、1994年）37頁〔樋口執筆〕、山内前掲『平和憲法の理論』（前注30）282頁以下。私見につき、拙著『憲法』（日本評論社、2000年）123-126頁、同第2版（2004年）121-123頁、同第3版（2008年）109-111頁を参照されたい。

32) 小林前掲書（前注4）63頁以下参照。小林教授は「結局、3つの説に決定的な対立はない」とする（同132頁）。

33) C説も平和的生存権の二面性を基礎とする見解であるが、ここでは、私見のような広義・狭義の区分ではなく、対外的・対内的側面の区別に基づく点、民族を持ち出す点などで私見とは異なっている。

34) 詳細は、小林前掲書（前注4）32頁以下参照。長沼事件につき、貴重な歴史的証言の書である福島重雄ほか編著『長沼事件　平賀書簡――35年目の証言』（日本評論社、2009年）参照。

35) http://www.courts.go.jp/search/ 判決につき、ジュリスト増刊『平成20年度重要判例解説』（有斐閣、2009年）憲法 No.2〔渋谷秀樹執筆〕、川口創・大塚英志『『自衛隊のイラク派兵差止訴訟』判決文を読む』（角川書店、2009年）、毛利正道『平和的生存権と生存権が繋がる日：イラク派兵違憲判決から』（合同出版、2009年）も参照。

36) 杉原泰雄教授も日本国憲法では9条によって平和の意味・内容が具体的に規定されているため「9条のもとで生存すること」が主観的権利としても保障されているとする（杉原泰雄『憲法Ⅱ・統治の機構』有斐閣、1989年154頁）。浦田一郎教授は「憲法上の権利」と区別された「裁判上の権利」の内容として、「9条違反の国家行為による3章の人権の直接的侵害に対抗する権利」と「9条の遵守を求める権利」を挙げる（浦田一郎「平和的生存権」樋口陽一編『講座憲法学・第1巻』日本評論社、1994年158頁以下）。これらの見解は、イラク派兵違憲訴訟原告準備書面（17）等を通して控訴審判決にも影響を与えたようにみえる（小林前掲書（前注4）126頁以下参照）。

37) 小林前掲書128頁。

38) http://www2s.biglobe.ne.jp/~mmr/glocal/2009/733/okayama-iraq.html ただ、これらの判決はいずれも最終的結論においては「派遣は原告に向けられたものでなく、現実に生命の安全などが侵害される危険にさらされたわけでもない」等として原告敗訴となった。とくに2009年4月23日の同じ岡山地裁の1・2次訴訟判決では、「確かに『権利』と表現されてはいるが、文脈や全体の表内容からすると、『崇高な理想と目的』として宣言されたものと考えられる」として具体的権利性も否定された。http://mytown.asahi.com/okayama/news/php 参照。

39) 建石前掲論文（前注7）69頁参照。

40) 山内前掲『人権・主権・平和』（前注4）9頁。山内前掲『平和憲法の理論』（前注30）292頁以下参照。

41) 上田前掲論文（前注4）12頁以下参照。上田教授によれば、両説の違いは、山内説においては生命権をすべての人権の根源的権利とせずに幸福追求権、平等権、自由権等と並列的に捉えているように見える点にあるとする。上田説では自然権としての平和的生存権が「13条の基本権（生命権）を媒介として」第3章の諸人権に「多様化し、特化して、国民の権利（体系）として保障されている」とされるため、狭義の権利を実定的な個人の具体的権利として捉える私見とも近似しているようにみえる。

42) 9条が「日本社会における批判の自由を下支えするため」に果たしてきた役割については、樋口陽一「戦争放棄」樋口編『講座憲法学第2巻』（日本評論社、1994年）120頁、山内前掲『人権・平和・主権』（前注4）253頁参照。平和的生存権についても同様であろう。
43) 上野前掲『ナショナリズムとジェンダー』（前注10）199頁。
44) 拙稿「ジェンダーが拓く『人権の世紀』」創文428号（2001年）、前掲拙著『ジェンダーと人権』（前注1）298頁参照。
45) ここでは紙幅の都合で図は省略する。前掲拙著『ジェンダーと人権』291頁図2、拙稿「平和とジェンダー」全国憲法研究会編『憲法と有事法制』（2003年）38頁、前掲拙著『憲法とジェンダー』279頁の図を参照されたい。
46) 兵士のレイプに関する分析として、シンシア・エンロー（上野千鶴子監修、佐藤文香訳）『策略 女性を軍事化する国際戦略』（岩波書店、2006年）61頁以下参照。
47) 3つの基本原理の相互関係、および、平和の担い手としての市民の意義については、拙稿「憲法政治に憂いあり」小森陽一・辻村みよ子『有事法制と憲法』（岩波書店、2002年）23頁以下、拙稿「二つの憲法観」全国憲法研究会編『憲法問題20号』（三省堂、2009年）を参照されたい。
48) 市民主権については、前掲拙著『市民主権の可能性』175頁以下、前掲拙著『憲法（第3版）』71頁、367-371頁などを参照されたい。

戦争被害と平和的生存権の法理
―― 東京大空襲訴訟東京地裁判決（2009年12月14日）をもとに ――

内藤　光博

1　はじめに

　東西冷戦終結後、1990年代に入り、いわゆる「戦後補償裁判」が噴出し、「戦後補償問題」が大きな法的・政治的問題となっている。「日本軍慰安婦訴訟」、「強制連行・強制労働訴訟」に代表されるこれらの裁判では、多岐にわたる解決困難な法的論点が焦点となってきた。

　また、90年代の旧植民地および軍事占領地域の戦争被害者を原告とする、これらの「戦後補償裁判」に先立ち、1960年代後半に提起された、いわゆる原爆訴訟をはじめ、70年代の名古屋空襲訴訟、90年代のシベリア抑留国賠訴訟、2000年代に入り、中国残留孤児および残留婦人訴訟、また近年では東京大空襲や大阪空襲をめぐる国賠訴訟が提起されるなど、日本人の一般戦争被害者からも、日本政府に対し被害回復と謝罪が求められてきた。こうした日本人の一般戦争被害者による被害回復請求訴訟も、広い意味で「戦後補償裁判」に含まれよう。

　こうした国内外の戦争被害者による戦後補償裁判の噴出は、第2次大戦後65年を迎える今日においてなお、日本政府のアジア太平洋戦争に対する「戦後処理」が不充分であったことを表すものであり、戦争被害を放置してきた政府の無責任さを明瞭に示すものである。

しかし、これまで日本の裁判所は、戦後補償裁判の審理にあたり、下級審における一部の例外を除き、さまざまな「法的な壁」を根拠に、きわめて消極的な態度をとってきた。すなわち外国人（旧植民地および軍事占領地域の人々）から提訴された訴訟では、補償立法における「国籍条項」、明治憲法下の「国家無答責の法理」、民法724条の「除斥期間」、国際法が個人請求権を認めていないこと、条約による請求権放棄（1965年の日韓基本条約締結に伴う「日韓請求権並びに経済協力協定」、1972年の「日中共同声明」第5項）などを理由として、請求を棄却してきている。

　また、原爆被害者や空襲被害者などの日本人の一般市民の戦争被害者を原告とする訴訟において、裁判所は、いわゆる「戦争被害受忍論（戦争損害論）」を用い、国民は戦争のような非常時にはその損害について受忍すべきであり、被害救済についても「憲法の予想しないところ」と判示して戦争被害の救済を拒否してきた。ところが、2009年12月14日、東京地裁は、いわゆる「東京大空襲訴訟」で、「戦争被害受忍論」に依拠することなく立法裁量論で戦争被害者の国家賠償請求を棄却した。

　本稿では、この東京大空襲訴訟東京地裁判決をもとに、その問題点を指摘するとともに、「平和的生存権」の法理を検証し、新たな視点を提示することで、一般市民の戦争被害者の権利回復に向けての憲法論を展開する。

2　東京大空襲訴訟東京地裁判決の検討

1　東京大空襲訴訟判決の概要

　(1)　事実の概要　2007年3月9日、アジア太平洋戦争における東京空襲の被害者および犠牲者の遺族112人（平均年齢74歳）が原告となり、日本政府に対し、謝罪と総額12億3200万円の損害賠償を求め、東京地方裁判所に提訴がなされた（いわゆる「東京大空襲訴訟」）。

　この訴訟は、アメリカの空襲によって被害を受けた一般市民の被害者が、戦後何らの援助をせず、放置した国の法的責任を本格的に問う初めての集団提訴となった。[1]

原告側は、1）日本政府がサンフランシスコ講和条約で外交保護権を放棄したことは違法であること、2）一般戦争被害者の補償立法を制定しないことは立法不作為であり憲法に反すること、3）一般の戦争被害者を救済しないことは平和的生存権の侵害であり、不合理な差別的取扱いであること、4）「戦争被害受忍論」は法的根拠を欠くことなどを理由に、日本政府を相手取り国家賠償を求めて提訴した。[2]

(2) 判決の概要　これに対し、2009年12月14日、東京地方裁判所は、外交保護義務違反については原告らの損害賠償請求権の存在を認めることができない以上失当であるとしたうえで、概要以下のように述べ、原告らの請求を全面的に棄却した。[3]

1）立法不作為に基づく不法行為の成立について

「立法不作為が国に憲法上保障されている権利を違法に侵害するものであることが明白な場合や、国民に憲法上保障されている権利行使の機会を確保するために所要の立法措置を執ることが必要不可欠であり、それが明白であるにもかかわらず、国会が正当な理由なく長期にわたってこれを怠る場合などには、例外的に、国会議員の立法不作為は、国家賠償法1条1項の規定の適用上、違法の評価を受けるものというべきである。」

2）平和的生存権の具体的権利性について

憲法前文や「平和のうちに生きる権利」は「日本国が従うべき理念を定めた甚だ抽象的なものといわざるを得ないのであるから、これらの規定から直ちに国民の具体的な権利が発生すると考えることは到底困難であ」る。

3）法の下の平等違反と広汎な立法裁量について

「原告らの主張の当否は、憲法14条違反の主張の当否の問題に帰着」し、「一般戦争被害者（本件においては、東京大空襲の一般被災者）が受けた戦争被害といえども、国家の主導の下に行われた戦争による被害であるという点においては、軍人軍属との間に本質的な違いはないという議論は、成り立ち得る」が、「一般戦争被害者にまで視野を広げた場合、被害を受けたのが、原告ら東京大空襲の一般被災者だけではないことは明らかであり、他の各所で空襲被害を受けた者も数多く存在したはずであるし、爆撃に限らず、戦闘機の機銃掃射によ

って被害を受けた者、乗船していた船（民間船）が撃沈された者など、他の方法の攻撃に巻き込まれて被害を受けた者も存在したはずであ」り、「当時の日本国民のほとんどすべてが、何らかの形で戦争被害を負っていたとの結論に到達せざるを得ない。そして、その被害の原因、態様、程度は様々なものであることが予想されるとはいえ、裁判所が、なんらかの基準を定立し、その基準に達したかどうかで、救済、援助要否を区別し、一般戦争被害者の中から救済、援助の対象となるのが相当である者と、そうではない者とを選別するなどということは到底困難である」。

「他方、一般戦争被害者を含めた戦争被害者すべてに対して救済、援助を与えようとすれば、それには膨大な予算が必要となる可能性があることは明らかであるし、」「そもそも、救済、援助のためにどのような措置を講じるかということ自体、客観的な基準があるわけではなく、個別的な救済、援助ではなく、経済復興を果たし、一般的な生活レベルを上げることによって実質的な救済、援助を図るなどといった方策を含め、様々な方策があり得るのであるから、裁判所が、誰に対し、どのような救済を与えるべきであるなどといった判断をすることも極めて困難であり、このような救済方法の選択は、様々な要素を考慮した上での政治的判断に委ねるほかはないものといわざるを得ないのである」のであるから、「一般戦争被害者を含めた戦争被害者に対して救済、援助を与えるべきかどうか、与えるとしてどのような救済、援助を与えるべきかなどといった問題は、一定の原理原則に基づいた判断をする裁判所が解決するのにふさわしい問題ではなく、……国会が、様々な政治的配慮に基づき、立法を通じて解決すべき問題であるといわざるを得ないし、このような国会の立法に関しては、上記のような事柄の性質上、極めて広汎な裁量を認めざるを得ないものと考えられる。」

「救済、援助の実施に当たり、明確な差別的意思に基づいて、特定のグループのみを優遇したり、冷遇したりするなど、差別的取扱いが行われていることが明らかといえるような例外的な事情が認められる場合ではない限り、平等原則違反との断定をすることはできないものというべきであ」る。

2 東京地裁判決の検討──「戦争被害受忍論」の回避と立法裁量論について

(1)「戦争被害受忍論」の回避についての評価　本判決では、いわゆる戦争被害受忍論がとられなかった。この点については評価に値しよう。

戦争被害受忍論（戦争損害論）は、これまで日本国民が原告となった戦後補償裁判の中で、裁判所が、いわば「自明の公理」であるかのように使用してきた「法理」であるが、日本国憲法に何らかの根拠を持つ法理ではなく、判決によって形成された「判例理論」である。しかし、戦争被害受忍論は、憲法上の根拠を欠くが故に「違憲審査基準として客観性に欠けるものであり、また最高裁判所自身もこの理論を一貫性を持って適用してきてはおらず、14条解釈などの他の憲法解釈との組み合わせにおいてかなり恣意的な運用を行ってきている」との批判がなされている。

以下では、主要な最高裁判例および下級審判例における戦争被害受忍論の論理をみてみよう。

1)「平和条約に基づく在外資産喪失補償請求事件」最高裁大法廷判決（1968年11月27日）

この事件は、サンフランシスコ平和条約14条に基づく在外資産の喪失に対する補償請求事件であり、大法廷がはじめて「戦争被害受忍論」を打ち出した事案であり、次のように述べている。

> 「戦争中から戦後占領時代にかけての国の存亡にかかわる非常事態にあっては、国民のすべてが、多かれ少なかれ、その生命・身体・財産の犠牲を堪え忍ぶべく余儀なくされていたのであって、これらの犠牲は、いずれも、戦争犠牲または戦争損害として、国民のひとしく受忍しなければならなかったところであり、右の在外資産の賠償への充当による損害のごときも、一種の戦争損害として、これに対する補償は、憲法の全く予想しないところというべきである。」

この判例の論理は、戦争被害は、非常事態下の一般的犠牲であり「憲法の予想外」であるという理由で、補償問題を憲法問題からはずすとともに、「国の存亡に関わる非常事態」という理由をあげることで、アジア太平洋戦争が、日本政府の政策として起こされた侵略戦争であったという事実をあいまいにする効果をもたらしている。

2)「名古屋空襲事件」最高裁第二小法廷判決(1987年6月26日)[7]

この事件は、一般市民の空襲被害者が、旧軍人軍属およびその遺族だけを対象とする「戦傷病者戦没者援護法(援護法)」は法の下の平等に違反すること、一般市民の戦争被害者に対する補償立法を制定しないことは立法不作為に基づき違憲であるとして、国家賠償法1条1項による損害賠償を求めた事例であるが、最高裁は次のように判示している。

> 「上告人らの主張するような戦争犠牲ないし戦争損害は、国の存亡にかかわる非常事態のもとでは、国民のひとしく受忍しなければならなかったところであって、これに対する補償は憲法の全く予想しないところというべきであり、したがって、右のような戦争犠牲ないし戦争損害に対しては単に政策的見地からの配慮が考えられるにすぎないもの、すなわち、その補償のために適宜の立法措置を講ずるか否かの判断は国会の裁量的権限に委ねられるものと解すべきことは、当裁判所の判例の趣旨に徴し明らかというべきである……そうすると、上告人らの前記主張にそう立法をしなかった国会ないし国会議員の立法不作為につき、これが前示の例外的場合に当たると解すべき余地はないものというべきであるから、結局、右立法不作為は、国家賠償法一条一項の適用上、違法の評価を受けるものではないというべきである。」

この判決では、戦争被害受忍論に立ち、戦争被害の補償は「憲法の予想しないところ」としながらも、立法裁量論を持ち出し、戦争被害の救済については国会の政策判断に委ねられるものとしている。

3)「シベリア抑留補償請求事件」最高裁第一小法廷判決(1997年3月13日)[8]

この事件は、シベリア抑留者が、国家補償を求めた事案である。最高裁は、次のように述べた。

「第二次世界大戦によりほとんどすべての国民が様々な被害を受けたこと、その態様は多種、多様であって、その程度において極めて深刻なものが少なくないこともまた公知のところである。戦争中から戦後にかけての国の存亡にかかわる非常事態にあっては、国民のすべてが、多かれ少なかれ、その生命、身体、財産の犠牲を堪え忍ぶことを余儀なくされていたのであって、これらの犠牲は、いずれも戦争犠牲ないし戦争損害として、国民のひとしく受忍しなければならなかったところであり、これらの戦争損害に対する補償は憲法の右各条項の予想しないところというべきである。その補償の要否及び在り方は、事柄

の性質上、財政、経済、社会政策等の国政全般にわたった総合的政策判断を待って初めて決し得るものであって、憲法の右各条項に基づいて一義的に決することは不可能であるというほかはなく、これについては、国家財政、社会経済、戦争によって国民が被った被害の内容、程度等に関する資料を基礎とする立法府の裁量的判断にゆだねられたものと解するのが相当である。」

4)「中国残留孤児国賠訴訟」大阪地裁判決（2005年7月6日）[9]

この事件は、中国残留孤児が早期帰国実現義務違反と自立支援義務違反に基づき、損害賠償を請求した事案である。大阪地裁は次のように述べている。

> 「戦中及び戦後において、国民のすべては多かれ少なかれその生命、身体、財産上の犠牲を耐え忍ぶことを余儀なくされていたのであるから、国民のひとしく受忍しなければならないものであり、このことは、その被害の発生した場所が国内又は国外のいずれであっても異なるものではないというべきである。そして、戦争損害に対する補償の要否及び在り方は、事柄の性質上、財政、経済、社会政策等の国政全般にわたった総合的政策判断を待って初めて決し得るものであって、これについては、国家財政、社会経済、当該被害（損害）の内容、程度等に関する資料を基礎とする立法府の裁量的判断に委ねられているものと解される。」

3)と4)の判決は、戦争被害に対する補償の要否及びあり方は、「事柄の性質上、財政、経済、社会政策等の国政全般にわたった総合的政策判断」をするとしている。この論理は、本件判決と同一の論理といえ、戦争被害の補償については、広汎な立法裁量が働くことを明瞭にしている。

これまでの「戦争被害受忍論」では、戦争被害を憲法問題からはずし、もっぱら政治的判断を基礎とする広汎な立法裁量に委ねるべきものとしてきた。東京大空襲訴訟東京地裁判決では、「戦争被害受忍論」を展開せず、戦争被害の補償を憲法14条に結びつけ、一応憲法の枠で考察しようとしている点で、これまでの判例と一線を画している。しかし、「一般戦争被害者にまで視野を広げた場合、被害を受けたのが、原告ら東京大空襲の一般被災者だけではない」として憲法14条1項の法の下の平等に違反しないすることで、戦争被害を相対化しているとともに、広汎な立法裁量を認めることにより、結果として「戦争被害受忍論」と同様の効果を生み出しているものと見ることができる。

(2) 立法不作為違憲国賠訴訟の手法について　　判決では、2005年9月14日

の「在外邦人選挙権剥奪事件」最高裁大法廷判決[10]（以下、2005年大法廷判決）の判断基準に依拠しつつ、立法不作為に基づく違憲に関わる国家賠償法の適用を肯定している。

1985年11月21日の「在宅投票制度復活事件」最高裁大法廷判決[11]（以下、85年最高裁判決）は、「国会議員の立法行為（立法不作為）が同項の適用上違法となるかどうかは、国会議員の立法過程における行動が個別の国民に対して負う職務上の法的義務に違背したかどうかの問題であって、当該立法の内容の違憲性の問題とは区別されるべきであり、仮に当該立法の内容が憲法の規定に違反する廉があるとしても、その故に国会議員の立法行為が直ちに違法の評価を受けるものではない」として、「立法行為の違憲性」と「国家賠償法上の違法性」とを区別し、国会議員の立法行為についての責任は、国民との関係で政治的責任を負うにとどまり、法的責任ではないとしている。こうした「立法行為の政治性」を重視する見解から、国会議員の立法行為が国家賠償法1条1項の対象となるとしても、それはきわめて例外的な場合に限られ、「立法の内容が一義的な憲法の文言に違反しているにもかかわらず国会があえて当該立法を行うというごとき、容易に想定し難いような例外的な場合」にのみ、国会議員の立法不作為の法的責任が問われるに過ぎないという主張につながるのである。

これに対して、2005年大法廷判決では、85年判決の「立法行為の違憲性」と「国家賠償法上の違法性」との区別を維持しながら、国会議員の立法責任の政治性に言及することなく、立法行為（立法不作為）についても法的責任に服すべきものとしている点が特徴的である。

たしかに、立法の政治的性格は否定できず、広汎な立法裁量の承認を要請するものであることも間違いない。しかし、そのことは、立法がおよそ法的責任と相容れないことを意味するものではなく、立法裁量は憲法により限界づけられており、その逸脱は違憲といえるのである[12]。この意味で、2005年大法廷判決の法思考的枠組みが妥当といえる。

2005年大法廷判決では、「例外的に」立法不作為が国家賠償法上違法との評価を受ける基準、すなわち立法不作為に基づく違憲性が認められる要件として、(a)立法不作為が憲法で保障された国民の権利を侵害することが明白な場

合、(b)権利行使の機会を確保するために不可欠な立法を国会が怠った場合をあげている。

また、憲法学説でも、芦部信喜教授が、立法不作為に基づく違憲判断基準について、1985年8月26月の台湾人元日本兵戦死傷補償請求事件東京高裁判決を[13]もとに、1）立法をなすべき内容が明白であること（立法内容の明白性の要件）、2）事前救済の必要性が顕著であること（立法の必要性の要件）、3）他に救済手段が存在しないこと（立法手段の唯一性の要件）、4）相当の期間が経過していること（相当期間・合理的期間の経過の要件）の4要件をあげ、立法不作為の違憲審査が認められることもありうるとしている。[14]

違憲立法審査権が付与され人権保障をになう裁判所の役割から、a）立法不作為に基づく「重大な人権侵害」が存在し、b）人権侵害状況が解消されることなく放置されており、c）立法措置をもってしか被害回復手段が存しないような場合には、上記の芦部教授の四要件にしたがって、国家賠償法1条1項を媒介にしつつ、立法不作為の違憲性に基づく国家賠償を請求できるとすべきである。

この意味で、本判決の立法不作為国賠訴訟の方式の採用は妥当といえる。

(3) 法の下の平等と立法裁量論の判断について　以上のように、人権侵害を司法的に是正するための違憲判断の手法である「立法不作為に対する違憲性」が認められる場合の要件として、必要な立法がなされないことにより憲法が保障する人権保障条項の侵害状況が存在すること、すなわち「立法内容の明確性」と「立法の必要性」が大きなウエイトを占めよう。

本判決では、憲法前文の規範意味と「平和のうちに生存する権利（平和的生存権）」を抽象的な理念規定とし、その具体的権利性・裁判規範性を否定した上で、補償立法により一定の救済が図られている軍人・軍属および原爆被害者や中国残留孤児などの一般戦争被害者と、何ら救済が図られていない空襲被害者との間に不合理な差別を生じているか否かという視点から、唯一憲法14条1項の法の下の平等に反するか否かが問題となるとした。

しかし本判決では、第1に、「被害を受けたのが、原告ら東京大空襲の一般被災者だけではないことは明らかであり、他の各所で空襲被害を受けた者も数

多く存在したはず」であるとし、比較対象を、すでに補償を得ている軍人・軍属などからいまだ補償を受けていない他の一般戦争被害者にまで拡げ、その被害状況を相対化した上で、救済・援助の要否や多岐にわたる救済・援助の方策の確定の困難性、膨大な国家予算の必要性などから、「様々な要素を考慮した上での政治的判断」に委ねるしかなく、広汎な国会の立法裁量に委ねられるとし、第２に、救済・援助の実施にあたり、「明確な差別的意思」により、「特定のグループのみを優遇したり、冷遇したりするなど、差別的取扱いが行われていることが明らかといえるような例外的な事情が認められる場合ではない限り、平等原則違反との断定をすることはできない」と判示した。

　その上で判決では、旧軍人軍属に対する救済・援助措置は、旧軍人軍属が、国から戦地に赴くように命じられて実際に戦闘行為等を行い、その戦闘行為の結果死傷の被害を負ったという事実に着目したものであり、そこには「それなりの根拠」があり、「差別的意思」に基づいて優遇的に差別したり、他の一般戦争被事者をとくに冷遇しようとしたりしたわけではないと判断した。また、原爆被害者や沖縄戦被害者等、一般市民のうち補償を受けている者との差異についても、原爆被害者の場合は、放射線の影響による後遺症が原爆被害者のみならず子々孫々にまで残る可能性のある、いわば特殊な障害であることなどを考慮したものであり、沖縄戦被害者については、沖縄が実際の戦場となり、旧軍人軍属以外の住民も実際に武器を持って戦うなど戦闘行為に巻き込まれざるを得なかったことなどを考慮した結果であり、これらの被害者のみを優遇しようとしたり、他の一般戦争被害者をとくに冷遇しようとしたりしたものではないとした。

　しかしながら、憲法14条１項の保障する法の下の平等の具体的内容は、後段列挙の５つの差別事由による差別を除き、通常の場合、「どういう関係において、またどういう権利や利益について、平等な取り扱いを要求するのかによって一様ではな」く、平等なるものは、「それじたいとしては、確固とした実体を備えた権利とはいいがたい」といえる。つまり法の下の平等とは、具体的権利・利益に関連し、他者との比較によって差別的取扱いか否を決める相対的な「関係概念」といえるのである。そうしてみると、立法者の「差別的意思」が

存在したか否かが要件となるのではなく、立法者意思はどうであれ、ある立法の制定や政府の行為により、事実上、個人が、他者と比較して、客観的な差別的不利益がもたらされているか否かが、法の下の平等に反するか否かの判断基準となるといえる。したがって、立法は憲法に基づいて行われるのであるから、旧軍人軍属や被爆者などにとって、いかなる憲法上の権利（利益）にもとづいて、優遇措置がもたらされる補償立法の制定がなされているのかを明確にする必要があろう。

この問題について、次章で詳論する。

3 平和的生存権の法理と戦争被害の救済

1 戦争被害と憲法前文の歴史的規範内容

(1) 戦争被害の本質　戦争被害の救済における憲法上の根拠を論ずるに先立ち、戦争被害の本質について述べておきたい。

戦争被害は、戦争政策の帰結としての、空爆などによる無差別殺戮や財産の喪失、性行為（従軍慰安婦）の強要、強制連行・強制労働など、日常生活においてはおよそ想定しえない生命の剥奪、人格の否定、身体・精神の損傷、財産・家族の喪失、そして街の消失＝コミュニティの破壊などとなって現れる。すなわち、戦争被害というものは、人間としての文化的で健康的な生存を確保する上で必要な基盤の喪失をもたらすのである。また戦争終了後においても、政府の責任において立法措置あるいは行政措置がとられない場合には、被害回復が図られず、「平和のうちに生きる権利」が奪われ続ける。これらのことは、「人間としての尊厳」を根源的に蹂躙するものであり、「究極の人権侵害行為」であるといえる。

(2) 憲法前文の歴史的規範意味の解明と戦争被害の救済　こうした戦争被害の救済についての憲法上の根拠については、日本国憲法前文に求める見解が有力に説かれている。その代表的な論者のひとりである古川純教授は、憲法前文1項の「日本国民は、……政府の行為によって再び戦争の惨禍が起ることのないやうにすることを決意し」、「日本国民は、恒久の平和を念願し、人間相互

の関係を支配する崇高な理想を深く自覚」し、「われらは、平和を維持し、専制と隷従、圧迫と偏狭を地上から永遠に除去しようと努めてゐる国際社会において、名誉ある地位を占めたいと思ふ」とする規定に着目し、「国会は憲法前文の規範によって課された補償立法の責務を負っているのである」[16]としている。

　私もまた、日本国憲法前文を根拠として、国家補償を基礎とする包括的な戦後補償立法を含む戦後処理のための諸立法の制定義務が導き出せるものと考えている[17]。その根拠は以下のとおりである。

　法は、過去の過ちや不都合を是正し、国家や社会のあるべき未来像を提示しているものであり、その意味で、歴史的規範内容を踏まえたものである必要がある。日本は敗戦により、明治憲法から日本国憲法に改正されるに際して、植民地主義及び侵略戦争という歴史的誤りを克服し、内外ともに平和な社会を築くことが最大の課題とされたはずであった。このことは、日本国憲法前文が「人類普遍の原理」としての民主主義および自由の価値をうたい、憲法9条とともに平和の達成に最大の価値をおいている点に明瞭に表れている。そして同時に、前文は、植民地主義および侵略戦争という「過去の誤り」を克服し、恒久平和に基づく国際社会及び国内社会の未来像を提示しているものといえる。

　このような視点から、日本国憲法の制定に至る歴史的過程をみると、つぎのような理解が可能であろう。

　1945年8月14日、昭和天皇は連合国によるポツダム宣言を受け入れ、日本は敗戦を迎えた。これにより、主権者である天皇とその政府は、天皇主権の否定（国民主権の確立）、軍国主義の否定と武装解除、戦争犯罪者の処罰、民主主義の復活、封建的諸制度の廃止とともに、植民地の解放を受け入れた。主権者の変更、民主主義の確立、領土問題は、憲法に定められる事柄（憲法事項）であることから、日本国憲法前文は、ポツダム宣言の主旨を履行し、日本政府が戦争責任を果たす義務と、内外の平和な国際社会の構築の責務を明瞭にしたものであるといえる。このことはとくに、憲法前文のつぎの文言に表れている。

・日本国民は「政府の行為によって再び戦争の惨禍が起こることのないように決意

し、」「この憲法を確定した。」(第1項)
・「専制と隷従、圧迫と偏狭を地上から永遠に除去しようと努めている国際社会において、名誉ある地位を占めたいと思ふ。」(第2項)
・「全世界の国民が、ひとしく恐怖と欠乏から免かれ、平和のうちに生存する権利を有することを確認する。」(第2項)
・「我らは、いづれの国家も、自国のことのみに専念して他国を無視してはならないのであって、政治道徳の法則は、普遍的なものであり、この法則に従うことは、自国の主権を維持し、他国との対等関係に立とうとする各国の責務であると信ずる。」(第3項)

　こうした前文の規範的内容は、当時の歴史状況に照らして考えると、日本政府に対し、歴史の連続面としての戦争責任（戦後処理・戦後補償責任）を果たすべき国家の責任と、将来的に二度と同じ誤りを繰り返さないための平和な国際社会の構築の責務を課したものであると考えられる。
　すなわち、憲法前文の文言は、他国の主権あるいは民族の自決権を尊重するべきであるという、当時確立しつつあった国際法の原理を確認するものであるとともに、植民地支配・侵略戦争によるすべての被害者の被害回復のために、国家補償の精神にたち、賠償（補償）と謝罪を行うべきこと、「戦後処理・戦後補償の遂行義務」を要請しているものといえる。私は、これに対応する国内外の戦争被害者に対する具体的な被害回復のための権利として保障した条項が前文第3項の「平和のうちに生存する権利」であるといえる。
　日本国憲法前文が要請していることは、こうした「戦争の惨禍」によって被害を受けた国内外の個人に対する「根源的な人権侵害＝重大な人権侵害」に対し、「平和的生存権」にもとづき、被害回復を誠実に行うことであり、国会は日本国憲法前文の規範内容、とりわけ平和的生存権にもとづき、戦後処理立法の制定および被害者の被害回復に対する責務を負っているものと考える。
　このように見ると、一般市民の戦争被害は、日本国憲法制定の直近に起きたことであり、日本国憲法が戦争被害の補償を意識していないはずはないと考えるのが自然である。したがって、「戦争犠牲ないし戦争損害は、国の存亡にかかわる非常事態のもとでは、国民のひとしく受忍しなければならなかったところであって、これに対する補償は憲法の全く予想しないところというべきであ

る」とする、いわゆる「戦争被害受忍論」は、その妥当性を欠く議論であるといえる。

　ところで、憲法前文をめぐっては、憲法学説において、その裁判規範性について、積極説と消極説に分かれている。判例は否定説に依拠しているが、近年の学説は肯定説をとるものが見られるようになっている。しかし肯定説・否定説の差異は、相対的なものと考えられている。すなわち、否定説も憲法各条文の「解釈基準」として前文を援用することは容認されているからである[18]。したがって、たとえ否定説に従ったとしても、各条文の解釈基準としての役割は認められているのであり、上述の私の歴史的な規範解釈を各条項の解釈基準として援用することは可能である。そうであるならば、憲法14条1項の法の下の平等、17条の国家賠償請求権や憲法25条の生存権規定、29条3項の損失補償の解釈に前文の規範意味を読込み、戦後補償裁判に適用することも考えられよう。

2　平和的生存権論と戦争被害者救済の法理

　(1)　平和的生存権の法理　　一般市民の戦争被害者は、日本帝国政府による戦争政策の帰結として、原爆被害や空襲被害をはじめとする、実に多様な戦争被害によって、生命を奪われ、身体・精神に障害を負い、家族や財産を失い、コミュニティを喪失するなど、生存の基盤を失った。さらに戦後も、日本政府から被害回復のための何らの支援を受けることなく放置され続けた。日本政府は、戦前においても、また戦後にいたっても、人権の基礎を成す「人間としての尊厳」を踏みにじり続けているといってよい。まさに日本政府によりもたらされた究極的人権侵害であり、平和的生存権の侵害であるといえる。

　(2)　平和的生存権の具体的内容　　平和的生存権の具体的権利性については、東京大空襲訴訟東京地裁判決でも消極的に解されたように、人権といえるほど明確な内容を持っているかどうかという点で、裁判例では否定的な見解が出されている。

　しかし、憲法学説では、日本国憲法前文の「全世界の国民が、平和のうちに生存する権利を有することを確認する」（第3項）という文言を基礎に、憲法9条、個人の尊重を規定する13条を媒介としつつ、平和主義の内容から、平和の

内容を明らかにし、具体的権利であるとする見解が有力に唱えられている。すなわち、日本国憲法における平和主義にいう「平和」とは、「あらゆる戦争の放棄と、あらゆる戦力を保持しないこと」をその具体的内容とするのであるから、平和的生存権とは、「戦争や軍隊が一切ない、あるいはそれらによる拘束や強制が一切ない状態で平和に生存し、生活しうる権利」と定義できるとするのである。

　このような平和的生存権の定義の上に立ち、さらにその具体的内容を明確にした有力な学説として、山内敏弘教授の学説をあげることができる[19]。

　山内教授によると、平和的生存権は「狭い意味での平和的生存権」と「広い意味での平和的生存権」に分類できるとされる。

　「狭い意味での平和的生存権」とは、まさに「戦争や軍隊によって自己の生命を奪われない権利、あるいは生命の危険にさらされない権利」のことであり、これには、理由を問わず「徴兵を拒否しうる権利」（良心的兵役拒否を含む）や軍事的な労働に従事させられない権利が含まれるとされている。

　また「広い意味での平和的生存権」とは、「戦争や軍隊あるいは総じて軍事目的のために個人の自由や財産などを剥奪・制限されない権利」のことを意味する。たとえば軍事目的のために個人の財産を強制的に収用されない権利、軍事目的のために表現の自由を侵害されない権利などが含まれるとされている。このような「平和的生存権」を基本的人権の一つとして認めることについては、前述のように、憲法学説や判例でも消極論が少なくはない。しかし、この権利は、核時代の現代において、地球上のすべての人々が戦争の脅威や生命・身体の危機から免れ、平和に生きるための不可欠の人権として積極的に認められ、また発展させられるべき意義を有するものといえる。

　この点で、平和的生存権の裁判規範としての具体的権利性を認めた近年の判例として、2008年4月17日に下された、いわゆる「自衛隊イラク派遣違憲訴訟」における名古屋高裁判決が注目される。同判決では、「憲法9条に違反する国の行為、すなわち戦争の遂行、武力の行使などや、戦争の準備行為などによって、個人の生命、自由が侵害されまたは侵害の危機にさらされ、あるいは、現実的な戦争などによる被害や恐怖にさらされるような場合、また、憲法

９条に違反する戦争の遂行などへの加担・協力を強制されるような場合には、裁判所に対し当該違憲行為の差し止め請求や損害賠償請求などの方法により救済を求めることができる場合があると解することができ、その限りでは平和的生存権に具体的権利性がある」として平和的生存権の具体的権利を肯定した。[20]

　こうした学説・判例の見解をもとに、さらに私は、平和的生存権について、その「生存権的側面」に着目して、戦争により生存の基盤を奪われた人々の権利回復請求を基礎づける基本権と理解したい。すなわち、平和的生存権は、憲法前文の歴史的規範解釈を通じて、植民地支配・戦略戦争の反省の上に立ち、日本政府に、戦後処理・戦後戦後補償責任の根拠となる請求権と位置づけ、日本国憲法下でも、戦前の日本の戦争政策に起因する戦争被害をうけたすべての人々が、政府戦争政策による被害に対し、生存を確保する権利回復請求権を基礎づける権利と理解するのである。

　(3)　戦争被害と立法裁量論　　以上のように、戦争被害は、憲法前文の平和的生存権により救済が図られることになる。この意味で憲法上国会に課された戦争被害者の救済義務（立法義務）は明確であり、救済立法の制定についての立法裁量は認められない。

　判例により形成されてきた「戦争被害受忍論」は、戦争被害を「憲法問題」からはずしてり純粋な「政策問題」とすることによって、制定するか否かを含む広汎な立法裁量を容認する根拠とされてきた。

　立憲主義の下では、すべての立法は憲法上の根拠が必要とされ、一定の立法裁量が認められる場合にも、憲法のコントロールの下に置かれる。しかし、「現実の実務においては、立法裁量の下位に憲法上の価値をおき、裁量において考慮される一要素に過ぎないものとしてこれを扱ってしまう」傾向があることが指摘されている。[21]「戦争被害受忍論」はこうした立法裁量優位の判例法理の典型といえるが、東京大空襲訴訟東京地裁判決でも、憲法14条の法の下の平等の問題としながらも、被害状況の多様性を理由に、広汎な立法裁量を認めている。

　しかし、平和的生存権の保障により、国会の戦争被害の救済立法の制定の有無についての裁量の余地はなく、何らかの補償立法の制定が義務づけられるこ

とは明らかであり、補償の内容や方法など補償立法の細目についてのみ、政策的考慮（立法裁量）が認められるに過ぎないといえよう。

4 むすび

　戦争ないし戦争被害は、人間の生命を奪い、心身を損ない、生存の基盤を奪う「究極の人権侵害行為」である。日本国憲法前文は、政府の行為により「戦争の惨禍」を再び起こさないことを宣言し、非武装平和主義を基本原理に掲げた。

　私の日本国憲法前文の歴史的規範意味の理解に従えば、日本国憲法は、過去の植民地主義と侵略戦争という平和の蹂躙を清算し、人間の尊厳を回復するという歴史的役割を担っているのである。そして、その具体的表れとして「平和的生存権」が保障されたのである。この意味からいっても、「日本国憲法の平和主義の立場に立った場合、補償のあり方に問題がある。軍人よりも民間人として戦争に協力させられたり、巻き込まれた者の方を優先的に救済すべきだという考え方も十分に成り立つし、そちらのほうが市民感情にあっているようにも見える。戦争犠牲・被害に対する戦後補償法制全体の見直しが求められている」という見解は卓見といえよう。[22]

注
1) 東京大空襲についての被害状況を綴った文献は多くあるが、さしあたり、早乙女勝元『東京大空襲——昭和二〇年三月十日の記録』(1971年、岩波新書)」、東京空襲を記録する会『東京大空襲・戦災史 全五巻』(1973〜74年) 東京都編『東京都戦災誌』(明元社、2005年) など参照。なお、2008年12月8日、大阪でも、1945年3月12日の大阪大空襲の被害者による集団訴訟が提起された。
2) 東京大空襲訴訟における法的論理、とりわけ立法不作為国賠訴訟論については、私が東京地裁に提出した意見書に加筆修正を加えた論説「空襲被災と憲法的補償——東京大空襲訴訟における被災者救済の憲法論」専修法学論集第106号 (2009年) 1頁以下を参照。
3) 東京地判2009・12・14判例集未掲載。
4) 戦争被害受忍論（戦争損害論）の詳細な判例分析とその批判的研究として、永田秀樹「『戦争損害論』と日本国憲法——最高裁判例の批判的検討」佐藤幸治・平松毅・初宿正典・服部高宏編『現代社会における国家と法——阿部照哉先生喜寿記念論文集』(成文堂、

2007年）161頁以下参照。
5) 永田秀樹・前掲注4)「『戦争損害論』と日本国憲法」162頁。
6) 最大判1968・11・27民集22巻12号2808頁。
7) 最二判1987・6・26判時1262号25頁。
8) 最一判1997・3・13民集51巻3号1233頁。
9) 大阪地判2005・7・6訟務月報52巻5号1307頁。
10) 最大判2005・9・14民集59巻7号2087頁。
11) 最一判1985・11・21民集39巻7号1512頁。
12) 宇賀克也『国家補償法』（有斐閣、1997年）106頁。
13) 東京高判1985・8・26行判36巻7・8号1211頁。
14) 芦部信喜・高橋和之補訂『憲法 第四版』（岩波書店、2002年）368-69頁。
15) 浦部法穂『全訂・憲法学教室』（日本評論社、2000年）104-105頁、樋口陽一・佐藤幸治・中村睦男・浦部法穂『注解法律学全集4・憲法Ⅰ』（青林書院、2004年）314頁（浦部執筆）。
16) 古川純「憲法と戦後補償」専修大学法学研究所紀要20『公法の諸問題Ⅳ』（1995年）54頁。
17) 私の見解については、次の拙文を参照願いたい。「立法不作為に基づく違憲訴訟に関する一考察──戦後補償裁判における国家賠償責任の可能性」専修法学論集92号（2004年11月号）所収、「憲法訴訟としての戦後補償裁判」国際人権15号（国際人権法学会2004年報、信山社、2004年11月）所収、『東北アジアの法と政治』（古川純との共編、専修大学出版局、2005年）第2章「戦後補償裁判と日本国憲法」、「戦後処理問題と憲法学の課題──戦後補償問題を中心に」全国憲法研究会編『憲法問題17』（三省堂、2007年5月）所収。
18) 樋口陽一・佐藤幸治・中村睦男・浦部法穂『注解法律学全集1　憲法Ⅰ』（青林書院、1994年）［樋口執筆］41頁、佐藤幸治『憲法[三版]』（青林書院、1995年）27頁、芦部信喜監修（野中俊彦・戸松秀典・江橋崇・高橋和之・高見勝利・浦部法穂編）『注釈憲法(1)』（有斐閣、2000年）［矢口俊昭執筆］81-84頁など参照。
19) 山内敏弘『平和憲法の理論』（日本評論社、1992年）245-281頁参照。
20) 名古屋高判2008・4・17判時2056号74頁。
21) 安西文雄「司法審査と立法裁量論」立教法学47号（1997年）11頁。また立法裁量の問題性については、木原正雄「立法裁量論に関する一考察」早稲田法学会誌42号（1992年）131頁以下参照。
22) 永田秀樹・前掲注4)「『戦争損害論』と日本国憲法」197頁。

韓国における平和的生存権

李　京柱

1　低迷する東北アジアの平和主義

　1990年代初頭、日本に留学し、日本国憲法を勉強し始めた頃の話である。ある知人が三種の神器の話の後、現代日本には三つ誇るものがあると言った。彼によると治安、水道水、そして憲法だということであった。
　確かに、あの頃、日本に滞在し始めてわずかではあったが、夜中にも散歩できたし、水は買わずに飲んだので、なるほどと思った。ところが、憲法学者でもない一般の人の口から憲法が誇りの一つであると言われたことについては非常に意外であった。彼によると日本国憲法によって紛争に巻き込まれることなく、平和的な生存が可能であるということであった。
　本格的に日本国憲法の勉強をし始めて、リーディングケースとして名前の挙がっていた長沼訴訟を読んだ。第1審判決によると、航空自衛隊の基地拡張のため保安林指定を解除した町長の行為は憲法違反であり、平和的生存権を侵害する行為であると述べていた。これを読み、彼が誇張して言ったわけでないことがわかり、なんとなく親しみを覚えた記憶がある。
　ところが、彼も誇りに思っていた日本国憲法の平和主義もここのところ低迷し続けてるようである。自衛隊を海外に派遣するための一連の諸法律はそのような低迷状況をよく浮き彫りにしている。いわゆる抜き足差し足的な自衛隊の

行動半径の拡大については日本国内からも多くの反対の声があり、市民平和訴訟が平和的生存権を鍵概念のひとつにして提起されているようである。

このような低迷の根底には、"武装する国"から"戦争も辞さない国"に転換したい日本の政治権力の野心がある。そして、アメリカの世界軍事戦略の変化も大きく影響している。特に米国は軍事的変換という観念の下で海外駐留米軍の再配置および部隊の攻撃的再編成を推し進めている。2003年発表された海外米軍再配置計画（GPR = Global Posture Review）により、日本も同じであるが、特に韓国では駐韓米軍の攻撃的再編成が積極的に行われている。その一環として、韓国の首都ソウルの中心部にある龍山米軍基地などの諸米軍基地をソウルから100キロほど南の平澤に移す計画を立てた。そして、それらを内容とする「大韓民国と米合衆国間の米合衆国軍隊のソウル地域から（平澤地域へ）の移転に関する協定」（以下、平澤米軍基地協定）を締結した。このような協定によって試みられている駐韓米軍の性格変化、すなわち前方配置軍から迅速起動軍への転換については、韓国内部から多くの懸念とともに反対運動が起こった。特に移転先の平澤の住民は、有事の際には敵の第一の攻撃目標にならざるをえないため、平和的生存権の侵害を訴えた。

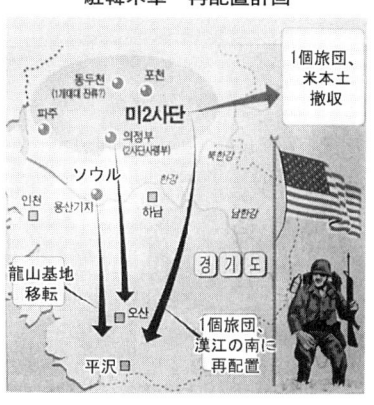

なお、2007年に行われた韓米合同軍事訓練のひとつである「戦時増員訓練（RSOI）」についても平和的生存権侵害を理由とした憲法訴願が行われた。「戦時増員訓練（RSOI）」とは、有事の際、北朝鮮を占領する攻撃的な訓練であり、この訓練によって戦争に巻き込まれる可能性が高まるため、平和運動団体が平和的生存権の侵害を訴えたのである。

以下では韓国でも行われたいわゆる"平和的生存権訴訟"を紹介し、韓国および東北アジアにおける平和的生存権の憲法実践的な意味合いを考えてみることにしたい。

2　平澤米軍基地移転協定の違憲訴訟（以下、平澤訴訟）

1　事件の概要

　韓国政府と米国政府は2004年10月26日、「平澤米軍基地移転協定」と「平澤米軍基地移転協定移行のための合意勧告に関する合意書（以下'移転合意書'）」を締結し、「平澤米軍基地移転協定」については国会の同意を得た。それに基づき、韓国政府は平澤の総計349万坪（そのうち285万坪は拡張）の敷地を米軍に提供するため土地の買収と収用の手続きを進行させた。

　住民側は生業の基盤である土地を政府側が住民の同意なしに収用することに強く反発した。しかも、その土地が米軍基地にとられることを強く懸念し、平和的生存が危うくされると主張した。

　ところが、2005年11月、政府側は中央土地収用委員会の裁決を根拠にし、強制的に土地収用手続きを推し進めた。

　これまで条約締結に反対して国会の周辺で反対運動をつづけてきた住民および平和運動団体は反対運動の輪を広げた。「平澤米軍基地拡張阻止のための全国対策委員会」を結成し、全国トラクタ巡礼、500日キャンドル集会、反戦平和決議集会などあらゆる方法で政府側の国民無視的な動きに反対の意思を強く示した。

　しかし、政府側は2006年5月、警察1万2000人、軍人3000人、撤去用役員700名を動因し、平澤米軍基地拡張に反対する住民が集まっていた小学校を破壊し、米軍基地拡張予定地を軍事力で鎮圧した。なお、これらの区域については、軍事施設保護区域という名目で一般人の立ち入りを一切禁止した。

　このような攻防の最中である2005年3月、住民側は、'平澤米軍基地

平澤米軍基地造成計画

全国トラクター巡礼　　　　　米軍基地移転反対記者会見

移転協定'が平和的生存権を侵害したという理由で憲法訴願を提起した。憲法訴願は日本にはない制度で、ドイツと韓国などの憲法裁判所独特の制度である。そして、憲法訴願とは国家権力の作用または不作用による人権侵害を救済するための制度であり、憲法裁判所が認容すると、対象になる国家権力の作用は無効となる。

2　請求人の主張

1032人の平澤(ぴょんてく)の住民は'平澤米軍基地移転協定'と'移転合意書'が自分たちの平和的生存権などを侵害したと主張した。全国の駐韓米軍基地を統合し、平澤(ぴょんてく)に集中再配置することは平澤(ぴょんてく)を米軍の東北アジア基地または世界的基地にするつもりであって、平澤(ぴょんてく)の住民らを戦争に巻き込む恐れがあり、平和的生存権を侵害するという主張であった。請求人側は平和的生存権について次のように述べている。

> 　平和的生存権とは各個人が武力衝突と殺傷に巻き込まれず平和に生きる権利を意味する。憲法が保障する基本権のうち、生命権が最高の位置を占めているとともに、平和的生存権も韓国憲法第10条[3)]から由来する幸福追求権のなかで高い位置を占めている。武力衝突と殺傷から自由でなければ生命と身体の安全を奪われ、また威嚇される可能性が高く、幸福追求権の他の内容を実現することができない。
> 　平和的生存権は各個人が加害者にならず、自分の人間性と人間としての尊厳と価値および平和を失わない権利までをも含む概念である。他人の生命と身体の安全を侵害しない権利は生命の尊厳からくる。相共存する人間本来の生活方式によって他人を殺傷せずに人間としての尊厳を守ることは人類の普遍的な価値を反映したものである。

ところが、自分の意思とは関係のない国家政策によって武力衝突が起こり、その結果、他国民の生命または安全を侵害する場合、生命の尊厳が破壊されるのみならず、人間性も破壊される。そうなると憲法上の基本権も実現することが難しくなる。したがって、平和的生存権は核心的な基本権として認められるべきである。[4]

　この事件における各協定は、駐韓米軍基地を平澤(ぴょんてく)に再配置し、1-4-2-1軍事戦略[5]と先制攻撃計画による任務を遂行するために平澤(ぴょんてく)に基地をつくることを目的とする。[6]

　この基地が建設されると駐韓米軍はこの平澤(ぴょんてく)基地をひとつの軍隊の発進基地とし、韓半島以外の地域紛争に介入しながら韓半島を自由に出入りすることになる。そこで請求人側は、この事件の諸協定は請求人の平和的生存権を侵害することになると主張した。

　また、「平澤米軍基地移転協定」と「移転合意書」を実行するには韓国国民が巨額の財政負担を負わざるを得ないにもかかわらず、国会の批准同意を得てないので、これらの政府行為は憲法第60条[7]に違反すると付け加えて主張した。

3　政府側の答え

　政府側は、1032人の請求人が平和的生存権などの侵害を主張してはいるが、この事件の条約は請求人を公権力行使の直接の対象としているのではなく、ソウルの龍山(よんさん)にある米軍基地などを平澤(ぴょんてく)に移転する計画の施行により請求人が負う不利益であり、それは間接的または経済的な不利益にすぎないと答えた。請求人側の主張する戦争に巻き込まれる可能性などの不利益とはひとつの仮定にすぎず、基本権侵害の現在性がないとした。

　なお、条約締結に関する批准同意権の侵害だという主張に対しては次のように答えてた。条約の批准に関する国会の同意を規定した憲法第60条第1項から国民個々人の批准同意権のような基本権を導くことはできず、「移転合意書」は「平澤米軍基地移転協定」から委任された範囲内で必要な技術的な細部事項を規定したものにすぎないものであり、ひとつの行政協定の性格をもっているので国会の同意は必要ないと政府側は反論した。

4　憲法裁判所の判断

　先にもふれたように、憲法訴願とは国家権力の作用または不作用による人権侵害を救済するための制度であり、憲法訴願にはいくつかの形式的、実質的な要件が必要である。まず形式的な要件としては、裁判を除く国家権力の作用また不作用によって人権が侵害された者は憲法訴願の請求人適格をもつ。請求人適格をもっていても当事者適格がなければ本案判断にはいたらない。その請求人適格とは人権侵害があること、人権侵害が現在あること（現在性）、人権侵害が直接であること（直接性）を要件とする。そのほかに補充性という要件がある。補充性とは他の人権救済手段があればそれを経た後でなければ本案判断にはいたらないということである。

　憲法裁判所は、「平澤米軍基地移転協定」と「移転合意書」は米軍基地移転を行うための条約にすぎず、平和的生存権を現在侵害したとは言えないと判断した。すなわち、この事件の諸条約は米軍基地移転のためのものに過ぎず、その内容のみでは、将来韓国が戦争に巻き込まれることを認ることはできないということであった。憲法裁判所の目には、これらの条約は米軍基地が移転されることを内容にしているだけであって、直接に平和的生存権などを侵害したとはいえないものであった。その結果、この審判請求事件は却下された。

5　評　　価

　憲法裁判所は1032人によるこの訴願は憲法訴願の実質的な要件の一つである基本権の侵害がないとして本案判断に入らなかった。

　しかし、憲法裁判所のこの決定については評価しうるところもある。すなわち、平和的生存権のいわゆる市民権獲得という側面では評価の余地がある。韓国憲法には日本国憲法と異なり、"平和のうちに生きる権利"という明文の規定はない。にもかかわらず、60年におよぶ韓国憲法政治史のなかではじめて平和的生存権が憲法上で権利であるとの判断が憲法裁判所によって下されたのであり、非常に意義深い決定であると思われる。平和的生存権について憲法裁判所は以下のように述べている。

請求人達はこの事件の条約（'平澤米軍基地移転協定'と'移転合意書'）による米軍基地の移転は駐韓米軍を防衛的軍事力から攻撃的軍事力に変換するためのものであり、したがって、これは幸福追求権から認められる平和的生存権、すなわち各々の個人が武力衝突と殺傷に巻き込まれず、平和的な生き方をする権利を侵害したと主張する。今日、戦争とテロもしくは武力行為から自由になることは人間の尊厳と価値を実現し幸福を追求するための基本的な前提であり、別にこれを保護する明示的な基本権がなければ、憲法第10条（人間の尊厳と幸福追求権）、第37条1項（包括的基本権）から平和的生存権という名でこれを保護することが必要である。その内容は侵略戦争に強制されず平和的に生存することができるよう国家に要請する権利であるとみることができる[8]。

　なお、考えてみれば、この決定は平和的生存権にいわゆる市民権を認めたこと以上の意味もある。実は、韓国において"平和"という言葉は長くタブーとされた言葉の一つである。ある国会議員は1986年、平和統一が国の第1の目標であると国会で主張したことで国家保安法違反で逮捕されたこともあった[9]。平和統一は共産主義による平和統一も容認するので資本主義または自由民主主義による統一という国の目標に相矛盾するという理由であった。いずれにせよ、"平和"という言葉より馴染みのある言葉は"必勝"であろう。軍隊が存在し、北朝鮮と長く対決しているため、戦って勝つことが当たり前と考えられている。なお、北朝鮮が対米戦略として米軍の撤退と平和協定の締結を主張してからは、平和という言葉を使うことは反米もしくは親北朝鮮的であると誤解されやすかった。平和を主張する運動は反政府運動でありながら親北朝鮮と見られ、山内敏弘教授の言葉を借りると実に「反民主的で人権抑圧的な体制の下では平和運動を築き上げることが困難」なのであった[10]。

　にもかかわらず、平和という言葉が憲法裁判所でしかも平和的生存権の形で認められたことは韓国憲法の平和主義が一歩前進する契機になると期待された。

3 戦時増員演習（RSOI）の違憲確認訴訟と平和的生存権

1 事件の概要

　韓米連合司令部は2007年3月25日から31日まで韓国全土にわたって"2007年戦時増員演習（RSOI）"を行った。同時に野外起動訓練であるイーグル（Foal Eagle）訓練を行った。

　戦時増員演習（RSOI）とは、韓国軍と米軍との合同指揮訓練である。海外にある米軍を韓国に入れ（Reception）、待機（Staging）し、前方移動（Onward Movement）させ、統合能力（Integration）を高めるための訓練である。

　戦時増員演習（RSOI）と共に行われたイーグル（Foal Eagle）訓練とは、後方地域の防衛および安定化作戦であり、主な軍事装備の前方移動、野外訓練に重点を置いた全軍合同野外起動演習である。

　1994年から始まった戦時増員演習（RSOI）はそもそも防衛的な性格の軍事演習であった。このような軍事演習の作戦計画である"作戦計画5027"と名づけられた軍事作戦によれば、この計画とそれによる軍事演習は朝鮮半島における全面戦に備えたものあった。この計画は、2年毎に修正されたが、初めは北朝鮮軍が侵略してきた際に北朝鮮軍の侵攻をまず阻止し、その後、休戦線から20-30km離れたところにある北朝鮮の開成地域までに追いかけるほどの防衛的なものであった。

　ところが、イラク戦争後、攻撃的な軍事演習にその性格が一転した。作戦計画5027-92では北朝鮮の首都である平壌を包囲する内容が含まれた。作戦計画5027-98では北朝鮮の首都平壌を倒すことと野砲などを先制打撃する内容を含めた。作戦計画5027-00では米国からの増員軍の数を最大69万名まで増やすことを中身にいれた。

　このような攻撃的な性格の変化の中で行われた2007年戦時増員演習（RSOI）ではアメリカ本土にある米軍6000名と核航空母艦ロナルド・レイガン号とF117ステルス戦爆機などが投入された。なお、海外米軍再配置計画（Global Posture Review：GPR）[11]と戦略的柔軟性戦略[12]を実行するにおいて核心的な役割を

RSOI 反対集会　　　　釜山港に入港したロナルド・レイガン号

果たすストライカ部隊が参加するするなど、大規模訓練が行われた。

2　請求人の主張

(1)　平和的生存権などの侵害　　平和的生存権を権利として認めた 平澤訴
訟に勇気つけられた平和運動団体などでは、戦時増員演習（RSOI）こそ平和的
生存権侵害の恐れのある国の行動であると判断し、2007年、戦時増員演習
（RSOI）の執行停止仮処分を出す一方、他方では憲法訴願を提出した。

　すでに触れたように、憲法裁判所は平澤訴訟（2005憲マ268）で平和的生存権
は侵略戦争に強制されず平和的生存をすることができるよう国に要請する権利
であると述べた。

　今日の戦争は国家の判断によって行われ、国家単位で戦われるのであって、
平和な状況をつくるためにはまず自分が属する国家の戦争行為、敵対行為など
を統制することがまず大事である。なお、外国の政府についても平和的政策の
樹立などを要求すべきである。このように平和的生存権とは対国家的防衛権で
ありつつ対国際的防衛権でもある。

　そこで、請求人側は次のように戦時増員演習（RSOI）の違憲性を主張した。

　　第1に、韓国政府が2007年3月に行った戦時増員演習（RSOI）は北朝鮮を相手と
　して計画された作戦計画5027による先制攻撃訓練であるがために韓国憲法の第5条
　（国際平和の維持、侵略戦争の否認）、憲法第4条（平和的統一政策樹立の義務）、憲
　法前文（恒久的平和）に違反する。
　　第2に、韓国軍の統帥権者である大統領は戦時増員演習（RSOI）に韓国軍隊を参

加させたことによって休戦状態の韓半島に予測不能の戦争の危険性を高め、結局、韓国憲法第5条などの平和主義を違反した。なお、南北を含む周辺6カ国による第5次6者会談で合意した平和共存の原則に違反する。しかも、このような訓練によって緊張感が助成され南北の交流と和解などが侵害される。

第3に、戦時増員演習（RSOI）は侵略戦争に強制されず平和的生存ができるよう国に要請する権利である平和的生存権を侵害する[13]。

(2) 当事者適格　憲法訴願が認容されるためには人権が侵害されることのみではなく、人権侵害の現在性、直接性、自己関連性が要求される。平和的生存権関連の憲法訴願では戦争の危険性などを争うために当事者適格の充足の如何が大きな争点になる。

そこで、請求人側は次のように当事者適格の緩和を求めている。

　平和的生存権関連の憲法訴願ではこのような当事者適格がより緩和されることが必要である。政治的権利、経済的権利の場合は、侵害されたものとそうでないものの区別がつきやすいが、平和的生存権は、ある地域の住民が被害者である場合もある。国民全体が被害者である場合も多い。現代の戦争が前方と後方の区別のない総力戦であること、軍人と民間人を問わない戦争であることを考えると当事者適格として要求される人権侵害の自己関連性を緩和して判断することが要求される[14]。

なお、「現在の戦争は総動員体制をとらざるをえない。韓国の場合には戦時動員法、物資の徴発のための諸法律があることなどを考えると、直接戦場に出る人であれ、そうでない人であれ、戦争遂行と直接関連する仕事をする人であれ、間接的に関連する人であれ、平和的生存を維持することが難しくなる。したがって、人権侵害の直接性についても広い目でみることが必要である」[15]。

このような、ある意味では"2重の基準"とも言えるが、人権侵害の現在性についても請求人側は次のように2重の基準を求めた。

　ある国家が侵略戦争の参加国になるか侵略的な戦争演習に参加するかを決定してしまうと、仮に人が今すぐ死亡しなくても、そして今すぐ個々人が戦時動員されなくても、そして個々人が戦争演習に直接参加しなくても基本権侵害の現在性の要件を達しているとみるべきである[16]。

3　政府側の答え

　政府側の答弁は次の3点に渡り、平和的生存権侵害を訴える当事者としての適格がないということであった。

　第一にこの戦時増員演習（RSOI）は国民の基本権に影響を及ぼす対外的な効力をもつ公権力行使とみることができない。したがって、憲法訴願の審判対象にすることができない。仮に審判の対象にしてもこの戦時増員演習（RSOI）そのもののみでは、請求人の基本権に直接的に侵害を及ぼすことはできない。

　第二にこの戦時増員演習（RSOI）によって平和的生存権侵害が、現在、行われる可能性もない。戦争の危険が高まるためには南北関係の変化、北朝鮮と米国との関係など、他の多くの要因があるために、戦時増員演習（RSOI）をするだけで直ちに戦争が起こる可能性は低い。したがって基本権侵害の現在性がない。

　第三に戦時増員演習（RSOI）による平和的生存権侵害の可能性は仮定的な判断に過ぎず、基本権侵害の成熟度が低く、憲法裁判所が本案判断に入ることはできない。

4　憲法裁判所の判断

　憲法訴願は当事者適格などの適法性要件を充足している場合にのみ本案判断に入る。ところが、憲法裁判所は当事者適格の判断よりむしろ平和的生存権そのものが果たして権利であるか否かを次のように検討している。

> 　確かに、憲法の前文および第1章の諸条文に現れた'平和'に関する規定によると、韓国憲法は侵略戦争を否認し、国の平和的統一を志向し、また恒久的な世界平和維持に努力することをひとつの理念または目的として定めていることは事実である。
> 　しかし、平和主義が憲法の理念または目的であるといっても、そこから直ちに国民個々人の平和的生存権があるとはいえない。憲法に挙げられていない基本権を新しく認定するためには、まず、その必要性が特別に認められ、権利内容が比較的に明確にされ、具体的な権利としての実体、すなわち、権利内容を規範として相手に要求する力があり、またその実現が妨害される場合、裁判によってその実現を保障することができる場合、初めて具体的な権利としての実質を持つことになる。
> 　ところが、平和的生存権を具体的な権利として認めたとしても、その権利内容は、

'侵略戦争に関するもの'から探すしかない。そうなると'侵略戦争の強制に動員されない権利''侵略のための軍事演習、軍事基地の建設、殺傷武器の輸入および製造などの戦争準備行為が国民に重大な恐怖を招く場合、公権力行使の停止を求める権利'がその内容として考えられる。

しかし、平常時の軍事演習、軍事基地の建設、武器の輸入および製造などの軍備拡大の行為が'侵略的'戦争準備に当たる場合はほとんどない。侵略的性格、重大な恐怖などに関する判断は事実上困難であり、このような抽象概念でもって平和的生存権を主張し、平和的生存権の名で公権力の行使を中断させようとすることについては肯定しにくい。

このような事情を考えると平和的生存権を憲法に列挙されてない基本権として特別に認める必要性はない。そして平和的生存権の権利としての内容は明確でもなく具体的でもないので権利としての実質にも符合しない。

そもそも平和的生存権という概念は日本国憲法前文の'平和のうちに生存する権利'という表現から日本の学界と下級審で裁判所が権利と認めたところから始まった。ところが日本の最高裁判所は、日本国憲法の前文にある'平和のうちに生存する権利'と第9条戦力放棄条項に基づく平和的生存権に関する主張について、その場合の'平和'とはひとつの理念であり抽象的な概念であると判断したことがある。なお、平和的生存権は独立的な権利としての性格に欠けていると解している。

したがって、請求人の基本権侵害を前提として求められたこの審判請求は不適格であるがために却下する。なお、平和的生存権は侵略戦争に強制されず、平和的生存ができるように国に要請する権利であるとした2003年2月23日の決定（2005憲マ268）はこれを変更する。[17]

5 評　　価

この決定は、まず、平澤（ぴょんてく）訴訟からわずか3年も経たないうちに、平和的生存権を抽象的理念に過ぎないと切り下げた点で、平和運動側には大きな衝撃を与えた。

憲法裁判所が平和的生存権を権利でなく抽象的理念にすぎない理由として挙げたのは、第1に、平常時の軍事訓練、軍事基地の建設などは侵略戦争に該当しないこと、第2に、軍事訓練のような公権力の行使を阻止しようとする人権は実効的に保障されないことであった。

これらの論拠については次のような反論が可能である。第1に、軍隊自体が戦争を予想されている存在であるので、存在そのものが平和的生存に関係する

という議論もある。そして、軍隊を防衛的な存在に限定し、なおかつ平常時の軍事訓練であっても、その訓練の目的、軍の編成などによっては緊張を誘発し、有事の際には敵の第一の攻撃目標になる可能性が高い。特に軍事基地の建設による平和的生存の侵害の恐れについては、1977年のジュネーブ条約追加議定書の"無防備地域"に関する規定などは非常に示唆することが多い。つまり、「これらの戦時国際法あるいは国際人道法においては、軍事基地あるいは軍事的目標に対する攻撃と"防守セサル都市"あるいは"無防備地域"に対する攻撃とでは明らかに区別が設けられているのである」[18]。そうであるとすれば、平澤(ぴょんてく)訴訟における問題となったように平澤(ぴょんてく)住民が迅速起動軍のない平澤(ぴょんてく)に留まる限りは、仮に有事の際といえども外部からの攻撃を少なくとも国際法上は受けることがないのに対して、軍事基地しかも迅速起動軍のような攻撃的な性格をもつ軍隊のための軍事基地を建設する場合は、平和的生存権の侵害の恐れが高まることは当然であろう。

　第2に、そもそも人権とは公権力の統制のための権利であり、対国家的権利である。にもかかわらず、韓国の憲法裁判所の人権観すなわち"国家がなければ人権もない、そして、国の安全保障と関わりのない人権のみが人権"であるという見解は多くの問題点を抱えている。韓国の普通の憲法教科書にも一般化されている人権の天賦性を否定する非常に前近代的な人権観である。なお、国の安全保障のために平和的生存権の制限について説くことについては考慮に値するという意見もあるが、平和的生存権が人権でなく抽象的概念に過ぎないという切り下げは最も大きな問題がある。南北対決という状況論理によっても合理化することが難しいものであり、憲法と人権の番人であるという憲法裁判所の自称にも似合わない。

4　韓国における平和的生存権の展望

1　なぜ平和的生存権を認めたのか

　平和的生存権を認めてからわずか3年後まったく正反対の立場に変わり判例を変更した韓国の憲法裁判所の動きについては、平和運動勢力から深い失望感

が寄せられた。特に裁判官9人の中、8人が交代されたとはいえ、平和的生存権そのものの権利性を否定したこと、しかもその8人の多数はいわゆるリベラルといわれる当時の盧武鉉大統領と与党ウリ党から推薦された裁判官が多かったにもかかわらず、結果はそうであったことからくる失望感も大きかった。

いずれにせよ、それでは、なぜ2006年の決定では平和的生存権を認めたのであろうか。残念ながらその点まだ明らかになってない。ただ考えられるのは、平和的生存権を認めることによって軍事外交の運用の面にどんな影響があるかについて憲法裁判所自身が十分に予想してなかった可能性がある。韓国の憲法裁判所は生命権、知る権利など憲法に列挙されてない権利を認めることに比較的に積極的であった。そして、そのような決定には多くの賛意が寄せられ、憲法裁判所の社会的な地位の向上にもある程度の役割を果たしたと言えよう。特に、日本の最高裁に当たる韓国の大法院と微妙な競争関係にある憲法裁判所としては新しい権利目録を追加することにそれほどの大きな抵抗はなかったと思われる。

ところが、平和的生存権を認めた後、次々と寄せられる平和的生存権関連訴訟でむしろ憲法裁判所が難しい立場の選択を余儀なくされたことが考えられる。特に、平和的生存権関連訴訟は、戦時増員演習（RSOI）訴訟などのように、政府の軍事外交的な政策に関して反対するか、または抑制をかけるものが多く、憲法裁判所の立場を難しくしたと考えられる。そこで憲法裁判所としても"平和的生存権という名で国家公権力の行使を阻止することは実効的に保障されない"という線を引いたものと思われる。

2　韓国における平和的生存権の将来

2009年の5月末にあった"戦時増員演習（RSOI）違憲確認訴訟"の宣告で、憲法裁判所が平和的生存権は具体的権利でなく抽象的理念にすぎないと一線を引いたことで平和的生存権は権利でなくなるのであろうか。

個人的にはそう思わない。まず、戦時増員演習（RSOI）違憲確認訴訟で裁判官9人のなかで4人は少なくとも平和的生存権の権利性を否定していない。二つの少数意見があったが、まず、曺大鉉など3人の少数意見と宋斗煥によ

る少数意見をみることにしたい。

　3人の少数意見では 韓国憲法が第5条などを通じて平和主義を憲法の主な基本原理として採択していることを確実に認識している。なお平和を憲法上の最高価値のひとつであると明示していることを前提にして平和的生存権は憲法に列挙されてはないが憲法上保護すべき人権のひとつであると認めている。その内容としては'侵略戦争およびテロなどからの脅威を受けず、平和的に生きる権利'であり、このような意味から国家は'侵略戦争を回避または否認する責任と任務をもつ'と述べている。

　ただし、この3人の少数意見も一切の戦争を否定してはいない。安全保障のための軍隊の存在そのものをみとめ、また軍隊を認めた以上それを維持するための軍事活動および訓練をも認めている。なお、当該事件については侵略戦争に巻き込まれる可能性がないがために却下すべきであると述べている。しかし、3人の少数意見は以上のような限定した目的から離れた戦争については強く否定する立場をとっている。

　1人の少数意見は、次のように、平和的生存権の権利性を認め、また天賦人権としての性格を強調する。「生命と身体の安全を脅かされず、平和のうちに生存する権利は人間が国家と憲法以前に持っている天賦的基本権である。韓国憲法に明文の規定がないからといって人権としての性格を否定してはならない。ただ、平和的生存権に対しても秩序維持などの目的では必要最小限度の制限ができる。米軍を駐屯させ、軍隊を維持させることは国の安全保障のために必要であるが、軍事訓練が国民の生命と身体の安全を脅かす場合には平和的生存権の侵害となる。そして、軍事訓練が侵略的なものである場合は韓国憲法第5条などによる平和主義に違反することになる[19]」と述べている。ただし、この少数意見でも"2007年の戦時増員演習（RSOI）"は防衛的な訓練にすぎないので審判の利益がないとした。

　このような状況からすると再度の判例変更の可能性もありうる。裁判官の内2人が立場変更すれば平和的生存権が人権としてみとめられる可能性がなきしもない。

　しかし、そのような場合であっても違憲確認の決定を得るためには大きな課

題がある。まず、請求人適格の拡大が必要である。政治的権利、経済的権利は侵害されたものとそうでないものの区別がつきやすいが、平和的生存権はある地域の住民が被害者である場合もあるが、国民全体が被害者である場合も多い。現代の戦争が前方と後方の区別のない総体戦であること、軍人と民間人を問わない戦争であることを考えると当事者適格として要求される人権侵害の自己関連性を緩和して判断することが要求されるからである。

そして、当事者適格の緩和が必要である。平和的生存権を裁判規範として認めてもらうためには諸軍事訓練または米軍基地再編が平和的生存権を現在、直接に侵害していることをより厳密に立証することが必要である。したがって、平和的生存権侵害に対する別の基準が必要である。いわゆる2重の基準のようなものが要求される。

3 平和的生存権の政治規範性への注目の必要性

ところが、憲法裁判所の当事者適格に対する厳格な態度、当該事件を含む憲法裁判官の'平和'に対する認識などを総合的に考えると、いわゆる平和的生存権訴訟で当事者適格が認められ、憲法裁判所が本案に対する判断に踏み込み、そして、侵害された平和的生存権に対する実効的救済を行うことはなかなか展望しにくいように見える。むしろ、憲法裁判所で門前払いされたことが憲法裁判所による合憲判断と政府側に意図的に解釈され、侵略的軍事訓練などが堂々と行われる可能性もある。

そういう面で考えると、少なくとも韓国では当分の間、平和的生存権の政治規範としての性格に注目をすることも必要であると思われる。[20] 憲法規範は、原理上、裁判所のみに向けられているだけでなく、議会や政府という政治部門も拘束する。また実際にも憲法規範は、政治部門において政治的論議を方向づける重要な働きをしている。議会による立憲主義または法律による人権保障が、議会に対する立憲主義または法律に対する人権保障の前提である。[21]

韓国のように近代的な市民革命を経ることなく、まだまだ民主主義の豊富な経験が必要な国においては議会による人権保障の重要性が非常に大事であると思われる。なお、平和的生存権の理念的な広がりを正面からとらえるためにも

政治規範としての側面にも十分な注意を払うことが必要である。

4 東北アジアの平和と平和的生存権

　平和的生存権はそもそも第3世代の人権の代表格である。日本国憲法にも平和的生存権については"全世界の国民"の権利であると述べているが、このような言葉は第3世代の人権としての平和的生存権の性質をよく示していると思われる。第1世代の人権が国家からの自由であり、第2世代の人権が国家による人権であるといわれるが、これらの諸権利はそもそも国民国家の内部において国家権力の作用または不作用によって得られるという点では共通点がある。ところが、第3世代の人権はひとつの国民国家内部における国家作用または不作用によって確保される側面と、国民国家を超える連帯によって確保される側面をももっている。環境権がそうであるし、平和的生存権もそうであると考えられる。

　特に、東北アジアにおける平和的生存は日本のみ、または韓国のみの努力では確保されにくい構造をもっている。アメリカ軍事戦略に大きく影響されるからである。そのような文脈からすると、韓国の憲法裁判所が平和的生存権に関する判例を変更して抽象的概念だと切り下げたにせよ、それを契機に平和的生存権に関する議論が韓国でも本格化されはじまったことは低迷する東北アジアの平和主義の前進に意義深いものであると思われる。[22]

注
1) 山内敏弘編『有事法制を検証する』(法律文化社、2002年) 151頁以下参照。
2) 小林武『平和的生存権の弁証』(日本評論社、2006年) などを参照。
3) 韓国憲法第10条：すべての国民は人間としての尊厳と価値を保持し、幸福を追求する権利を持つ。国家は個人がもつ不可侵の人権を確認しこれを保障する責任を負う。
4) 平澤(ぴょんてく)訴訟の憲法訴願請求書　29-30頁。
5) アメリカ政府は2002年5月'国防計画指針'を採択し、二つの戦争予想地域であるイラクと北朝鮮を維持しながら、1-4-1という概念を追加した。その結果、1-4-2-1軍事戦略でいう1とは、米国本土の防衛を意味する。4とは、ヨーロッパ、東北アジア、東アジア、中東の4つの地域に米軍を前進配置し脅威を事前抑制することを意味する。2とは、イラクと北朝鮮で戦争が起こると4つの地域にある米軍を集中し二つの戦場で短期間に勝利を収めることを意味する。そのために4つの地域にある米軍を迅速起動軍に転換させ、軍事力を運用することになる。平澤への米軍基地移転もその一環である。最後

の1とは、1つの決定的勝利を意味する。すなはち、二つの戦場のなかで少なくとも一つのところでは決定的勝利をすることを意味する。
6) 徐載晶「米国の軍事戦略と韓米同盟」『創作と批評』125号（2004年秋）335-336頁。
7) 韓国憲法第60条（条約締結及び批准と宣戦布告の同意権）：国会は相互援助または安全保障に関する条約、重要な国際組織に関する条約、友好通商条約、主権の制約に関する条約、講和条約、国家と国民に重大な財政的な負担を負わせる条約または立法事項に関する条約の締結及び批准に関する同意権をもつ。
8) 平澤米軍基地移転違憲訴訟（2006.2.23/2005憲マ268）304頁。
9) 兪成煥議員事件（大法院1992年9月22日、91ド3317）
10) 現代戦争の特質と人権侵害については、山内敏弘『平和憲法の理論』（日本評論社、1992年）250頁以下を参照されたい。
11) 海外米軍再配置計画（GPR）とは2003年11月25日、ブシ大統領がテロ、大量殺傷武器（WMD）などの拡散に対処するために全世界にある米軍の軍事態勢を再編するため発表したものであり、米軍の迅速な対応能力の強化に焦点がある。この計画により米軍の部隊編成などに大きな変化があった。韓国に駐屯する米軍第2師団はいわゆる未来型師団（UEX: Unit of Employment X）に変換したが、この未来型師団とは無人偵察機（UAV）、最新型戦車（AIM）などの最新装備を備え精密打撃能力および遠距離作戦能力をもつことになる。そこでこの未来型師団をストライカ部隊（Stryker Brigade Combat Team）ともよぶ。平常時にはひとつの旅団（brigade）で動くが、有事には、他の4つの旅団の投入によって戦闘師団になり迅速起動軍として動くことになる。
12) 戦略的柔軟性とは海外米軍再配置計画（GPR）にしたがって米軍を迅速起動軍として配置する戦略。海外米軍再配置計画（GPR）を遂行するためには前方配置軍から迅速起動軍への再編が必要であるが、それを裏付ける概念である。
13) 戦時増員演習（RSOI）の違憲確認訴訟の憲法訴願請求書、4頁。
14) 戦時増員演習（RSOI）の違憲確認訴訟の憲法訴願請求書、19頁。
15) 戦時増員演習（RSOI）の違憲確認訴訟の憲法訴願請求書、20頁。
16) 戦時増員演習（RSOI）の違憲確認訴訟の憲法訴願請求書、20頁。
17) 戦時増員演習（RSOI）の違憲確認訴訟（2009.5.28/2007憲マ369）4頁。
18) 山内敏弘、前掲書、303頁。
19) 戦時増員演習（RSOI）の違憲確認訴訟（2009.5.28/2007憲マ369）7頁。
20) 李京柱「龍山米軍基地協定と平和的生存権」、林種仁議員室『駐韓米軍再編と平澤米軍基地拡張に関する争点』（2005年11月）。
21) 浦田一郎『現代の平和主義と立憲主義』（日本評論社、1995年）109頁。
22) 例えば、李京柱「平和的生存権の憲法実践的意義」『民主法学』（冠岳社、2009）。

立憲主義の展望

死刑と人権の道徳規範性
―― ペリーの宗教的信条から出発した死刑廃止論 ――

池端　忠司

1　人権の道徳規範性から人権の法規範性へ

1　はじめに

　本稿はアメリカの憲法学者マイケル・ペリー（Michael J. Perry）の死刑廃止論を取りあげる[1]。ペリーの宗教的な信条から出発した死刑廃止論はつぎのような言い回しで問題を提示する。あらゆる人間が固有の尊厳をもち、それゆえ侵害してはならないという主張からなる人権の道徳規範性（the morality of human rights）を肯定する者は、それを肯定するという理由で、死刑をどのように扱うべきかという問題であり、憲法の人権規定を手がかりとしない。言い換えれば、憲法が禁止・要求する法規範の解釈によって死刑を扱うのではなく、宗教的な信条が禁止・要求する道徳の解釈によって死刑を扱うものである。そして本稿はこの人権の道徳規範性から出発して死刑の廃止を訴えるペリーの議論が日本の憲法学の議論に与えるいくつかの示唆を指摘したい。

　本稿が扱うペリーの見解は内容的には2つに分けられる。1つは人権の道徳規範性を肯定する者はどのようにして人権の法規範性（the law of human rights）を手に入れ、法的要請あるいは義務をもつことになるのかの説明である。

　もう1つはペリーの死刑廃止論である。ペリーはキリスト教者、それもロー

マ・カトリック教会の信者であることから、ローマ・カトリック教会が聖書を解釈して形成した死刑に関わる道徳的要請を特定することから始める。

2 人権の法規範性の内容と4つの注意点

ここではまず人権の道徳規範性を肯定する者はどのようにして人権の法規範性を手に入れ、法的要請あるいは義務を持つことになるのかを説明する。ペリーはこの人権の道徳規範性から法規範性を引き出す段階でリベラルな民主政での市民を想定し、その市民がさまざまな人権問題に直面したときに、民主政下の民選議員や政府への働きかけとして何をすべきか、何をすべきでないかが人権の法規範性の内容となると理解する。最終的に人権の法規範性はつぎのようなものとして提示される。

> 「人権の道徳規範性を肯定する私たちは、それを肯定するという理由で、私たちの選出議員につぎのことを強く迫らなければならない。
> (1) 人間が人間を侵害することか、さもなければいわれなき人間の受難をもたらすことを禁止する法律・政策を制定・執行すること、および
> (2) 人間を侵害する（または侵害しようとする）か、さもなければいわれなき人間の受難をもたらすいかなる法律または政策にも依存しないこと」(35頁)

死刑制度は、それを存続させている国では(2)の人権の法規範性の問題として構成されることになり、死刑を執行される者の人間の尊厳が問われ、その評価次第で、死刑制度に依存しないように政府に強く迫るべきかどうかが決まり、妊娠中絶は、(1)の人権の法規範性の問題として構成されることになり、胎児の人間の尊厳が問われ、その評価次第ではある種の妊娠中絶を禁止するように政府に強く迫るべきかどうかが決まることになる。

ペリーはこの人権の法規範性を説明するために4つの重要な指摘を行っている。第1の指摘は「あれこれ考えてみて（all things considered）」はじめて人権の法規範性が定まるというものである。人権の道徳規範性についてある程度確実なコンセンサスが存在する場合でも、そこからそれほど明白な行動の指針が得られない場合が多い。ペリーはそのことをアマルティア・セン（Amartya Sen）の言葉を引用し詳しく説明している。

ペリーによれば、人権の道徳規範性を肯定する者はあれこれ考えてみて、できる限りのことをする決定的な理由があるが、「あれこれ考えてみて」は多くの場合不確定になる。そこでセンがイマヌエル・カント（Immanuel Kant）から借りてきた「完全な（perfect）」義務と「不完全な（imperfect）」義務の区別[2]と呼んだものが重要になるとペリーは述べたうえで、センのつぎの言葉を引用する。「どんな人であっても『拷問してはいけない』という非常に具体的な要求には、より一般的であまり明確でない要請がともないます。拷問を防ぐ方法や手段を考えて、人はそのために何をすればよいのか判断することを求めるものです。[3]」それにもかかわらず、「明確に特定されていない義務を、まったく義務がない状態と混同してはいけないのです[4]。」(33-34頁)

　第2の指摘は「下からの視点[5]」の重要性である。ペリーはここでヒトラー暗殺計画の首謀者でカトリック神父であったディートリッヒ・ボンヘッファー（Dietrich Bonhoeffer）の言葉を引用している。(34頁)

　第3のそれは善良な市民の傍観者的な態度が人権侵害に加担する結果になるという指摘である。(34-35頁)

　最後の第4の指摘は、「いわれなき受難（unwarranted suffering）」の意味に関するものである。誰から見ていわれなき、つまり正当化できない受難なのかという視点の重要さの指摘である。もちろん加害者からではなく、受難に直面してそれを防ぐために何ができるかと考える者の視点から、正当化できるかどうかが重要である。(35頁)

2　人権の道徳規範性を肯定する者にとっての死刑の基本問題

1　議論の前提条件――制度の完全性と重大犯罪のみの適用

　ペリーは死刑廃止論に入るまえに世界人権宣言、市民的および政治的権利に関する国際規約の第2議定書（1989年）、欧州連合の基本権憲章（2000年）、さらに欧州人権条約の第13議定書（2002年）によって特色づけられる、戦後の国際社会における死刑容認から戦時・平時を含めた全面的な死刑廃止までの軌跡をたどり、その世界的潮流を確認したうえで、死刑制度をまだ廃止していない国

の市民がその世界的潮流に従い、死刑を廃止するよう自分たちの政府に強く迫るべきかどうかを問うことになる。(37-39頁)

　そして、その問い方が問題となるのだが、ペリーは、人権の道徳規範性を肯定する者にとって、アメリカ合衆国も含め死刑に反対する多くの者が取りあげる死刑制度の不完全性（無実の人が死刑を執行される傾向、社会の貧富の差や差別意識が死刑執行に影響を与える傾向など）よりも基本的な問題があり、それはつぎのようなものであると述べる。「死刑制度が完全に機能したとしても、そしてもっとも悪逆無道な犯罪にのみ死刑を適用するとしても、死刑はそれでも人間を侵害することになるか、いわれなき人間の受難をもたらすことになるか」という問題である。(39頁)

　ペリーは、もちろん人権の道徳規範性を肯定する私たちも、主として犯罪の重大性および／または犯人の非難可能性に依拠してある者を他の者よりも重く処罰するという具合に、適正な手続に従い有罪判決を受けた犯人を処罰できることを認めるが、それはどんな刑罰を科すことができるかについて何も言っていないと指摘し、刑罰としての拷問はその境界を越えるものであり、パン一塊を盗んだために長期間収監することも同様であると理解するが、死刑はその境界を越えるかどうか、つまり死刑制度が完全に機能しさらに死刑が悪逆無道な犯罪にだけ適用されるとしても、死刑はその境界を越えるであろうかと問う。(39頁)

2　人はその固有の尊厳を失うことができるのか

　さて、ここからキリスト教者、ローマ・カトリック教会の信者の立場、つまりペリーの信じる宗教の教義から死刑廃止論を展開することになる。前述したように、その内容はローマ・カトリック教会が聖書を解釈して形成した死刑に関わる道徳的要請を把握することから始める。それには長い間カトリック教会が支持してきた伝統的な見解とヨハネ・パウロ2世（John Paul II）の任期以降の新しい立場とがあり、ペリーは後者を「無条件主義の原理（the unconditionalist principle）」と呼ぶが、この無条件主義の原理に信者でありながら賛同せず、詳細に検討している。最終的には、「条件主義のアプローチ（the conditionalist approach)」と呼ぶ自説を展開する。これらを順に説明する。

　先に述べたように、ペリーの死刑廃止論の議論は死刑制度の不完全性をひとまず棚上げにし、かつもっとも重大な罪を犯した者だけに死刑を適用することを前提にするため、まず問題とすべきはこのもっとも重大な罪を犯した者がその犯罪によって人間の尊厳を失うことになるのかどうかである。(39頁)

　もちろんもっとも重大な罪を犯すことによって一度は人間の尊厳を失うとしても、また十分に悔い改めその尊厳を取り戻すことができるのであれば、人間がその尊厳を喪失する可能性は死刑擁護論を支持するとは一概にいえない。ペリーはここでまずつぎの聖書の言葉を引用する。「あなたは彼らに言え、主なる神は言われる、わたしは生きている。わたしは悪人の死を喜ばない。むしろ悪人が、その道を離れて生きるのを喜ぶ。」(エゼキエル書33章11節)[6] (39頁)

　ペリーは自己のキリスト教信仰の代弁者として2007年の著書（注1参照）の第Ⅰ部に登場させたサラの立場からも、人間がその尊厳を失い得る余地はないと理解する。「サラによれば、私たち人間は私たちが行った何か、行わなかった何かを理由としてではなく、私たちが存在そのものの私たちであること、つまり神の最愛の (beloved) 子供たちで、互いに姉妹・兄弟であることを理由に固有の尊厳を持つ。さらにいえば、私たちのための神の愛は無条件であり、神の愛は私たちが悪逆無道な方法で行動しないことを条件としない。」(40頁)

　これとは対照的に、人がその固有の尊厳を失うことができると理解するのが近年までのカトリック教会であった。ペリーはそのことをE．クリスチャン・ブリュッガー (E. Christian Brugger) の『死刑とローマ・カトリック教会の道徳の伝統』[7]を引用してつぎのように詳しく説明する。「カトリックの伝統は、意図的な攻撃や破壊を絶対的に受けつけない何の罪もない生命を常に肯定してきたにもかかわらず、その地位 (that status) はゆゆしい悪業の道徳的な非難可能性によって剥奪されると伝統的に理解されてきた。その伝統ははっきりとしているので重罪を故意に犯す者の生命は不可侵ではない。…［トマス］アクィナス ([Thomas] Aquinas) は重罪人が人間の尊厳を「失い」、そして獣として扱われても仕方がないと説いた。ピウス12世 (Pius XII) は危険な犯人が『自分の犯した犯罪行為によって生きる権利をすでに自分で売り払った』と説いた。ど

ちらの場合も悪人の命は当の悪人自身の故意の行いを通じて侵害可能になる。」[8]
(40頁) そしてブリュッガーはすぐに続けてつぎのように記す。「これは1997年の［カトリック教会の］カテキズム（the 1997 Catechism [of the Catholic Church]）または［教皇の1995年回勅］『いのちの福音（Evangelium Vitae）』の教えではない。実際ヨハネ・パウロ２世は後者のなかでつぎのように説く。『殺人者でさえも彼の人格的な尊厳を失わない（９番）[9]』」(40頁)

カトリック教会の新しい立場は、私たち人間が自らの尊厳を失うことができないというものである。私たちの尊厳は不可譲である。

したがって、ペリーもカトリック教会の新しい立場も、もっとも卑劣な犯人にも、人間に共通の尊厳をもつことを認める。それゆえ、人権の道徳規範性を肯定する者にとっての基本問題とは、人間の道徳規範性によって区切られる一線を死刑が越えるか——死刑が人間を侵害するか、いわれなき人間の受難をもたらすかである。(41頁)

3　ローマ・カトリック教会の見解

1　伝統的な見解——「罪のない人を意図的に殺してはならない」

そこでペリーはカトリック教会の死刑に対する見解をブリュッガーの解釈に依拠して説明する。まず、つぎのように問いかける。

> 「カトリック教会は、今日、あらゆる人間が罪のない人であろうがなかろうが、固有の尊厳をもち、その尊厳は剝奪されないため、不可譲であると教導する。そしてヨハネ・パウロ２世は、ある人間に死刑を執行することによってその人に刑罰を科すことは『人間の生命の不可譲の尊厳』を尊重しないことであると説く。つまり、それはあたかも固有の尊厳を欠くかのようその人を扱うことである。しかし死刑執行による科刑があたかも固有の尊厳を欠くかのようにその人を扱い、その結果、その人を侵害するというのは、本当であろうか。」(41頁)

すでに述べたように、カトリック教会は何の罪のない人を意図的に殺すことが常に道徳的に禁止されると長い間教導してきた。しかしながら、ブリュッガーは正確には「二重の効果（double effect）」の原則を教導してきたと説明す

る。この原則によれば、よい効果があると期待し、その効果を得るために何かを行う選択は、たとえある人の選択が同時に他の誰かを殺すという悪い効果をもつと予見しても、その悪い効果をもつことを意図しないかぎり、道徳的に容認することができる。しかしながら、カトリック教会のこの原則はつぎのような重要な但書を含んでいる。すなわち、「その［悪い］効果が意図されていないことはそれ自体で道徳的な善行を保障するものではなく、…効果の悪い側面に対するその人の是認は、もうひとつの道徳的原理、すなわち均衡性の原理に服する。つまり自衛のための、意図しない、死をもたらす行為は、『もしそれがその目的との均衡を欠くならば』、それでも悪である（たとえば加害者から危害を加えられないようにするというよい目的を果たすために、必要以上の暴力をふるったならば）。」(41頁)

2　新しい見解──「すべての人を意図的に殺してはならない」

ではなぜ、以上の伝統的な見解からさらに進み、ヨハネ・パウロ2世は罪のない人であろうがなかろうがいかなる人間も意図的に殺すことが常に道徳的に禁止されると教導するのか。ブリュッガーはそれにつぎのように答える。「誰かを意図的に殺すことは、必然的にその人を殺すことを欲することであり（といってもそれはその人を殺すことを欲するように強いられたと感じている場合では、人を殺すことを欲することでは必ずしもないのだが）、そして人を殺すことを欲することとは、たとえ『有益な事態［彼を殺すこと］が請け合うものが何であれ、私たちがすべての人々のためにもつように義務づけられるキリスト者の愛（charity）に反する。』」(41-42頁)

これとは対照的に伝統的な見解では、将来への配慮（foresight）の結果誰かを意図せずに殺すことは、必ずしもその人を殺すことを欲しているわけではない。それどころか、たとえある人の行為が死をもたらすことが実際に避けられないとしても、その人の行為が結局誰も殺さずに済むならば、その人は喜ぶであろう。(42頁)

ブリュッガーの解釈では、ヨハネ・パウロ2世によれば、人は決して意図的に人を殺してはならない。そうすることは彼を殺すことを欲することである。

そして彼を殺すことを欲することは、私たちがすべての人のためにもつように義務づけられているキリスト者の愛に反する。それは犠牲者を愛をもって扱わないことである。愛をもって扱わないことは、彼の固有の尊厳を尊重しないことである。(42頁)

　ヨハネ・パウロ２世の無条件主義の原理によれば、死刑を執行することによって人を処罰することを──あるいはさらに一般的に人を意図的に殺すことを──道徳的に許す条件は一切存在しない。このような行為が道徳上容認できないことは無条件である。すなわち、いかなる条件が成り立とうとも──たとえば特定の社会で死刑がかなりの抑止効果をもつことが示されても──人を意図的に殺すことは道徳的妥当性の限界を越える。(42頁)

4　無条件主義の原理の検討

　人権の道徳規範性を肯定する者は、ヨハネ・パウロ２世の無条件主義の原理を受け入れるべきか。ペリーは、すでに述べたようにこれを支持せず、条件主義のアプローチという自説を展開するが、ここでは無条件主義の原理を支持しない理由を説明するために、３つの架空の出来事を設定する。

1　第１の仮定に基づく状況──本人のための意図的殺人

　第１の仮定に基づく状況はつぎのようなものである。
　私は残酷な独裁者（brutal dictator）が支配する国の人権活動家である。私と５歳の娘は独裁者の命令を実行する準軍事的部隊により誘拐された。私は明朝、娘が拷問を受けたあと殺されるのを見ることを強制され、ついで自分が拷問を受けたあと殺されることをわかっている。私がいま私の横で眠る娘に危害が及ばないようにする唯一の方法は、娘を今夜素早く痛みを与えずに殺すことである。(42-43頁)
　ここでペリーはつぎのように自問自答する。「娘を殺す選択をする場合、私は愛をもって自分の子どもを扱わず、あたかも固有の尊厳を欠くかのように彼女を扱うことになるのであろうか。もちろんそうではない。私が娘を殺す選択

をする場合、私は彼女が私にとって計り知れないほどかけがえがないから、そうしたのである。つまり私は自分の命自体よりも娘を愛する。私が娘を殺す選択をする場合、私があたかも固有の尊厳を欠くかのように彼女を扱っていると主張することは一言でいえば、ばかげている。したがって人間を意図的に殺すことが常にあたかも固有の尊厳を欠くかのようにその人間を扱い、それによってその人を侵害すると主張することは、もっともらしくない。」(43頁)

ただ、この状況で娘を殺すことがあたかも固有の尊厳を欠くかのように扱っていないということは、彼女を殺さないという選択があたかも固有の尊厳を欠くかのように彼女を扱っていることになるというわけではなく、あるいは、さらに言えば、あれこれ考えてみて彼女を殺すべきであるということを意味するわけでもない。(43頁)

ペリーによれば、以上の第一の仮定に基づく状況は、意図的に人間を殺すことがつねにあたかも固有の尊厳を欠くかのようにその人を扱うことであるという無条件主義の主張の反証例であり、その主張を修正するように導き、その結果、つぎのように修正される。すなわち人をその人自身のためではなく、他の人のために意図的に殺すことは、つねにあたかも固有の尊厳が欠くかのようにその人を扱うことである。(43頁)

そしてペリーはこの修正された主張が無条件主義のオリジナルな主張よりももっともらしいというだけではなく、ヨハネ・パウロ2世の死刑についての立場のその正しさを立証するのに十分であると主張する。というのもある人を死刑の執行によって処罰することはその人自身のために殺すことではないからである。しかしながらペリーはこの修正された主張に満足せず、さらにその修正された主張は第2の仮定に基づく状況に私たちを連れて行くと理解する。(43頁)

2 第2の仮定に基づく状況――より多数の救命のための意図的殺人

第2の仮定に基づく状況はつぎのようなものである。

私は第1の仮定に基づく状況の残酷な独裁者を相手に戦闘状態にある軍隊の指揮官である。私たちは重厚に防備を固めた敵の主要な軍需工場を破壊するこ

とが避けられない。つまりそれが成功すれば戦争の終結が間近になる。私は一つの選択に直面する。新しいより強力な爆弾が私たちの兵器庫に追加された。つまり私は空軍のパイロットにこの爆弾を軍需工場に投下するように命令できる。しかしながら独裁者は軍需工場へ爆弾投下を思い止まらせるために工場に隣接した地域に居住するように約千人——その工場の労働者、そのほとんど全員が工場で働くように強制された工場労働者とその家族——を移住させた。私たちは軍需工場に爆弾を投下するならば爆弾と二次的爆発は実際に千人を殺すと予見し（意図しないが）、そしてその千人の中には工場長とその妻、そして彼らの子どもも含まれる。別の選択肢として、私は軍需工場に侵入し破壊するために特殊部隊を送り込むことができる。私は、より危険性が高いとしてもこの選択肢に惹かれる。というのもすべてが予定通りいったならば殺される者は千人よりも少ないからであり、それと比べて第1の選択肢の下ではほぼ千人が殺されるからである。しかしながら、さまざまな理由から成功する現実的な見込みのある唯一の計画は、工場の外にある工場長の家に就寝中に侵入し工場長が協力しないならば家族を一人ひとり殺すと脅しながら、必要があればその脅しが本気であることを示すために実際に家族を殺すことである。（家族を殺す振りをすることはうまくいかないであろう。）（43-44頁）

　ペリーは以上の状況を前提とするとき先の無条件主義の修正された主張も再び修正されるべきであると主張する。先の修正された無条件主義の主張に従えば工場長の家族を意図的に殺す場合私はその犠牲者——たとえば彼の妻——をあたかも固有の尊厳を欠くかのように扱うことになる。というのも私は彼女のために彼女を殺そうとしているわけではないからである。しかし工場長の妻を意図的に殺すとき、私はあたかも固有の尊厳を欠くかのように彼女を扱っていると考えるのはもっともらしいか。（44頁）

　ペリーはこの問題に答えるために妊娠中絶をめぐる議論でのある学者の発言を手がかりに熟慮の末に2番目の選択肢を採用する。「つまり、(1)予見的に工場長の妻を殺す選択が道徳的に正当であり、かつ(2)人命の喪失を最小限にするという観点からみて意図的に彼女を殺す選択が予見的に彼女を殺す選択よりもより良いという文脈において、私はただ予見的に彼女に死をもたらすことより

も、意図的に彼女に死をもたらすことを選択する。」(44頁)

　ペリーによれば、この第2の仮定に基づく状況は、第1の仮定に基づく状況と同様に、人間を意図的に殺すことはあたかも固有の尊厳を欠くかのようにその人を扱うことにつねになるという主張の反証例であり、第1の仮定に基づく状況によって修正された無条件主義の主張をさらに修正するように私たちを導く。それはつぎのように再び修正される。「すなわち人間を意図的に殺すこと、しかもその人のためにではなく、他の人のためにそうすることは、あたかも固有の尊厳を欠くかのようにその人を扱うことにつねになる。ただし、第1に彼に対する意図的な殺害という選択とは別に、道徳的に容認可能な、彼に対する予見的な殺害という選択が存在し、第2に人命の喪失を最小化するという観点またはもう1つの道徳的にやむにやまれぬ目的を達成するという観点からして、後者（意図的な殺害）の選択が前者（予見的な殺害）の選択よりもより良いという場合を除く。」(44頁)

　ペリーは、無条件主義のさらに修正された主張をもう一歩前に進めてつぎのように定式化する。「すなわち人間を意図的に殺すことは、しかもその人のためではなく、他の人のためにそうすることは、あたかも固有の尊厳を欠くかのようにその人を扱うことにつねになるが、つぎの場合を除く。つまりその人がいかなる場合でも死ぬことになり——私が彼を殺そうが殺すまいが——、かつ私が彼を殺すことが他の人命を救う場合。」(44-45頁)

　ペリーはこのさらに修正された主張がオリジナルの主張よりも、よりもっともらしいだけではなく、ヨハネ・パウロ2世の死刑論のその正しさを立証するのに十分でもあると主張する。「すなわちある人に死刑を執行することは、どんな選択がされようともその人が殺されるという文脈でその人を予見的に殺すことをせずに、意図的に殺すことを選んだということではない。」からである。しかしペリーはこのさらに修正された主張にも満足しない。第2の仮定に基づく状況はつぎの第3の仮定に基づく状況へと私たちを連れて行くと理解する。(45頁)

3　第3の仮定に基づく状況——多数救命のための意図的殺人

第3の仮定に基づく状況はつぎのようなものである。

　私は合衆国の大統領であり、あるテロリスト集団がニューヨーク市の中心に原子爆弾を仕掛けたことを知らされるが、その場所は彼らだけが知っている。またテロリストがどうしても殺したいと思っているXは合衆国の保護監視下にあり、私が命令を下して1時間以内にXを殺さないならば、爆弾が2時間後に爆発し数百万人が殺させることになる。Xはニューヨーク市から数千マイル離れた秘密の場所で囚われている。テロリストをだます一切の方法もなく、テロリストが約束を守ると信じるに足る十分な理由がある。(45頁)

　ペリーは、無条件主義のさらに修正された主張に従えば、テロリストの要求に応じるとき、私はあたかも固有の尊厳を欠くかのようにXを扱うことになると主張する。そしてその理由は、私はX自身のために殺してもいないし、私がどんな選択をしようともXが殺されるという文脈の下で予見的にXを殺さずに意図的にXを殺すことを選択してもいないからである。しかしペリーはその結論に同意できず、つぎのような疑問をもつ。「テロリストの要求に応じるとき、あたかも固有の尊厳を欠くかのようにXを扱うことになると考えるのはもっともらしいか。」(45頁)

　ここでペリーは問題の核心に到達したと理解し、「意図的な殺人」と「予見的な殺人」との相違が絶対的ではないことを主張しそもそもすべての人に対して意図的に殺すことが常に道徳的に禁止されるという主張自体の不採用を表明する。そのことはつぎのような論理である。「さて、私は問題の核心に到達した。特定の目的——たとえば数百万人の命の救済——を追求するうえでYがもし必要であれば予見的に（だが意図的ではなく）Zを殺すという方法で行動できると仮定してみよう。つまりそのように行動するとき、Yはあたかも固有の尊厳を欠くかのようにZを扱っていないと仮定してみよう。ところでそれと異なるシナリオはつぎのようなものである。すなわちYは同じ目的を達成したい場合、Zを意図的に殺さなければならない。なぜ私たちは第1のシナリオではなく第2のシナリオにおいてYがZを殺すときにあたかも固有の尊厳を欠くかのようにZを扱っていると信じなければならないのか。私が識別できる唯一あり

得る重要な相違はつぎの点である。すなわちYが意図的にではなく予見的にZを殺す第1のシナリオではYはZを殺すことを欲していないが、それとは対照的に、Yは意図的にZを殺す第2のシナリオではYは必然的にZを殺すことを欲しているという点である。(というのも繰り返しになるが、ある事態が生じるように意図することは必然的にその事態が生じることを欲することであるからである。)しかしなぜこの相違がそもそもかつそれ自体で決定的でなければならないのか。結局のところ、第1に、Yはどちらのシナリオでも同じやむにやまれぬ目的を達成することを欲しており、そのことは第1のシナリオに劣らず第2のシナリオにもあてはまる。第2に、Yがその目的を達成するために行動することを選ぶときYの行動はZを殺す。そして第3に、Zを殺さなければその目的が達成されないという唯一の理由がなければYはもともと目的としてZの死を欲しない。それどころかYはZが死ぬことなくその目的が達成されることを熱望する。」(46頁)

ペリーは、つぎのように結論する。「人間を意図的に殺すことは『それが請け合う有益な事態がどうあれ、それ自体悪である。というのもそれは人の生活を意図的に破壊することと同様に、私たちがすべての人のためにもつように義務づけられるキリスト者の愛(charity)に反するからである』というブリュッガーの解釈によるところのヨハネ・パウロ2世の主張に戻ろう。しかしながら、第1のシナリオではなく第2のシナリオにおいて、その目的を達成するために行動する過程で、YがZを殺すことはなぜ『私たちがすべての人のためにもつように義務づけられるキリスト者の愛に反してYが行動したことになるのか』——なぜYがZを殺すことはあたかも固有の尊厳を欠くかのようにZを扱うことになるのか——ははっきりしているとは到底いえない。Yは解決できない悲劇的な紛争の只中にある。すなわち彼は真に破滅的なバランスの惨事を回避する機会をもつ。第1のシナリオではなく第2のシナリオで、YがZを殺すことはあたかも固有の尊厳を欠くかのようにZを扱うことであると私たちが認めていると言い張ることは、もっともらしくない。たとえZがYの最愛の人でも、YがZを殺す選択をするならばどうであろうか。YがZを殺すことではなく自殺することがその目的を達成することになる場合、Yが躊躇なく自殺する

ならばどうであろうか。」(46頁)

　人権の道徳規範性を肯定する者にとっての基本問題は死刑が人を侵害するかどうか、いわれなき人間の受難をもたらすかどうかである。ある人にとって、ヨハネ・パウロ2世の無条件主義の原理がこの問題に肯定的に答えるための説得力のある根拠である。しかしながら、ペリーを含め他の人にとって、無条件主義の原理は——たとえ第1と第2の仮定に基づく状況についての議論でペリーが示唆した2つの仕方で修正されたとしても——問題がある。そこでペリーはこの問題への別のアプローチ——条件主義のアプローチ——を追究することになる。(46頁)

5　ペリーの見解——条件主義のアプローチ

1　刑罰の目的：報復

　ペリーは条件主義のアプローチをつぎのように説き始める。刑罰の目的は報復、抑止および更生 (retribution, deterrence, and rehabilitation) であり、このうち更生は死刑とは関係がない。また報復を目的とする刑罰の是認は当然には死刑の是認を含意せず、まして死刑に反対する報復主義の議論さえある。そして、ペリーは、報復として死刑を科すことは既決犯の未来を奪い、そのことは犯罪者に限らず人生を送る私たちに共通の償いの機会をなくし報復にならないというアルベール・カミュ (Albert Camus) の死刑論[10]に触れた後につぎのように問う。「犯罪者は死刑の執行を受けるに値するのか」(46-47頁)

　ペリーによれば、報復の目的から死刑執行を正当化できるかという問題に答えるための出発点は、あらゆる（生まれながらの）人間が固有の尊厳をもつという確信を内容とする人権の道徳規範性である。悪逆無道な犯罪者のための例外は存在しない。この人権の道徳規範性に従えば、あらゆる人間がもつ固有の尊厳は不可讓である。つまり人はどんなに悪逆無道な行いをしたとしても、その固有の尊厳を失うことができない。(47頁)

　かりに私たちがいかなる犯罪者にも死刑を執行すべきではない——道徳上すべきでない——と言えるならば、特定の罪の犯罪者が死刑の執行を受けるに値

するとは言えない。あらゆる人間がそれゆえあらゆる犯罪者が固有の尊厳をもつと仮定するならば、死刑執行のための十分に重要な正当化理由が存在しないかぎり、私たちはどんな犯罪者に対しても死刑を執行すべきではない。十分に重要な正当化理由が存在せず、刑罰のうちの死に至らない形態——更生の可能性を提示する死に至らない形態——よりも死刑を選択することは、死刑の執行を受ける者をあたかも固有の尊厳が欠くかのように扱うことになる。つまりトマス・アクィナスがある種の犯罪者をつぎのような者であると信じた者、つまり「人間の尊厳から離脱しともかく獣性の虜に落ちたため、他者に有益なものに応じて始末される」者であるかのように、彼らを扱うことになる。(47頁)

　ペリーは「ある種の犯罪者に死刑を執行するための十分に重要な正当化理由は存在するのか」と問い、この問いに対するカトリック教会の見解をあげている。「カトリック教会に従えば、近代社会は既決犯から社会を保護するために、その既決犯に死刑を執行する必要はない。すなわち1997年の『カトリック教会のカテキズム』第2267章[11]は、つぎのように記す。『いまでは、国家が犯罪を効果的に防止できる可能性の帰結として、さらに罪を犯した者が償う可能性を奪いとることなく、その害が及ばないようにすることによって、その犯罪者に死刑を執行することが絶対に必要である事例は「ほとんど存在しない（are practically non-existent）」。』（『ほとんど存在しない』という言葉はヨハネ・パウロ2世の1995年の回勅『いのちの福音』[12]からの借用である。)」この点についてペリーは教会の見解が正しいと評価する。(47頁)

2　抑止効果論の研究成果と内在的検討

　しかしペリーは既決犯に死刑を執行することを正当化する可能性のある理由が報復のほかにあると述べる。「現代社会は、それらの既決犯からではなく、その他の犯罪者または将来の犯罪者から社会を保護するために、いまでも既決犯に死刑を執行する必要があるかもしれない。つまり死刑は抑止効果を持つかもしれない。少なくとも死刑はいくつかの社会では抑止効果をもつかもしれない。」(47頁)

　(1)　抑止効果に関する経済学の統計的な分析に注目

そこでペリーは死刑の抑止効果に関する近年の経済学の統計的な分析に注目する。ペリーによれば合衆国では実際に死刑に抑止効果があるかどうかは控えめに言っても依然として非常に論争的なテーマであり、それどころか近年のある統計的な分析は合衆国の幾つかの州では死刑が「残忍化効果（brutalization effect）」をもち、謀殺の件数を増加させたと評価する。(48頁)

(2) 内在的検討(1)――18人の救命のための1人の意図的殺人

ペリーは経済学の統計的な分析結果から死刑制度の抑止効果の有無について結論を引き出す前に、抑止効果がもっとも有力な死刑の正当化理由であることを踏まえ、死刑の正当性の基本的な問題を表面化するために、死刑に犯罪の抑止効果があることを前提にした内在的な検討を行っている。そこでつぎの2つの質問を比較するように促す。(48頁)

　ⅰ）第3の仮定に基づく状況において数百万の人質の命ではなく18人の人質の命を救うことは、大統領がXを殺す正当な理由になるか。

　ⅱ）約18件以下の謀殺の抑止効果は、死刑を科す正当な理由になるか。

ここで18という数字は1人の死刑執行につき±10件の誤差を伴う平均18件以下の謀殺を抑止するという統計分析のデータに基づくものである。[13]

ペリーは救命数がどれほど大きければ1人の人間を意図的に殺すことを正当化できるかを決める計算方法はないあるいは知らないと述べるが、私たちは第1の質問に「いいえ」と答える一方で、第2の質問には「いいえ」と答えたがらない傾向にあると指摘し、そして第1の質問に「いいえ」と答え、第2の質問に「はい」と答えるとき、死刑制度の下で死刑を執行される者の「不可譲の尊厳」を「その計り知れないほどの価値のために」認め、かつ尊重していると主張することはもっともらしいかと問う。(48頁)

(3) 内在的検討(2)――死刑執行と他の謀殺防止策の断念の矛盾

さらにペリーは謀殺の防止が国家による市民の生命を保護する唯一の方法であり、国家が公衆衛生政策、環境保護、職場の安全規制などを通じても謀殺の防止を行っていることをある学者が気づかせてくれたと指摘したのちに、連邦議会は少なくとも部分的には抑止目的のために既決犯の死刑執行を許してきたと同時に救命のためになる他の選択肢――たとえば自動車のより厳格な安全規

制を課すことによって数万人の命を救う選択——を断念すると述べ、つぎにように問いかける。そのとき連邦議会はこれから死刑の執行を受ける者を、ヨハネ・パウロ2世の指導に従って法王庁（the Holy See）が言及した「不可譲の尊厳」をもつかのように扱っていると断言することはもっともらしいか。(48-49頁)

この議論は国家が同じ謀殺防止のために桁違いに多く人命を救うことのできる施策を断念する一方で、わずか18人以下の謀殺を防止するために死刑執行を許していることの矛盾を指摘するものである。

(4) 内在的検討(3)——悲劇的な状態の招来

またペリーはつぎのような問いを行う。「さらに、あらゆる人間が固有の尊厳をもつことを認めつつ、数多くの他者の命を救うために、ある人間、Aを意図的に殺すか、他の誰かにAの殺害を認めるかのどちらかを決定しなければならない者にとって、極めて重要な問題がある。『私が心から愛する人——たとえば私の子ども——がAの立場に置かれたと仮定するとき、私はそれらの数多くの他者の命を救うために自分の子どもが殺されることを欲するであろうか。』」(49頁)

ペリーによれば、この問いに対して、「いいえ、欲しない」と答えたとき、意図的にAを殺すことが愛の欠如ではないのかと思うのは正しい。またもちろん「はい、欲します」と答えたとき、意図的にAを殺すことが愛の欠如であるとは思わないしあたかも固有の尊厳を欠くかのようにAを扱うことであるとも思わないと認めることは、Aを殺すことがあれこれ考えてみて悲劇的であり、おそらく悲劇的に心得違いをしているとさえいえることを否定することでもない。(49頁)

ここでの議論は、Aが最愛の人であるという触媒的な仮定によって抑止効果を理由に死刑を正当化する議論が「Aを殺さない」という選択肢と「Aを殺す」という選択肢のどちらか一方が道徳的に正しいとはいえない悲劇的な状態に私たちを追い込むものであることを指摘する。

3　結論——死刑を廃止すべき主要な理由と補強となる理由

　以上が死刑制度を正当化する抑止効果論の内在的検討であり、ペリーは、はじめの設問にもどり最終的な結論を述べることになる。

> 「人権の道徳規範性を肯定する私たちはそれを肯定するという理由で死刑制度への依存をやめるように政府に迫るべきか。この答えは死刑制度が人を侵害するかどうか、いわれなき人間の受難をもたらすかどうかによって左右される。ヨハネ・パウロ2世のように、誰であれ意図的に殺すことはつねにあたかも固有の尊厳を欠くかのようにその人を扱うことであり、それゆえその人を侵害することであるという無条件主義の原理を受け入れる者は、政府に死刑制度の廃止を強く迫る単純で単刀直入な理由をもつ。無条件主義の原理を受け入れる者は、第1および第2の仮定に基づく状況の議論において示唆した2つの仕方で修正される場合も、同じように死刑制度の廃止を強く迫る理由をもつ。
> 　これに対して、しかしながら、人権の道徳規範性を肯定する私たちの中の何人かは、気が付いてみればたとえ修正されても無条件主義の原理を受け入れることができないところにいる。私たちのうちの、このような態度に合致する者にとって問題はより複雑である。私たちは死刑制度（それが完全に機能する制度であったとしても）を廃止するように政府に強く迫るためにどんな理由をもつのか。」(49-50頁)

　ペリーはそこで再び経済学者の近年の研究成果に言及したのちに、つぎのように述べる。「明らかに私たちは、死刑が一切の抑止効果をもたないか、ほんの少しだけであるかのどちらかである——抑止効果があまりに少なくて死刑制度の存置を正当化できない——と合理的に結論することができる。」また、ペリーは、犯罪の最前線にいる者でさえ死刑の抑止効果に懐疑的であり、犯罪学の専門家の意識調査でも死刑が何ら抑止効果をもたないという解答が多数を占めていると指摘する。(50頁)

　ペリーはつぎのことを考えてみるよう促す。「世界のリベラルな民主制国家は、罪のない人命の保護のためにできることにコミットしているが、それらの国の大多数は、死刑制度への依存を止めた。なぜそれらの諸国がそうしたのか。私たちは死刑制度には抑止効果が一切ないか、あるいはあまりに少ないかのどちらかなので、死刑制度の存置を正当化できないとそれらの国家が結論を下したと推論しても差し支えないであろう。もしも私たち、『条件主義者』は、

この結論に同意するならば、当然、本章で私が提示した結論を根拠に、私たちは、死に至らない処罰を支持して、死刑制度の廃止を私たちの政府に強く迫るべきであるという結論になる。」(50-51頁)

最後にペリーは死刑制度を違憲と宣言した南アフリカ共和国の連邦憲法裁判所の判決を引用しながら、誤判の可能性、社会の差別意識の死刑制度への反映、恣意的運用の可能性などの死刑制度の制度上の欠陥の指摘が、他のリベラルな民主制国家の先例に従い、死刑への依存をやめるように自分の政府に強く迫る追加された補強理由になると述べている。(51頁)

6　日本の憲法学の議論への示唆

ペリーは、ヨハネ・パウロ2世の無条件主義の原理を検討するために、かなりユニークな方法、つまり具体的な例外状況の提示によって原理の修正を求め、最終的にそれを支持できないと結論したが、最初の前提、つまり「人はその固有の尊厳を失うことができない」という命題から出発して、報復を目的とする死刑制度が現在では必要がなくなっており、残る十分に重要な正当化理由は重大犯罪の一般予防であるとし、抑止効果論の内在的な検討を行ったあとで、抑止効果がないあるいはあまりに少ないという経済学の研究成果を主な理由として、ヨハネ・パウロ2世の見解の支持者のように原理的に死刑を廃止すると主張することはできないが、あれこれ考えてみて死刑を廃止すべきであると結論した。

ここでペリーの死刑廃止論自体の評価は行わずに、それが日本の死刑をめぐる憲法学の議論に与えると思われる示唆を3点指摘したい。[14)][15)]

1　憲法解釈から離れた人権論の必要性

第1点は、ペリーの死刑廃止論の前提となっている人権の道徳規範性と人権の法規範性の関係にかかわる示唆である。憲法学では憲法の条文解釈が中心になることは当然であるが、人権の道徳規範性から人権の法規範性を引き出すペリーの議論が人権の権利論というよりも人権に関する市民の義務論であり、こ

のような考察によって死刑が人権理念からみてどのように扱われるべきかを明らかにすることも重要であり、これも憲法学の重要なテーマであると考える。

奥平康弘は合憲論への有力な批判は可能でも現行憲法の解釈論として違憲論を展開するのは難しいと強調し、むしろ「政策論・立法論としての死刑廃止論の構成・普及に力を労するのが、より実際的である」と述べ、「国際法経由で日本国が死刑を廃絶したとき、そのときには、あるいは状況可能性が切り開かれたときには、さして大きな新しい理論的努力をすることなしに、ひとびとは、『生命に対する固有の権利』(「市民的および政治的権利に関する国際規約」6条1項)が直截に『死刑からの自由』を意味し、かかるものとして『(日本国)憲法が保障する権利』だとする解釈、死刑違憲論を受容するようになるであろう。」と予想する(傍点は筆者)[16]。憲法学では本当に「さして大きな新しい理論的努力をする」必要がないのであろうか。

2　死刑制度の正当性と民主政下の市民の義務

また、人権の法規範性に関連して第2の示唆はペリーがリベラルな民主政を前提に人権の法規範性を構成していることに関わる。樋口陽一は「少なくない諸国で、死刑が廃止されている(EU基本権憲章は死刑の廃止を規定し、それを加盟の条件としている)が、それらの国でも、世論一般は死刑制度を支持しており、『残虐』性の判定にあっても『一般』の意識を基準とすることはできないはずである。」と主張する[17]。

確かに憲法の残虐性の判定基準を世論一般に求めるべきではないことはその通りであるが、世論一般に一般の人権意識・人権感覚が反映されているとするならば、世論一般は人権の法規範性のレベルでのリベラルな民主政下の市民の法的要請または義務に反映され、死刑制度の正当性に影響を与えることは否定されるべきものではない。その意味で死刑制度の存廃をめぐる問題は民主主義の問題ではなく人権の問題であると言い切ることは適切ではないと思われる。

3　平和主義を根拠とする死刑違憲論の説得性

木村亀二は戦後まもなくつぎのように述べた。「わたくしは、わが憲法は第

三一條において死刑を規定した刑法を肯定するかのごとき外観を示しているが、この規定は新憲法の根本理念の一たる戦争放棄の平和主義の原則と第一三條の個人尊重の原則とによって實質的に否定せられねばならぬのみならず、第三六條の残虐刑の禁止の原則によつて制限せられ、たとえ法律をもつて規定せられたものであつても、死刑は憲法違反であると解すべきであると思う。のみならず、死刑の存置ということは刑事政策的合目的性の見地からいうならば、無価値であると同時にかえつて有害であることも既にのべたとおりである。」[18]そして初宿正典は「平和と死刑の問題を憲法の個人主義的解釈に立脚して検討した木村の戦後の業績を、『今日の時代と環境とにおいて』もう一度問い直してみる価値がある」[19]と積極的に評価する。

第3の示唆はこの平和主義と結びつけた日本特有の死刑違憲論の説得力に関わる。ペリーが死刑の抑止効果の内在的検討のところで用いた論法を使うことによって、その説得力の源泉がより明確になる。一国の国民全体の生命または生活を守るために、1人の人間（自国の兵士だけでなく相手国の兵士）を殺すことを否認したのが憲法9条の戦争放棄であるとすれば、アメリカの死刑の抑止効果を認める統計数字を前提とした死刑制度の本質、「18人の救命のために1人の人間（もっとも重大な罪を犯し有罪判決が確定した既決犯）を殺すこと」を憲法が認めるはずがないという論理になろう。

注
1) Michael J. Perry, Toward a Theory of Human Rights: Religion, Law, Courts, Cambridge University Press (2007) at 33-51.なお本書を引用するときには本文中に頁数のみを記す。本書の第1部でペリーは人権の道徳規範性が宗教によってのみ根拠づけられると主張する（池端忠司「『人権の道徳規範性』の宗教による根拠づけについて——マイケル・J. ペリーの見解を素材にして」『法政論集』230号（2009年）123-168頁参照）。
2) 訳はアマルティア・セン著・東郷えりか訳「人権を定義づける理論」『人間の安全保障』（集英社、2006年）138-139頁による。
3) 訳は同上・139頁による。
4) 訳は同上・158頁による。
5) ディートリッヒ・ボンヘッファー「十年後——1943年に向かう年末に書いた報告」E. ベートゲ編・村上伸訳『ボンヘッファー獄中書簡集』（新教出版社、1988年）19-20頁参照。
6) 訳は日本聖書教会『旧約聖書1955年改訳』1197頁による。

7) E. Christian Brugger, Capital Punishment and Roman Catholic Moral Tradition, University of Notre Dame Press (2003).
8) Ibid., at 26.
9) Ibid., at 26-27.『いのちの福音』9番について教皇ヨハネ・パウロ二世著・裏辻洋二訳『回勅 いのちの福音』(カトリック中央協議会、2008年) 25頁参照。また『いのちの福音』の一つの解釈として山内清海『人間のいのちの尊厳』(サンパウロ、1999年) 164-167頁参照。
10) アルベール・カミュ著・杉捷夫・川村克己訳『ギロチン』(紀伊國屋書店、1968年) 70頁参照。
11) 教皇ヨハネ・パウロ二世・同上書・126-127頁参照。
12) 同上・126頁参照。
13) この記述は本文ではなく179頁の第Ⅱ部の第5章の注45にあり、その数値の根拠となった論文は以下の論文である。Hashem Dezhbakhsh, Paul H. Rubin & Joanna M. Shepherd, "Does Capital Punishment Have a Deterrent Effect? New Evidence from Post-Moratorium Panel Data," 5 American Law & Economics Review 344 (2003).
14) ある書評では「第Ⅱ部は、他方で人権の道徳規範性の適用について非常にバランスのとれた議論を提示する。ペリーはキリスト教者が公共的争点についてどのように参加すべきか、参加できるかについてのモデルになる例を与える。…最後におそらく死刑の争点はこのテーマで私が近年出会ったもっともオリジナルな議論である。」と評価する反面、条件主義のアプローチには賛同していない (Lorenzo Zucca, Book Review, The Modern Law Review, Vol.70, No.6 (2007) at 1027-1028.)。
15) とくに近年の憲法学の議論を理解するためにホセ・ヨンパルト、秋葉悦子共著『人間の尊厳と生命倫理・生命法』(成文堂、2006年)、押久保倫夫「死刑と残虐な刑罰」『憲法判例百選Ⅱ (第5版)』(有斐閣、2007年) 266-227頁、同「死刑廃止規定と『人間の尊厳』——改正の可能性をめぐる議論の考察」『東亜法学論叢』第24巻第2号 (1999年) 1-29頁、山内敏弘「第4章 生命権と人間の尊厳」『新現代憲法入門 (第2版)』(法律文化社、2009年) 98-99頁、同「生命権と死刑制度」『一橋法学』第1巻第1号 (2002年) 21-47頁参照。
16) 奥平康弘『憲法Ⅲ 憲法が保障する権利』(有斐閣、1993年) 380-381頁。
17) 樋口陽一『憲法 (第三版)』(創文社、2007年) 264頁。
18) 木村亀二『新憲法と刑事法』(法文社、1950年) 186-187頁。
19) 初宿正典「木村亀二の死刑《違憲》論について」『法の理論 5』(成文堂、1985年) 65-87頁。

フランス憲法院における比例性原則

植野妙実子

1　はじめに

　フランスでは今日、憲法院が、法律の合憲性審査を通じて、他の権力の抑止に一定の役割を果たすようになっている。それは法律の制定を担当する立法権に対してだけではなく、法律案の提出が主に内閣によることが多いということから、行政権に対する抑制の効果ももっている[1]。権力分立は人権保障の必然だとされるが、権力の抑制が適切に効果的に行なわれていなければ意味をもたない。そして、権力の抑制の適切かつ効果的な行使ができるかどうかは、制度上の問題であると同時に、判決の積み重ねの努力によるところも大きい。憲法院の役割は、1962年11月6日の判決の中で、自らの任務を「公権力の活動の調整機関」と位置づけたところから明白となったが、さらに1974年10月29日の憲法改正によって、議会内少数派による憲法院への提訴が可能となったことで、その役割をさらに、権利や自由の保護へと拡大することとなったのである[2]。爾来35年間多くの憲法判決を下す中で、一定の審査基準を模索してきたとされている[3]。なかでも比例性原則は、近年注目されている原則であり、その根拠、内容などを探求することは大いに意義あることと思われる[4]。というのも、憲法院は、当初政治的機関にすぎない、という批判をあびていたが、設立より50年の間で、他の権力の抑止という点で効果をあげ、権利や自由や原理・原則の憲法

的価値を明確にするという任務を果たし、信頼も得てきた。そこには当然、違憲審査基準の構築ということが関わっている。

こうしたフランスでの経験を解明しながら、日本の憲法裁判のあり方も考えていくのが本稿の目的である。

2 比例性原則の根拠

フランス第5共和制憲法本文には、比例性原則について直接ふれている文章はみあたらない。これに対し、1999年4月18日スイス連邦憲法（2000年1月1日施行）は、明確に比例性原則にふれている。同憲法5条2項は次のように述べる。

「国家の処務は、公共の利益に基づき、かつ比例性原則に即したものでなければならない。」

この条文は、法治国家の活動の諸原則の一つとして掲げられているものである。こうした諸原則は、憲法、行政法、財政法の分野で特に発展してきたものであり、比例性原則の他に、合法性、公共の利益、信義誠実、国際法の尊重の各原則が挙げられている。[5]

さらに、スイス連邦憲法は、36条3項にも比例性原則について述べている。

「基本権の制限は、比例性原則に則したものでなければならない。」

36条は、基本権の制限についての規定で、1項は、基本権の制限が法律上の根拠を必要とすることを述べ、2項は、基本権の制限は、公益または第三者の基本権の保護に資することで正当化されることを述べている。さらに4項は、基本権の核心的内容は不可侵であることを述べている。

5条2項がいわゆる国家活動を支配する一般規定であり、連邦機関にも、州機関にも適用されるのに対し、36条3項は、個人を保護するという観点から、自由の制限に対し、比例性原則が、合法性の原則（1項）や公共の利益の原則（2項）と並んで、特に重要として掲げられているものである。これらの原則はしたがって、基本権と同様の価値をもつと考えられている。[6]

このように憲法の中に比例性原則を明示する規定があれば、どのようなとき

に比例性原則が用いられるのか、朧気でもわかる。しかしフランスのような場合には、その条文上の根拠についてどのように解釈されているのか。ヴァレリー・ゴーゼル＝ル・ビーアンは、その点につき概略次のように述べる。[7]

「フランス憲法には、条文上、比例性の一般原則を課すものは存在しないが、若干の措置の必要性や比例性を課す特別な規定がある。人権宣言8条は、刑罰が『厳格かつ明白に必要』であるときに定めらなければならない、と述べ、9条は、人身の自由が、有罪と宣告されるまでは、『不必要に厳しく』束縛されてはならない、と述べ、17条は、所有の剥奪は、合法的に確認された公の必要性の要求があるときに行われる、としている。また憲法74条10項は、海外の公共団体の地位に関わる規定であるが、その地位が組織法において定められるとして、その組織法の定める事項の１つに『地方の必要性により正当化される措置』をとるための要件、をあげている。2004年環境憲章5条は、予防 precaution 原則の適用においてとられる一時的な措置は、比例的なものでなければならない、と定めている。」

しかし、これらの規定のすべてが、法律の違憲審査が始まったときから存在していたものではない。憲法74条10項の規定は2003年3月の憲法改正で入ったものであり、2004年環境憲章も2005年3月に設けられたものである。

ゴーゼル＝ル・ビーアンも、「しかしながら、これらの条文が1979年から80年における最初の憲法院の比例性原則による審査の行使に根拠を与えたものではない」という。憲法院は、ストライキ権に関わる判決で、1946年憲法前文のストライキ権の制限は、「それを規制する法律の枠内で行使される」と述べ、この権利にもたらされる制限が、対立する要請、すなわち公役務の継続性と健康・公の安全の保障であるが、そうした要請に必要なものでなければならない、ということをはじめて明確な方法で示した。憲法条文に基づかないこのような審査が積み重ねられて、憲法的価値を有する異なる権利や自由にもたらされる制限全体が、比例性という物差しで定められるようになり、立法府により追求された目的との関係性において考えられるようになってきた、としている。[8]

ゴーゼル＝ル・ビーアンは、また次のことも指摘する。フランスの憲法訴訟における比例性原則による審査は、それでも逆説的な状況の中にある、と。一

方では、憲法院の判例は、特に刑法の分野で、比例性原則を駆使して審査が行われるようになってきたことを示している。但し、社会権や若干の特別な権利に関わる分野では、こうした動きから遠く、特別な審査が行われていた。90年代始め頃から、比例性原則は、要素という点においても、段階（程度）という点においても、一定の基準をもつようになってきた。換言すれば、精緻化 subtilisation され、権利や自由にもたらされる規制全体が一般化 généralisation されたといえる。憲法院は「自由の行使にもたらされる侵害は、追求された目的に、適切で、必要で、比例的でなければならない」と判示している。しかし他方で、憲法学説はこのことに無関心であった。その証拠に、憲法訴訟に関する教科書は、今日に至るまで、憲法院の判例の体系化 systématisation を試みていない。こうした無関心には、フランス本来の考え方とはいえない合理性 rationalisation の審査を支持することに対するためらいがあるとか、理由はいくつかあげられている。漸く最近の、安全に関わる判決やインターネット規制に関わるアドピ判決などから比例性原則が注目され始めたが、それらは90年代始め頃から示された判決の延長上にあるのである。このように述べて、判例が一定の比例性原則の確立を示しているにもかかわらず、十分な分析がなされていないことを指摘している。

3　比例性の審査の類型

ベルトラン・マチューとミッシェル・ベルポーの『基本権の憲法訴訟』は比例性原則について紹介している数少ない憲法訴訟に関する本である。比例性原則は、「基本権の価値に関わる類型」の所で扱われる。「基本権の価値に関わる類型」では、まず問題の所在が基本権の階層性にあることが示され、その階層性は、基本権のシステムの構造と性格にあることが示されている。そして第一に、基本権の調整と制限について述べ、一つには、基本権相互の調整の場合を考えなければならないし、二つには、一般利益の名の下での基本権の制限の場合を考えなければならないとしている。また憲法上の原則への実質的ではない侵害として正当化される場合もある。第二に、基本権の調整や制限の指導原理

について述べている。ここでその指導原理の主要なものとして、比例性原則があげられている。[12]

そこでは比例性原則は次のようなものとしてとらえられている。「立法府が正しく問題とされている原理・原則を調整したかどうか、すなわち憲法には憲法上の要請というものがいくつかあるが、それらのいかなる歪曲にも至ることなく、憲法上の諸要請の間で均衡を実現したかどうか、ということが比例性原則ということである。比例性の審査には異なるいくつかの形が存在するが、憲法院は、どのようなメカニズムをとるにせよ、理論的には最小限の審査をするのである。[13]」

そして、比例性原則を用いた審査として、第一に、憲法上の要請の間での調整の道具としての比例性の審査、第二に、憲法上の要請の尊重の条件としての比例性の審査、第三に、自律的な憲法上の要請としての比例性の審査をあげている。さらに、比例性原則を用いて特に立法府の裁量の明白な過誤の審査をした場合も、別のカテゴリーとしてあげている。

第一の憲法上の要請の間での調整の道具としての比例性の審査としては、97年の判決をあげることができる[14]。ここでは、憲法院は、公共秩序の尊重と個人的自由の擁護という二つの憲法上の要請の間で、立法府によってなされた調整を対象とする比例性の審査を試みている。この判決において憲法院は、外国人の入国と滞在に関する違反の確認に関して、個人的自由は、憲法上の原理や権利の擁護に必要な、いくつかの違反の捜査と調整されなければならないことを示した。同様に、告訴されなかった外国人の留置の継続について、憲法院は、公共秩序の維持に関する当該要請は、これらの規定が個人的自由に過度の侵害をもたらさないことを含むと認めている。さらに、不法労働に関する事業所への警察の立ち入り捜査については、憲法院は、憲法的性格を有する原理や権利の保護に必要な違反の捜査は、私的所有に必要な保護や個人的自由の行使と調整されなければならないが、憲法上の価値をもつ目的であるとした。

比例性の審査の行使において、憲法院はしばしば、解釈や適用の方向づけを示して、処理をしている。同様の判決で、知事が、手続の濫用があったときには、滞在証明書の申請を拒否することもできるという規定について、それを無

効にする条件も示している。すなわち「手続の濫用」という表現は、法律への違反という規定として理解されなければならないとし、法律への違反とされた請求を却下することは、行政にとって明文の規定がなくとも常に可能と判断している。

　十分な「一般利益」の観念をめぐっては、法律による適法化 validation législative（行政機関の行為につき、立法手段によって遡及的あるいは将来に対して適法化を図ることをさす）も同様の論理をもつとする。適法化に適合する正当化として用いられた一般利益が、十分に重要のみならず、適法化がいくつかの憲法上の要請に侵害をもたらすとしても、一般利益はその侵害に対して比例的な重要性をも示しているとする。

　第二の憲法上の要請の尊重の条件としての比例性の審査は、直接に憲法に含まれている。この場合、比例性は、原則それ自体の欠くべからざる部分をなす。96年の判決において、憲法院は、刑罰の必要性について、憲法条文、すなわち必要性を法律の合憲性の条件としている人権宣言8条を援用して、比例性の審査を正当化している[15]。テロリストの活動と同一視された外国人への援助に関する処罰は違憲と判断したが、他方で、刑事制裁を重くする法律の他の条文は、憲法に合致していると判断した。その理由として、一方では、比例性を明らかに損なうとはいえないが、他方では、立法府によって定義された違反に付随する刑罰の必要性について、立法府の評価の代りに憲法院の固有の評価を据えることは憲法院の権限には属さないとした。また憲法院は、憲法上の目的の追求は、立法措置がこの目的の実現に十分に貢献するならば、憲法上の要請に侵害をもたらすことを正当化すると認めている。

　第三の自律的な憲法上の要請としての比例性の審査とは、比例性の要求は、一般的には、憲法条文の中に書かれていないが、憲法院は、比例性を自律的要請としていることをさす。立法府は、憲法原理の調整とは無関係に、この比例性を尊重しなければならない。例えば94年の判決で、憲法院は、憲法34条の枠内で、立法府が地方議会の選挙制度を自由に設定する管轄を有することを認めている[16]。また、立法府が追求する目的に照らして定めた、法律の中の手段の適切性については、憲法院は最小の審査しかしない。しかしながら、このタイプ

の審査については、憲法院は、しばしば、明白な過誤がないことを確認する。すなわち明白な過誤とは、立法府により、目的 fins に達するために選択された手段 modalités が明らかにその目的に不適合であるときに存在するものである。

最後の類型として、裁量の明白な過誤の審査としての比例性の審査がある。憲法院は、議会と同様の評価や決定の権限をもってはいない。法律によって講じられた方法が明らかに追求された目的に不適合であるとはいえない場合に、立法府が設定した目的を、他の方法で達成することができるかどうかを、憲法院は追求しない。このように立法裁量の明白な過誤の審査は、最小の審査として、合憲性審査の枠組の中で行われる。しかし、この審査においては、細かな点まで確認されることもあり、憲法裁判官には想定されているよりも大きな評価の権限が与えられているともいえる。例えば、国境をこえるのに、必要な資格を持っているかを確認するためにあらゆる人の身分証の検査をすることについて、憲法院は、こうした検査が可能な国境地帯を20キロメートルをこえて拡張することは違憲である、と判示している。[17]

これらの判決はいわば比例性の審査の確立の先駆となったものである。その後の判例動向をふまえて、ゴーゼル＝ル・ビーアンは、次にみるように、さらに精緻な比例性原則に関する判決の体系化を試みている。

4　比例性の審査の要素

ゴーゼル＝ル・ビーアンは、比例性原則の審査の要素として、適切性、必要性、比例性をあげている。[18]

1　適切性の審査

適切性の審査は、1990年に、選挙権の実施に関して、追求されている目的に措置が適合しているか、という審査を通して行われた。[19]ついで、通常の家族生活をすごす権利、雇用への権利、平等原則などに関して行われていったという。[20]

2006年の社会保障財政法に関する判決で、憲法院は、伝統的に行っていたような、追求されている目的に講じられた方法が不適合なら違憲とするやり方をとらずに、次のように判示した。「家族の再編成の手続が、1946年憲法前文10項を十分に認識していないということはなく、また平等原則に反するものでもない。それ故、その手続は、適切で比例的な規範という点から、定められている」[21]。自由の行使にもたらされる侵害が、追求されている目的に「適合」してadaptéesいなければならないということは、この要請が措置の「適切性adéquation」を満たすものであるか検討されるということである。

適切性の審査と他の要素に関わる審査との違いは、憲法院の35時間労働に関わる二つの判決の中で明らかとなった。

一つは、1998年の労働時間削減に関する方針指導的誘導的法律 Loi d'orientation et d'incitation についての判決である[22]。企業経営の自由を規制して、雇用の保護という目的の実現をはかる、経済的評価という点で不確かな性格をもつ法律である、と告発されていた。そこでは、追求されている目的ととられた措置が適切性を欠くと訴えられた。これに対し、憲法院は、この法律によって講じられた方法は追求された目的に対し明らかに不適合とはいえない、と判示している。

もう一つは、2000年の労働時間削減に関する実施法律についての判決である[23]。失業率が改善されたという状況の変化があった。そこで目的を達成する法律の適正いかんということではなく、企業経営の自由に対する侵害という明らかに過度の性格をもっている点が訴えの理由とされた。すなわち企業に課せられる新しい規制が、自由競争に委ねられるはずの義務と不釣合であると訴えられたのである。実際は、労働時間削減に関する方針指導的誘導的法律のおかげで失業率が改善されたのかはわからなかった。これに対し、憲法院は、当該憲法上の要請の調整は、いかなる明白な過誤も損なうものではない、と判示した。

このような審査において、違憲と宣言されているのは平等原則に関わるものである[24]。そこでは、規範の要請の尊重という特別な形をとっている。取扱の差異が正当化されるには、法律の目的に「直接の関係 rapport directe」をもつ

必要がある。ここで、ゴーゼル＝ル・ビーアンは、適切性の審査について三つの事柄を明らかにする。[25]

第一は、審査の任務に関わることである。権限濫用 détournement de pouvoir の審査は行使されうるが、審査の対象となる行為（法律）の個別の性格や法律を作る機関（立法府）の性格には、審査は行使されない。憲法院は、法律の形態 modalité が追求される目的に明らかに不適合であるか、いいかえれば、形態が提示された目的に明らかに反していないかを検討するのである。法律に一貫性がないなら、それは実際の法律制定の理由 mobile réel と提示された目的 objectif affiché との不一致の客観的な表徴ともいえる。したがって適切性の審査は、権限濫用の客観的な審査を行使することにもつながる。

第二は、適切性の審査は十分性 suffisance の審査でもあるという点である。この領域においては、十分性の審査は、比例性の審査の別の面を示すことにもなる。追求された目的を達成するのに、必要であることを逸脱したときにも、憲法的価値を有する権利や自由の尊重に十分でないときにも、法律の条文は違憲とされるのである。いわゆる社会権にとっても、また他の権利にとっても、立法府は合法的保障からそれらの権利の有効性を予測しなければならない。適切性の審査はこのようにみると、比例性の他の要素の審査と比較してより広い領域をもっているといえる。

第三は、適切性の審査は、措置の効果の審査ではないということである。使用された手段と追求された目的との間の合理的な関係だけが問われる。アドピ判決においては、追求された目的に対して、「段階的戦略 riposte graduée」の無効性が主張された。[26] 条文の規定が「たやすく歪められ、反生産的で、非適用的で、費用もかかる」と攻撃されたが、憲法院はこの点については答えなかった。措置の適合性は問題ないが、効果については不確定なものである。評価がときとして著しく政治的となることがあるのを知りながら、憲法院にそれを問い正すことは正当とはいえない。つまり労働時間削減の効果を正すことや労働法の規制の軽減の効果を正すことは、憲法院に向けられることではなく、議会こそが民主主義の中でこのようなことについての判断権をもっているのである。

2　必要性の審査

　憲法院の判例において、必要性の審査は、保障においてにせよ、物的・人的・時間的なその適用においてにせよ、講じられた措置の審査を含むものである。異なる性格をもつ選択的な措置を探求するような場合は除かれる。憲法院は、何度も次なることを述べている。「憲法院は、議会と同一の評価と決定の一般的権力をもつものではない[27]」と。憲法院に審査を付託された法律で、講じられている方法が追求された目的に明白に不適合でない以上、立法府の設定した目的が他の方法によって達成できたかどうか探求することは、憲法院には属さない。したがって、審査は、当該権利にとって、より損害を与えない他の方法の探求を伴うものではない。採用された措置が、追求された目的の実現に必要であるということから逸脱していないという点を確認すればよいのである。この必要性は限定的 restreinte と呼ばれる。講じられた措置にしか関わらず、残りは立法府の裁量に委ねられる。

　必要性の審査のこうした限定の唯一の例外は、安全に関わる留置についての判決の中にみられる。憲法院はそこでは、「個人的自由にもたらされる侵害の重大性に鑑みて、自由の侵害が少ないいかなる措置であっても、身体の十全さを侵害する行為であることを十分に予告することができないのなら、必要な措置とみなすことはできない」と判示した[28]。こうした例外は、アドピ判決では、コミュニケーションの自由の行使にもたらされた侵害にまで拡大されている。このような必要性の領域の拡大は、いわゆる第一位にある自由の保護、すなわちより本質的な自由の保護の特徴の一つとなりつつある。重大な侵害がある場合であり、従来の自由やプライバシーの尊重など、厳格な意味で個人的自由に関わる場合である。

3　二つの要素の交錯

　このように、適切性と必要性がフランスにおける比例性の審査の重要な要素である。それでは、必要性の審査が憲法院における比例性の審査のすべてを覆いつくしているということはいえるのか。先の留置の関わる判決においては、適切性の審査も行われ、また必要性の審査も行われた[29]。憲法院は、留置の個人

に向けた適用範囲は、違反性という点でも有罪性という点でも、逸脱しているとはいえないことを確認している。必要性の審査は、動機（立法理由）motifs の、すなわち追求された目的の審査の形をとって行われないときは、比例性の審査の構成要素は互いに交わることになる。とられた措置が分割できるときは、追求された一般利益という理由の欠缺のために部分的に違憲とされることもある。このような言明は、追求された目的に対して、措置が総括的に逸脱しているとみなされるのと等しい。2000年の狩猟に関する法律についての判決にも、このようなことがみられた。憲法院は「地方の状況に応じて」週に一日の狩猟禁止の日を設けることが地方行政権に委ねられていることを認めたが、こうした行政権の権限の根拠に一般利益の追求を用いてはいない。この点で、水曜日の狩猟の禁止は、その目的が、子どもたちや子どもたちの同伴者の安全を確立することであるのとは、異なっているのである（なお水曜日は学校が休みで子どもたちが地域でスポーツなどをしている日であることが多い）。

このような諸要素を伴って、比例性の審査はフランスでは他国と比較するより限定的に作用しており、それがフランスの憲法裁判官の現実主義を示していると、ゴーゼル゠ル・ビーアンは批判している。彼女によれば、こうした審査の水平面での限界が垂直面での限界も伴う、としている。垂直面での限界とは、比例性の審査の段階における限界を意味する。フランスの憲法裁判官の、立法府に十分な裁量権を認めたいという意思が、審査の諸要素の限定のみならず審査の受入れの限定にもつながっている、という。

5　比例性の審査の程度

憲法院による比例性の審査は、常に限定的審査 contorôle restreint となるわけではない。この場合の限定的審査とは、明白な過誤の制裁に限られる審査という意味である。限定的審査は、明らかに比例性がないときのみ審査が行われる。こうした限定的審査が行われない領域もあり、そこでは完全 entier 審査が行われる。これがいわゆる審査の程度 degrés あるいは段階と表されるものである。

ゴーゼル＝ル・ビーアンは、まず審査の抱える難点を指摘している[32]。

第一の難点は、判決それ自体によって与えられる指表 indication である。判決の射程は相対的なものでしかないが説明されなければならない。その指表がとるにたらない一般的な方法としてとらえられてはならない。体系化を試みることで、判例上の最小の合理性を確立していかなければならない。判決の累積、対立する例がないことなどによって、その合理性は正当に重要だと見なされていく。判決の体系的な分析を進めると、権利や自由の重要性や、法律によってもたらされた権利や自由への侵害の大きさによって、審査に強弱のあることもわかる。

第二の難点は、憲法的価値を有する権利や自由の間で、取扱いの客観的な差異が存在したときに、ときとしては、その権利や自由にとって重大性の程度に応じて、もたらされる侵害の間で取扱いの客観的差異があったとき、それを認める意味は何かという問題が浮上する。判決はこれに対し、語っているときもあるし、語らないときもある。限定的審査では、語られるといえるが、明白に規制が現れていないときには語られない。後者のような場合、完全審査と呼べるのか。憲法院が、侵害があっても、追求された目的を満足させるものとして、「厳格に必要なものである」とか「厳格に比例的なものである」とかを、要求するときには、憲法院は最大の審査をするということができ、このような完全審査でも立証は必要とされる。

比例性の審査の程度について、判例の大枠を紹介するなら、事項 matière は重要ではない。憲法規範の表示 formulation のあり方も決定的とはならない。刑罰の必要性についての審査は限定的であるのに対し、ストライキ権についての審査は完全審査といえる。最近の憲法改正から生じた諸権利、例えば環境憲章の中に定められている権利は例外をなしている。一般的には憲法上の権利の重要性が審査の程度を決定しているし、同様に侵害の重大性が一定の役割を果たしているのをみることもできる。

まず、専ら行われているのは、限定的審査であるが、既述したように、すべてがそうだというわけではない。権利の階層性の中で第一位を占めていると思われている権利や自由は、限定的でない比例性の審査の対象となっている[33]。こ

うしたカテゴリーには、コミュニケーションの自由、ストライキ権、後にみるように若干の留保をつけなければならないが、個人的自由が含まれる。[34] これらの自由は、いわば二重の強化された保護の下にある。この場合、比例性の審査は完全審査として行われるばかりでなく、議会によってもたらされた制限が憲法的価値を有する原則や目的、他の権利、によっても正当化されなければならない。単なる一般利益では十分ではなく、法的根拠が要求されるのもこのカテゴリーに固有のものである。最近の判例においてもこの傾向は確認されている。

その他の権利や自由の制限は、単なる一般利益によって正当化されている。この場合は比例性の限定的審査の対象となる。その権利への侵害は、追求されている目的に対し、明らかに過度であるときのみ、憲法院により制裁を受ける。立法府に委ねられた裁量権はより大きく、これらの権利は第二位にあると考えられる。最近の判決においては、このようなものとして、企業経営の自由、契約の自由、平等原則、思想や意見の流通の多様性、地方自治体の自由行政の原則、地方自治体の収入の自由処分性の原則がある。所有権、選挙権、選挙候補者に関わる二つの平等原則の適用例については、より厳しい扱いを受けており、この点で第一位の権利と並んでいる。[35] 裁判の権利、権力分立原則、不遡及原則、法律の理解という目的、責任を訴える権利は、中間的なカテゴリーを構成する。そこでは、十分な一般利益の必要性に応じて、完全審査が行われる。

ところで、広義の個人的自由は別の発展をたどっている。2001年9月11日の事件以来、増大するテロの危惧に応えるためにもたらされた自由への侵害に対する比例性の審査には、しばしば限定的審査が行われる。一部の狭義の個人的自由への軽い侵害も同一の扱いを受けている。これに対し、安全、刑事訴訟の枠組の中での人身の自由、住居の不可侵、通信の秘密、結婚の自由は、完全審査の対象である。したがって、いわゆる個人的自由といってもその審査には二つの傾向が同時に存在しているのである。このことは、権利の重要性に、侵害の重大性が加わると完全審査が行われるということを示している。[36]

6 比例性の審査の範囲

ゴーゼル=ル・ビーアンは、変質性の審査と十分性の審査をとりあげて、比例性の審査の範疇に入るかを検討している。

比例性原則は、憲法によって保障される権利や自由が問題となっている場合に用いられるが、次の点に注意が必要である[37]、という。

第一は、比例性の審査、とりわけ適切性の審査の極端なケース cas limites が、選挙の実施に関わる選挙権や契約設定の際の雇用権について存在することである。第二は、すべての権利が比例性の審査の対象となるわけではないことである。この場合、この審査にかわる一般原則の宣言が行われているかというと、そうでもなく、他の審査方法は発達してはいない。

さらに、権利の2つのカテゴリーが区別されなければならない[38]、という。第一のカテゴリーには、最近憲法の中で意識されるようになった権利が含まれる。これらの権利の行使の条件や限界は、立法府によって定義されることになる。立法府により大きな裁量を認めたいという意思を反映して、憲法院は、変質性の審査 contrôle de dénaturation を行使している。これらの権利の実体的内容にもたらされた侵害の審査であり、憲法の侵害により多く関連するものである。立法府が地方公共団体の管轄を創設したり、拡大したりする場合であり、こうした措置が、結果として、地方公共団体の支出を増やすことにつながったりする場合である。憲法72-2条によって「法律によって定められた財源」の結果講じられた措置に伴うものである。憲法院は、立法府にそのレベルを評価することが「地方公共団体の自由行政の原則を変質することがなければ」属すると判断している[39]。

同様に、2004年環境憲章7条により承認された、公的機関がもっている環境に関する情報へアクセスする権利の事例がある。OGM（遺伝子操作生物）に関わる判決においては、憲法院は次のように述べた。OGM の播殖のための許可請求について、バイオテクノロジー高等評議会の意見が公開されている以上、「立法府にその実施が属している情報への権利の原則を、立法府は変質させて

はいない」[40]。

　今日では変質性の審査の領域は、しかしながら、補足的なものである。1999年の末より前は、第二の地位におかれている所有権、企業経営の自由、中間的権利である裁判の権利でさえも対象となっていたが、それ以降は比例性の審査がなされている。この時期、憲法院はこれらの権利にもたらされた規制について、変質性の審査を行っていた。2000年からは、変質性の審査をせずに、比例性の審査がこうした規制に対し行われている。変質性の審査は、比例性の審査の非常に粗い形として存在し、変質があるかないかを決定するために憲法院によって行われた比較衡量は、追求された目的と講じられた方法との間の関係ではなく、もたらされた侵害の重大性と予定されていた保障との間の関係で判断されている[41]。

　第二のカテゴリーには、いわゆる債権的権利 droits-créances が含まれる[42]。給付への権利、健康への権利、教育への権利、均衡のとれた健康に配慮した環境への権利が含まれ、特別な審査の対象となっている。そこには適切性の審査は含まれるが、これらの権利の実施の政策の十分性 suffisance の審査にとどまっている。これらの権利にもたらされた制限は、正当性も必要性も問題とされない。唯一、保護の最小の限界をこえているかが、チェックされる。こうした限界をこえて、実施の具体的な方法は、立法府によってあらゆる妥当性をもって定められる。憲法院の分析は、多くの規定がこのような権利の実施に協力的であるときには、総括的なものでしかない。判例は、その実現の程度が、相対的な指数 coefficient で充当されるこれらの権利の性格を説明している。すなわち、国家がこうしたことを充当することができるのか、あるいは望むのかの財政の手段による、とする。家族政策の例がこのような傾向を顕著にあらわしている。このような審査は、同様に、古典的な自由、あるいは、経済的、政治的、社会的権利、より最近では環境権のような、憲法的価値の要請の実施についても行われている。これらの権利の有効性は、実際は、立法府によって、法律の中に示された保障を経由して、確保される。そこで憲法院は、それらの実施が十分であるかを確認する。ここでの審査は、自由や権利に規制がもたらされているときのみ比例性の審査となる。憲法院は、権利の保障が、「適合的で

特定的」でなければならない、とした。したがって、違反すれば消極的無権限 incompétence négative として制裁されるので、法律は、先に述べたような保障を定める必要がある。ここで行われる審査は適切性あるいは十分性の特定的審査としてなされることになる。憲法院はプライバシーの尊重に関する判決で、個人名を記載するデータを集めてファイルを作ることについて、さまざまの可能性があるので十分な明確性を伴う必要がある[43]、と判示している。

7 まとめにかえて

ゴーゼル゠ル・ビーアンは、次のように比例性の審査の特徴をまとめている。「階層性の最も上では、審査は常に完全審査で行われる（この対象となるのは、コミュニケーションの自由、ストライキ権、選挙権、裁判を受ける権利などである）。階層性の中間においては、重大な侵害がある場合にしか、完全審査は行われない（この対象となるのは、狭義の個人的自由であり、広義の個人的自由もおそらく同様である）。これら二つの階層は、必要性がより強く要請される特徴をもっている。階層性の下では、審査がしばしば限定的審査となる権利や自由がある（この対象となるのは、企業経営の自由、契約の自由、平等原則等である）。しかし、ここにおいても侵害の重大性があるときには、完全審査を伴うこともあり、審査のあり方は一概にはいえない[44]。」

さらに権利や自由の階層性は、憲法院の判例における比例性の審査の特徴を通してはじめて理解できる、という。このことは単純な権利の階層性ではなく、実態との関わりの中で審査の体系を具体的に理解する必要があることを意味している。そして最後に、権利や自由への侵害の重大性という基準が、比例性の審査の諸要素という点においても、比例性の審査の程度という点においても、影響をもたらしていることを確認している。

フランスでは、行政法の分野でも比例性は原則の一つとして要請されている。行政訴訟における事実の精査の中で措置の適切性を確認するために比例性の存在、不在が問われる。それは、過失と制裁、コストと利潤、都市計画規則への違反の難点と利点、使用料と公共サービスなどの間で問われている[45]。こう

した経験が憲法院における判例に影響を及ぼした点は否定できない。

　また、ゴーゼル＝ル・ビーアンの整理の仕方そのものにも、すでに培われてきた行政訴訟のあり方が反映しているように思う。完全訴訟の概念も行政訴訟の中に存在している。行政訴訟で確認された判例分析の手法がここにも反映している[46]。

　他方日本では、まだ比例性原則は十分に認識されていないし、主だった判決の中で活用されているともいえない。追求されている目的に適切な方法であったかについては、尊属殺重罰に関わる判決や薬局開設規制に関わる事件においてはみられるが、体系的に網羅できるところまでは発達していない。しかしながら、日本においても、憲法13条や31条の規定は比例性原則の要請を含んでいると見ることができ、比例性の審査の充実が望まれる。

　確かに日本では、すべての国家における行為の違憲性や違法性が係争の対象となるために、カテゴリー分けが必要となろう。そのそれぞれの領域で、違憲性や違法性の分析手法を確立する必要がある。その結果その分析手法はある点では同じということもあるかもしれない。また憲法裁判に関していえば、フランスの法律の事前的抽象審査（但し2008年7月23日の憲法改正で先決問題の導入がはかられた）と比較すると、日本の具体的事件に伴う憲法裁判は、問題が拡散しすぎて、体系的な解決方法を提示できないということもあろう。さらに合理性のテストも紹介されてはいるが、日本で判例上活用されているとはいえない。合理性のテストと比例性の審査がどのように違うのかも検討の必要があろう。

　最後に、ゴーゼル＝ル・ビーアンの「単純な権利の階層性」への批判も傾聴に値する。権利の階層性を基礎として権利のあり方を理解することが可能だとしても、実際にはより複雑な様相を呈している。いずれにしても憲法裁判への信頼を高めるには、判例における緻密で体系的な解決手段の構築が必要とされよう。

注
1) Cf., Louis FAVOREU, La politique saisie par le droit, Economica, 1998
2) François LUCHAIRE, Le Conseil constitutionnel, Economica, 1980, p.27-28.

憲法院が1789年人権宣言や1946年憲法前文に照らして、法律の合憲性審査をする、いわゆる「革命的」判決となったのは、結社の自由に関する1971年7月16日判決、自由剥奪刑に関する1973年11月28日判決、法の前の平等に関する1973年12月27日判決である。Ibid., p.173.
3) Cf., Bruno GENEVOIS, La jurisprudence du Conseil constitutionnel, STH, 1988.
4) 比例性原則に関しては、フランスでは一般的には次のように紹介されている。「共同体機関による共同体法の制定に関する原則で、これにより、共同体機関の活動が共同体条約の目的に必要以上なものにならないようにする。共同体の規制が構成国にとって可能な限り侵略的とはならない目的をもっている。」Sous la direciton de Rémy CABRILLAC, Dictionnaire du vocabulaire juridique, Litec, 2002, p.305.
これによると共同体法の枠内で主に発達してきたことがわかる。しかし、日本においても刑法や行政法の分野での比例性原則は広く知られている。ヨーロッパでは憲法裁判の発達により、憲法の分野でも比例性原則が語られることが多くなってきた。関連する文献に次のものがある。
・川上宏二郎「行政法における比例原則」『行政法の争点（新版）』ジュリスト増刊18-19頁。
・須藤陽子「行政法における『比例原則』の伝統的意義と機能」東京都立大学法学会雑誌31巻2号327頁以下、32巻1号501頁以下、32巻2号101頁以下（1990-1991年）。
・須藤陽子「行政法の基礎理論　比例原則」法学教室237号（2000年）18頁以下。
・須藤陽子「比例原則と違憲審査基準」立命館法学321・322号（2008年）264頁以下。
・高木光「比例原則の実定化―『警察法』と憲法の関係についての覚書」『現代立憲主義の展開(下)』有斐閣1993年211頁以下。
・入稲福智「EC裁判所の判例における法の一般原則」平成国際大学論集5号（2001年）43頁以下。
なお本稿においては、比例性原則、比例性の審査という使い方で統一した。
5) Michel HOTTELIER, Le juge constitutionnel et la proportionnalité, in Rapports nationaux I (Documents provisoirs), XXVe table ronde internationale, 4-5 sept. 2009, pp.212.et 213.
この報告集は、次の形で2010年9月に発刊される。Annuaire international de Justice Constitutionnelle 2009, Economica.
6) Ibid., p.231.
7) Valérie GOESEL-Le BIHAN, Le juge constitutionnel et la propotionnalité, in Rapports nationaux I, prêcités, p.101.① （ゴーゼル＝ル・ビーアンの論文に便宜上番号をふった。）
なお、フランスでは比例性原則に関しては、ザグビエ・フィリップの著書が有名であるが、ゴーゼル＝ル・ビーアンも比例性に関する多くの論文を書いている。ここではさしあたり2冊をあげておく（注33）も参照）。本稿では、ゴーゼル＝ル・ビーアンついては、第25回憲法裁判国際円卓会議のフランスの報告①を用いた。
・Xavier PHILIPPE, Le contrôle de proportionnalité dans les jurisprudences constitutionnelle et administrative françaises, Economica., 1990
・Valérie GOESEL-Le BIHAN, Le contrôle de proportionnalité exercé par le Conseil

constituionnel, Les Cahiers du Conseil constitutionnel, n°22, 2007, pp.141 et s.②
・Valérie GOESEL-Le BIHAN, Le contrôle de proportionnalité dans la jurisprudence du Conseil constitutionnel: figures récentes, RFDC, n°70, 2007, pp.269 et s.③
8) Valérie GOESEL-Le BIHAN, Le juge constitutionnel et la proportionnalité, precité ①, pp.101 et 102.
9) Décision 2009-580 DC du 10 juin 2009, JORF du 13 juin 2009, p.9675. 比例性原則の3つの要素として、適切性、必要性、狭義の比例性があげられている。
10) Valérie GOESEL-Le BIHAN, Le juge constitutionnel et la proportionnalité, precité ①, pp.102 et 103.
11) Bertrand MATHIEU et Michel VERPEAUX, Contentieux constitutionnel des droits fondamentaux, L.G.D.J., 2002, pp.472 et s.
12) Ibid., pp.484 et s. Cf., Sous la direction de Michel VERPEAUX et Maryvonne BONNARD, le Conseil constitutionnel, La documentation française, 2007, pp.100 et 101.
13) Ibid., pp 484.
14) Décision n°97-389 DC du 22 avril 1997, RJC I-707.『フランスの憲法判例』信山社2002年73頁以下、参照。
15) Décision n°96-377 DC du 16 juillet 1996, RJC I-671.
16) Décision n°94-341 DC du 6 juillet 1994, RJC I-589.
17) Décision n°93-323 DC du 5 août 1993, RJC I-535.
18) Valérie GOESEL-Le BIHAN, Le juge constitutionnel et la proportionalité, precité ①, pp.104 et s.
19) Par ex., Décision n° 2003-468 DC du 3 avril 2003, Rec. p.325.
20) Décision n°2005-528 DC du 15 décembre 2005, Rec. p.157.
Décision n°2006-535 DC du 30 mars 2006, Rec. p.50.
Décision n°2005-530 DC du 29 décembre 2005, Rec. p.168.
21) Décision n°2005-528 DC precitée.
22) Décision n°98-401 DC du 10 juin 1998, RJC I-754.
23) Décision n°99-423 DC du 13 janvier 2000, Rec. p.33.
24) Par ex., Décision n° 2000-441 DC du 28 décembre 2000, JORF du 31 décembre 2000, p.21204.
25) Valérie GOESEL-Le BIHAN, Le juge constitutionnel et la proportionalité, precité ①, pp.105-107.
26) Décision 2009-580 DC du 10 juin 2009, precitée.
27) このことは憲法院の自制 autolimitation として語られるものであり、その内容は第一に、政治的性格をもつ審査はしない、第二に、立法府の裁量の明白な過誤に対する「最小の」審査をするとして紹介される。前者の審査のあり方の一つとして、憲法院は「評価の一般的権力」をもつものではないことがあげられる。このことばは次の判決にある。Décision n°74-54 DC du 15 janvier 1975, RJC I -30; Henry ROUSSILLON, Le Conseil constitutionnel, 3^{e}éd, Dalloz, 1996, pp.76 et s.
28) Décision n°2008-562 DC du 21 février 2008. 注釈は次のものを参照。Les Caheirs du C.C., n°24, p 19. この判決は、ドイツの憲法裁判所における比例性の審査が3つの要素、

すなわち適切性、必要性、狭義の比例性をもつことに影響を受けている、といわれる。Bruno GENEVOIS, L'enrichissement des techniques de contrôle, hors série 2009, Les Cahiers du C.C., p.39.
29) Décision n°2008-562 DC du 21 février 2008, precitée.
30) Décision n°2000-434 DC du 20 juillet 2000, Rec. p.107.
31) Valérie GOESEL-Le BIHAN, Le juge constitutionnel et la proportionalité, precité ①, pp.110.
32) Ibid., pp.110 et s.
33) CF., Valérie GOESEL-Le BIHAN, Contrôle de proportionnalité et Conseil constitutionnel, R.F.D.C., 1997, pp.227 et s. ④ ; Le contrôle exercé par le Conseil constitutionnel : défense et illustration d'une théorie générale, R.F.D.C., 2001, pp.67 et s.⑤
34) フランスの個人的自由についてはさしあたり次のものを参照。西海真樹＝山野目章夫編『今日の家族をめぐる日仏の法的諸問題』中央大学出版部2000年77・78頁（植野担当部分）。なおここで問題としているのはいずれも、広義においても、狭義においても、単数としての個人的自由 liberté individuelle である。
35) Cf. Valérie GOESEL-Le BIHAN, Le contrôle de proportionalité dans la jurisprudence du Conseil constituionnel: figures récentes, précité ③.
36) Valérie GOESEL-Le BIHAN, Le juge constitutionnel et la proportionnalité, precité ①, p.112.
37) Ibid., p.117.
38) Ibid., pp.117 et s.
39) Décision n°2008-569 DC du 7 août 2008, Rec. p.359.
40) Décision n°2008-564 DC du 19 juin 2008, Rec. p.313.
41) Valérie GOESEL-Le BIHAN, Le juge constitutionnel et la proportionnalité, precité ①, pp.118.
42) droits-créances は給付を請求する権利であるが、この権利として承認されているのは、健康の保護への権利、社会的保護と物質的安全への権利、教育や文化への権利、国家連帯への権利、雇用への権利があげられ、まだ承認されていないものとして、住居への権利をあげる本もある。Louis FAVOREU et alii, Droit constitutionnel, 10^{e}éd., Dalloz, 2007, pp.877 et s.
43) Décision n°2004-499 DC du 29 juillet 2004, Rec. p.126.
44) Valérie GOESEL-Le BIHAN, Le juge constitutionnel et la proportionnalité, precité ①, pp.121.
45) Alain PLANTEY et François-Charles BERNARD, La preuve devant le juge administratif, Economica, 2003, p.191.
46) さしあたりフランスの行政裁判の解決手法に関しては次のものを参照。
阿部泰隆『フランス行政訴訟論』有斐閣1971年。
なおフランスには行政訴訟の型の一つに、完全裁判訴訟 contentieux de la pleine juridiction という型がある。

ドイツ基本法における連邦参議院の地位と権能
―― 二院制の例外形態としての連邦参議院 ――

加藤　一彦

1　はじめに

　2007年夏の参議院選挙において衆議院多数派と参議院多数派とが異なるいわゆる「逆転国会」を日本政治は経験した。もとより、この逆転国会は今回が初めてではない。しかし安倍・福田・麻生政権下の逆転国会が特異だったのは、衆議院与党が参議院野党勢力の協力を求め、場合によっては野党勢力を吸収することによって「逆転」の解消が不可能な状況に陥った点である。従来であれば、衆議院与党が参議院勢力の一部と協力関係を築き、新連立政権の構築・連立の組み替えが企図されたのだが、2007年参議院選挙後から2009年 9 月の鳩山政権成立まで逆転国会の環境はこれを許さないところまで行き着いた。[1]

　この状況は民主党連立政権にもあてはまる。民主党は2009年 8 月30日に衆議院選挙において308議席の大勝を果たし、衆議院定数の過半数を超える議席を有しているにもかかわらず、社会民主党、国民新党と連立を組まざるを得なかった。というのも、民主党は第二院である参議院において単独過半数を有しておらず、法案の確定的両院通過を目指すことが不可能であるからである。つまり、現時点においても参議院の議員構成が与党のあり方までを規定化している。

　こうした一連の政治実体は、比較憲法的にみて参議院が憲法上、強力な権能

をもった第二院であることを改めたみせつけたといえる。とはいえ、強力な参議院の存在は憲法テキストにすでに規範化され、特段目新しいことでもない。憲法の規範通りに参議院が独自の権能を果たしているだけである。しかしその一方で、筆者が着目するのは、参議院が自己の強力な権能を憲法規範通りに発揮し始めたという結果から、国会と議院とを区別し、議院の憲法的使命を憲法テキストにおいて再定義する必要度が増加したという点である。つまり日本国憲法の政治実体に即していえば、国会＝衆議院（下院）という図式が衆議院の優越の下で当然な意味をもっていたことに対し、議院内閣制における上院あるいは第二院がどんな意味をもっているのかを論究することは、議院内閣制の分類に止まらず、議院内閣制の実質的意味の確定にも影響を与えるはずである。従来、日本では第二院の構成員の選出方法に着眼して形式的な類型化が行われているが[2]、実は第二院の憲法的権能、特に立法過程への関与の度合いに着眼すれば、議院内閣制の質にまで接近しうる契機を第二院の存在自体がもっているように思われる。そこで本稿では、筆者が憲法基礎理論の素材をこれまでドイツ憲法学説から吸収してきたこともあり、ドイツ基本法下の連邦参議院に着目して、かの地における第二院論を素描してみたい。

2 連邦参議院のドイツ基本法上の地位

1 非議院・非議会としての連邦参議院

　国法上、第二院の位置づけについて、その構成員の選出過程に着眼すれば、次の四つの類型に分けることができる。アメリカ合衆国のような州の住民の直接選挙によって選ばれる元老院型（Senatprinzip）、オーストリアのような州の代表機関による構成員の選出をとる間接代表型（mittelbares Prinzip）、イギリス貴族院議員あるいは国王任命制のカナダ上院議員のような指名型（Ernennungsprinzip）、ドイツ連邦参議院のようなドイツ固有の特殊なラート型（Ratsprinzip）[3]である。

　この分類が一応の有効性をもつのは、第二院の構成員の選出方法が「民主主義の論理」＝「民主的正当性の論理」と関連するからである。逆にいえば、第

二院が第一院と類似した憲法的役割を果たしうるには、民意反映機能を第二院が最初のところでもっていることが条件となり、それ故に第二院は第二院としてその存在意義を自己に課すことができる。その点、元老院型（Senatprinzip）、間接代表型（mittelbares Prinzip）の場合、「民主主義の論理」として第二院を第一院の補完的議院と描くことは可能である。しかし、民意反映機能を有さない指名型（Ernennungsprinzip）の場合は、「民主主義の論理」からその第二院の意味を確定することはできず、むしろそれぞれの実定憲法における「議会制の論理」＝「政治的意思形成の様式」から第二院の存在根拠を説明せざるを得ない。

　ラート型（Ratsprinzip）はドイツ憲法固有の形式である。このドイツ固有のラート型は、「民主主義の論理」よりも「議会主義の論理」にアクセントがあり、したがって連邦参議院の第二院としての性格づけは、実定憲法における議会の役割の文脈で把握せざるを得ない。換言すれば、議会の重要な機能である法律制定過程におけるラート型組織体の役割がそこでは重要な意味をもつ。一般的にいえば、ラート型の場合、各ラントの利益を連邦レベルにおいて主張することが基本であるが、ヴァイマル憲法におけるライヒ参議院（Reichsrat）のようにそもそも法案提出権を有さない場合もあり、ラート型には実定憲法上、立法過程への関与につき多様な形式が規範化されている。現在の連邦参議院の諸権能はドイツ基本法上、立法過程に限らず広汎であり、連邦の国家機関として位置づけられ、その実質的機能も第二院の外観性をもっている。

　しかし基本法上の法律制定過程とそこへの連邦参議院の関与を些細にみると、連邦参議院を議院あるいは第二院と定義することは、明らかに違和感を醸し出す。その原因は、連邦参議院の創設時に遡れる。ラート型の国家機関を戦後のドイツ連邦共和国基本法（旧西ドイツ憲法）に導入すべきか否かは、当初より問題となっていた。すなわちヘレンヒムゼー草案作成中に、連邦議会のほかに別の議院を設けこの議院がラントの諸要素を体現すべきであるという点では一致した見解が得られたが、その組織体が連邦参議院原理（Bundesratprinzip）あるいは元老院原理（Senatsprinzip）のいずれかによって構成されるかは一致をみなかった。ドイツ憲法史の文脈で連邦参議院型といえば、その組織体

（Kammer）はラント政府の構成員によって代表される組織体をいい、元老院型はラントにおいて選挙された者によって構成される組織体を指すが、ヘレンヒムゼー草案を討議した基本法制定会議（Parlamentarischer Rat）では、元老院型つまりラント議会によって選挙された者によって構成される組織体の導入も――これはドイツでは初めての試みではあるが――構想されていた。ただどの形にせよ、その組織体が政党によって分裂した形で国民代表機関と併存することは一致して反対されていた。結局、基本法制定会議では、ドイツにおいて伝統的な連邦参議院型のKammerとする合意がなされ、新たに作られる連邦参議院（Bundesrat）は連邦の機関であり、各ラントあるいは連邦とラントの並列的機関ではないという位置づけで決着をみた。[6] しかも連邦参議院の法的性格は、1871年（ビスマルク）憲法のBundesratと1919年（ヴァイマル）憲法のReichsratとの中間として位置づけられたのであった。[7]

こうした憲法史を背景に連邦参議院は基本法上、次の法的地位を有する。連邦参議院は、連邦議会、連邦大統領、連邦政府とは対峙する連邦の機関である。[8] また連邦参議院は連邦議会とは違って全国民の代表機関ではなく、その構成員は各ラント政府の任免によって定まる（基本法51条1項）。つまり、各ラント政府にはその人口規模に応じ連邦参議院の構成員の定数が付与され（同2項／現在の総数は69議席である）、[9] その構成員は所属ラント政府の意向に従って行動することが求められている。そのため連邦参議院の構成員はラント政府の所属性が求められ、ラント政府によって任免されることでその所属性を担保する仕組みができている――実際上、その構成員は各ラントの首相及び閣僚によって占められる。[10] 加えて連邦参議院の構成員は、所属ラントの指図に拘束され、連邦参議院における議決では統一的投票行為が義務づけられる（同3項後段）。その結果、議決において各ラント所属の連邦参議院の構成員は、賛成・反対あるいは棄権のいずれかの投票を一体かつ同等に記載・投じることになる。現実の議決場面では、「投票指導人（Stimmführer）」が単独で所属ラント票を一まとめに投じ、ラント政府による統一的投票を確保している。[11] このように連邦参議院は、通常の議会の一翼である議院と捉えるには不自然な憲法的構成体である。

2 連邦参議院の法律制定への関与

　最初にドイツ基本法における法律制定過程について若干言及しておこう。ドイツ基本法では、法律制定過程に関与する国家機関として連邦議会（Bundestag）が最も重要な役割を果たす。連邦参議院（Bundesrat）が法律制定に影響を与えるのは限定的である。法律案は連邦政府を通じて連邦議会に提出され（基本法76条）、連邦政府の発案法律の場合には最初に連邦参議院に送付される（同2項）。法律案の議決権はもっぱら連邦議会が有する（77条1項）。連邦参議院が法律案制定に関与するには、二つのルートがある。同意法律（Zusimmungsgesetz）の場合と異議法律（Einspruchsgesetz）の場合である。同意法律が妥当する領域は、第1に基本法改正（79条2項）、第2に租税法を典型とする各諸ラントの財政に影響を与える領域、第3に各諸ラントの組織又は行政作用に影響を与える領域についてである。つまり連邦参議院の同意を要する法律案は諸ラントの権限にふれる連邦法律群だといえる。これは連邦国家における第二院としての役割の結果である。

　同意法律の場合、連邦参議院が同意を与えないときは、法案審議合同協議会（Vermittlungsausschluss）[12]において修正案の形成さらには修正案の連邦議会での議決によって法律が制定されるが、これに失敗すれば法案は成立しない（77条2項）。異議法律の場合、連邦参議院が過半数の多数で法案につき異議を議決しときは、連邦議会は過半数の決議によりこれを拒否し、また連邦参議院が3分の2以上の賛成で異議を提出したときは連邦議会は3分の2以上でこれを却下し（同4項）、連邦議会の優越性が認められている。これまでの立法実例を通観すると、法案審議合同協議会が関与せざるを得ない法律の制定は、10％未満であり、連邦議会による法律制定主導が基本である。[13]

　以上のように法律制定に関し二つの異なる議決形式があるため、次の課題が発生する。第1に、ある法案が連邦参議院側からみて同意を要する法律であるのか否か、つまり同意法律であるのか異議法律であるのか。第2に、同意法律として成立した法律について、これを改正する場合には同意法律の法形式で改正しなければならないのか、あるいは異議法律の形式でも改正可能なのかという点である。前者の課題は連邦法律によるラント権限への侵害問題であり、[14]後

者の課題は連邦議会による連邦参議院への権限侵害の問題である。ドイツでは同意法律として成立した法律に対する改正法の法形式論は、連邦参議院の「議院」としての性格づけと関係してこれまで論じられてきた。この課題について、連邦憲法裁判所は重要な判断を下したことがあるので、以下ではこの問題に限定して考察してみよう。

3　連邦参議院の第二院性をめぐる対立

1　第二院としての連邦参議院論

　連邦憲法裁判所は1974年6月25日の決定において連邦参議院の同意を経て成立した法律を事後に改正する場合、連邦参議院の同意を必要とはせず、異議法律で足りると判断し、当時問題となった第4次年金保険法の改正方法について、ドイツ基本法の法律改正手続上、問題とはならないといういわゆる連邦参議院決定を下した。[15] しかしこの判決は連邦参議院の立法関与に関する理由づけ部分については5対3の僅差であったことからうかがい知れるように、[16] ドイツ基本法上の連邦参議院に関する議院的理解については統一的見解を表明することはできなかった。多数意見は連邦参議院について次のような重要な判断を下している。

　基本法の規定によれば、連邦参議院は第一院と等価値をもって決定的に立法手続に関与する統一的立法機関の第二院ではない。そのことはすでに法律に関する公布文に表れている。「連邦議会及び連邦参議院は以下の法律を議決した」という法文ではなく、「連邦議会は連邦参議院の同意を経て以下の法律を議決した」となっているからである。つまり基本法77条1項によれば、連邦法律は連邦議会により議決される。連邦参議院は立法にあたっては協力するのに止まる（基本法50条）。この協力は、法案提出権の行使により具体化され（同76条1項）、第一段階では連邦政府の提案に対する態度表明（同2項）、法案審議合同協議会への出席（同77条2項）、連邦議会によって議決された法律案に対する異議申立て又は同意付与の拒否により行われる（同3項）。その際に本質的なことは、法律に対する同意の必要性は基本法上、例外である点である。その同意は

基本法上、諸ラントの利益領域が特に強くふれられる個別明示的に列挙された事例においてのみ必要であると定められている。こうした原則から連邦参議院の一般的統制権を引き出すことは無理である。つまり、ほとんどの連邦法律がラントの諸利益に何らかの形でふれている以上、連邦参議院の広汎かつ一般的に把握された権限を想定したとしても、権限規定自体にとって不可欠な明確性は失われていると判断できる。

連邦憲法裁判所はこのように連邦参議院について議会の構成要素である「議院性」を否定し、連邦参議院を法律制定過程における協力機関にすぎないと把握した。もとより連邦憲法裁判所のこの判断には、同意法律の改正は連邦参議院の同意を必ずしも必要ではないという法制定の節約的意味が込められているのは確かである。しかし、連邦憲法裁判所が連邦参議院の「第二院性」、「議院性」を否定した事実は確実に、その後の学説に決定的な影響力を今日まで与え続けている。

この連邦憲法裁判所の判決は、連邦参議院がかつて同意法律として扱った法律について、その改正をするにあたっては連邦参議院の同意を要するのか否かが大きな争点ではあった。しかしその争点の背後には、ストレートに次の課題が存在する。すなわち、ラントの利益が連邦の法律によって侵害されるおそれがある場合に、各ラントは連邦参議院において当該法律を同意法律であると主張することによって、連邦政府及び連邦議会の多数派の意思に抗し、連邦参議院の権能を通じて法律制定を阻止できるか否かという論点である。本件訴訟がラインラント・プファルト州及びバイエルン州からの抽象的規範統制訴訟であることから推論できるように、両ラントとも当時の反SPD＋FDP連立政権(ブラント、シュミット政権)の立場からラントの権限侵害を主張している。もちろん、両ラントとも連邦憲法裁判所において当該改正法が各ラントが掌握する年金保険法上の保険事業者への調査手続に関する規制立法であり、その意味でラントの行政を規律する法律あり、したがって本改正法は連邦参議院の同意法律であるという主張を行っているが、その背後には政党政治的動機があったことは間違いない。こうした政治的意図があるにせよ、この課題は連邦参議院のドイツ基本法上の権能さらにはドイツ基本法が描いている連邦参議院の議院と

しての性格づけをめぐって鋭い対立を惹起せしめた。

　同意法律の改正にあたって、連邦参議院の同意を再度要するという立場は、連邦参議院を第二院として把握する見解と親和的である。というのも、連邦参議院が法律制定過程に「議院」として関与することを承認し、またその機会の増大化を求めるからである。本件少数意見は、同意法律の改正は連邦参議院の同意が必要であるという立場を支持しているが、そこには立法技術として同意法律の同一性の確保という視点のみならず、連邦参議院に立法に関わる多様な意見の妥協機能を認めているからである。[19] 少数意見は「（同意法律の）改正法が単純法律として制定されるならば、今後は連邦議会が連邦参議院を超越することもある……法的に決定的なことは、単純法律により同意法律を改正する方策を開いておくことは、同意法律制定の協力にあたって連邦参議院の妥協を切り崩してしまう」[20] と判示しているが、そこには連邦参議院を「議院」として把握し、法律制定過程における「議会制の論理」の一つである法律制定過程への妥協機能を読み込む姿勢がみられる。

　この見方は学説においても支持されている。たとえば、シュミットは「同意法律は連邦議会と連邦参議院との民主的妥協である。いかなる改正法も妥協の内容を変化させ、一方的に片方の当事者の妥協の計画に服せしめることは許されない。本第二法廷の多数意見は、連邦議会が将来に渡ってしばしば連邦参議院の同意を必要とはしない改正法を求め、その一方で連邦参議院はその危険がある故にしばしば同意を拒否するという危機に出会うこととなろう」[21] と述べている。

　また多数意見が連邦参議院を第二院ではないと判断をして点については、シュミットは次のような批判を行っている。多数意見によれば、第二院とは、立法手続に完全に第一院と並んで同等に協力する組織体をいうが、しかし、連邦機関は自己の構成及び協力権の範囲について考慮せずに、個別一般的に本質的連邦国家の要素として立法過程に関与することが想定できる。連邦機関はドイツ基本法上、純粋な連邦の関心事のすべてについて、それぞれ立法手続に関与するという事実は、連邦機関をいつも第二院と見なすことになる。その第二院がたとえ国民代表機関である第一院と同等な協力権をもたない場合にでさえ、

それは連邦機関としての第二院とみなければならないであろう[22]。そこでシュミットは、連邦参議院が連邦議会に比して立法過程にどの程度、協力権を行使しうるかを問題とし、同意法律においては連邦参議院の立法過程における協力は不可欠であり、また連邦参議院の構成自体がラントからの正当性を受けている点を踏まえながら、連邦参議院を単に連邦の機関とみるよりも積極的に第二院として把握する[23]。またヴィドゥケルも連邦参議院は同意法律制定過程において法案に対する絶対的拒否権を有することから、連邦参議院がその場面で連邦議会との政治的協力をせざるを得ないという意味で「真の第二院」であると指摘している[24]。

こうした見方に対し、通説は連邦参議院の第二院的把握には慎重である。コリートは、連邦参議院が第二院であるか否かは用語上の定義問題に換言されると指摘しつつも、「ドイツ基本法は第二院の概念を有していない[25]」と指摘し、その結果、協力機関でしかない連邦参議院が統一的立法機関の第二院であることの意味を否定している[26]。コリートのほか、多くの論者が連邦参議院の第二院性あるいは「議院（Kammer）」を否定する憲法理論上の根拠として、次の二つをあげている。一つは、ドイツ基本法における連邦参議院の権能問題であり、もう一つは、連邦参議院に対する憲法政治的評価の課題である。

第1の論拠に関していえば、連邦参議院の「議院」の性格に関し、その憲法的地位が特異である点である。すなわち、連邦参議院の構成員に対する所属ラント政府からの指示拘束制と召還制（基本法51条1項1段）は、議会制的議院の基本原則からは逸脱していると指摘されている[27]。

第2の論拠は、連邦参議院が、政党政治的に構成された連邦議会・連邦政府への対抗勢力として政党政治的に活動することをどのように評価するかという問題と関連する。つまり、国民の直接的あるいは間接的選出過程に基づいて構成されない連邦参議院が、民主的正当性を有する連邦議会に対する連邦の対抗勢力として位置づけることの困難性が指摘されている[28]。すなわち連邦参議院を政治部門の連邦機関として描けば、連邦参議院と連邦議会は政党政治的対立を経験することになる。つまり「政党政治的に動機づけられた連邦参議院の各議決は、憲法上許容されるのか」という問題がそこでは問われる。マウンツは連

邦参議院及びその構成員が連邦議会への対抗的行動として政党政治的に動くことに対し警告を発し、ドイツ基本法は「政党連邦国家（Parteienbundesstaat）」ではないと指摘し、連邦参議院と連邦議会との関係性を政党政治的に描き出すことを否定している。むしろマウンツは「連邦参議院の構成員による投票は、ラントの関心事を量りつつ連邦の関心事を最大限実現していく努力から行使されるべきだ」[29]という。このマウンツの見解は、連邦議会と連邦参議院とがそれぞれ別の政党勢力によってその多数派が構成される場合、連邦参議院の政党政治的行動がドイツ基本法上想定している枠を踏み外すことへの警戒感から発している。つまり連邦参議院がラントの機関ではなく連邦の機関であり、連邦参議院の構成員は政党政治的拘束性から離れ、連邦のために決定を下すべきとする期待がそこには込められている。

こうしたマウンツの見方に対して、コリートは批判的である。確かにコリートは連邦参議院を連邦議会と同じ「議院」として扱うことを否定するが、しかし、連邦参議院がラント政府の利益と連邦の利益のいずれかをとるべきかという発想自体に懐疑的である。「連邦参議院は憲法適合的秩序に拘束されることを唯一の条件として限界が敷かれる政治的権力を有している」[30]ことを前提に、連邦政治とラント政治をつなぐ政党の役割を期待し、ラント議会に対する連邦参議院の責任制を強調している。つまり、コリートにあっては、マウンツのように連邦参議院を非政党政治的連邦機関と捉える発想ではなく、一旦は連邦参議院について政党政治の影響を受ける組織であることを認めた上で、法律制定過程における同意法律と異議法律への連邦参議院の関与方法の相違に着眼しつつ、連邦機関としての連邦参議院の中庸な役割の構築が目指されている。というのも、連邦参議院は連邦議会との関係性において議会制的野党の手段に化す可能性を宿し、その場合には、ドイツ基本法が前提としている立法過程における連邦議会と連邦参議院との共同行使は不可能になるからである。

以上の議論は、日本における「逆転国会」における参議院に課せられた問題群と類似している。ドイツでも連邦議会多数派と連邦参議院多数派とが異なる政治状況を過去幾度か経験したことがあるが、この処理をどのように描くかという課題は、連邦参議院の政党政治的行動様式の評価問題と遭遇する。

2 連邦参議院による連邦議会への封鎖問題

　連邦参議院が同意法律についてその同意を付与しないことによって法律制定を妨げることができるという法的事実に鑑み、ドイツ的「逆転国会」の課題は連邦参議院による連邦議会への「封鎖（Blockade）[31]」問題、あるいは連邦参議院の「封鎖政策（Blockadepolitik）」として描かれる。ドイツの「逆転国会」現象は、これまで大別して3回みられる。第1期は、1960年代の大連立が崩れ1969年にSPD＋FDP連立政権したとき、連邦参議院多数派がCDUなど野党が握り続けた時代である（1982年まで）。第2期は、1990年、CDU＋FDPのコール政権時代にSPDなどが連邦参議院の多数派を有していた時代である。第3期は、シュレイダー政権（SPD＋緑の党）が各ラント議会選挙で連敗し続け、2005年に連邦参議院が野党勢力によって過半数を占めた時期である——シュレイダー政権はこの連邦参議院の「逆転」を理由に、連邦議会を解散し、解散後大連立政権が誕生することで「逆転」問題は解消した。[32]

　確かに第1期と第2期の間、連邦参議院は連邦における議会制的野党の役割を果たしたこともあった。しかし、政治実体をみれば深刻な対立は生じなかったと評価されている。[33] というのも、連邦参議院の構成は、各ラントの政府構成と連動するが、各ラント政府の構成は各ラント議会選挙によって選挙時期が一様ではなく、日本の参議院のように必ず選挙が3年ごとに行われ、その結果、議席が3年間固定され、連邦参議院による「封鎖」が継続することはあまりないからである。また、連邦参議院の構成員は、ラント政府の要人であり、彼らがもっぱら政党政治的動機にもとづいて行動するということはあまりなく、自制が働いたことも関係している。

　学説上、連邦参議院が連邦議会と対峙するあり様に関し、否定的評価が大勢を占めている。たとえば、クラインは連邦参議院が特殊な第二院的要素をもつことを認めつつも——同意法律の場面での連邦参議院の関与——国民は連邦議会においてのみ政党に従って構成的に代表されることを前提に、連邦参議院は限定的な決定しかできないはずであり、連邦参議院においては国民の政治的意思は代表されず、むしろ連邦のために各ラントの責任が果たされるべきだと指摘している。また、クラインは連邦参議院が純粋に政党政治的に多様な各ラン

トの利益に基づいて行動することは不適切であり、むしろ各ラント政府は連邦の利益をも連邦参議院において代表していくべきだという[34]。

クラインが連邦参議院の政党政治的動きを否定するのは、ヴァイマル時代にライヒ参議院がライヒ政府に対し敵対行動をとり続け、各ラントがライヒ政府に対して政治妨害をしたことを重視しているからである[35]。ヴァイマル時代の負の歴史を経験してドイツ基本法が制定され、連邦参議院の権限の縮小化が図られたことを前提に、クラインは「基本法の連邦制的秩序は、政治指導権力の地域的・機能的区分編成の保障に依拠している。……連邦の政治的意思形成へのラントの協力に重きを置くことが求められている。その手段が連邦参議院の存在なのである[36]」と指摘し、連邦参議院が各ラント政府の政党政治的動きに呼応しつつ行動する点を厳しく批判している。

ドイツ基本法上、「ラントは連邦参議院を通じて連邦の立法及び行政並びに欧州連合の事務について協力（mitwirken）する」（50条）と定められていることから、連邦参議院が連邦の協力体であり、連邦の意思形成の主体ではないという見方が、封鎖問題を否定的に把握する根拠である。その見解はヴィドゥケルにもみられる。すなわち、連邦参議院が連邦議会及び連邦政府に対しもっぱら反対の立場で圧力をかける意図で法律制定を妨げることは許されないと指摘し、「連邦参議院が政治的動機にもとづき妨害手段、阻止手段となった場合には、連邦参議院自体が憲法上の権限濫用の活動体としての嫌疑をかけられざるを得ない。連邦参議院はその際には、憲法機関の忠誠の問題、さらには――連邦議会よりも一段低い――民主的正当性の問題に遭遇せざるを得ず、連邦参議院の憲法的地位は結局の所、強化されるのではなく逆に弱められるという帰結を甘受せざるを得ない[37]」という。

こうした主張は、連邦参議院が第二院として存在するという見解からも出されている。たとえば、ロイターは連邦参議院が連邦立法に関与するという意味で第二院であることを認めつつ[38]、連邦参議院が政治機関であることから政党・政治家の影響を問題視することを現実離れと指摘している[39]。その上で、ロイターは連邦参議院に政党政治的中立性、「客観化された国家技術（objektivierte Staatskunst）」を求めることはできず、「連邦参議院の決定が政治的決定として

一般的に政党政治的影響をもつことが憲法上自明であり、その正当化を必要とはしない[40]」と述べ、連邦参議院による「封鎖」は「不敬罪」ではなく、憲法委託の一部であることを認めている。むしろ論究すべき点は、政党の影響が憲法に基づく範囲内で実体的に制約され、また連邦参議院の政治的動きとその政党政治的濫用との間にどのように線引きするかであるという。ロイターによれば、連邦参議院を野党の手段にすること、国民代表の反議会にすることは、基本法上付与された連邦参議院の「協力の地位」（50条）に違反するとみる。そこでロイターはドイツ基本法に定める連邦制と議院内閣制を連邦参議院の行動制約原理として取り上げ、連邦参議院の構成員各自が、所属政党の利益から切断して自己の職務（Amt）を認識すべきとする一つの公準を設定し、連邦参議院の存在自体を他の国家機関との関係性において自ら証明すべき義務を負わせ、連邦参議院の行動制約を基本法の政治制約原則から導き出している[41]。

　このように連邦参議院に第二院の性格・地位を付与したとしても、連邦参議院に政党政治に関与する政治機関としての役割よりも、政党政治とは一線を画する連邦の協力機関として、謙抑的機能が付与されるべきだという大きな法政治的壁がある。つまり、連邦参議院を「民主主義の論理」＝「民主的正当性」ではなく、「議会制の論理」＝「政治的意思形成の様式」によって位置づけたとしても、「議会制の論理」の場における国家レベル（連邦レベル）の政治的意思形成には、その制度的な限界点が存在し、しかも連邦議会という「民主主義の論理」の体現機関との優劣の問題もある。連邦参議院の存在価値を「民主主義の論理」、「議会制の論理」さらにはドイツ基本法から導き出される権力分立制、連邦制という複数の諸要素から引き出すことが不可欠である。

4　小　　結

　連邦参議院が分類上、その構成員の選出方法及びその憲法的機能の面において、比較憲法的に例外的形態であることは明白である。再確認していえば、連邦参議院はその構成員の選出では、ラント政府の代理人がその地位を占め、また憲法的機能では連邦法律への参与のほか、連邦の行政さらにはＥＵの事務に

も協力する特異な地位を有しているからである。連邦参議院がかかる権能を有するに至った経緯は、ドイツ憲法史と密接に関連する。ここでは、次のことを指摘しておけば十分であろう。すなわち、ビスマルク憲法時代ではプロイセンが連邦参議院の構成数について圧倒的優位をもち（全58票中プロイセンは17票をもち憲法改正は14票の反対があれば不可能であった。ビスマルク憲法6条・78条1項）、プロイセン優位型外見的立憲主義的憲法体制の下、国家主権は連邦参議院に事実上付与されていた。[42] ヴァイマル憲法の下ではプロイセンの優位性は否定され、新たに作られたラントとライヒとを繋ぐ機関としてライヒ参議院が設けられたが、ライヒ参議院は「各ラントを代表する」組織体であり、ライヒ議会に対する法律異議権を有する程度までにその権限は縮小化されていた（ヴァイマル憲法74条）。[43] こうした歴史的経緯を経て作られたドイツ基本法における連邦参議院は、二つの憲法の中間的性格を有し、その結果「議院」の性質が着色され、同時に行政部門に関与する連邦機関であることが求められた。ドイツ基本法における連邦参議院が一種独特の機関（Organ sui generis）であるといわれる所以である。[44]

そうした連邦参議院が連邦議会と対峙し、連邦参議院による政党政治が許容されるかについては否定的評価が多い。それは、連邦参議院が第二院であるか否かという定義問題には還元できず、むしろ、連邦参議院が連邦機関であり連邦の意思形成に協力するという規範的要請から導き出されている。つまりドイツ基本法の憲法秩序維持のために連邦参議院がラントと連邦との利益統合の連邦機関として設置され、連邦の場における水平的権力分立の論理から連邦的利益調整機関として連邦参議院の存在意味が認められる。[45] 連邦参議院及び各ラント政府がドイツ基本法上、抽象的規範統制訴訟の提訴権者となっているのはその一つの証である（ドイツ基本法93条1項2a・同2項）。

最後に日本との関係性を一点あげておこう。日本の参議院は国民代表機関であり（憲法43条）、国会を形成する議院であり（憲法42条）、定時的に民意を受領する国家機関である。すなわち日本の参議院は「民主制の論理」と「議会制の論理」を最初の点において受け取っており、この点ドイツにおける議論とは出発点が異なる。「封鎖」問題に関していえば、参議院は政党政治の論理によっ

て行動することは許容されている。それは選挙制度において政党本位の比例代表制が部分的に導入されているという公職選挙法の仕組みに起因するというよりも、憲法典において衆議院の優越と両院協議会の存在が規範化されていることから、参議院に独自な政党政治的行動をとることが認めている点に表れている。もっとも、衆議院与党が参議院の構成を忖度し、衆議院の政権のあり方を規定することまでも参議院の独自性の現れとみる点については、今日まで一致点を見出してはいない。[46] すなわち、国民内閣制／ウエストミンスターモデルとは異なり多極型議院内閣制あるいは連立内閣を積極的に評価する場合にも、参議院の構成が衆議院与党の構成、政府形成の構成に影響を与える意味を消極的に捉えるか否かは、第二院の「民主制の論理」と「議会制の論理」を繋ぐ選挙制度のあり方、さらには第二院の存在自体への評価問題と直結する課題であろう。

　本稿ではドイツの連邦参議院の憲法的分析を通じて、議会と議院との相違を再確認しつつ、両国家機関における権力の分割・権限配分に着眼し、その対立と協調の意味を探ってみた。今後の筆者の課題として、2つの国家機関を結ぶ法案審議合同協議会の実質的活動と日本の両院協議会の実例を比較することがあげられるが、この点については他日を期したい。

　　注
　1)　筆者の「逆転国会」の見方については、加藤一彦『議会政治の憲法学』(日本評論社、2009年) 246頁以下で言及している。
　2)　たとえば、樋口陽一『憲法Ⅰ』(青林書院、1998年) 222頁以下では、三つの類型に分けている。上院型、連邦制型、多角的民意反映型である。
　3)　D. Wyduckel, Der Bundesrat als zweite Kammer, in: DÖV., H.5., 1989, S.182.
　4)　Ibid., S.185.
　5)　H. Schäfer, Der Bundesrat, 1955, S.24.
　6)　Ibid., 25.
　7)　S. Korioth, Art.50., in: hrsg., H. v. Mangoldt, K.Klein, u.C. Starck, Das Bonner Grundgesetz Kommentar, Bd.2., 4.Aufl., S.1650. 1871年のBundesratは「先例なく作られた」ドイツ固有の強大な権限を有する国全体の組織体であり、事実上、プロイセンが支配する国の補完的組織体としてみなされていた。これに対し1919型では、ライヒ参議院は法案提出権すらもたず法律異議権を行使するだけの存在であり、ライヒとラントとの協調的組織体であり、「ライヒの立法及び行政に関しドイツの各ラントを代表するために」設置

されたライヒの組織体に止まる。ビスマルク憲法時代のプロイセンの優越性は、ヴァイマル憲法では否定された。この点については、K. Stern, Das Staatsrecht der Bundesrepublik Deutschland, Bd.,2., 1980, S.113.参照。
8) Schäfer, a.a.O., S.,29.
9) 連邦参議院の現状については、公式サイト http://www.bundesrat.de を利用した。HP上の「Stimmenverteilung」の所に各ラントの配分数が掲載されている。
10) K. Reuter, Der Bundesrat als Parlament der Läderregierungen, in: hrsg. H-P Schneider u.W.Zeh, Parlamentsrecht und Parlamentspraxis, 1.Aufl., 1989, S.1527.
11) Ibid. S.1531f.
12) 法案審議合同協議会は、連邦議会16名、連邦参議院16名、計32名より構成される（同議事規則）。連邦議会からの構成員は、会派別で比例的割合に応じて人員が配置され、連邦参議院からの構成員は各ラント政府から1名づつ派遣される。この点については、R. Stettner, Art.77., in: hrsg., H. Dreier, Grundgesetz Kommentar, Bd.,2, 1998, S.1466. 参照。
13) A. Rührmair, Der Bundesrat zwischen Verfassungsauftrag, Politik und Länderinteressen, 2001, S60.
14) 同意法律であるか異議法律であるかは、時折、重大な憲法争議となる。その代表例として国家賠償法について、当該法律が連邦参議院の同意を要するか否かが、連邦大統領の法律認証権とも関係して問題となったことがある。この点については、加藤・前掲書・190頁以下参照。
15) BVerfGE 37, 363.
16) 連邦憲法裁判所法15条4項によれば、通常事件においては過半数の多数で判決は確定する。各法廷とも8名が定員であるので、本件ではかろうじて判決が確定したといえる。
17) BVerfGE 37, 363(380f.).
18) BVerfGE 37, 363(376f.).
19) BVerfGE 37, 363(408).
20) BVerfGE 37, 363(408f.).
21) R. W. Schmitt, Der Bundesrat—keine Zweite Kammer? in: BayVBl., 1974, H.24, S.686.
22) Ibid., S.687.
23) Ibid., S.687.
24) Wyduckel, a.a.O., S187.またシェーフアーは、BVerfGE 37, 363 の判例評釈において連邦参議院の同意法律への協力権限の点に連邦参議院の第二院性を認めている。H. Schäfer, Anmerkung von BVerfGE 37, 363, in: DVBl., 1975, S.101f.
25) S. Korioth, (Fn.7), S.1663.
26) S. Korioth, Art. Bundesrat., in: W. Heun, M. Honecker, M. Morlok, u. Wieland, Evangelisches Staatslexikon, 2006, S.257.
27) S. Korioth, (Fn.7),. S.1663.
28) Ibid., S.1655.
29) T. Maunz, Die Rechtsstellung der Mandatsträger im Bundesrat, in: hrsg., Bundesrat, Der Bundesrat als Verfassungsorgan und politische Kraft, 1974, S.210.
30) S. Korioth, (Fn.7),. S.1655.

31) Ibid., S.1656.
32) K. Reuter, Praxishandbuch Bundesrat, 2. Aufl., 2007, SS.65-69; A. Rührmair, a.a.O., SS.56-64.なお、連邦参議院の構成員の変動は、議院内閣制を採用する各ラントの政権によって多様である。ラントにおいても単独政権だけではなく、連立政権の場合もあり、必ずしも連邦議会における政権与党・野党との関係性がラント政権と連動するわけではないからである。2009年9月27日に行われた連邦議会選挙の結果、CDU/CSUを中心とした連立政権が生まれた。従来の大連立政権では「封鎖問題」は発生しなかったが、同日に行われた2つのラント議会選挙の結果、CDU政権は連邦参議院においても安定過半数を獲得した。この点については、『毎日新聞』2009年9月29日朝刊参照。
33) A. Rührmair, a.a.O., S.62f.
34) H. H. Klein, Der Bundesrat der Bindesrepublik Deutschland — die Zweite Kammer, in: AöR., 1983, S.358.
35) たとえば、ヴァイマル憲法68条及び69条では政府提出法案について定めているが、そこではライヒ参議院の同意が前提とされている。またライヒ議会の法律議決に対してもライヒ参議院は異議権を有し、これを覆すにはライヒ議会は3分の2以上の再議決が必要であった。政治実態としてはライヒ議会がこの値を獲得できる安定した多数政権をもっていないことはよく知られている。また、ライヒ大統領による国民投票によりライヒ参議院の異議を覆すことはできるが（74条）、事実上、これは不可能である。
36) Klein, a.a.O., S.359.
37) Wyduckel, a.a.O., S191.
38) Reuter(Fn.32), S.55f.
39) Ibid., S.64.
40) Ibid., S.65.
41) Ibid., S.77f..
42) 邦語文献として、山田晟『ドイツ近代憲法史』(1963年、東京大学出版会) 52頁以下参照。
43) ライヒ参議院の当時の権能については、F．ハルトゥング 成瀬治・坂井英八郎『ドイツ国制史』(1980年、岩波書店) 448頁以下参照。
44) H. Baumer, Art.50, in: hrsg., H. Dreier, Grundgesetz Kommentar Bd.,2, 1998, S.1033.
45) Ibid., S.1031f.
46) 参議院が衆議院に基礎をおく「議院」内閣を変形させ、衆参両院からなる「国会」内閣を作る力量を否定的に評価するものとして、高見勝利『現代日本の議会政と憲法』(2008年、岩波書店) 123頁以下参照。逆に参議院が内閣の構成にまで影響を与えることを憲法は許容しているという立場として、加藤注1) 135頁以下参照。

【付記】 本稿は、東京経済大学／2009年個人研究助成費による研究成果の一部である。

司法支配制と日本の特殊な違憲審査制

阪口　正二郎

1　違憲審査制の隆盛

　「立憲主義」とは、法によって国家権力を縛ることを意味するのだとすれば、近代を待たずとも「立憲主義」の成立を語ることができる。「王といえども、神と法の下にある」との言明がそれを裏付ける。これに対して、そこで国家権力を縛るものとされる「法」の内容に、多数者によっても侵しえないものとしての「人権」を組み込めば、それは西洋近代に至って初めて語ることができるものとなる。それが、「立憲主義」とは区別されたものとして語られる「近代立憲主義」である。しかし、たとえ多数者によっても侵しえないものとしての「人権」という理念を語りうるのが近代立憲主義だとしても、ヨーロッパにおいて、永らくそうした「人権」を保障するのは、多数者を代表する議会の役割だと考えられてきた。「人権」は、事の本質的な意味において多数者によっても侵しえないものである以上、多数者の意思を体現することを任務とする議会では十分に保障しえないのではないか、との認識が一般化し、「人権」の保障を政治部門から独立した裁判所に委ねる＝違憲審査制という選択が一般化したのは第二次大戦以降のことである。そして、この流れを本格化したのは、「違憲審査革命」と形容される1970年代以降における違憲審査制の活発化と、1989年の社会主義体制の崩壊であった。

現在、世界の国家で「立憲主義」を標榜しないような国家は稀である。アメリカの比較憲法学者アレク・ストーン・スウィートは、第二次大戦後から現在までを視野に入れて、「過去50年間に、『新しい立憲主義（new constitutionalism）』が地球を席捲しており、今日、国家の組織のひな型としてライヴァルは存在しない」としている。「新しい立憲主義」の要素としてスウィートは、①成文憲法によって統治制度が設立され、そうした統治制度の権限が成文憲法にのみ由来すること、②憲法典は、選挙ないしはレファレンダムという方法によって最終的な権限を人民に付与していること、③立法権を含めた公的権限の行使は、それが憲法に適合している限りにおいてのみ正当化されること、④憲法典は権利のカタログを規定し、そうした権利を擁護する憲法裁判システムを規定していること、⑤憲法典自体がその改正手続を規定していること、の5つを挙げている。ストーン自身が、「『新しい立憲主義』は、権利と権利の実効的な保障が国家の民主的正統性にとって不可欠であるとの認識に基づいており」、「立法府の主権性というモデルを拒否し」、「実効的なものであるために、この形態は、広範な権限を、憲法裁判を行う裁判官に移譲することを必要としている」と述べているように、立憲主義のグローバル化は、「人権」を担保する制度的装置である違憲審査制のグローバル化をもたらした。カナダの比較憲法学者のデービッド・ビーティも、「われわれの時代を特徴づけるものの1つは、非常に多くの人々が司法権を信頼しているということである」と指摘している。西欧諸国家においてすら永い間、「アメリカの変則」と見なされてきた違憲審査制は、現在、80を超える国家と、ヨーロッパ人権裁判所などのリージョナルな脱国家機関において採用されており、今や違憲審査制は「立憲主義」を掲げる国家にとって「標準装備」となっていると言っていいだろう。

　カナダの比較憲法学者のラン・ハーシュルは、「議会による立憲主義」から「司法による立憲主義」へと向かう最近の動向を「司法支配制（juristocracy）」と形容している。ハーシュルは、「司法支配制」を4つの特徴によって定義している。第1は、代表機関から司法権への権限の移譲である。第2は、大半の国家において「司法支配制」への動向は権利章典を含む憲法典の採用に伴うものであることである。第3は、こうした国家においてはアメリカ流の権利に基

づくディスコースが支配的になりつつあることである。第4は、「司法権による権利の肯定が政治的権力による拘束から解放された社会変革をもたらすのだ、という信念が公的議論においてほとんど神聖とも言える地位を獲得した」[6]ことである。

2 違憲審査制に対する冷めた評価

しかしながら、アメリカの学者を中心に、ハーシュルが「司法支配制」の特徴として掲げたもののうち、特に④については、それが違憲審査制に対する人々の「願望」を表明するものだとしても、違憲審査制の「現実」を説明できるものではないとの疑問が提示されていることを見逃すべきではない。違憲審査制の標準装備化が注目を集めると同時に、違憲審査制が導入されたからといって、それにより社会の変革がもたらされるわけではないのではないか（違憲審査制に「社会変革」を期待するのは「空虚な期待（hollow hope）」ではないのか）[7]、という冷めた評価も提示されている[8]。

実は、ハーシュルの議論の力点も、議会主権から「司法支配制」の移行を指摘するだけでなく、「司法支配制」は、予想に反して、「人道主義の進歩を示すものではなく、むしろエリート支配のエントレンチメントを示している」[9]ことを指摘することにある。ハーシュルは、第2次大戦以降の違憲審査制を伴う立憲主義の採用にはいくつかのシナリオがあるとする[10]。たとえば、日本やドイツのように、国家体制の根本的な再編過程で立憲主義を採用するというシナリオや、植民地独立の際に立憲主義を採用するというシナリオ、権威主義から民主主義体制への移行に際して立憲主義を採用するといったシナリオである。「司法支配制」の限界を見定めるのにハーシュルが注目するのは、カナダやニュージーランド、イスラエルのように、政治体制や経済体制の明らかな変更がなされないにもかかわらず、立憲主義が採用される場合である。何らかの体制変更や世界戦争の後に違憲審査制を伴った立憲主義を採用することは「過去」の否定といった理由によってある程度説明可能であるのに対して、体制変更がなされないにもかかわらず、違憲審査制を伴った立憲主義を採用することは、支配

的な勢力にとっては自らの手足を縛るだけで不合理な選択であり、一見すると合理的に説明できそうにはない。しかしながら、ハーシュルは、この場合も、立憲主義や違憲審査制の採用は「ヘゲモニー維持（hegemonic preservation）[11]」テーゼで説明可能だとする。このテーゼは、要約すれば、以下のようなものである[12]。現在は覇権を有している勢力が、その地位を脅かされる場合に、自分たちの有している覇権的権力を維持するために憲法を採用し、違憲審査制を設けようとする。これが成立するためには、①ヘゲモニーを有している勢力が議会などの多数決主義的な決定作成過程においてその支配を脅かされること、②司法権がその専門性や公平性などの点で当該社会において高い評価を得ていること、③ヘゲモニーを有している集団が法学教育と裁判官の選任過程を支配していること、④当該社会における裁判所は世俗的なイデオロギー的、文化的傾向に従った判決を下す傾向があること、という4つの条件が充足されねばならない。こうした条件が満たされる場合、ヘゲモニーを有している集団にとって「立憲主義」を採用し、違憲審査制という形で司法権に権力を移譲することが自己にとって合理的な拘束となる。

　ハーシュルによれば、体制変更を伴わないケースにおける立憲主義や違憲審査制の採用が「ヘゲモニー維持」テーゼで説明できるのであれば、その場合、立憲主義や違憲審査制の採用には多くを期待することはできない。実際、ハーシュルは、①刑事手続、②表現の自由など、いわゆる「第一世代の権利」と呼ばれる「消極的な自由」、③生存権などの、「第二世代の権利」と呼ばれる「積極的な権利」、④団結権などの領域について、カナダ、ニュージーランド、イスラエル、南アフリカの憲法判例を検討した結果、「これらの新しい立憲主義の世界においては、最高位にある裁判所は手続的正義を支持し、私的な領域に対する国家の介入には否定的であるものの、積極的なエンタイトルメント、実質的な平等、国家による規制、労働者の権利を求める主張に対しては概して敵対的である[13]」と指摘している。ハーシュルによれば、「権利の立憲主義化」の影響は、消極的な自由の保障の場合と実質的な平等の場合とでは異なっており、前者については期待できるが、後者については期待できない[14]。

3　日本の違憲審査制の「保守性」

さて、ここで日本の違憲審査制に目を転じてみよう。仮に、ハーシュルが言うように違憲審査制を導入したからといってラディカルな社会変革がもたらされない、あるいはローゼンバーグが言うように、ウォーレン・コートですらラディカルな社会変革をもたらすことができなかった、としても、そこでは、いちおう違憲審査制が社会において何らか摩擦を引き起こすことを前提に、その摩擦の程度が社会をラディカルに変革するものではなかったことへの注目があるように思われる。

これに対して、わが国の違憲審査制のありようは異なっているのではないか。日本においては、違憲審査制は「閉塞状態」[15]にある、あるいは違憲審査制は「十分機能していない」[16]との評価が一般的である。西原博史は、「日本国憲法の運用に関する不満という点で考えた場合、憲法学内部の批判においても、国民の間での失望感においても、違憲立法審査制の機能不全という点は突出した位置を占めるだろう」[17]と指摘している。

実は、こうした、わが国の違憲審査制のありようの特殊性は外国の学者たちの注目も集めている。たとえば、ビーティは、「もしも、実際に違憲とされた法令の数や公務員の行為の数の観点から、憲法上の権利を執行する責任を負った主要な裁判所によって書かれた判例を比較するならば、日本の最高裁は他のそれとはかけ離れている。比較憲法学者の間で、日本における違憲審査制は世界において最も保守的で慎重であるとみなされている」[18]と指摘している。また、アメリカにおいて日本法研究のエキスパートとして知られるジョン・ヘイリーも、「日本の司法権はほとんどすべての点で用心深く保守的である」[19]と評価している。

筆者の見るところ、戦後60年間の日本の違憲審査制の運用に対して、「閉塞状況」、「機能不全」が語られ、「世界において最も保守的で慎重である」、「用心深く保守的である」との評価が加えられる理由は3つある。

第1は、最高裁判所における「極端な司法消極主義」[20]と形容されるほどの法

令違憲判決の少なさである。最高裁判所が、60年間の違憲審査制の運用の歴史において、法令を違憲としたのは、以下の7種の事例で8回にすぎない。すなわち、①自己または配偶者の直系尊属を殺した場合の法定刑を、普通の殺人の場合よりも重罰に処する刑法の規定(尊属殺重罰規定)が、平等に反するとした事例[21]、②薬局を新たに開設しようとする場合に、既存の薬局から条例によって定められた一定の距離以上に離れていないと開設を許可しないと定める薬事法の規定が、職業選択の自由に反するとした事例[22]、③衆議院議員の定数を配分する公職選挙法の規定が、著しい投票価値の不平等を招いており、平等に反するとした2つの事例[23]、④共有林の持分価額が2分の1以下の共有者に分割請求権を否定する森林法の規定が、財産権の保障に反し無効であるとした事例[24]、⑤郵便業務に伴って生じた損害の賠償責任を限定している郵便法の規定について、書留郵便について郵便業務従事者の故意または重大な過失よって損害が生じるような例外的な場合にまで国家の賠償責任を免除ないし制限する規定は、国家賠償請求権を定める憲法17条に反するとした事例[25]、⑥在外邦人の選挙権行使を認めていなかった公職選挙法の規定は、正当な理由なく選挙権を制約するものだとした事例[26]、⑦国籍法3条1項が、日本国民である父親と日本国民ではない母親との間に生まれた子どもで、出生の後に父親から認知された場合に、認知だけで、父母が婚姻していない場合には国籍取得は認められないとしていることが、平等に反するとした事例[27]、である。

たしかに、日本の違憲審査制はアメリカ型の付随的審査制であり、違憲判決を出す場合も適用違憲が原則であって、法令違憲は例外である。日本より少し遅れて1951年に違憲審査制を採用したドイツにおいて、これまで600以上の法令違憲判決が下されているとしても[28]、それは、制度が異なる以上、単純な比較を許すものではない。それでもなお60年間においてわずか8回の法令違憲判決しか最高裁が出していないというのはやはり「極端な司法消極主義」と評価されても仕方がないように思われる。

第2は、数少ない法令違憲判決自体の保守性である。すなわち、数少ない法令違憲判決ですら、衆議院の議員定数不均衡問題など選挙権に関する判決を除けば、政治部門にとって「痛手」となるようなものはほとんどない。しかも、

2回の議員定数配分違憲判決ですら、周知のように、配分表自体は違憲としながらも、それに基づいて施行された選挙そのものは有効とする、いわゆる「事情判決の法理」を採用したものであり、最高裁は、「安んじて——すなわち、立法府への刺激その他政治的悪影響を心配することなく——ともかく形だけの違憲判決をくだすことができた[29]」と評価される代物である。つまり、最近に至るまでの日本の違憲審査制は、単に法令違憲判決の少なさだけでなく、数少ない法令違憲判決の政治部門に与える影響においても保守的であり、二重の意味で保守的であると評価される状況にあった。1990年代に奥平康弘が「司法審査の日本的特殊性[30]」を語ったのは、この二重の意味においてのことであった。

　上記２つの意味での日本の違憲審査制の「保守性」は、違憲審査制としての「保守性」を問題にするものである。しかしながら、日本の違憲審査制について「保守性」を問題にする場合には、暗黙のうちに、もう一つ別の意味での「保守性」を視野に入れておく必要がある。すなわち、第３に、こうした日本の違憲審査制の運用が、イデオロギーにおいて——９条だけでなく、自由と民主主義を体現する憲法にもあからさまな敵意を示すことが少なくなかったという極めて特殊な意味において——保守的な自由民主党の長期支配の下でなされてきたことである。これまでの日本の違憲審査制の運用の歴史は、違憲審査制として「保守的」であるだけでなく、制度として保守的であることによって、イデオロギー的に日本を支配してきた保守党政権の価値を事実上体現しているのである。

　こうした３つの意味での「保守性」を兼ね備えているからこそ、これまでの日本の違憲審査制について、その「機能不全性」ぶりが、憲法学において問題とされてきたのではなかったろうか。

　こうしたことから、1990年代に入って、日本においては、違憲審査制は「機能不全」に陥っているとして、さまざまな形での違憲審査制の活性化に向けた制度改革の提案がなされることになった[31]。なかには、憲法を改正して、ドイツ型の憲法裁判所制度を導入すべきだとするラディカルな議論すらあった[32]。特に、最高裁判所裁判官であった伊藤正己が、その職を退いた後に著した書物において、「現在の状況は憲法保障制として不満足であり、最高裁による違憲審

査権の行使がいまのように消極的にとどまるのではなく、いっそうそれを活性化する必要があるとするならば、われわれとしては、憲法裁判制度そのものを根本的に考え直すべきではないかと思われる」と問題を提起し、憲法裁判所制度を導入することで違憲審査制が活性化した韓国の例を挙げて、日本において「憲法保障制の現状を不満足と考えるとすれば、通常の事件の最終審は、官僚裁判官制を前提とする最高裁であるとしつつ、憲法裁判はそれとは別の憲法裁判所に委ねる大陸型のほうが望ましいのではないかと考えている」[33]と述べたことは、大きな衝撃を呼び起こし、憲法裁判所待望論を一気に盛り上げた。翌年の1994年に発表された読売新聞社の「憲法改正試案」の目玉商品は憲法裁判所の設置であった。

しかしながら、現在も、憲法裁判所待望論は底流にはあるものの、憲法裁判所設置構想は2005年11月に発表された自由民主党の「新憲法草案」には取り入れられなかったし、1999年から始まった司法制度改革においても、論点として取り上げられてはいない。

4　合憲解釈の多用——日本型違憲審査制の特徴1

法令違憲判決の極端な少なさに現れているように、日本の最高裁判所はたしかに司法消極主義と評価することができる。しかし、それは単純な司法消極主義ではなく、かなり独特な司法消極主義であると考えるべきである。わが国の違憲審査制に対する「機能不全」との評価からは、あたかも、わが国の最高裁判所が、政治部門の行いに対して、それが丸ごと合憲であるとの判断を下しているかのような認識が生まれかねないが、それは明らかに誤っている。わが国の最高裁判所は、政治部門に対して憲法上の統制を及ぼしている。ただ、その統制の仕方がかなり特殊だと評価すべきである。次にその点を説明しよう。

日本の裁判所は、めったに制定法を違憲としないという意味では司法消極主義であるが、だからといって制定法をそのまま合憲と判断しているわけではない。むしろ日本の裁判所は、時として制定法を大胆に限定ないし拡大解釈することで、制定法を違憲にすることなく、立法府に統制を及ぼすことがある。こ

れまでのわが国の違憲審査制の運用の歴史を見るならば、その何よりの特徴は、このような形での合憲解釈の多用にあるのではなかろうか。長谷部恭男も、「日本の裁判所は、ほとんど制定法を違憲と判断することなく、したがって『司法積極主義』との批判を非難受けることなく、しかし制定法を最高裁判所の有権解釈権を通じて読み替えることで、積極的に政治部門の判断を変更し、しかもそれを『現状』として固定化してきた可能性がある」[34]と指摘している。

　このように、日本の最高裁判所の違憲審査制の行使の一つの特徴はかなり大胆に制定法を合憲解釈するという手法の利用にある。たとえば、名誉毀損の領域を見てみよう。憲法21条は表現の自由を保障しているが、名誉毀損となるような言論は、刑法230条によって犯罪として処罰され、また民法709条、710条によって不法行為として損害賠償の対象となる。第二次大戦後、日本国憲法が制定され、表現の自由が保障された際に、名誉の保護と表現の自由の保護を調整するために、刑法が改正されて新たに刑法230条の2が付け加えられた。刑法230条の2の定めるところによれば、たとえ名誉を毀損する表現行為であっても、①当該表現行為が公共の利害に関する事実にかかわるものであり、②表現行為の目的が公益を図るものであり、③表現の内容が真実であることが証明される、という3つの要件が充たされる場合には、処罰されることはない。しかし、興味深いことに、最高裁判所は、③が充足されない場合であっても、④表現行為をなした者が、表現内容が真実であると誤信し、かつそのように誤信したことについて確実な資料、根拠に照らして相当な理由がある場合には、故意が阻却されて名誉毀損は成立しないという、4番目の要件を追加している。最高裁判所によれば、そのように解釈すべき理由は、「刑法二三〇条ノ二の規定は、人格権としての個人の名誉の保護と、憲法二一条による正当な言論の保障との調和をはかったものというべきであり、これら両者間の調和と均衡を考慮する」[35]ことにある。しかし、これでは十分な説明にはなっていない。問われているのは、なぜ個人の名誉の保護と表現の自由の保障を調整するのに刑法230条の2では足りず、④の「誤信相当性」要件を付け加える必要があるのか、ということであるからである。こうした調整をなす根拠を刑法230条の2の条文に

求めることはできない。調整の背後にあるのは、最高裁における政治的表現の自由に対する尊重であるはずである。最高裁判所は、別の事件の判決において、「主権が国民に属する民主制国家は、その構成員である国民がおよそ一切の主義主張等を表明するとともにこれらの情報を相互に受領することができ、その中から自由な意思をもって自己が正当と信じるものを採用することにより多数意見が形成され、かかる過程を通じて国政が決定されることをその存立の基礎としているのであるから、表現の自由、とりわけ、公共的事項に関する表現の自由は、特に重要な憲法上の権利として尊重されなければならないものであり、憲法二一条一項の規定は、その核心においてかかる趣旨を含むものと解される」[36]としている。④の「誤信相当性」の要件が必要なのは、③までの要件による調整では、公共的な事項に関する表現は、それが名誉を毀損する場合に、免責されるためには、真実性の立証を要求されるところ、真実性の立証は容易ではなく、真実性の立証を厳格に求めると、公共的な事項に関する表現行為が萎縮し、それが市場には出にくくなることに配慮した結果であるとしか考えられない。

　刑法の明文にはない要件をわざわざ付け加えるという形で、最高裁判所は公共的な事項に関する表現行為を名誉の保護に優先させる解釈を加えているのである。

　裁判所が法律自体を違憲とすれば、これを不満とする場合に、議会は憲法改正に訴えるしかない。これに対して裁判所が限定ないし拡大解釈を行う場合、その解釈を議会が不満とする場合、議会は単に新たな立法を制定すれば済む。このように、理論的には、裁判所が法律を違憲と判断するよりは、法律に対して限定ないし拡大解釈を加える方が立法府との摩擦が少ない。しかしながら、実際には、議会が裁判所の合憲解釈に対抗することはそれほど容易ではない[37]。その意味では、合憲解釈を多用するわが国の最高裁は単純な司法消極主義ではない。おそらく、良かれ悪しかれ、合憲解釈という手法は、保守的なわが国の最高裁が、憲法の観点から立法過程に統制を及ぼそうとする最有力な手法として用いられているように思われる。その意味で「日本の最高裁判所は対等な統治部門である立法府との対立を回避したがっており、限定解釈（limiting construction）を用いることは、特定の立法を無効と宣言することを必要とすることなく、憲法の制約を執行するための便利な手段を提供している。最高裁判所の動機は、密かに立法権を行使することではなく、最高裁判所の裁判官がホブソンの選択（Hobson's choice）とみなすもの、すなわち、憲法原理を放棄するか、さもなければ、政治部門の権限に直接挑戦することになるという選択を回避することにある」との指摘には頷けるものがある。わが国の最高裁判所が司法消極主義でありながらも、かろうじて憲法を用いて政治部門を統制するという役割を放棄していないとすれば、それは合憲解釈という手法の多用にあると考えられる。

5 憲法論の不在あるいは回避──日本型違憲審査制の特徴2

　しかし、日本の最高裁判所により特徴的なのは、こうした制定法の合憲解釈をなす際にその根拠を憲法に求めていないことである。また、より大胆に言えば、日本の最高裁は事案を解決する際に、憲法に関する議論＝すなわち「憲法論」を語ることを避けようとする傾向が強い。
　周知のように、最高裁判所は、上述の名誉の保護と表現の自由の保障を調整するための４つの要件は、刑法上の名誉毀損罪が問題になる場合だけでなく、民事における損害賠償が問題になる場合にも適用されるとしている[39]。しかし、民法の条文には刑法230条の2のような調整すら存在しない。それにもかかわらず、最高裁は、民法の規定はそのように「解するのが相当である」とした。この判決の場合には、先の判決とは異なってそもそも憲法論が一切登場しない。最高裁判所は刑法230条の2のような規定が民法には存在しないにもかかわらず、民法の規定に刑法の条文を読み込んでおり、しかもそこには一切憲法論は登場しない。最高裁判所は、憲法に言及しないで、民法の条文解釈という形で事件を処理しているのである。
　このように最高裁判所は、明らかに憲法上の価値の観点から制定法に対して限定ないし解釈拡大を行う必要があるにもかかわらず、そうしないで単なる妥当な法律解釈として限定解釈ないし拡大を行っている。奥平康弘は、こうした

状況を最高裁における「憲法論の不在」、「日本国憲法の過少な配分」と形容し、そこに日本における違憲審査制の特殊性を見出している[40]。

　もう一つ例を挙げよう。エホバの証人である原告が、信仰上の理由に基づいて、通っていた公立の高等専門学校の必修授業である剣道の実技に参加することを拒否した結果、体育の単位が取得できず、原級留置（＝進級拒否）処分を受け、最終的には退学処分にされたことを争った事例である[41]。最高裁判所は、校長のなした処分を斥け、原告であるエホバの証人を勝たせた。この判決は、一般に、憲法学の教科書において、信教の自由の項目で取り上げられ、最高裁が憲法20条によって保障される信教の自由を擁護した判決として引用されることが多い。

　しかしながら、この判決をよく読めば、判決が憲法論をあまり語ってはいないことが分かる。

　第1に、判決は、最初に、「高等専門学校の校長が学生に対し原級留置処分又は退学処分を行なうかどうかの判断は、校長の合理的な教育的裁量にゆだねられるべきものであり、……校長の裁量権の行使としての処分が、全く事実の基礎を欠くか又は社会観念上著しく妥当を欠き、裁量権の範囲を超え又は裁量権を濫用してされたと認められる場合に限り、違法であると判断すべきものである（傍点は引用者）」という、事件の判断枠組みを示している。この枠組みは、違憲性を問題にするものではなく、違法性を問題にするものである。この枠組みにしたがって最終的に、最高裁判所は、「信仰上の理由による剣道実技の履修拒否を、正当な理由のない履修拒否と区別することなく、代替措置が不可能というわけでもないのに、代替措置について何ら検討することもなく……原級留置処分をし、さらに、不認定の主たる理由及び全体成績について勘案することなく……退学処分をした」ことが、「考慮すべき事項を考慮しておらず、又は考慮された事実に対する評価が明白に合理性を欠き、その結果、社会観念上著しく妥当を欠く処分をしたものと評するほかな」いと判断している。最初から、問題は違憲性ではなく違法性のレヴェルに設定され、最後も、校長のなした処分は違憲と評価されたのではなく、違法と評価されている。

　第2に、判決は「信教の自由」に言及するものの、それは、「処分は、その

内容それ自体において被上告人に信仰上の教義に反する行動を命じたものではなく……被上告人の信教の自由を直接的に制約するものとはいえない」という文脈においてのことである。

　この判決において、憲法論が正面から論じられているのは、エホバの証人である被上告人に配慮して、剣道の実技授業への参加に代えて、「レポート提出等の代替措置」を採ることが、憲法20条が信教の自由と並んで規定する政教分離原則に反しないかどうか、という論点に関してのことである。そこでは、判決は、「所論は、代替措置を採ることは憲法二〇条三項に違反すると主張するが、信仰上の真しな理由から剣道実技に参加することができない学生に対して、代替措置として、例えば、他の体育実技の履修、レポートの提出等を求めた上で、その成果に応じた評価をすることが、その目的において宗教的意義を有し、特定の宗教を援助、助長、促進する効果を有するものということはできず、他の宗教者または無宗教者に圧迫、干渉を加える効果があるともいえないのであって、およそ代替措置を採ることが、その方法、態様のいかんを問わず、憲法二〇条三項に違反するということができないことは明らかである」としている。

　この判決に対する最高裁判所の調査官の解説が、「本判決は、その判断に当たって、信教の自由が背景にあることを十分に考慮に入れるべきものとしつつ、裁量権の逸脱濫用に当たるかどうかという観点から判断をしたものである（傍点は引用者）[42]」と述べているように、仮に判決を下すにあたって信教の自由が考慮されたとしても、それは「背景」において考慮されたにすぎないように思われる[43]。「信教の自由」は「正面」ではなく「背景＝バック・グラウンド」で機能しているにすぎない。

　憲法学者は、自分たちにとって結果的に妥当と思われる判決が出たことで、最高裁判所は「憲法を真剣に考えている」と思い込んでいるだけかもしれないのである。

6　「小さな司法」と司法官僚制、あるいは特殊な「憲法」観

　近時、棟居快行は、日本の裁判所は、①「具体的事件の解決」と「憲法保障機能」という対抗軸、②「真実の発見」と「適正手続」という対抗軸の中で、①について「具体的事件の解決」を、②について「真実の発見」を優先させる形の、「『ミクロの正義』と『真実発見』の抱き合わせこそが、現行の司法権の自己理解であろう[44]」とし、これを「小さな司法」と呼んでいる。棟居によれば、この背後には、独特な「国家」と「社会」の二元論が存在する[45]。国家＝政治に関わる問題を最高裁判所は回避し、それには関わらない市民社会内部の個別的紛争の解決に最高裁判所は自己の役割を限定しているわけである。筆者はこの棟居の指摘に基本的には同意する。

　筆者の見るところ、最高裁判所が、立法府との衝突を避けて合憲解釈という手法を用いたがること、また正面から憲法について語りたがらない理由は、さしあたり、2つあるように思われる。1つは、政権交代がなく、保守的な政党が政権を長い間担当してきたことである。ただし、自民党の長期一党支配とわが国の違憲審査制の保守的な運用との関係は単純ではない。最近の研究によれば、自民党が一方的にわが国の司法権をコントロールしてきたと考えるのは誤っているかもしれない。司法権それ自体に鋭利な分析を加えた行政学者の新藤宗幸は、「司法官僚」の存在を問題にしている。新藤によれば、戦後の司法権は、政治部門も含めて外部からの介入を防ぐために、「最高裁判所の内部に、強大な権限を実質的にもつ司法行政機関＝最高裁事務総局を整備してきた[46]」。新藤の議論を、憲法学の観点から翻訳すれば、以下のようになるのではないか。本来、司法権の独立とは、①司法権が立法権、行政権からの不当な介入を受けないという意味での広義の司法権の独立と、②司法権内部で、個々の裁判官が事件の判断に関してヒエラルキーに基づくものも含めて他の裁判官の不当な影響力を受けないという意味での狭義の司法権の独立、すなわち裁判官の独立の、内部に緊張関係を抱え込んだ両義的な意味を有するものである。新藤によれば、戦後の日本では、①を確保することに重点を置く「司法官僚」が生み

出され、それによって①の確保には成功したものの、①を首尾よく達成するために、②は意図的に軽視され、しかも①が保守的な勢力を念頭において確保されたために、全体として、司法権としては「保守的」な価値を体現することになった。

このように、新藤の議論を読めるとすれば、わが国の司法権は、一方的に自民党にコントロールされてきた受動的な「被害者」ではありえない。司法権自らが積極的に協力してきたと言える。

実は、こうした評価は、海外でも見られる。たとえば、デービッド・オブライエンと大越康夫も日本における司法権の独立を検討した論稿において、司法権は自民党によって直接コントロールされているわけではなく、「個々の裁判官の独立は、司法権の制度的独立と政治的統制からの自由を維持するために最高裁判所によって抑制されている」と分析している。また、日本の裁判所の保守性を分析したデービッド・ロウも、「制度的な観点から見た場合に、日本についておそらく最も興味深いことは、自民党が政治的な統制という任務を、司法権内部のイデオロギー的に最も信頼できる代理人たち、すなわち最高裁長官と最高裁事務総局で長官の司法行政任務を補佐する幹部裁判官たちに事実上委ねてきたことである」と指摘している。

最高裁判所が憲法を語りたがらないもう一つの理由として考えられるのは、憲法9条の存在かもしれない。周知のように、戦後の日本において憲法9条は激しい政治的闘争の中心に置かれつづけてきた。このイメージがあって、裁判官の中には「憲法」=「政治」であり、憲法を語るのは「法」を語るべき裁判所の任務ではないと考える傾向が強化されているように思える。

もっとも、先に見たように、今世紀に入って最高裁判所は法令違憲判決も出し始めている。2002年から2008年の6年間に三回の法令違憲判決を出すに至っている。現時点では、日本の違憲審査制が目覚めたのかどうかは定かではないが、その行く末を見定める必要があろう。

注
1) Alec Stone Sweet & Jud Mathews, *Proportionality Balancing and Global Constitutionalism*, 47 COLUM. J. TRANSNAT'L L. 72, 84 (2008).

2) *Id.* at 84-85.
3) *Id.* at 85.
4) DAVID M. BEATTY, THE ULTIMATE RULE OF LAW (OUP, 2005), at 2. アメリカの比較憲法学者のシュペールも、「現在、多くの憲法体制がリベラリズムの鍵となる諸要素を切望している」としているが、「最も際立っているのは司法によって保障される権利というものへの異常なほどのコミットメントであった」としている。See, Kim Lane Scheppele, *The Agenda of Comparative Constitutionalism*, Law & Court: NEWSLETTER OF THE LAW & COURTS SECTION OF THE AMERICAN POLITICAL SCIENCE ASSOCIATION, Spring, 5, 14 (2003).
5) Martin Shapiro & Alec Stone Sweet, *The New Constitutional Politics of Europe*, 26 COMP. POL. STUD. 397 (1994).
6) RAN HIRSCHL, TOWARD JURITOCRACY: THE ORIGIN AND CONSEQUENCE OF THE NEW CONSTITUTIONALISM (Harvard U. Pr., 2004), at 1.
7) GERALD N. ROSENBERG, THE HOLLOW HOPE: CAN COURTS BRING ABOUT SOCIAL CHANGE?, (Univ. of Chicago Pr., 1991).
8) 以下については、阪口正二郎「上昇する期待と下降する期待——『司法支配制』の評価をめぐって」棚瀬孝雄編『司法の国民的基盤——日米の司法政治と司法理論』(日本評論社、2009年) 65頁以下で論じた。
9) Lisa Hilbink, *Beyond Manicheanism: Assessing the New Constitutionalism*, 65 MD. L. REV. 15, 19 (2006).
10) HIRSCHL, *supra* note 6, at 7-8.
11) *Id.* at 43.
12) *Id.* at 31-99.
13) *Id.* at 147-48.
14) Ran Hirschl, *Constitutionalism, Judicial Review, and Progressive Change: A Rejoinder to McClain and Fleming*, 84 TEX. L. REV. 471, 475 (2005).
15) 畑尻剛「憲法裁判所設置問題を含めた機構改革の問題」公法研究63号 (2001年) 111頁。市川正人「違憲審査制の活性化」土井真一編『岩波講座 憲法4 変容する統治システム』(岩波書店、2007年) 287、295頁。
16) 市川正人「違憲審査制の軌跡と展望」紙谷雅子編『日本国憲法を読み直す』(日本経済新聞社、2000年) 167、180頁。
17) 西原博史「憲法裁判所制度の導入?」ジュリスト1289号 (2005年) 42頁。
18) DAVID BEATTY, CONSTITUTIONAL LAW IN THEORY AND PRACTICE (Univ. of Toronto Pr., 1995), at 121.
19) John O. Haley, *The Japanese Judiciary: Maintaining Integrity, Autonomy, and the Public Trust*, in DANIEL H. FOOTE (ed.), LAW IN JAPAN: A TURNING POINT (Univ. of Washington Pr., 2007), at 99, 99.
20) 市川・前掲注15) 287頁。
21) 最大判1973・4・4刑集27巻3号265頁。
22) 最大判1975・4・30民集29巻4号572頁。
23) 最大判1976・4・14民集30巻3号223頁、最大判1985・7・17民集39巻5号1100頁。

24) 最大判1987・4・22民集41巻3号408頁。
25) 最大判2002・9・11民集56巻7号1439頁。
26) 最大判2005・9・14民集59巻7号2087頁。
27) 最大判2008・6・4民集62巻6号1367頁。
28) *See, Judgment Days: Germany's Constitutional Court,* Economist, Mar. 28, 2009, at 59.
29) 奥平康弘『憲法裁判の可能性』(岩波書店、1995年) 62頁。
30) 同97頁。
31) 詳しくは、市川・前掲注15)、畑尻・前掲注15)、戸波江二「最高裁判所の憲法判例と違憲審査の活性化」法曹時報51巻5号 (1999年) 1頁、笹田栄司「違憲審査活性化は最高裁判所改革で」紙谷編・前掲注16)148頁、笹田栄司『違憲審査制』(信山社、2000年) などを参照されたい。
32) 詳しくは、西原・前掲注17)、中谷実「最近の憲法裁判所導入論議について」南山法学25巻3号31頁、永田秀樹「ヨーロッパの憲法裁判所と日本の憲法裁判所構想」法律時報70巻1号 (1998年) 36頁、永田秀樹「司法改革の進行と違憲審査制論」法律時報79巻8号 (2007年) 116頁、山元一「今、憲法裁判所が熱い!?」自由人権協会編『憲法の現在』(信山社、2005年) 63頁などを参照されたい。
33) 伊藤正己『裁判官と学者の間』(1993年、有斐閣) 134-37頁。
34) 長谷部恭男『憲法学のフロンティア』(岩波書店、1999年) 75頁参照。
35) 最大判1969・6・25刑集23巻7号975、977頁。
36) 最大判1986・6・11民集40巻4号877頁。
37) この点については、長谷部恭男が、ウィリアム・エスクリッジとジョン・フェアジョンの合衆国憲法「第1篇第7節ゲーム」(William N. Eskrigde & John Ferejohn, *The Article I, Section 7 Game*, 80 Geo. L.J. 523 (1992)) を参考に、この問題を検討している。長谷部・前掲注34)72-75頁、長谷部恭男『憲法の理性』(東京大学出版会、2006年) 194頁以下参照。
38) Ronald J. Krotoszynski, Jr., The First Amendment in Cross-Cultural Perspective: A Comparative Legal Analysis of the Freedom of Speech (New York U. Pr., 2006), at 177.
39) 最判昭和1966・6・23民集20巻5号1118頁、最大判1986・6・11民集40巻4号877頁。
40) 奥平・前掲注29)155頁以下。
41) 最判1996・3・8民集50巻3号469頁。
42) 『最高裁判所判例解説民事篇平成8年度(上)』(法曹会、1999年) 174、185頁 (川神裕執筆)。
43) 宍戸常寿によれば、この事件において最高裁判所の統制密度を高めたものが信教の自由であったかどうかは定かではない。宍戸常寿「裁量論と人権」公法研究71号 (2009年) 100、105-106頁。
44) 棟居快行「最高裁は何処へ?」憲法問題19号 (2008年) 62頁。
45) 同64頁。
46) 新藤宗幸『司法官僚――裁判所の権力者たち』(岩波書店、2009年) 17頁。
47) David M. O'Brien & Yasuo Ohkoshi, *Sifting Judicial Independence from Within: The*

Japanese Judiciary, in PETER H. RUSSELL & DAVID M. O'BRIEN (EDS.), JUDICIAL INDEPENDENCE IN THE AGE OF DEMOCRACY: CRITICAL PERSPECTIVES FROM AROUND THE WORLD (Univ. of Virginia Pr., 2001), at 37, 50.
48) David S. Law, *The Anatomy of a Conservative Court: Judicial Review in Japan,* 87 TEX. L. REV. 1545, 1587 (2009).

【付記】 本稿は、2009年8月21日～22日に中国のハルピンで開催された、第2回アジア憲法論壇「アジアにおける違憲審査制：その現状と課題」において筆者が行った「戦後日本における違憲審査制」という報告に大幅な加筆補正を加えたものである。

日本国憲法の解釈論としての遵法義務論・ノート

佐々木　弘通

1　はじめに——本稿の課題と構成

　山内敏弘先生はかつて、いわゆる法解釈論争の展開とそれに対する各時期の憲法学説の対応とを丹念かつ明晰にフォローなさったあと、憲法解釈は「その基本的性格においてすぐれて実践的な価値判断作用である」が、それにもかかわらず、「正しい解釈」という意味での「客観性」を、「なんらかの形で……もちうる」、との見地に立って、考察を行われた。[1] 本稿は、憲法解釈の「正しさ」という問題領域に、遵法義務論という視角から接近する試みである。

　法哲学（ないし法理学）の世界において、遵法義務の問題ないし悪法の問題——「悪法もまた法であるか、また悪法を含んで法一般に対する包括的服従責務つまり遵法責務は存在するか、存在するとしてその根拠は何か」[2]——は、重要論点のひとつとして扱われている。それに対して憲法学の世界では、憲法99条が定める憲法尊重擁護義務——遵法義務とはその言葉の響きにおいて似ているがその内容において全く異なる概念——についてはよく論じられるものの、[3] 遵法義務についてはほとんど論じられることがない。

　本稿は、日本国憲法の解釈論として遵法義務について論じることを課題とする。[4] この課題遂行を通じて、第1に、憲法学に対しては次のような問題提起を行う。すなわち、これまで憲法学は、遵法義務の問題について論じてこなかっ

たものの、この問題を憲法解釈論として論じることができるし、また憲法解釈論としての遵法義務論を意識化することが、よりよき憲法秩序に向けた人々の憲法実践を促進するのではないか。第2に、法哲学に対しては次のような問題提起を行う、というよりむしろご教示を乞う。本稿の実定憲法解釈論としての遵法義務論は、主として憲法的思考によって問題にアプローチするものにすぎず、残念ながら筆者の勉強不足と時間的制約から、これまでの法哲学上の研究成果を十分に踏まえることができていない。この点につき、筆者自身、再挑戦の機会を持ちたいと考えているが、法哲学研究者からのご教示をいただければ、たいへんありがたい。同時に――不遜ながら――、実定（憲）法の世界から出発した本稿のような遵法義務論に対して、法哲学が接続あるいは批判を試みることは、法哲学の世界から出発する従来の遵法義務論――管見によれば、ともすれば抽象的次元の議論に終始してその具体的帰結が曖昧になりがちだった――が、実定法の世界へと着地するのに資するのではないか。その意味での触媒に本稿がなることができれば幸いである。[5]

　本稿の構成は次のようである。まず、憲法解釈論としての遵法義務論という課題について、いくつかの予備的考察を行う（2節）。そのうえで、この問題を具体的事案の文脈で論じていく。そのための素材を、便宜上、「君が代訴訟」に求める。[6] 前提作業として、「君が代訴訟」を、校長の職務命令に始まり最高裁判決で1つのサイクルが終わる、一連の過程としてモデル化する（3節）。そこで、職務命令に対する教員の不服従行為に照準を合わせ、まず職務命令が出された場面（4・5節）、続いて訴訟過程を経て最終的に最高裁判決で職務命令が合憲だと判断された場面（6・7節）、さらにその後に別の事例として同様の対立状況が生じた場面（8節）、のそれぞれに即して、職務命令（及び最高裁判決）に対する教員の遵法義務の有無を検討する。最後に、以上の具体的事案に即した考察で論じ残した、憲法の基礎理論の次元での論点について論じる（9・10節）。

2 〈憲法解釈論としての遵法義務論〉に関する予備的考察

　本稿の課題は、憲法解釈論として遵法義務論を論じることである。そこにいう「憲法解釈論」と「遵法義務」という言葉の意味について述べておく。
　まず「憲法解釈論」だが、あらゆる法の解釈と同様にそれは「純粋に理論的な認識作用ではなく、その基本的性格においてすぐれて実践的な価値判断作用である」[7]。もちろん遵法義務に関する憲法解釈論は、事柄の性質上、個別の事案に憲法条文を解釈適用して適切な法的解決を指し示すという通常の（狭義の）憲法解釈論とは異なる。だがそれは、我々の憲法秩序において生じる遵法義務を、どう理解することが憲法的なものの考え方としていっそう筋が通るか、あるいはまた、どう理解するほうが憲法秩序をよりよきものへと導くことに機能的につながるか、といった問いに対して、日本国憲法の解釈共同体の一員（ないし法実践の参加者）の立場から答える、ひとつの実践的提言であり、その意味での広義の憲法解釈論なのである。
　次に「遵法義務」だが、次のような理解の下で考察を進めることにする。すなわち、法の効力には実効性と妥当性という２つの次元がある。ある法規範が法秩序の有する公権力的な強制機構によって個人を現実に拘束するとき、その法は実効性を持つ。ある法規範が法秩序の有する「正しさ」の観点から個人を規範的に拘束するとき、その法は妥当性を持つ[8]。そして、ある法に対する遵法義務の有無の問いは、その法の妥当性の有無の問いと同じである[9]。
　法の妥当性の有無の問いに答えるには、その前提として〈何をもって「正しい」とするのか〉を明らかにしておく必要がある。憲法解釈論としての遵法義務論は、この「正しさ」の基準を、日本国憲法に求める。すると常識的には次のようになろう。すなわち、憲法に適合する法（合憲な法）は妥当性を持ち、個人はこの法に対する遵法義務を持つ。それに対して、憲法に適合しない法（違憲な法）は妥当性を持たず、個人はこの法に対する遵法義務を持たない。この点をもう少し立体的・構造的に述べると、次のようになる。すなわち、日本国憲法に基づく〈全体としての法秩序〉（主として、憲法から立法権を授権された

国会が憲法の定める手続に従って制定した法律と、それに下位する諸規範、これらが織りなして現出する実定法秩序）に対しては遵法義務が存在するが、憲法に違反する個々の法規範に対しては遵法義務が存在しない。本稿ではこのようなものの見方を、「憲法学者がとる常識的アプローチ」と呼ぼう。

ここで遵法義務の有無は、憲法についてではなく、憲法に下位する諸々の法規範（法律、命令、処分、等々）について問われる（本稿9節で再論する）。

ところで憲法98条によれば、違憲な法は無効である。ゆえに、「悪法」＝違憲な法、は、公権的に違憲であると認定されれば基本的には無効とされ、そもそも法ではなくなり、遵法義務の有無を論じる前段階でけりがつく。したがって、遵法義務の有無が現実的に問題になるのは、〈現に実効性を持っているが、それが違憲であるとの議論が当事者から提起されている法〉、という意味での「疑法（doubtful law）」についてだ、ということになる。[10]

3 プロセスとしての「君が代訴訟」

理論的検討の対象を明確にするために、まず、「君が代訴訟」が辿る事実経過の一つの典型例を[11]、モデル化して示すことにしよう。

ある都立高校で、校長が同高校の全教員に宛てて、卒業式における「国歌斉唱」時に起立を命じる職務命令を出した（以下では「本職務命令」）。ある教員は本職務命令を違憲だと判断し[12]、本命令に対する不服従実践を行った（つまり「国歌斉唱」時に起立しなかった）。それに対して都教育委員会は、本命令に対する不服従を理由に懲戒処分を行った（懲戒事由等について定める地方公務員法29条1項、上司の職務命令に従う義務について定める同法32条）。そこで教員は都教委を相手どって、本職務命令の違憲性を根拠に、当該懲戒処分の取消訴訟を提起した。第1審、第2審を経て、訴訟は最高裁判所に到達する。最高裁は、本職務命令の合憲性を判断したうえで、当該事件について、懲戒処分を取消すか維持するかすることになる（ピアノ伴奏拒否については最三小判2007年2月27日民集61巻1号291頁があり、4対1で懲戒処分を合憲としたが、不起立についてはまだ（2010年1月現在）最高裁判決がない）。

以上の経過を第1ラウンドとして捉えるとすると、第2ラウンド以降はこう展開する。すなわち、最高裁判決後に、新たにある都立高校長が同高校の全教員に宛てて同旨の職務命令を出す（以下では「職務命令2」）。ある教員はこの命令2を違憲だと判断し、当該命令に対する不服従実践を行う。以下、第1ラウンドと同様の経過が繰り返されることになる。

4　本職務命令に対する遵法義務の有無

　前述した「憲法学者がとる常識的アプローチ」を「君が代訴訟」の文脈に合わせて具体化すると、次のようになる。すなわち、校長による本職務命令には、一応の（prima facie）服従義務がある（参照、校長の権限を規定する、学校教育法28条3項、40条、51条）。だがその職務命令の内容が違憲である場合には、実のところその命令は違法であり、教員には服従義務がない、と。本職務命令は、先述した「疑法」の定義（現に実効性を持っているが、それが違憲であるとの議論が当事者から提起されている法）に合致する。問題は、この意味での「疑法」に対して、遵法義務が存在すると考えるべきかどうかである。
　「疑法」はその定義からして、当事者には違憲だと考えられている。先述した「憲法学者がとる常識的アプローチ」によると、憲法に適合する大多数の法（「合憲な法」）に対しては遵法義務があるが、憲法に違反する少数の法（「違憲な法」）に対しては遵法義務がない。当事者によれば、本職務命令は正にこの「違憲な法」だから、本職務命令に対する遵法義務はない、と当事者としては主張したいところだ。だが他方で、「疑法」はやはりその定義からして、現に実効性を持つ法である。では「疑法」は、どうすれば実効性を失うのだろうか。
　法の実効性の次元で、日本国憲法の定める仕組みを観察しよう。公権力の立法機関・行政機関が新たに法・命令などの実定法規範を発するとき、それらは実効性を備えたものとして発せられる。建前上、担当機関はその法規範が合憲であると判断したうえで、その法規範を発したのだとされる。しかし憲法は、立法・行政機関によるそのような判断に100％の信頼を置くことができないと

考え、司法審査制を設けた。裁判所は、個人による訴訟の提起を受けて、当該法規範の憲法適合性を審査し、違憲だと判断したときには当該法規範を無効とするのである。つまり、法の実効性の次元で、〈「合憲な法」は有効だが「違憲な法」は無効であるという法秩序〉を現実化するためには、司法審査制が鍵となっている。そしてこの制度は、基本的には当該法の拘束を現実に及ぼされた個人が訴訟を提起しない限り、裁判所が司法審査を行わない仕組みである。

そうだとすると、「疑法」に対して遵法義務が存在する、と考えることは、個人による憲法訴訟の提起を抑制する実践的効果を持つことになる。そのことは、司法審査制の不活発化をもたらし、〈「違憲な法」は無効であるという法秩序〉の現実化を妨げる実践的効果につながる。「違憲な法」が実効性を現実に持っているケースでは、むしろ市民による訴訟提起が積極的に望まれる。ゆえに筆者は、「疑法」に対する遵法義務は、その法の合憲性を疑わしいと考えている当該当事者には存在しないと考える。

5　本職務命令に対する遵法義務がないことの意味

本職務命令に対する遵法義務は、本命令を違憲だと考える教員には存在しない。しかし、だからこの教員は何をしてもよい、ということにはならない。

本職務命令に対する遵法義務を持たないこの教員は、それゆえに何をなしうるか。あくまで実効的な法秩序の枠内で、合法的な行為のなかから行為選択を行うのが本道である。[13] 本職務命令は「疑法」であるが、それゆえに（「疑法」の定義からして）実効性を持つ。ゆえに本命令に対する不服従実践に対しては、懲戒処分が及ぼされてくる。ではこの懲戒処分に対して不服従実践を行う、実効的な法秩序の枠内での真っ当な方法は何か。その一つはこの懲戒処分の拘束を法的に免れるべく、本職務命令の違憲性を理由とする処分取消訴訟を提起することである。一方、本職務命令に対する遵法義務がないからといって、例えば卒業式に対する妨害行為を行うことが、法の妥当性の観点から容認されることにはならないし、そうした行為に対しては、実効的な法秩序が制裁を加えてくるだろう（例、刑法234条の威力業務妨害罪）。

6 最高裁の合憲判決と遵法義務——誰が「正しさ」を判断するか

　懲戒処分の取消訴訟は、控訴・上告を経て、最高裁判決で基本的には確定する。最高裁が本職務命令を違憲だと判断して懲戒処分を取消せば、この教員には望ましい結果となる。この場合には、当該「疑法」は、「悪法」（＝違憲な法）であると公権的に認定されることで無効とされ、そもそも法でなくなる。しかし、最高裁が本職務命令を合憲だと判断し処分取消請求を棄却した場合には、実効性の次元ではこの教員は懲戒処分を甘受するしかない。ではこの場合、最高裁による合憲判決は、妥当性の次元でも懲戒処分（とその背後にある本職務命令）に対する遵法義務を、この教員に生じさせるのだろうか。

　この点、最高裁が判決理由で示した、本職務命令が合憲である所以の説明論理が説得的で、この教員がその論理に説得されたという場合には、本職務命令はもはやこの教員にとって「疑法」でなくなり「正法」（＝合憲な法）となったから、遵法義務も生じると言える。では、最高裁の判決理由を読んでもこの教員には本職務命令がやはり違憲だとしか思えない、という場合はどうか。——これは、判決理由が説得力を欠くがゆえに、最高裁の合憲判決によっても依然としてこの教員にとって本職務命令が「疑法」に止まる場合に他ならない。

　結論から述べれば、この場合には最高裁判決によって本職務命令の実効性が貫徹することをもって法秩序としては満足してよく、遵法義務までが生じると考える必要はない。

　最高裁判決は、本職務命令の（懲戒処分を経由した）実効性を免れるための法的手続の最終審である（憲法81条）。ゆえに最高裁判決が合憲だと言えば、本職務命令の実効性は最終的に貫徹する。だが、そのことと、最高裁の判断が「正しい」かどうかとは、別問題である。最高裁判決が合憲だと言ったという事実性からは、本職務命令の妥当性が生まれることはない。その妥当性は、最高裁判決による合憲論の「正しさ」からのみ生まれる。

　その「正しさ」であるが、憲法解釈論としての遵法義務論は、法の妥当性の淵源となる「正しさ」の基準を憲法に求めた。ところがこれまでの論述で既に

明らかなように、「君が代訴訟」のような「疑法」をめぐる憲法訴訟（訴訟にならない「疑法」をめぐる対立状況一般でも事態は同様である）では、訴訟の両当事者は、憲法を「正しさ」の基準とすることについては一致しつつも、その憲法の意味内容が何であるかについて対立する。両当事者は、同じ日本国憲法を基準としつつ、その憲法の「正しい」解釈が何であるかについて対立するのである[14]（都教委は、「正しい」憲法解釈によれば本職務命令は合憲だと主張し、教員は、「正しい」憲法解釈によれば本職務命令は違憲だと主張する）。

　最高裁の合憲判決の意義について、「憲法学者がとる常識的アプローチ」に即して言い直すとこうなる。法の実効性にとっては、ある「疑法」が「合憲な法」であり従って有効なのか、それとも「違憲な法」であり従って無効なのかを決定するのは、最高裁がその「疑法」を合憲だと言ったか違憲だと言ったかという事実性である。だが法の妥当性にとっては、ある「疑法」が「合憲な法」でありその名宛人に遵法義務を生じさせるのか、それとも「違憲な法」でありその名宛人に遵法義務を生じさせないのかを決定するのは、その「疑法」を合憲（あるいは違憲）だと説明する論理の説得力である。別言すれば、最高裁判決が説示した合憲（あるいは違憲）論の、憲法解釈論としての説得力である。

　ではその説得力を判定するのは誰か。別言すると、「正しい」憲法解釈が何であるかを判定するのは誰なのか。憲法理解（前述した、広義の憲法解釈論）としては、こう考えられる。すなわち、ミクロの次元では、それはその「疑法」に違憲の疑いを提起した当事者自身である。当事者自身が、その「疑法」との関係で「正しい」憲法解釈が何であるのか、言い換えると、その「疑法」に対する遵法義務が有るか無いか、についての最終的判断権者である。一方、マクロの次元では、日本国憲法の解釈共同体における公共圏が、その「疑法」との関係で何が「正しい」憲法解釈であるかに関する羅針盤の役割を演じる[15]。つまり、この遵法義務論の文脈において、憲法解釈の「正しさ」の判断権者は主観的に理解すべきであるが、憲法解釈の「正しさ」自体は全面的に主観的なものではなく、公共圏が「正しさ」に関するある種の客観的な指針を提示する、と。

後者のマクロの次元について、日本国憲法の解釈共同体における公共圏とは、どんな場か[16]。それは憲法解釈論が交わされる場であり、様々な解釈論の説得力が競われる場である。そこでは討議・熟議がたえず続けられ、ある時点での公の決定によって終了させられることがない。この場の主題は憲法解釈論だから、そこで主として発言するのは法律家となろうが、公共圏である以上、憲法解釈共同体の構成員全ては、発言者としても聴衆としてもこの場にアクセスできる。最高裁の判決理由の示した憲法解釈論も、この公共圏によって積極的に、または消極的に、評価される。但し、このようにこの公共圏は憲法の「正しい」意味に関する尺度を提供し、「正しさ」にある種の客観性を与えるが、その「正しさ」を公に決めるわけではない。むしろ、この公共圏での議論を参照することで、「疑法」の当事者を含むあらゆる人々は、この「疑法」が合憲か違憲かの自分なりの視点を獲得する。その集積が、所与の時点の日本社会全体における、当該「疑法」の妥当性の強さないし弱さだと考えられる。

前者のミクロの次元で、憲法解釈の「正しさ」の判断権者を主観的に理解したことの帰結として、ある内容の「疑法」に対する遵法義務は、人によって存在したりしなかったりすることになる[17]。だが、憲法に基づく〈全体としての法秩序〉に対する遵法義務の意識が確立している限り、個別の「疑法」に対する遵法義務を持たない人がいることは、憲法体制にとって大きな問題ではなく、むしろ積極的な意義すら持ちうると考えられる。マクロの視点から別言すると、ある「疑法」に対する遵法義務は、有るか無いか（all or nothing）の問題ではなく、量的問題ないし程度問題である[18]。

7　最高裁の合憲判決から遵法義務が生じないことの意味

「君が代訴訟」の現場に戻ろう。いま問題としているのは、本職務命令が、最高裁判決によって「悪法」（＝無効）にも「正法」にも変わることなく、最高裁の合憲判決によっても依然として「疑法」に止まる場合である。そこに「正しさ」を見出すことができない以上、当事者たる教員にはやはり依然として、本職務命令に対する遵法義務はない、と本稿は考えた。しかし法の実効性の次

元では、最高裁判決によって本職務命令は貫徹する。この教員には、本職務命令の実効性次元での効力を免れるための法的手段が、もはや何も残っていない。ゆえに事実として懲戒処分を受忍することを余儀なくされる。こうした「疑法」の執行の受忍は、「正しさ」を欠く純粋に事実次元のもので、理不尽に他人に殴られてその痛みを受忍するのと質的には同じである[19]。

　本職務命令が最高裁の合憲判決によっても「疑法」に止まるのは何故か。それは、判決理由の示した憲法解釈論が説得力を欠いたからである。この場合に、何らかの理由をつけて当該「疑法」に対する遵法義務を認め、当事者に対して、その執行を受忍する義務が「正しさ」の観点からあるのだと説くのか。それとも、説得力を欠く合憲判決の執行は実のところ裸の暴力と同じだと説いて、裁判官に対して、理由を尽くす道義的責任があることの自覚を促すのか。これがここでの問題であり、筆者は後者の選択を行うのが適切だと考える。神の目から見たとき当該「疑法」が本当は「悪法」である場合はむろん、神の目からは当該「疑法」が本当は「正法」であるがただ最高裁の説明が不十分だった、という場合も含めて、そう考える。日本の裁判例の現状を評価するに、憲法論が質的に劣悪だったり量的に希少だったりする例が少なくない[20]。だが本稿の考え方によると、正に遵法義務の有無に関わってくるという点で、裁判所による憲法の解釈論にはそれに下位する諸々の法形式の解釈論にはない、固有の重みがある[21]。そして裁判官には、憲法解釈論については法律等々の解釈論よりもいっそう念入りに、説得力を備えた判決理由を書く責任があるのである[22]。「君が代訴訟」の文脈では、最高裁の合憲判決には、その判決理由の説得力を通して、本職務命令の妥当性を基礎づけたり、強化したりすることが期待される。

　本稿の遵法義務論は、裁判官に対して前記のような意識・行動の変容を促すだけでなく、市民一般に対しても次のような意識・行動の変容を促す。すなわちそれは、最高裁が合憲（または違憲）判決を出したという事実性もさることながら、その憲法解釈論の説明論理にもっと注意を払い、その説得性を判断すべし、と促すのである。それは市民に対して、〈裁判官が説明責任を果たすまでその結論の「正しさ」を認めるな、しかし裁判官が理を説けばそれを受け入

れよ)、と促す。裁判官に説明責任を求める姿勢は、裁判官が理を説けばそれに自らが説得されうるという姿勢とセットではじめて首尾一貫したものになる。市民一般にそうした意識・行動が根づけば、そのことがさらに裁判官に対して前記のような意識・行動の変容を促すことにつながるだろう。

8　第2ラウンド以降

　本稿は、第1ラウンドで最高裁が合憲判決を出した当該事件の当事者たる教員についても、同判決によって本職務命令に対する遵法義務は生じない（ことがある)、と考えた。ならば当然、第2ラウンドで、職務命令2の名宛人たる教員がこの命令2を違憲だと考えるなら、その教員にはこの命令2に対する遵法義務はない。

　裁判所には、第2ラウンドの訴訟提起を、先例の最高裁判決の合憲論の説得力が十分でないことの現れだと謙虚に受け止め、説明の不十分なところを補うとか、新たに合憲論を基礎づけ直すとか、場合によっては合憲論の間違いを認めて違憲論に転じることが、求められる。

9　「立憲的意味の憲法」と遵法義務

　さて日本国憲法は、「立憲的（ないし近代的）意味の憲法」、すなわち「国家権力を制限して国民の権利・自由を守ることを目的とする憲法」であるが、これを基礎づける理論として重要なのがロック流の社会契約論である。[23] この社会契約論の論理の中に、本稿の遵法義務論を位置づけよう。

　この社会契約論によれば、自然状態にあった諸個人は、自らの自然権をよりよく保全するために、相互に合意して社会契約を締結し（＝憲法を制定し)、国家を形成した。ここでは第1に、社会契約＝憲法は、それを通して諸個人が国家に対して一定の目的のために公権力を授けると同時にその公権力を制約する規範である。ゆえに憲法は、国家を名宛人とする法規範である。したがって公権力担当機関は、憲法に制約されるという意味での憲法尊重擁護義務（憲法99

条）を負う。一方、憲法を作った諸個人は、公権力担当機関に憲法を守らせる責務を負うのであって、憲法に対する遵法義務は負わない。諸個人が遵法義務を負うのは、憲法の授権と制約に基づいて公権力担当機関が制定する法律およびその諸下位規範に対してである。

　第２に、憲法の授権と制約、といま述べたが、授権と制約のそれぞれについて注意が必要である。一、憲法の授権はあくまで一定の国家設立目的のためのものであること。その目的とは、諸個人の自然権のよりよき保全であり、日本国憲法の用語を使うと、「公共の福祉」の実現である。二、憲法の制約の主たるものは、公権力を名宛人とする憲法典に自然権保護の趣旨を書き込んだという意味を持つ、「憲法上の権利」を侵害してはならぬ、というものであること。

　第３に、社会契約論はさらにこう展開する。すなわち、公権力担当機関が憲法の授権と制約を逸脱して恣意的な統治を行うときには、諸個人はそれに従う義務を負わず、むしろ抵抗権・革命権を行使して新たに正当な政府を樹立できる、と。ここでは抵抗権・革命権が発動される際の判断基準が、実定法でないもの（例えば自然法）にあるのではなく、正に実定憲法＝社会契約である点に注意したい。そしてこの意味での抵抗権・革命権を語りうるためには、憲法に基づく法秩序が、実効的な法システムとしては自律的に回るのだとしても、法の妥当性ないし（憲法に基づく）「正しさ」の次元ではその判断権がどうしても諸個人に留保されている必要がある。[24]

10　「立憲的意味の憲法」に対するコミットメント

　本稿は、「憲法学者のとる常識的アプローチ」に肉付けするかたちで、憲法解釈論としての遵法義務論を展開してきた。ではこのアプローチ自体は、どのように規範的・実践的に根拠づけることができるだろうか。

　その根拠は、〈日本国憲法に正当性を認め、この憲法にコミットする〉という実践的立場に求めることができる。自らのコミットするこの憲法に基づくからこそ「合憲な法」には遵法義務を承認する反面、それに反する「違憲な法」には遵法義務を認める理由がないのである。ここでのポイントは、第１に、一

つのコミットメントが同時に、憲法に基づく〈全体としての法秩序〉に対する遵法義務の存在と、少数の〈違憲な法〉に対する遵法義務の不存在との両方を、基礎づける点である。第2に、この憲法にコミットしない人を、本稿の遵法義務論はその射程の外に置くという点である。現実に日本国憲法に基づく〈全体としての法秩序〉が実効性を持っていることを否定する人はいないだろう。だがこの憲法にコミットするかどうかは個人ごとの実践的選択の問題である。そして、まずこの憲法にコミットしないと、憲法解釈論としての遵法義務論を論じ始めることができないのである。

コミットメントが個人の実践的な価値選択の問題だとして、では日本国憲法——及び社会契約論によって基礎づけられる「立憲的意味の憲法」一般——はコミットするに値するだろうか。この点については第1に、事実として、日本の戦後憲法学は、1946年制定の日本国憲法が、日本史上初めて本格的に「立憲的意味の憲法」を採用することで旧体制の過ちを克服することを初心とした点を、価値的に積極評価し自らの立脚点としてきた。[25] 第2に、理論的には、本稿9節で社会契約論について述べた「第2」の点に注意を向けたい。この憲法に基づいて公権力が制定・適用・執行する法は、「公共の福祉」の実現のためのものであり、かつ「憲法上の権利」を侵害しない内容のものである。公権力が制定・適用・執行する法がたしかにそういう「正しい」内容を持つように、この憲法は憲法構造を仕組んでいる。孤島のロビンソン・クルーソーでなく共同社会の一員として生活するなら、そういう内容の法に対してならば遵法義務を認めてよい、と少なくとも抽象的原則の次元では、誰もが承認するのではないか。[26] そうだとすれば、それはこの憲法にコミットする理由となるだろう。[27]

注
1) 山内敏弘「戦後における憲法解釈の方法」杉原泰雄編『講座・憲法学の基礎3　憲法学の方法』（勁草書房、1984年）71頁以下。引用は120頁、122頁。関連して、同「『批判的峻別論』論争」杉原泰雄＝樋口陽一編『論争憲法学』（日本評論社、1994年）332頁以下（初出1988年）、も参照。
2) 横濱竜也「法と道徳——遵法責務問題を手掛かりにして」井上達夫編『現代法哲学講義』（信山社、2009年）54頁以下、55頁。
3) 例えば最近の、阪口正二郎「憲法尊重擁護の義務」大石眞＝石川健治編『憲法の争点』

（有斐閣、2008年）32頁以下、結城洋一郎「憲法尊重擁護義務」杉原泰雄編『新版　体系憲法事典』（青林書院、2008年）805頁以下。本稿9節の「第1」の論述も参照。
4）　遵法義務の問題について筆者が考えるきっかけとなったのは、2008年11月下旬に開催された日本法哲学会学術大会のＢ－２ワークショップ「遵法義務論の問題地平」の開催責任者である瀧川裕英氏から、「遵法義務の現代的事例として君が代訴訟を検討すること」という課題で報告を依頼されたことである。瀧川氏にはこの場を借りて、そうでなければ考えることのなかった問題について考える機会を与えてくださったことに改めて御礼申し上げる。同ワークショップの概要は、瀧川裕英「遵法義務論の問題地平」日本法哲学会編『法と経済――制度と思考法をめぐる対話』（有斐閣、2009年）130頁以下、を参照。
5）　田中成明『法理学講義』（有斐閣、1994年）290-296頁、は、「わが国などのように立憲民主制と司法審査制をとっている政治・法体制のもとで生じうる悪法論」（同書289頁）について検討を行う。憲法解釈論の土俵に肉薄した場で、だがあくまで法哲学的に、遵法義務について考察するものである。
6）　「君が代訴訟」に素材をとったのは、本稿の起源となった学会報告（注4）を参照）の依頼がそれに言及することを求めたからである。本稿の趣旨は（この点につき注12）の限定を参照）、必要な修正を施せば刑事・行政・民事のあらゆる憲法事例に応用可能なはずである。
7）　山内、前掲論文「戦後における憲法解釈の方法」120頁。
8）　田中、前掲書『法理学講義』66頁、が、法の規範的妥当性と事実的実効性に関する「一般的な見解」だとするものを踏まえつつ、筆者なりの定義を行った。
9）　そうかどうかは一個の論点であるが（参照、森際康友「遵法義務――悪法論再考」長尾龍一＝田中成明『現代法哲学１　法理論』（東京大学出版会、1983年）269頁以下、278-281頁）、本稿は、そうなるように法の「妥当性」の定義を行った。
10）　那須耕介「遵法責務論への道」日本法哲学会編、前掲書『法と経済』190頁以下、は、遵法責務論の実践的意義を回復するための方法として、悪法論の再生よりむしろ疑法論の活性化を重視する。
11）　別様の「君が代訴訟」の形態として、例えばいわゆる『日の丸・君が代』予防訴訟は、都教委に対して、国歌斉唱行為の義務の不存在確認と、同義務違反を理由とする処分の事前差止めを請求し、また都に対しては、2003年10月23日の都教委通達とそれに基づく校長の職務命令等による精神的損害を理由とした国家賠償を請求しており、東京地判2006年9月21日判時1952号44頁、はそれらの請求を認容した（2010年1月現在控訴中）。
12）　教員に向けられた本職務命令が違憲だと主張される理由には、大別して以下の２つの場合がある。すなわち、①教員自身の「憲法上の権利」（憲法19条の保障する思想良心の自由）を侵害するから違憲だと主張される場合と、②教員自身の「憲法上の権利」は侵害しないが、その命令に従って行う教員の行為が生徒の「憲法上の権利」（同じく思想良心の自由）を侵害することになるから、本職務命令は違憲・違法だと主張される場合との２つである。本稿では、遵法義務の有無が問題となる典型事例は①の場合だと考え、考察を専らこの場合に限定する。②の場合には、遵法義務の有無は、まずは本職務命令に従う教員の行為による「憲法上の権利」侵害を主張する生徒を主体にして、典型事例の図式において考察されるべきだと思う。②の場合に教員について生ずる遵法義務の有

立憲主義の展望

　　　無の問題は、生徒を主体にして構成し直された①の典型事例の図式においてその生徒の違法義務の有無の問題をどう考えるかを明確化したあとの応用問題として解かれねばなるまい。
13)　その理由は、第1に、違法行為には実効的な法秩序が法の実効性を及ぼしてくるからである。第2に、当事者は、憲法に基づく〈全体としての法秩序〉の妥当性は承認している、というのがここでの前提であり、そうだとすると、この「疑法」の妥当性を否認しても、その他の法規範の妥当性は承認しているからである。
14)　野坂泰司「憲法解釈の理論と課題」公法研究66号（2004年）1頁以下、が、憲法解釈という営為に関する理論的検討の、ひとつの学問的到達点を示す。
15)　ここで「日本国憲法の解釈共同体」を定義すると、〈日本国憲法にコミットする人々の集合〉である。それは、日本国憲法の通用する人的・領域的範囲内にある市民全ての集合、とほぼ同じだと考えてよい。
　　　「解釈共同体」概念は本来、文学テクストであれ法テクストであれ、そのテクストの「解釈の過程が『解釈共同体』によって制約され、いわば一定のコンテクストにはめ込まれている」（野坂泰司「テクスト・解釈・客観性──O・フィスの議論に即して」『芦部信喜先生還暦記念　憲法訴訟と人権の理論』（有斐閣、1985年）117頁以下、133頁）と見るうえでの概念装置であるが、本稿ではこの概念を、そういう文脈からは離れて、前記の定義のようにもっと緩い意味内容で用いる。そして（その定義にも規定されて）本稿では、第1に、解釈共同体そのものではなくむしろその公共圏が、第2に、解釈過程を制約するのではなくむしろ「正しい」解釈内容の指針を与える働きをする、という図式を提示している。
16)　いわゆる二回路制デモクラシー論は、国家の次元における代議制デモクラシーと、市民社会の次元における討議デモクラシーとの2つの回路が有機的に関連した全体をもって、一国の民主主義の全体像とする議論である。篠原一『市民の政治学──討議デモクラシーとは何か』（岩波書店、2004年）第3章・第5章。本稿では、民主主義に関する議論としてのこの二回路制デモクラシー論の図式を、裁判機関による違憲審査制を持つ国における立憲主義に関する議論の場へと輸入するかたちで、一国の立憲主義の全体像を描いてみた。すなわち、国家の次元における裁判コンスティトゥーショナリズム（違憲審査制）が、何が憲法の実効的な意味内容かをその時々に確定するが、市民社会の次元における熟議コンスティトゥーショナリズム（公共圏における討議・熟議）が、何が憲法の「正しい」意味内容かを判断し、この2つの回路が有機的に関連した全体をもって、一国の立憲主義の全体とするようなヴィジョンである。
　　　樋口陽一『比較憲法〔全訂第三版〕』（青林書院、1992年）28-29頁、は、憲法科学が認識の対象とする憲法現象を、「制定憲法」（＝制憲者意思）、「実効憲法」（＝各時期の公権力担当機関による憲法運用・実例）、そして「憲法意識」（＝憲法に関する公権力担当機関以外の各主体の意識（学説を含む））、の3つに分類する（但し各用語の定義は筆者のもので、樋口説の若干の意訳を含んでいる）。前記の裁判コンスティトゥーショナリズムと熟議コンスティトゥーショナリズムはそれぞれ、広義の憲法解釈論が「実効憲法」と「憲法意識」とを規範的観点から再構成したものだと位置づけることができる。
17)　最高裁の合憲論理を説得力なしとする当事者の判断の方がむしろ「公共圏」から見て誤りだという場合もありうる。だがその場合も、「お前には本当は遵法義務があるのだ」

という結論を当人に押し付ける公の権限を持つ他人は存在しない。遵法義務に関する最終的判断権が当人に委ねられる所以である。なお本稿9節の「第3」の論述も参照。
18) この点はミクロの視点についても言える。当人は、外部的ポーズとしては合憲判決に全面的に反対でも、「正しさ」の備える客観性ゆえに、内心では同判決に幾分の説得力を見出す場合がありうる。このとき遵法義務は「全く」ではなく「ほとんど・あまり（等々）」ない。
19) 学会ワークショップではフロアから井上達夫氏によって、実体法（ないし判決）とその執行とを区別し、前者に対して遵法義務がない場合にも後者に対しては遵法義務があると考えうる、とのご指摘を頂戴した。だが筆者はこう考える。法を執行する機構は、「合憲な法」の執行のために存在する。「違憲な法」を執行するためにこの機構が発動されるのは、やはり違憲な、権力の濫用である。ゆえに最高裁の合憲判決に対する遵法義務がない場合、同判決の執行に対する遵法義務もない、と（この点、横濱、前掲「法と道徳」60頁、78-79頁、は、「悪法」に対する遵法義務を承認し、ゆえにその執行に対する遵法義務をも承認しつつあえてその「悪法」に背くのが市民的不服従だとする）。なお、執行官についても「違憲な法」の執行命令に対する遵法義務の有無が問題となりうる点につき、注12)の「②の場合」を参照。
20) 判決理由のなかには、先例の説示を引用符もなくただ書き写すだけのもの、「先例の趣旨に徴して明らか」と述べて先例を列挙するがどう「明らか」なのかの説明を全く欠くもの、がある。正に憲法問題が提起された事件なのに、専ら法律次元の解釈論で問題を処理して憲法論を数行で済ますものもある。

学説は、不十分な憲法論しか行わない判例に接したとき、その判例の真意を言い当てることに熱中しがちである。それはそれで重要だが、同時に裁判所の説明責任を厳しく問うこともしないと、憲法論が不十分であるような判例の現状を容認することにならないだろうか。

以上は形式的観点からすでに説明不十分な判決理由の話だが、本稿は実質的観点からも判決理由が説明を十分に尽くすことを求めている。例えば、説得力に欠ける説明を長々と書き連ねる類の判決理由は、形式的観点からは「説明した」と言えるとしても、不合格である。
21) 注24)を参照。
22) 愛敬浩二「『憲法と民法』問題の憲法学的考察」名古屋大学法政論集230号（2009年）169頁以下、の第5節「裁判官の良心・立憲主義・個人の尊厳」（同論文185-189頁）は——論文全体の主題との関係ではやや座りが悪いものの——、裁判官の責任に関する興味深い考察を行う。
23) 芦部信喜（高橋和之補訂）『憲法・第四版』（岩波書店、2007年）5頁。
24) 諸個人に判断権が留保されるのは、社会契約＝憲法の「正しい」意味内容が何であるかについてである。諸個人は、〈自己の政策判断に反する政策判断に基づく法律〉に対して遵法義務を負うし、〈自己の法律解釈に反する法律解釈に基づく判決〉に対しても遵法義務を負う。つまり「正しい」政策判断、「正しい」法律解釈、などの次元では、自己の遵法義務に対応する最終的判断権を、公権力担当機関に預けている。だが「正しい」憲法解釈についてはそうでなく、当人の観点から「違憲な法」には遵法義務がない。
25) 戦後を代表する憲法学者が、「立憲的意味の憲法」こそが「憲法学の対象とする憲法」

だと断言する（芦部、前掲書『憲法・第四版』5頁）のは、その象徴的な表現である（裏から言えば、「立憲的意味の憲法」でない憲法は、憲法学の研究対象とならない！）。

26) 以上の議論は基本的に、RANDY E. BARNETT, RESTORING THE LOST CONSTITUTION (2004), Part I, の「憲法的正当性」の考え方に負う。同書は、〈被治者の同意を現実に調達していない憲法が、それにもかかわらず正当だと言えるのはどんな内容のものである場合か〉と問い、こう答える。法の制定・適用・執行を規律する憲法が、〈その法の制定・適用・執行に現実の同意を与えない人に対してその法が課されても「正しい」(just) ような内容〉をその法が備えることを確保する構造になっていれば、その憲法は正当 (legitimate) である。そして、その憲法に従って制定・適用・執行される法は、「正しい」内容を備えているとの推定を受けるという意味で正当であり、その法に従うべき一応の義務が人に生じる――何らかの仕方でその法の「不正」が確立されない限り (Id. at 48)、と。

本稿はそこから一歩進んで、そういう内容の憲法に対してであれば個人はコミットするだろうという実践的契機を加える。そして（憲法の正当性ないし法の正当性ではなく）憲法に対するこのコミットメントに遵法義務を由来させることで、遵法義務の有無に関する判断権を個人に確保した。

27) 本稿の議論全体は、基本的には「立憲的意味の憲法」についてだけ当てはまる。「立憲的意味の憲法」でない憲法（例えば明治憲法）については、憲法そのものに対する遵法義務（！）から根拠づけを始める必要が出てきうる。

統治行為論について

宍戸　常寿

1　はじめに

　苫米地事件第1審判決を契機に、一躍注目を集めた「統治行為」（Regierungsakt）の概念に関する論争は、砂川事件と苫米地事件の2つの最高裁判決によって、第1の頂点に達した。その時点まで行政法学の関心によって主導された論争のボールは、憲法学へと移る。長沼事件第2審判決が、論争の第2のピークを形成した後は、統治行為論（「統治行為」はカテゴリカルに司法審査の対象とならない、とする立場）は、いわゆる機能説（後述3）の支配の到来とともに——「司法権の限界」から「違憲審査の対象」へと体系的位置を変えつつも——もはや激しく争われることないままに推移した。今日、憲法現実と憲法学説の双方が、「統治＝執政」（Regierung）作用の封印を開放しようとしているにもかかわらず（後述6）、そのことによって司法権と違憲審査権に対するこれまで以上の限定がもたらされるのではないかという予兆は、現段階では感じられない。憲法学は、少なくとも「統治行為」に関する限りは、十分に馴致し終えたと自信をもっていえるのであろうか。

　筆者の考えるところでは、統治行為論争の冷却化は、同時に統治行為否定説（「統治行為」もまた司法審査の対象となる、という立場）に内包されていた、伝統的な憲法学の概念世界に対するインパクト（後述4）の、忘却の歴史でもあっ

た。なるほど忘却によって私たちの概念世界が逐一更新されていくのならば、殊更に寝た子を起こす必要もなかろう。しかしながら、「統治行為」が判例と学説の承認を受けたままプレゼンスを誇示し続ける限り、私たちの無自覚な思考が、なお伝統的な概念世界に絡め取られるおそれなしとはいえまい。比較憲法史や憲法学説史を繙く意義の一つは——昨今の研究者をとりまく環境によって、まさしく忘却を強いられがちなことであるが——、このような底なしの崩落から、自らの認識を救い出す手掛かりを得るところにあったはずである。

本稿は、以上のような問題関心から、とりわけ統治行為否定説に照準を合わせて、従来の議論の再検討を試みたものである。

2 判例の概観

周知のことではあるが、まずは判例を確認しておくことにしたい。

最高裁判例は、「統治行為」の語を明示的に用いたことはないにもかかわらず、統治行為論を採用しているものと考えられている。その冒頭に挙げられるのは、日米安保条約に基づく刑事特別法の合憲性が問題になった、砂川事件最高裁判決（最大判1959・12・16民集13巻13号3225頁）の次の一節である。

「本件安全保障条約は、前述のごとく、主権国としてのわが国の存立の基礎に極めて重大な関係をもつ高度の政治性を有するものというべきであつて、その内容が違憲なりや否やの法的判断は、その条約を締結した内閣およびこれを承認した国会の高度の政治的ないし自由裁量的判断と表裏をなす点がすくなくない。それ故、右違憲なりや否やの法的判断は、純司法的機能をその使命とする司法裁判所の審査には、原則としてなじまない性質のものであり、従つて、一見極めて明白に違憲無効であると認められない限りは、裁判所の司法審査権の範囲外のものであつて、それは第一次的には、右条約の締結権を有する内閣およびこれに対して承認権を有する国会の判断に従うべく、終局的には、主権を有する国民の政治的批判に委ねられるべきものであると解するを相当とする。そして、このことは、本件安全保障条約またはこれに基く政府の行為の違憲なりや否やが、本件のように前提問題となつている場合であると否とにかかわらないのである。」

もっとも同判決は、「一見極めて明白に違憲無効」かどうかについては、審

査権を留保する姿勢を示した。現実に最高裁は「外国の軍隊は、たとえそれが わが国に駐留するとしても、ここ〔憲法9条2項──筆者〕にいう戦力には該 当しない」という憲法解釈を示した上で、「アメリカ合衆国軍隊の駐留は、憲 法9条、98条2項および前文の趣旨に適合こそすれ」という形で、旧安保条約 を合憲と判断したのである。同判決は、純粋な統治行為論を主張した藤田・入 江補足意見と、自由裁量論を採った島補足意見を折衷した「例外つきの変型的 統治行為論」[1]であるが、一般的には統治行為論を「原則的に承認している」と 理解されている[2]。

続いて最高裁は、吉田内閣による衆議院の解散（1952年）に対して、議員が 歳費の支払いを請求した苫米地事件で、統治行為否定説を採った第1審（東京 地判1953・10・19行集4巻10号2540頁）を覆して、次のように説示した（最大判 1960・6・8民集14巻7号1206頁）。

「わが憲法の三権分立の制度の下においても、司法権の行使についておのずからある 限度の制約は免れないのであつて、あらゆる国家行為が無制限に司法審査の対象とな るものと即断すべきでない。直接国家統治の基本に関する高度に政治性のある国家行 為のごときはたとえそれが法律上の争訟となり、これに対する有効無効の判断が法律 上可能である場合であつても、かかる国家行為は裁判所の審査権の外にあり、その判 断は主権者たる国民に対して政治的責任を負うところの政府、国会等の政治部門の判 断に委され、最終的には国民の政治判断に委ねられているものと解すべきである。こ の司法権に対する制約は、結局、三権分立の原理に由来し、当該国家行為の高度の政 治性、裁判所の司法機関としての性格、裁判に必然的に随伴する手続上の制約等にか んがみ、特定の明文による規定はないけれども、司法権の憲法上の本質に内在する制 約と理解すべきである。」

同判決の内容は、砂川事件最高裁判決の藤田・入江補足意見が、多数を制し たものであり、統治行為に対する審査を認めない根拠として内在的制約説（後 述2）の立場を明らかにしたものと理解されている。もっともこの事件の争点 は、憲法7条による解散は許されるか、内閣の助言と承認が適法になされたか の2点であり、前者については内閣の自由裁量の範囲内であり、後者について は内閣の自律的判断を尊重すれば十分であった、と指摘されている[3]。

この2つの事件に対して、警察法改正事件では、衆議院が会期延長を適法に

議決しておらず、したがって会期延長後の警察法を改正する議決が無効であるかどうかが争われたのであるが、最高裁は「同法は両院において議決を経たものとされ適法な手続によつて公布されている以上、裁判所は両院の自主性を尊重すべく同法制定の議事手続に関する所論のような事実を審理してその有効無効を判断すべきでない」と述べるにとどめた（最大判1962・3・7民集16巻3号445頁）。統治行為論が判旨の背後に控えているという見方もあるが[4]、一般には、同判決は議院の自律性を尊重したものと受け止められている。

　他方、最高裁は日米新安保条約の合憲性が争われた全司法仙台事件で、「新安保条約のごとき、主権国としてのわが国の存立の基礎に重大な関係をもつ高度の政治性を有するものが違憲であるか否かの法的判断をするについては、司法裁判所は慎重であることを要し、それが憲法の規定に違反することが明らかであると認められないかぎりは、みだりにこれを違憲無効のものと断定すべきではない」「新安保条約は、憲法9条、98条2項および前文の趣旨に反して違憲であることが明白であるとは認められない」と述べている（最大判1969・4・2刑集23巻5号685頁）。同判決は、砂川事件最高裁判決を引用するが、その言い回しは同一ではなく、「裁量論的な色彩がより強まっている」という指摘もある[5]。

　こうした中で、統治行為論に新たな一石を投じたのが、長沼事件第2審判決（札幌高判1976・8・5行集27巻8号1175頁）であった。同判決は、「司法部門と他の二機関の機能の本質的相違」も挙げながら苫米地事件最高裁判決に依拠する一方で、「小前提たる対象事項がいわゆる統治事項に当る」場合だけでなく、「小前提に適用さるべき大前提たる憲法その他の法令の解釈行為」についても統治行為論が妥当すると述べた。しかも砂川事件最高裁判決と同様に例外的な審査権を留保した上で、自衛戦力の保持が一見極めて明白に憲法9条に違反するとはいえない、と判断したのである。このような独特の統治行為論は、直ちに学説の強い批判に曝されることになった[6]。

　その後、統治行為論を用いたと思われる最高裁判決としては、駐留軍用地特措法とその適用の合憲性が争われた沖縄代理署名事件が挙げられる（最大判1996・8・28民集50巻7号1952頁）。ここでも、日米安保条約および地位協定が一見極めて明白に違憲ではない、との判断が示されている[7]。

以上の簡単な概観から、第1に、最高裁が「統治行為の法理の適用分野をかなり限定的に解している[8]」ことが確認できよう。第2に、現実には例外的な審査権を留保する砂川事件最高裁判決の法理こそが実務上は主流であり、審査を完全に排除する苫米地事件最高裁判決の方が「むしろ特異な存在[9]」であるといえる。そうだとすれば、判例の大勢は裁量論と自律権論で十分説明でき、純粋型統治行為論は過渡期に現れた例外であったと整理することも可能であろう。

3　学説の概観

　次に、統治行為論に関する学説の概要について鳥瞰しておきたい[10]。

　初期の学説は、「高度に政治的な意味をもった国家行為ないし国家的利害に直接関係する事項を対象とする国家行為で、裁判所の合法性の統制から除外される行為[11]」を認める肯定説と、そのような行為も司法審査の対象となるとする否定説に分かれ、肯定説はさらに自制説と内在的制約説に分かれると整理されてきた。

　自制説を代表するのが、統治行為が法律問題と政治問題の両面を有するところ、「違法を甘受しても防止する必要のある大きな害の発生」を避けるため、──いささか怪しげな、法の一般原則としての──「比例の原則によって司法審査を除外するのが統治行為（政治問題）であると解す」る立場である[12]。

　これに対して内在的制約説は、おおむね統治行為は司法権の「本質」「機能」に内在する限界に当たると説くものであったが、論者にとっての「本質」「機能」の根拠は、①「国民主権主義の下における三権分立の原則」[13]、②「法治国主義……の内在的な限界」[14]、③「民主主義的責任原理」[15]と、それぞれ微妙に異なっている。また広い範囲の国家行為に「高度の政治性」を認める傾向があり、「統治行為」の適用範囲を限定する歯止めを内包していなかったことも、この立場の特徴といえる[16]。

　否定説は、「如何に高度の政治性を有するものであっても、それが憲法自身によって除外されていない限り、その憲法に適合するかどうかの決定が必要であり、そしてそれは裁判所によってなされる[17]」と説く立場であった。後には、

より詳細に、「憲法解釈は、政治的な問題でありうる。しかし憲法規範は、この点をみこんだうえで81条に体現されたように、憲法解釈権能をあげて裁判所にゆだねたのである[18]」とする見解も主張された。

こうした対立の中で、次第に「機能説」が多くの学説の支持を集めることになる。その特徴は、①「高度の政治性」だけでは統治行為論の適用を正当化できず[19]、②「内在的制約説も、自制説の要素を加味し」（この点を捉えて「折衷説」と呼ばれることもある）、③「事件に応じて具体的に理由を明らかにしてゆく[20]」必要があり、④「統治行為というような、憲法の明文上の根拠もなく内容も不明確な概念の使用は不必要であり、できるだけ避けるのが望ましい[21]」、とする点にある。この立場によれば、「統治行為」であることを理由に司法審査が排除される事例は著しく限定され、実質的には否定説と等しい結果となる[22]。そうであるだけに否定説からは、「あえてなお統治行為という司法審査を免れる独自のカテゴリーを承認しなければならない根拠は一体何なのか」が、問われることにもなる[23]。

こうした「自制」の要素の再評価に代表される動向の転換は、統治行為を論じる場を行政法から憲法へ遷した際に、アメリカの政治問題（political question）の法理の影響が強まり、司法消極主義の一局面として捉え直されたことによるように思われる。後になって行政法学の側からも、統治行為の根拠を「憲法判断回避の原則と同様、裁判所の自制、裁量に求める[24]」立場が主張されたが、これはかつての自制説への単純な先祖返りではなく、こうした憲法学の傾向が共有されたものといえよう。この傾向が更に進むならば、内在的制約説の設定した司法権の「本質」「機能」とは異なった戦線が新たに設定されるのが自然である[25]。実際にも、「政治部門の活動や判断のあり方について、裁判所として一定の配慮を示さなければならないという認識、あるいは裁判所としてその問題について判断するには十分な情報に接しえずもしくは自信をもって依拠すべき判断基準が欠けているという認識[26]」が背後にあると捉える見解も唱えられる。この立場は逆に、「一見極めて明白に違憲」な統治行為については、法的判断基準が存在するのだから、裁判所の審査が可能であると説いて、判例の大勢と同一の帰結を導いている[27]。これは、統治行為論を内側から裁量論へと

全面的に組み替えていく試みといえよう。[28]

4　否定説の意義

　かくして現在では、判例の大勢において統治行為論は名目的なものになり（前掲2）、学説において説かれるのは「ソフトな統治行為論」である（前掲[29]3）。しかし、ここで改めて司法権の「本質」「機能」の理解の対立というもともとの戦線に視線を戻した上で、とりわけ内在的制約に対する否定説の批判のうち、現時点から見ていまだ意義を失っていないと考えられるところを検討しておきたい。

　第1は、ドイツ憲法の研究のあり方である。統治行為論肯定説が比較法研究に依拠したこと、そしてその依拠の仕方に問題性があったことは、早くから指摘されていた。[30]ここで興味深いのは、議論の文脈が完全にアメリカ化する以前で、わが国での統治行為論争を方向づけたのが、acte de gouvernement に関するコンセイユ・デタの判例の蓄積ではなく、むしろそれをパッケージ化したRegierungsakt の概念の方だったという点である。しかもドイツの議論を援用して内在的制約説が確立されたのは、ちょうど彼の地で統治行為論肯定説が最も盛んに――より正確にいえば、瞬間最大風速で――唱えられた直後の時期であった。「政治的法」としての憲法の解釈適用のための諸管轄を備える連邦憲法裁判所制度が安定期に入った後は、統治行為がその「高度の政治性」の故に憲法裁判権の対象外であると議論する余地が、ドイツでは失われたのである。[31]内在的制約説は、この問題を憲法裁判所の特殊性として黙殺したのであるが（後述5）、仮にそうだとしても、行政裁判権の場面でも、実効的権利救済の規定（ボン基本法19条4項）の解釈として、肯定説がドイツの判例・学説において「急激に退潮」[32]したことは、比較法研究に大きく寄りかかるわが国の肯定説にとって、致命的事態のはずであったろう。裁判を受ける権利（憲法32条）の保障という角度からの統治行為論に対する批判[33]が、――「宗教問題の法理」と比べて――いまもなお著しく弱いのは、逆に「ドイツでは……」という認識の幽霊が、わが国でなお独り歩きしていることを示しているように思われる。[34]

第2の論点は、統治行為論をめぐる解釈方法論に関わる。早くから統治行為肯定説と否定説の対立は、前者が目的論的（合目的的）解釈によって不文の司法権の限界を認めるのに対して、後者は憲法81条の文理解釈を採る、という図式化がなされてきた。[35] 内在的制約説は、憲法81条だけを優先させる否定説に対して、それ以外の「民主政の原理」等の原理・価値を踏まえた「全体として憲法の趣旨に合致するような解釈」を司法権の内在的限界に読み込むことを、自説の強みとして誇示してきたのである。[36] なるほど、憲法解釈に「実践的調和」が求められることはその通りであり、その限りで文理解釈の一本槍がいずれ破綻をきたすことは容易に想像できるから、こうした内在的制約説の批判は否定説を退けるには有効であった。しかし問題は、果たして否定説が文理解釈の一本槍であったのか、むしろ否定説をそのように捉えた内在的制約説の方が自らの前提の虜であったのではないかという点にある。ここで、内在的制約説が司法権の「本質」「機能」を論じるに当たって、直接間接に「市民的法治国」原理を下敷きにしていたことに、注目すべきであろう。[37] この原理は、そもそも「法」と「政治」の分断対立を強調するC・シュミットが拵えられた概念であり、だからこそ民主政原理と正面から衝突し、「調整」の必要が生じるのである。しかもこの「調整」は本来的に不可能なものであるにも拘わらず、どこかに妥当な調整点を見出そうとすれば、それは自ずと論者の主観に委ねられる。そもそも伝統的には立法行為こそが統治行為の最たるものとして考えられてきたのであるから、法律の合憲性審査を裁判所に委ねる憲法典自体が「市民的法治国」と激突するはずであろう。[38] これに対して否定説は、「本来的に高度に政治的なるものをその規定対象としている」憲法を裁判所に委ねた憲法81条の中に、法と政治が調和的に解決された姿を見出した上で、それを「文理」として主張したにすぎない。[39] つまり肯定説と否定説の違いは、正しくは、理論的次元と実定憲法の解釈の次元のいずれで調整を行うかにあったのである。むしろ内在的制約説に対しては、「市民的法治国」を日本国憲法に持ち込むことの妥当性が、改めて問われるべきであろう。[40]

 第3に、いま述べた点と密接に関連するのが、司法権概念である。内在的制約説は、統治行為の審査が、司法権の「本質」に反するものであり（前述3）、

特別の憲法裁判所だけがなしうるところであると説いてきた。これに対して否定説からは、ドイツにおいて憲法裁判権はもはや「第4権」ではないこと、換言すれば司法権概念が憲法裁判権を含み込む形で再構成されてきたことが、繰り返し指摘されてきた。この点、統治行為の裁判そのものである機関争訟を明定するボン基本法（93条1項1号）と、日本国憲法を同列に論じ得るかどうかは、確かに議論の余地があろう（後述6）。しかし、他方で「違憲審査権が付与される以前の司法権の本質についてもっぱら論じ、司法権はかくあるがゆえに、違憲審査権の行使もかくあらねばならないという論法」にも、大きな問題があることを指摘すべきであろう。機能説が指摘したとおり「違憲審査権それ自体高度に政治的な権力である」にもかかわらず、内在的制約説は「司法権を政治から全く隔絶した作用だとみる点で形式的・観念的にすぎ」た、といえよう。

5　司法審査のための課題

筆者はかつて、合理的・静態的な「法」と非合理的・動態的な「政治」の対置が、憲法学の中でいまだ明示的には清算されていないこと、そしてそのことと関連して、違憲審査権を含み込んだ形での司法権概念の再構成が必要であることを述べた。この指摘は、本来は統治行為論争において、統治行為概念に――いわば「なし崩し」的に後退させるのではなく――、現役引退の引導を渡して学説史の博物館へ収納する形で、決着がつけられるべき問題に改めて注意を喚起したに過ぎない。以下では、統治行為否定説を採った場合に生ずる課題を整理しておきたい。

第1に、統治行為無き後の「司法権の限界」の再構成の必要について。繰り返しになるが、「統治行為」に対して審査が及ぶこと自体は、既に判例・学説の大勢により認められている。内在的制約説の特徴であった統治行為論（= gerichtsfrei）と裁量論（= rechtsfrei）の峻別は、自由裁量行為に対する「いわゆる機能的・手続法的な考え方が進み、問題を行政機関と裁判所との間の合理的分業のあり方の問題として考える傾向」が強まった結果、今日では裁量論の

側から見ても否定されている[48]。そうなると、「法律上の判断が可能であるが裁判所の判断を差し控えるべき性質の紛争」として定義される「司法権の限界」のカタログから、この２つの類型が削除されるのであれば、もはや虚器に等しいこのカタログの存在意義自体も問われてしかるべきであろう。残る有力な要素は、他の国家機関の自律性の尊重であるが、これはアメリカの政治問題の法理の分析が示唆するとおり、当該規定の解釈適用それ自体を憲法が当該機関に割り当てたものと解すれば足りるように思われる[49]。

そうだとすれば、第２に、統治行為論の標題の下で扱われた場面は、裁量統制および法令の違憲審査の局面とも連続するものであり、総じて憲法判断における裁判所と政治部門の役割分担の問題として統一的に考察されるべきであろう。これは、ドイツ憲法の文脈に則していえば、「機関適合的権力分立」論を踏まえた上で、裁判所の審査権の限界を機能法的に画定する作業である[50]。もっとも、行政法学の伝統的見解が、裁判所の「機能」が「判断作用」にあることを理由に、統治行為肯定説に加えて、法定外抗告訴訟等の問題についても行政権固有の領域を広汎に確保しようとしていたこと、そしてこうした思考が苫米地事件最高裁判決や長沼事件第２審判決で無反省に取り入れられていたことが、改めて想起されなければならない[51]。行政裁判と違憲立法審査権を備えた裁判所には、専ら争訟裁決という伝統的機能の履行にとどまらず、政治部門の法的統制機能、換言すれば「民主主義の過程の中で国民の政治的意思形成に対して果たすべき役割と責任」[52]を担うことを評価した上で、裁判所と政治部門の適切な役割分担を正面から議論しなくてはならないだろう。

第３に、従来「統治行為」が例外的審査に服するとしても、それは「一見極めて明白に違憲」かどうかという著しく浅い審査密度が採られていた。これは、もともとの内在的制約説においては、問題となる国家機関の行為の不存在や絶対的無効を意味していたものである[53]。しかし、問題となる国家行為全体の法的評価について、「一見極めて明白に違憲」でなければ一切審査しないという枠組みは、これまで述べてきたところからは不適切であろう。問題となる国家行為について法的評価が問題になる側面を個別的に分析した上で[54]、各々について判断尺度となる憲法等の規定の文言と規制密度、当該事例における当該機

関の法解釈や自律的判断を認めるべき程度、それと裏返しとなる裁判所の組織・手続上の特性、当該行為の法的評価が紛争解決全体において占める位置等を総合的に判断して、審査密度を柔軟に決定すべきであるように思われる[55]。とりわけ、重要な「憲法上の権利」の侵害が問題となっている場合には、裁判所の審査密度が深められるべきであろう[56]。

　第4に、裁判所が「統治行為」に対して判断を示すことから生じる政治的な帰結を考慮すべきか、またどのように評価すべきかについて。この点は、統治行為肯定説内部でも評価が分かれていたところであり[57]、また統治行為を違憲と判断することが必然的に政治的混乱を招くわけではないことも指摘されてきた[58]。この論点に対する否定説の応答のポイントは、次の2つに集約される。まず、付随的審査制においては、「統治行為」は請求の当否を決するための前提問題として扱われるにすぎないのが通常であり、また違憲判決の効力について個別的効力説を採る限り、判決の直接的効果として政治的混乱が起きるとはいえない[59]。次に、違憲無効判決による政治的混乱が懸念される場合には、事情判決（行政事件訴訟法31条）や違憲確認判決等の方式を用いることで、混乱を回避しうる、というのである[60]。筆者も、付随的審査制の実務において「統治行為」の有効性が付随的に扱われる場面を念頭に置く限り、この2つの指摘は妥当であると考える。憲法が「政治的法」であることを正面から認めた上でその最終的解釈を裁判所に委ねた以上、裁判所の憲法解釈が政治的な効果を生じることはむしろ予定されており、そうであるが故に、既に触れたとおり裁判所による国家機関の行為の法的評価に際して審査密度が考慮されるのである。また、多様な判決形式の彫琢が、実体的な憲法解釈の中で裁判所が「政治的帰結」を必要以上に考慮してそれを歪めることを防ぐ「緩衝材」となることに、より多くの注意が向けられるべきであろう[61]。

6　むすびに——統治と司法

　下級審裁判例において統治行為論が援用されるのは、いまや憲法9条に関する事案に限られる。統治行為論は実務上、「平和問題の法理」に縮減している

といえよう。しかし、いやしくも憲法9条の解釈に触れる限り必ず統治行為論の出番があるというわけでもなく、訴訟での争われ方次第であることは、自衛隊イラク派遣違憲訴訟（名古屋高判2008・4・17判時2056号74頁）一つ取ってみても明らかである。加えていえば、学説では、統治行為否定説はもちろんのこと[63]、統治行為肯定説ですら憲法9条に関する事案を司法審査の対象外とすることに対して圧倒的に消極的なのである。そうであるならば、学説・実務いずれにおいて、統治行為の概念は「消去可能」であるというべきであろう[64]。理由は各々同一ではないけれども、統治行為否定説に立つ教科書が近時増えているのは、故のないことではない[65]。

　それに加えて、この概念を積極的に消去すべき事情についても、最後に触れておきたい。統治行為論争の黎明期に、この概念の標識として「高度の政治性」が強調された理由の一つは、比較憲法的にも例を見ない憲法9条の解釈適用を、この法理の射程に捉えるためであった[66]。その意味で統治行為の概念は、まさしく同じ時期に確立した「55年体制」という憲法現実に、ふさわしいものであったのかも知れない。しかし現在では、統治機構に関する全ての憲法規定、解釈適用が、実務上は政治的プログラム規定と化した憲法9条の延長線上で、司法審査から遮断されるという、逆転した帰結を招いているように思われる。その意味では、統治行為否定説の狙いを貫徹するためには、「統治行為」に関する紛争それ自体を司法的に解決する機関争訟を認めることも、もう少し真剣に検討されてもよいように思われる[67]。

　かかる機関争訟という選択肢は、既に苫米地事件に則して認識されていたにもかかわらず[68]、これまでのところ「政治の司法化」と「司法の政治化」を招くものとして忌避されてきた。しかしながら現在、「統治＝執政」概念の封印を解く動きが、憲法学にとっての大きなチャンスとリスクを内包しながら進展しつつある[69]。この第4権としての「統治＝執政」は、かつて司法審査からの除外をメルクマールとする統治行為論と一体のものとして主張され[70]、そうであるが故に封印されていたものである。これに対して、新たな「統治＝執政」論は統治行為論と同一ではなく[71]、執政作用の復権と同時に、〈権限〉のみならず〈責任〉〈象徴〉〈財政〉の体系による重層的な統制を目指すものである[72]。なるほ

ど、かかる「統治＝執政」作用を、〈権限〉の体系に属する司法的統制に、排他的かつ全面的に服せしめることは不可能であり、望ましくもないであろう。[73]
しかし、逆に司法的統制が全く不要であり有害であるというわけでもあるまい。NATO域外への国防軍派遣（BVerfGE 90, 286）[74]や二回にわたる連邦議会の解散に対するドイツ連邦憲法裁判所の判決（BVerfGE 62, 1 ; 114, 121）[75]は、機関争訟の手続が、国家機関・政党の間の「調停者」の役割を演ずることを通じて、〈均衡〉の維持に奉仕しうることを教えている。[76]こうした新たな議論の地平を「統治＝執政」の考察に開くためにも、「統治行為」の否定には意味があることのように思われる。[77]

注
1) 樋口陽一『憲法Ⅰ』（青林書院、1998年）477頁。
2) 金子宏「統治行為」田中二郎ほか編『行政法講座第2巻』（有斐閣、1964年）170頁。
3) 山内敏弘「統治行為論」阿部照哉編『判例と学説1憲法』（日本評論社、1976年）345頁、野坂泰司「衆議院の解散の効力と裁判所の審査権の限界」法学教室298号（2005年）76頁も参照。
4) 金子宏「統治行為」宮澤俊義先生還暦記念『日本国憲法体系第6巻』（有斐閣、1965年）26頁以下参照。
5) 寺島壽一「統治行為」高見勝利ほか編『日本国憲法解釈の再検討』（有斐閣、2004年）346頁。
6) 本稿では、この問題に立ち入る余裕がない。奥平康弘「長沼控訴審判決と統治行為論」法律時報48巻11号（1976年）45頁以下、佐藤功「統治行為論の一論点」今придет和教授退官記念『公法と経済法の諸問題（上）』（有斐閣、1981年）45頁、山内敏弘「自衛隊と統治行為」高橋和之ほか編『憲法判例百選Ⅱ（第5版）』（有斐閣、2007年）378頁以下等参照。
7) 同判決の園部裁判官補足意見は「日本国の安全に関する国の高度の政治的、外交的判断に立ち入って本件使用認定の適法性を審査することは、司法権の限界を超える可能性がある」と述べている。同裁判官は、台湾人元日本兵補償請求事件最高裁判決（最判1992・4・28訟月38巻12号2579頁）の意見でも、統治行為論的な議論を展開している。
8) 芦部信喜「違憲審査権の限界」『憲法訴訟の現代的展開』（有斐閣、1981年）131頁。
9) 諸根貞夫「違憲審査の限界」法学教室118号（1990年）48頁。「砂川事件が刑事事件であるから例外的な審査を行った」という説明が、沖縄代理署名事件で反証されることについて、寺島・前掲注5) 348頁参照。
10) 以下については、山内・前掲注3) 334頁以下、山下威士「統治行為」樋口陽一＝野中俊彦編『憲法の基本判例（第2版）』（有斐閣、1996年）199頁以下参照。
11) 雄川一郎『行政争訟法』（有斐閣、1957年）125頁以下。
12) 山田準次郎『統治行為論』（弘文堂、1966年）78、85頁。

13) 入江俊郎「統治行為」公法研究13号（1955年）90頁。苫米地事件最高裁判決にはこの立場の影響が色濃く見られる。
14) 雄川一郎「統治行為論」『行政の法理』（有斐閣、1986年）95頁、119頁以下も参照。長沼事件第2審判決の説示には、この立場の影響が見られるように思われる。
15) 金子宏「統治行為の研究（4・完）」国家学会雑誌72巻9号（1958年）792頁。
16) 入江・前掲注13）102頁以下参照。
17) 磯崎辰五郎「いわゆる統治行為とわが国憲法」『統治行為説批判』（有斐閣、1965年）90頁。
18) 奥平康弘「『統治行為』理論の批判的考察」法律時報臨時増刊『自衛隊裁判』（日本評論社、1973年）80頁。
19) 芦部信喜「違憲審査権と司法消極主義」『憲法訴訟の理論』（有斐閣、1973年）245頁。
20) 芦部信喜「統治行為と行政事件訴訟」前掲注19）『憲法訴訟の理論』428頁以下。
21) 芦部・前掲注8）135頁。
22) 山内敏弘「司法権と人権保障」憲法理論研究会編『違憲審査制の研究』（敬文堂、1993年）59頁参照。
23) 山内敏弘「議会制と司法権」樋口陽一ほか『憲法判例を読みなおす（改訂版）』（日本評論社、1999年）215頁。
24) 外間寛「『統治行為』について」公法研究41号（1979年）200頁。
25) 戸松秀典『司法審査制』（勁草書房、1989年）175頁。また同『憲法訴訟（第2版）』（有斐閣、2008年）225頁以下の分析も参照。
26) 佐藤幸治『憲法（第3版）』（青林書院、1995年）357頁。
27) 樋口陽一ほか『憲法Ⅳ』（青林書院、2004年）150頁〔佐藤幸治〕。
28) 佐藤幸治『憲法訴訟と司法権』（日本評論社、1984年）67頁、また藤井俊夫「違憲審査の対象」樋口陽一編『講座憲法学6』（日本評論社、1995年）112頁参照。
29) 寺島・前掲注5）361頁。
30) 奥平・前掲注18）57、61頁以下参照。
31) 山内敏弘「自衛隊裁判と『統治行為』論(1)」法律時報49巻8号（1977年）23頁以下、さらに同「西ドイツの憲法裁判と改革立法（上）」法律時報57巻6号（1985年）55頁以下参照。
32) 牧野忠則「西ドイツにおける行政裁判権レベルでの統治行為論(2)」北海道大学法学論集34巻6号（1984年）1047頁。なお、統治行為論がもともとワイマール期から裁量論の文脈で受容されていたこと（宍戸常寿『憲法裁判権の動態』（弘文堂、2005年）114頁）が軽視されていた点も、指摘できよう。
33) 山内・前掲注31）「自衛隊裁判と『統治行為』論(1)」22頁、諸根・前掲注9）48頁参照。
34) 行政法学が統治行為論に関心を失った一つの要因は、こうした事情にもあるように思われる。なお今日のドイツ法の状況については、vgl. Eberhard Schmidt-Aßmann, in: Maunz-Dürig, Grundgesetz (Lfg.42, 2003), Art.19 Abs.4, Rdn.77,81.
35) 入江・前掲注13）100頁以下、覚道豊治「統治行為」ジュリスト638号（1977年）176頁以下参照。
36) 金子・前掲注2）175頁。雄川・前掲注14）120頁以下、前掲注11）128頁も参照。
37) 雄川・前掲注14）95頁以下、金子・前掲注15）791頁参照。

38) 金子・前掲注4) 8頁、樋口陽一「統治行為」法学セミナー1976年4月号83頁。この点、宍戸・前掲注32) 159頁も参照。
39) 山内・前掲注31)「自衛隊裁判と『統治行為』論 (1)」21頁、山内敏弘＝太田一男『憲法と平和主義』(法律文化社、1998年) 186頁以下〔山内〕も参照。
40) 影山日出弥「統治行為」憲法判例研究会編『日本の憲法判例』(敬文堂、1969年) 348頁、杉原泰雄『憲法Ⅱ』(有斐閣、1989年) 372頁は、同旨を指摘したものであろう。
41) 入江・前掲注13) 86頁以下、雄川・前掲注14) 123頁、金子・前掲注2) 177頁参照。影山・前掲注40) 341頁以下も参照。
42) 山内敏弘「自衛隊裁判と『統治行為』論 (2)」法律時報49巻10号 (1977年) 63頁以下、同・前掲注22) 39頁以下、また野中俊彦「統治行為論」『憲法訴訟の原理と技術』(有斐閣、1995年) 160頁参照。
43) 統治行為否定説を主張した磯崎辰五郎は、同時に最高裁判所が法律上の争訟から独立に法令の合憲性を決定する権限を認める佐々木惣一説の継承者でもあった。磯崎「いわゆる統治行為を肯定する学説の批判」前掲注17)『統治行為説批判』114頁参照。
44) 野中俊彦「九条裁判における『統治行為論』」前掲注42)『憲法訴訟の原理と技術』137頁。横田耕一「審査を排除・制約する法理と政策」法学セミナー臨時増刊『憲法訴訟』(日本評論社、1983年) 191頁も参照。
45) 芦部・前掲注19) 244頁以下。
46) 宍戸・前掲注32) 372頁以下参照。
47) 雄川・前掲注14) 90頁、124頁参照。
48) 藤田宙靖『行政法Ⅰ (第4版改訂版)』(青林書院、2005年) 121頁、なお藤井俊夫『司法権と憲法訴訟』(成文堂、2007年) 306頁以下参照。
49) 大林啓吾『アメリカ憲法と執行特権』(成文堂、2008年) 259頁以下参照。なおアメリカ法の状況については、see, Erwin Chemerinsky, Constitutional Law (3rd ed.), 2006, pp.129-149.
50) なお、ドイツ憲法学がこの問題を政治問題の法理として議論することを避ける事情については、宍戸・前掲注32) 186頁以下参照。フランス法のacte du gouvernmentを詳細に分析した齊藤芳浩「裁判による条約の審査について (3)」西南学院大学法学論集41巻1・2号 (2008年) 33頁、43頁が、同様の理を強調している点は、興味深いものがある。
51) 田中二郎『行政法総論』(有斐閣、1957年) 42頁以下、同『新版行政法上巻 (全訂第2版)』(弘文堂、1974年) 297頁以下参照。また野中俊彦「学説にみる憲法訴訟論」前掲注42)『憲法訴訟の原理と技術』194頁以下の指摘も参照。
52) 藤井・前掲注28) 118頁。
53) 入江・前掲注13) 94頁参照。
54) かかる分析の必要性を説き、さらに実践するものとして、齊藤芳浩「条約の運用停止は統治行為か」法律時報75巻4号 (2003年) 84頁以下参照。
55) Schmidt-Aßmann, a.a.O., Rdn.82.は、明白性統制および恣意禁止統制が通常の審査密度であろうと述べる。これに対して、Meinhard Schröder, Die Bereiche der Regierung und der Verwaltung, in: Isensee/Kirchhof (hrsg.), Handbuch des Staatsrechts der Bundesrepublik Deutschland, Bd.5, 3.Aufl., 2007, Rdn.14.は、より詳細な具体化と展開が必要であることを指摘している。

56) 宍戸常寿「裁量論と人権論」公法研究71号（2009年）109頁も参照。例えば、判例が議員定数不均衡の事例で統治行為論を排除する一方（この点は、芦部信喜「議員定数不均衡の司法審査」前掲注19）『憲法訴訟の理論』203頁以下参照）、審査密度が合理性統制にとどまっていることを、一体のものとして認識するために、こうした枠組みは有益であるように思われる。
57) この点を重視するものとして小林節『政治問題の法理』（日本評論社、1988年）213頁以下、216頁、逆に消極的なものとして入江・前掲注13）92頁、佐藤功『憲法（下）』（有斐閣、1984年）950頁参照。
58) 山野一美「統治行為（政治問題）」奥平康弘＝杉原泰雄編『憲法学6』（有斐閣、1977年）28頁、山下・前掲注10）202頁参照。齊藤・前掲注50）66頁以下は、この点をより精密に論じている。
59) 山内＝太田・前掲注39）191頁以下〔山内〕、なお覚道・前掲注35）177頁も参照。
60) 山内＝太田・前掲注39）193頁〔山内〕、藤井・前掲注48）314頁参照。
61) ドイツにおける事情については、宍戸・前掲注32）173頁以下、283頁以下参照。
62) 下級審判決の動向は、紙幅の関係上省略する。渡邊賢「政治問題の法理」大石眞＝石川健治編『憲法の争点』（有斐閣、2008年）255頁、野坂・前掲注3）80頁を参照されたい。
63) 山内・前掲注42）65頁以下、山内＝太田・前掲注39）189頁以下〔山内〕参照。
64) 山内・前掲注42）68頁、さらに野中・前掲注44）135頁参照。
65) 大石眞『憲法講義Ⅰ（第2版）』（有斐閣、2009年）222頁以下、辻村みよ子『憲法（第3版）』（日本評論社、2008年）455頁、松井茂記『日本国憲法（第3版）』（有斐閣、2007年）258頁。新正幸『憲法訴訟論』（信山社、2008年）370頁以下、381頁も参照。
66) 奥平・前掲注18）57頁以下参照。
67) 山内・前掲注22）47頁はこの可能性を承認する例外の一つである。
68) 野中俊彦ほか『ゼミナール憲法裁判』（日本評論社、1986年）156頁〔野中発言〕、同・前掲注42）162頁参照。
69) 石川健治「執政・市民・自治」法律時報69巻6号（1996年）22頁以下、同「政府と行政」法学教室245号（2001年）79頁参照。
70) 田中・前掲注51）『行政法総論』46頁以下参照。
71) 専ら司法権の限界との関わりで「統治＝執政」を定義することの問題性については、vgl. Schröder, a.a.O., Rdn.8
72) 石川健治「統治のゼマンティク」憲法問題17号（2005年）68頁以下参照。
73) もちろん、かつての統治行為否定論（「東京地裁の衆議院解散無効判決について」『憲法と政治機構』（木鐸社、1988年）121頁以下）の立場を改めた、小嶋和司「司法権の限界」『憲法学講話』（有斐閣、1982年）124頁の戒めも参照。
74) 山内敏弘「ドイツ連邦軍のNATO域外派兵の合憲性」『立憲平和主義と有事法の展開』（信山社、2008年）373頁以下参照。
75) なお、加藤一彦「首相の衆議院解散権への司法統制可能性」『議会政治の憲法学』（日本評論社、2009年）178頁は、ドイツの憲法判例を参照しながら、内閣の解散権に対する司法審査の可能性を追求する。関連して植松健一「プレビシット解散の法理と自主解散の論理」名古屋大学法政論集230号（2009年）371頁以下も参照。

76) この概念については、石川健治「持続する危機」ジュリスト1311号（2006年）2頁以下参照。
77) 宍戸常寿「司法のプラグマティク」法学教室322号（2007年）31頁以下参照。

「饒舌な立法」と「一般意思」
──フランスにおける立法と政治──

只野　雅人

1　はじめに

　「法が饒舌になれば、市民は法に無頓着になる」。「法的安全と法の複雑性」をテーマとしたフランス、コンセイユ・デタの2005年年次報告は、その冒頭で、やはり「法的安全」をテーマとした1991年年次報告の一節を掲げている。[1)]「饒舌な立法」という表現は、立法の量的な膨張を指すだけでなく、法が本来語るべきでないことをも語る、あるいは「何事も述べないままにしゃべる」[2)] という、法──とりわけ法律──の質の問題をも含意している。

　「立法のインフレーション」と呼ばれる現象は、今日ではもはや旧聞に属する。それはフランスに限ったものでもない。[3)] 立法の膨張が適正な社会の需要にもとづく限りにおいて、それは必ずしも「病理」と評されるべきものではないであろうが、しかし、適正な需要を超えた立法は、重大な問題を惹起する。

　立法の膨張は、立法の質の問題をも生じる。フランスでは、「一般意思の表明」としての法律、《la Loi》は、ある種独特のオーラをまとってきた。しかし現在の第五共和制下では、「法律が一般意思の表明であるのは、憲法を尊重する限りにおいてである」[4)] という憲法院判決の一節が示すように、法律はその中心的地位を喪失した。「『一般意思の表明』としての法律というかつての神秘神学が、その信頼性を失った」[5)] 今日、あらためて《loi》が備えるべき資質や形

が、憲法学や憲法院の判例の重要な関心事項となっている。

興味深いことに、近時の日本においても、立法の膨張や立法の質が、問題とされる状況が生じている。[6] 後述のようにフランスとも重なり合う部分が少なくない、こうした日本の問題状況も念頭に置きつつ、立法の質をめぐるフランスにおける議論を検討することが、本稿の主題である。

2 「饒舌な立法」

1 立法の「饒舌化」、複雑化、不安定化

よく知られるように、フランスの第五共和制憲法は、「強すぎる議会」の封じ込めを主眼としていた。立法事項を限定列挙し、それ以外の事項の規律を命令にゆだねた34条・37条は、「憲法・議会法の革命を告げる前例なき革新」[7] とも評しうるものであった。しかしながら、「革命はおきなかった」[8] という J・リヴェロの言葉が示すように、立法権の封じ込めは当初の狙い通りには機能しなかった。のみならず、立法の「饒舌化」「複雑化」といった現象は、制憲者の意図とは異なる方向に、事態が進展していることをも示唆している。

立法の「饒舌化」「複雑化」を、具体的に確認してみることにしよう。2007年7月現在の法律の数は、2,314件、条文にして18,367箇条である。[9] 加えてフランスでは、後述のような立法の質の改善の取り組みの一環として法典化の作業が進んでおり、法典は64、法典化された総条文数（法律の性質をもつもの）は33,742箇条に及ぶ。

もっとも法律（法令）の数が顕著に増加しているわけではない。新規に制定される法律の数自体は、ここ30年ほど比較的安定している（年間60件程度）。1998年～2007年の平均ではおよそ45件で、減少気味でさえある（ただし、委任立法であるオルドナンスは増加傾向にある）。問題となるのは、法律の数よりも、個々の法令のヴォリュームの増大である。この点を何より雄弁に物語っているのは、官報 (lois et décrets) の頁数の増加である。行政法規をも含む官報の頁数は、1945年には約12,500頁、1980年においてもなお15,000頁程度であったが、2003年には23,000頁に迫るほどに急増している。

こうした「インフレーション」の背景には、もちろん法に対する社会の需要の変化がある。しかしのみならず、2つの制度上の要因が、立法の膨張と法の複雑化を一層昂進させている。ひとつは、法の制定主体の複数化と、その帰結としての法規範の多元化である。とりわけ、EU統合の進展に伴うEU法の国内法化は、法の複雑化の重要な要因となっている。国内法律の規定全体の3分の1程度が、EU法と関わりをもっているという。[10]

さらにEU法のみならず、フランスが締結する条約の数も相当な数に上っている。条約承認は、法律の形式により行われるが、こうした条約承認法律（前出の法律数には含まれていない）は、毎年可決される法律の半数以上にもなる。

立法の増殖のいまひとつの、より直接的な要因は、法案に対する修正の氾濫である。第五共和制憲法は、立法事項の「限定」のみならず、議会審議における政府の主導性の強化のための諸措置を具体化した。さらに、従来のフランスには欠けていた、安定し規律された議会多数派が選挙から生み出されるようになり——いわゆる《fait majoritaire》、議会に対する執行府の優位は一層強固になった。第四共和制の「強すぎる」議会を特徴づけた議員による活発な立法活動は影を潜めた。かわって1990年代以降顕著に増加してきたのが、法案に対する修正権行使である。[11] 2006年～2007年の国民議会についてみると、提出された修正案は125,640件にもおよび、そのうち3,116件が採択されている。

議員による修正は、「議員発議の主要形態」「議員発議の最後の名残」とも評されるが、[12] その「病理」もまた深刻である。活発な修正の結果、法案が上下両院を往復する中で、当初のヴォリュームが倍以上にふくらむことさえある。[13] そうして生み出される法律の「饒舌さ」「複雑さ」ゆえに、法律を制定するためのデクレ制定の遅延、さらには制定された法律の施行の遅延といった問題も生じている。[14]

加えて、1981年以降、政権交代が下院・国民議会選挙のたびに繰り返されてきたことも、無視し得ない要因である。前政権の「遺産」の否定と新たな政策の具体化は、必然的に立法の増殖を帰結する。

2 「規範の不摂生」

　以上のような状況の中で、立法が「饒舌」に、本来「語るべきでない」事柄まで語りはじめるのは、ある意味避けがたい。前出のコンセイユ・デタ年次報告は、法の不安定化・複雑化の背景として、以上のような制度上の要因に重ねて、社会学的・政治的要因が生み出す「規範の不摂生（intempérance normative)」を3点にわたり指摘している[15]。

　第一に、コミュニケーション環境の発展の結果、ニーズへの即時的対応がますます要求されるようになり、法律がいわば手っ取り早く安上がりな改革手段となっている、という問題である。「『20時』のニュースの話題はみな、潜在的な法律である[16]」という言葉は、いささかの誇張はあろうが、今日の立法の一面を的確に言い当てているように思われる。

　第二に、職能団体など圧力集団の要求が、特定の分野で法律の頻繁な改正をもたらしてるという問題である。民主主義のもとでは避けがたい問題であるが、税法や社会法の分野では、「ストロボスコープ」というジャーゴンが示すように、改正はかなり頻繁である。毎年のように、さらにはそれ以上の頻度で改正される条項も少なくない。

　第三に、フランスの法文化に深く根を下ろしてきた「法律」がもつシンボリックな効果に対する信仰、という問題である。《la Loi》に込められたフランス独特の理想ゆえに、法律こそが困難を打開し、解決してくれるといった「信仰」が、「不摂生」な利用を生み出しているというのである。典型は、治安から雇用の不安定にまでわたる広義の「安全（sécurité)」確保をめぐる立法の増加である。しかしとりわけ重大な問題をはらむのは、歴史の認識・解釈に関わる法律である。たとえば、1箇条のみなからなる2001年1月29日法は、「フランスは、1915年のアルメニアのジェノサイドを公に認める」と規定する。《loi mémorielle》とも称されるこうした法律をめぐっては、「そもそも法律という形式をとることの意味」が問われざるを得ない[17]。

　「不摂生」は、内容のみならず、法律の形式にも様々な影響を及ぼす。とりわけ問題となるのは、現実を規律する規範としての性格が薄い、「ゆるい法、あいまいな法、ガス状態の法」（コンセイユ・デタ、1991年年次報告）である。歴

史の認識・解釈を確認する法律も、そこに含まれる。法的な電荷が皆無の「中性子（neutron）」（J・フワイエ）とも称されるこうした法律について、「法律一般の射程を弱めるだけでなく、問題を解決することのないまま斥けることに貢献する」「言葉が行動に取ってかわり、問題は解決されたとみなされる」と、B・マチウは指摘する[18]。

さらにいまひとつ、「雑嚢（fourre-tout）」と呼ばれる、新たな立法カテゴリーも知られている。フランスでは従来から、予算法に様々な立法規定を潜り込ませる《cavalier législatif》と呼ばれる手法が問題となってきた。これと似通った手法として、たとえば「社会保障の諸規定（diverses dispositions d'ordre social）に関する法律」といった名称をもつ、「相互に真のつながりを欠いた主題を扱う立法規定を併存させる[19]」類の法律が、1980年から目立つようになってきた。こうした手法をめぐっては、「個別に取り上げられたなら一層の議論を引き起こしたかもしれない立法規定を、さしたる議論もなく採択する」という、議会審議の「殺菌（aseptisation）」効果を有しているとの指摘もある[20]。

3 立法の質の改善

1 法的安全——立法学の「憲法化」

こうした中、立法の質の改善が様々な形で進められている。先に触れた法典化もその重要な一環であるし、立法評価の手法も模索されている[21]。修正の氾濫に対しては、法案の審議の推移の中で相違点を絞り込む、いわゆる「漏斗（l'entonnoir）」の理論が、憲法学説と憲法院判例の共同作業として形成され、その一部は2008年の憲法改正により具体化された[22]。

さらに注目されるのが、「立法学（légistique）に由来する諸要請の法領域への移植」、さらには「憲法化」の試みである[23]。法律が備えるべき資質として憲法院があげるのが、《accesibilité》（接近可能性）と《intelligibilité》（理解可能性）である。憲法院は、これらを「憲法的価値をもつ目的（objectif de valeur constitutionnelle）」と形容している。「憲法的価値をもつ目的」とは、主観的権利を保障するものではなく、何より立法者に向けられたものである。かかる「目

的」は、人権など憲法上の諸原理との調整やそれらの制約の場面で、立法者を方向づけるものであると解されている[24]。憲法院は、《accesibilité》、《intelligibilité》という目的を、次のように1789年人権宣言から基礎づける[25]。

> 「人と市民の権利宣言6条によって規定される法の前の平等と16条によって要求される『権利の保障』は、市民が適用される規範を十分に理解しないなら、実効的でないことになろう。このような理解はさらに、宣言4条並びに5条によって保障される権利と自由の行使に不可欠である。」

《accesibilité》は、具体的には、「適用可能な法を物理的に発見する可能性」であるとされる[26]。こうした目的に資する措置として、たとえば先にあげた法典化の進展をあげることができよう。《intelligibilité》は、理解のしやすさ・明晰さを意味し、とりわけ法律の精確さ（précision）を要請するとされる。過度あるいは不必要に複雑な法律は、《intelligibilité》に反することになる[27]。

さらに憲法院は、2004年の判決において、この2つの「目的」に、《clarté》（明確性）の要請を加え、次のように「『真の』法律であるために、一定数の資質を保持するよう法律を義務づける理由[28]」を、明らかにしている[29]。

> 「憲法34条に由来する法律の明確性（clarté）の原理と1789年人権宣言5条、6条、16条に由来する、理解可能性と接近可能性という憲法的価値をもつ目的は、憲法によって法律にのみゆだねられた規範の確定を行政あるいは司法機関に任せることなく、憲法に反する解釈や恣意の危険から法主体を保護するために、立法者に対し、十分に精確な規定と曖昧さのない定式を採用するよう命じている。」

コンセイユ・デタの年次報告が掲げる「法的安全」もまた、市民の法の前の平等・権利保障などと密接に関わる原則である。ただしその性格は、上記の「憲法的価値をもつ目的」とは異なっている。「法的安全」は何より、独立した原則・要請ではなく、法律の不遡及、既得権や信頼の保護、さらには法律の質といった、法的不安定（insécurité）に対する保証となる諸原則を包括する概念である[30]。それゆえ「法的安全」は、憲法院のみならず、行政裁判所や通常裁判所によっても、担保されるべき原則であるとされる。さらにそれは、ドイツ法やEU法からの「輸入の産物」でもあるといわれる。憲法院は、「法的安全」を保持する一アクターとして、《accesibilité》、《intelligibilité》、《clarté》とい

った、「法的安全」のコロラリーを、法律が備えるべき資質として要求することで、その憲法化をはかってきたとみることができよう。[31]

2 法律の規範性

憲法院はさらに、法律の「規範性（normativité）」をも、法律が備えるべき資質として要求している。「学校の将来に関する指針・プログラム法」の憲法適合性の審査に際し、憲法院は、「法律は一般意思の表明である」という1789年人権宣言6条の前半部分を引き、次のように「規範性」の要請を根拠づける。[32]

> 「憲法によって予定される特殊な規定についての留保を伴いつつも、法律は準則（règle）を表明することを使命とし、従って規範的射程（portée normative）をまとっていなければならない。」

憲法院に限らず学説上も、法律の規範性の根拠として通常あげられるのは、「法律は意思である」という点である。「法律は、許し、禁じ、命じ、確定し、罰し、あるいは報いる」という、フランス民法の父ポルタリスの言葉もよく引かれる。「許し、禁じ、命じ、確定し、罰し、あるいは報いる」ことはたしかに、先ずもって法律に留保された役割であろう。しかし、法律は必ず規範性を備えていなければならないという命題までもが、当然にそこから導かれるとすることについては、疑問がないわけではない。[33]それだけに一層、「学校の目的はあらゆる生徒の成功である」という文言ではじまる法律の一条項を捉え、「明らかにおよそ規範性を備えていない」とあえて断じた憲法院の判断は、「立法府の作品の一定の質あるいは合理性の保証人」[34]としての自負の強さを際だたせているように思われる。

4 「法律の衰退」？

1 《La Loi》の理念と特質

ここまで「饒舌な立法」がはらむ問題点と立法の質の改善をめぐる試みについて概観してきたが、実は「法律の衰退」といった議論は、決して新しいもの

ではなく、20世紀初頭から繰り返しなされてきた。その背景には、法律の範型——《La Loi》——と現実の法律との乖離という認識がある。では、《La Loi》とはどのようなものとして考えられていたのか。

「フランスにおいて、法律に優る権威は存在しない」。1791年憲法（第３篇２章１節３条）のこの規定に象徴されるように、法律が法秩序における中心的地位を確立したのは、フランス革命期であった。その直截の根拠は、法律が「一般意思の表明」であることに求められよう。しかし、法律の権威は単に「統治者の意思の所産としての、実定法が表明する主意主義的（volontaliste）な法概念」のみから基礎づけられていたわけではない。G・ビュルドーは、「直感によって、あるいは人間の社会的目標に当てはめられた理性を通じて把握される客観的規範が表明する理想主義的法概念[35]」の重要性を指摘する。啓蒙思想を引き継いだ革命期の法律家にとって、法律はなにより社会秩序を基礎づける理性の表明であり[36]、《La Loi》はその意味で、「自然法と実定法とを連接する法技術[37]」でもあった。

それゆえ《La Loi》の射程は、「特殊あるいは現下の事案も、特定の誰をも対象とせず、調整規定の抽象的予測に収まるあらゆる事案とあらゆる人に適用されるべく規定される命令[38]」といった、形式的な一般性のみにはとどまらない。「法律の形式的一般性は、理性の実質的一般性の中に根を下ろしている[39]」からである。ビュルドーは、理想主義的——あるいは「合理」主義的な——法概念の帰結として４つの特質を挙げている[40]。第一に、理性に根ざしたものである以上、「偶然性を免れ、情念の移ろいやすさや利益の相対性とは無縁である」ことから、法律の不動性・恒常性が帰結される。第二に、たやすい変更を許さぬためには些事に立ち入ることなく抽象的でなければならない。第三に、理性は部分的なものではあり得ない以上、一般的でなければならない。最後に、立法府＝議会による法律制定の独占である。法律が理性の表明である以上、複数の主体が競合してその表明を行うことは認められない。こうした特質を備えた法律の範型の具体化として位置付けられることになるのが、いうまでもなくフランス民法典である[41]。

以上のような理想主義的あるいは合理主義的な法概念は、法律と自由の保障

とを不可分に結びつける。法律の使命は、人権宣言がまさに規定するように、「各人の自由の領域を画定し、そうすることで相競合する諸権利の存在を保障する」ことにあると考えられていた。「自由主義が法律の理念を指し示したのではなく、法律の概念が自由主義を指し示したのである」とビュルドーは述べる。[42] こうして、法律がもつ「統治者の意思」という側面は相対化され、「法律、国家、そして一般的規範はついに重なり合うに至る」。[43]

もっとも、法律一般ではなしに、議会あるいは議員といういわば生身の立法者によって制定される個々の実定法に着目すれば、それらが諸利益や政治的対立をへた、特定の意思に基づく選択の帰結であることは覆うべくもない。そこで、いわば「法的概念」の次元で法律を語り続けるためには、生身の立法者を消し去る作業が不可欠となる。その上で決定的な役割を果たしたのが、「国民の人格と意思の組織化の制度」としての「代表」の概念であった。[44]「全国民の代表」たる議会が制定する「一般意思」としての法律は、文字通り共同体全体の意思と等値される。「一般意思」が共同体全体の意思そのものとみなされる限度において、立法者の「自律的意思」は後景に退く。こうして、やはりビュルドーの言葉をかりれば、いわば「非人称の権力」となることによって、「法律はしぶきをとどめることなく政治のるつぼを通過する」[45]のである。

2 「法律の衰退」「法の衰退」

しかしながら、理想主義的法概念・合理主義的法概念を基盤とした《La Loi》が、その神々しい威信を失うのは時間の問題であった。「『一般意思の表明』としての法律という神秘神学」は、ドイツの歴史学派の影響、さらには19世紀中葉以降の実証社会学の発展といった「精神の反逆」にさらされる。《La Loi》を体現していた民法典も、次第に社会の発展と齟齬を来すようになる。加えて普通選挙の導入は、「全国民の代表」という法律の「非人称性」を下支えするフィクションを語り続けることを不可能にする。「数」に支えられた立法者が姿を現せば、法律の正統性は「代表の関係により市民と結びつくがゆえに正統とみなされる統治者の意思である」[46]ことに直截求められることになろう。法律は、端的に「統治の手段」とみなされることになる。

議会による経済・社会への介入が拡大し、同時に小党分立のもとで政府に対する議会の「強さ」が過剰なまでに際だった第四共和制下で、「法律の衰退」にとどまらず、さらに「法（droit）の衰退」を問題としたのが、私法学の大家G・リペールであった。リペールは『法の衰退』と題された著書の冒頭で、「法が理性により妥当すること公定し」た「偉大なる法の世紀」について語っている。そして「偉大なる法の世紀」と対比しつつ、「主権的権力が、普通選挙で選ばれ、その選出方法ゆえに最大多数の利益と欲求を満たさねばならず、有権者が改革を望むがゆえに持続的に新たな法を創出すべく義務づけられた議会の手にゆだねられた」時代における立法のあり方を問題とする。リペールは、法の「公法化」という独特の表現で、第四共和制の「法」の病理を描き出す。「すべてに優越する国家権力が人々の間の私的関係に介入するなら、私法は公法の規範に道を譲る。公法化は、法を社会的なものにする手段である」。このような視角からリペールは、法の増殖と法への従属の拡大、その帰結としての法への不服従の懸念、法的安全の欠如、ヴィシー体制の清算に伴う法の断絶、さらには所有権への制約など、「法の衰退」を様々な角度から論じている。

　リペールによる「法の衰退」という議論には、伝統的な私法学者による「自由主義的個人主義へのノスタルジー」という色合いも濃厚である。しかしながら、「法の衰退」として論じられている現象は、今日のフランスにおける「饒舌な立法」とも少なからぬ部分で重なり合っているように思われる。

　規律を欠いた第四共和制の「強すぎる議会」は、年間1000件にも及ぶ議員提出の法案、政府法案に対する委員会での徹底した修正、「一般意思」とはおよそ形容しがたい「特殊」な内容の立法など、法律の「病理」を際だたせた。これに対して第五共和制憲法は、議員の立法活動を抑え込み、法案審議における政府の主導権を確保する様々な措置を具体化した。当初の憲法院に期待されていたのは、議会の権限侵犯の監視役であった。

　しかしそうした憲法のもとで、今日「立法の饒舌化」が問題となっている。それは一面において、以上のような「法律の衰退」の延長線上に位置付けられる現象であるが、第五共和制特有の要因もまた無視し得ない。すでに指摘した制度的要因以外にも、次にみるように、現象の背後には法と政治の関係の変動

があるように思われる。

5　今日のフランスにおける法と政治

1　意思の民主主義と「法の情念」

　民法学の泰斗カルボニエは、「第五共和制が法との間で保ってきた特有の関係」を「法の情念（passion du droit）」という言葉で表現している。もちろん、法の情念の流布が過去になかったわけではない。18世紀後半の啓蒙思想家たちは、恣意的な権力の支配に対し理性に根ざした普遍的な法を希求した。しかし「法の万能とそのメッセージの普遍性」という確信を共有しつつも、第五共和制を特徴づける「法の情念」は、哲学者や法律家だけでなく万人に関わるいわば無思慮ともいえる、「純粋状態の法の情念」であるとされる。それは「法源の多様性、複雑、雑多で、異様でさえある法」を生み出したと、カルボニエは述べる[51]。むろん、法の増殖や複雑化は、フランスに限った現象ではない。しかしカルボニエによれば、フランスの法は「必要の帰結としてよりも、求めに対する応答」として特徴づけられ、「立法者はみな、table rase を前にした制憲者の精神でこの仕事に取りかかる」[52]。

　社会の必要に根ざし形成されてきた「法」――とりわけ民法――に対する「素人」（立法者）の介入に対する懸念は、すでに20世紀初頭、私法学者によって表明されている[53]。興味深いのは、カルボニエが、第五共和制における「主意主義的法概念」が顕著になった要因として、エリート官僚（enarque）の役割に着目している点である。意思の民主主義を際だたせたドゴール主義のもと、「上流にある長い歴史の拘束も、下流に待ち構える非実効性という障害も感じない」彼らは、随意に社会に働きかける手段として法――とりわけ行政立法であるデクレ――を使いこなした。こうして生み出された「官僚法（droit bureaucratique）」についてカルボニエは、専門性、有権者の直接的圧力からの独立性、専門職能集団との交流といった「メリット」を指摘しつつも、「それぞれの部門は、その専門性の問題につき立法を行うが、法体系の全体像にそれらを統合することはない」という問題を指摘する[54]。この意味で、「官僚法」もま

た規範のインフレーションの要因となる。「官僚法」をめぐる指摘は、専門性・技術性の背後にも「法」の饒舌化を生み出す要因が潜んでいることを示唆しており、日本との対比でも興味深い。

「官僚法」は、執行府に「政治」の中心を集約しようとした憲法体制の所産でもある。しかし執行府に集約されたはずの「政治」が、今度は議会を通じ、いわばより微視的なレベルで横溢している、というのが今日のフランスの現状でもある。こうした状況を、より広く「ポスト・モダン」というより大きな変動の一環として把握しようとするのが、次にみるJ・シュヴァリエである。

2　法の変容・政治の変容と「法の理性」

シュヴァリエは、モダンな秩序の揺らぎを、「国家の変容」、「法の変容」、「政治的紐帯の変容」という３つの視点から論じている。このうち法の変容が帰結するポスト・モダンな法は、「現実への働きかけの意思を下地とした、本質的にプラグマティックな法」であり、強制や安定性を特質とした伝統的な法とは異なり、「柔軟性」「適応性」を特徴とする。こうして生み出される「ソフトな法（droit doux）」は、「強制という次元を失っているがゆえに、また不可避的にファジーな法」であり、「目標、指令あるいは推奨として定式化され、法はその精確さを失う」。このような法のあり方は、広汎な未確定の領域を作り出し、「法」と「法ならざるもの」の間の境界を曖昧にする。シュヴァリエは「法」全体の変容について論じているが、それはまさに先に見た「饒舌化」「不摂生」といった、法律をめぐる状況とも重なり合う。

こうした法の変容は、もちろん、国家自体の変容、そしてさらには政治的紐帯の変容とも密接に関わる現象であるが、根本にあるのは、とりわけ後者であろう。選挙された議員に対する信頼の風化、投票行動にみられる世論の不安定化・「揮発化」、政党や労働組合をはじめとする伝統的な政治と社会の媒介機構の機能低下など、おなじみの政治的紐帯の危機の諸指標は、もはや陳腐でさえあるが、上のような法のあり方と適合的である。

「法律はもはや、かつて人がそれを刻みつけようとした大理石にも、モニュメントの壁面にその名を記されるだけの尊敬にも、値しない」。先に本稿の手

がかりとした1939年の論考で、すでにビュルドーはこう嘆じている。シュヴァリエのいう法の変容は、法の合理性を語ることをさらに一層困難にしているようにも見える。しかしだからこそ、法律に「真実」を語らせるために必要な立法の質・形式が問われているのだともいえよう。シュヴァリエも、立法の合理化に向けた一連の試みを評し、「法的理性（la Raison juridique）は消滅したわけではなく、法の合理性という公理ではなしに、合理化の企図に立脚した実践的理性（une Raison pratique）となっているのだ」と述べている。

　政治が安定的な指標を失い、他方で国際秩序の変容に伴う法秩序自体の多元化が進むなど、構造的な環境の変動によって法自体の大きな揺らぎが生じている中で、実践的な視点から、「『真の』法律であるために、一定数の資質を保持するよう法律を義務づける理由（raisons）」（ヴェルポー）を問う作業が、改めて求められるようになっている。立法学的要請を「憲法化」する試みも、かつて「理性の実質的一般性」から導かれた法律の資質の、実践的な再編とみることができよう。

6　むすび

　本稿では、近時の立法の質をめぐるフランスでの議論について、日本の問題状況も意識しながら、フランス革命以来の法律をめぐる議論にも立ち入りつつ、考えてきた。大きな拡がりをもつ問題だけに、本来の主題の表層をなぞっただけに終始した感も強いが、不十分さを補う意味も込めて、二つの指摘をもって小考をむすぶことにしたい。

　ひとつは、「饒舌な立法」をめぐる問題が、最近の日本で指摘される立法の変質と、少なからぬ面で重なり合っているように思われる点である。日本でも「政治的なものの強まり」を背景に、おせっかいな立法と私的領域への介入、規範性の薄い政策プログラム法の横行、個別的法律の増加、情緒的なものの移入、頻繁な法改正と法律の短命化、立法の過剰と法の不整合等による質の低下、といった、立法をめぐる変化のきざしが指摘されている。もちろん日本の場合は、補佐機構による法形式の整序が徹底して行われるだけに、「病理」が

フランスほど際だってあらわれているわけではない。しかし、完成された法形式の背後に垣間見える変化は、制度や歴史的社会的文脈の違いを超え、立法が直面している共通の問題の所在を示唆しているように思われる。

　日本の場合、立法学的要請を「憲法化」する試みの意味やその場も、自ずとフランスとは異なるであろう。また、「『真の』法律であるために、一定数の資質を保持するよう法律を義務づける理由」についても、フランスにおける理論的前提がただちに妥当するわけではない。しかしながら、「法律が定めなければならない事項」ではなく、「法律が定めることのできる事項」という次元で、これまでの公法学における理論や立法実務における実践の積み重ねをふまえ法律の範型を模索する作業は、日本でも重要な意味をもつように思われる。

　いまひとつ確認しておくべきは、フランスにおける法の変容の背景にある問題が、ポスト・モダンな現象というよりは、シュヴァリエも認めるように、フランス民主主義の構造それ自体が内包する不安定さと関わっており、そこから生み出される「恒常的緊張」の現れとみられる、という点である。

　シュヴァリエが政治的紐帯の変容の分析の基礎として依拠する、哲学者クロード・ルフォールは、「民主主義は安定的指標の崩壊の中で構成され維持されている」と述べている。ルフォールによれば、君主制の下では、「人と超越的審級との間の仲介者」である君主その人に権力が統合されており、「権力は社会に実体を付与していた」。しかしながら革命以降、権力のありかは「空隙 (lieu vide)」となった。「普遍的単位」である国家も、「国民」あるいは「人民」も、それ自体が実質をもった現実を表象するものではない。こうした民主主義のパラドックスを何より顕在化させるのは、「人民主権が表明されるとみなされ、意思の表明を通じ人民が結節される」普通選挙という場面である。「市民は、社会生活が繰り広げられる網目から引き離されて、計数の単位と化す。数が実質にとってかわるのだ」と、ルフォールは述べる。

　ここから生じるのが、等質性という「人民」の法的構成原理と現実の「人民」のいわば「社会学的」な現実との間の緊張であり、「一般意思」と多様性との間の緊張、である。それはまた、日本において「一者と多者」という形で主題化されている問題とも重なり合う。P・ロザンヴァロンによれば、今世紀

初頭のフランスにおいて、多様性をいわば合理化し「一般意思」との共存を可能にする「均衡民主政」という形で、両者の緊張は一定の均衡状態を見出す[67]。しかし、そうして見出された本来的に不安定な均衡は容易に持続しない。ロザンヴァロンは、今日「一般意思」を語ることの困難さの前提にある状況について、「社会は爾来、少数（minorité）の諸条件の膨大な語尾変化の形で、あらわれる。『人民』は爾来、少数（minorité）の複数形でもある」[68]と述べる。

こうした認識は、「一般意思」、さらには、規範的には今日においてもなお「議論と政治的対峙の特権的な場」[69]である議会のあり方の再検討をも不可避としよう。「民主主義においては、紛争と合意は同時に認められねばならない。しかしそうなりうるのは、それらが明瞭に区分され、特有の制度と再結合される場合のみである」[70]とロザンヴァロンは述べている。本稿の関心からすれば、「少数の複数形」としての容易に捉えがたい人民を代表する「議論と政治的対峙の特権的な場」としての議会の意味をあらためてふまえたうえで、その再定位をはかることが必要である。小考で検討した、「実践的理性」に基づく法律の整序、法による政治の整序という問題も、そうした作業の一部をなす。

注
1) Conseil d'Etat, *Rapport public 2005*, Documentation française, 2006, p.229.
2) M. Verpeaux,《Neutron législatifs et dispositions réglementaires : la remise en ordre imparfaite》, *Recueil Dalloz*, 2005, n°28, p.1887.
3) たとえばドイツの状況につき、大石眞「立法府の機能をめぐる課題と方策」佐藤幸治先生古稀記念論文集『国民主権と法の支配・上巻』（成文堂、2008年）321頁以下参照。
4) Décision n°85-197 DC du 23 août 1985〔con.27〕, *Rec.*, p.70.
5) J. Chevallier, *L'Etat post-moderne*, L.G.D.J., 2^{e}éd, 2003, p.91.
6) 川﨑政司「立法をめぐる問題状況と質・あり方に関する一考察」ジュリスト1369号（2008年）25頁。
7) J. Bougrab,《La réforme du travail parlementaire》, B. Mathieu et M.Verpeaux (dir.), *La réforme du travail parlementaire*, Dalloz, 2006, p.29.
8) *Vingt ans d'application de la Constitution de 1958 : Le domaine de la loi et du règlement*, Economica, 2^{e}éd, 1981, p.263.
9) http://www.legifrance.gouv.fr 掲載のデータによる。法律事項を定めるオルドナンス、519件・4138箇条が別に存在する。
10) Conseil d'Etat, *op.cit.*, pp.238-239.
11) 德永貴志「フランス第五共和制における修正権と政党システム」一橋法学7巻2号（2008

「饒舌な立法」と「一般意思」

年) 327頁を参照。修正には議事妨害としての側面も濃厚であり、ときには1件の法案に対して数千件にも及ぶ修正が提案される。
12) P. Avril et J. Gicquel, *Droit parlementaire*, Montchrestien, 3^{e}éd, 2004, pp.182 et 186.
13) Conseil d'Etat, *op.cit.*, p.265 et s.
14) B. Mathieu, *La loi*, Dalloz, 2^{e}éd, 2004, pp.110-113.
15) Conseil d'Etat, *op.cit.*, p.254 et s.
16) G. Carcassonne,《Panser la loi》, *Pouvoirs*, n°114, 2005, p.40.
17) 樋口陽一「法が歴史を書く？——最近のフランスの事例に則して」日本学士院紀要62巻2号（2007年）。引用は、同論文219頁。
18) B. Mathieu, *op.cit.*, p.105.
19) J.-C. Savignac et S.Salon,《Des mosaïques législatives ?》, *L'Actualité jurideque. Droit administratif*, 20 janvier 1986, p.8
20) *Ibid*, p.6.
21) Conseil d'Etat, *op.cit.*, p.300 et s.
22) F. Luchaire, G. Conac et X. Prélot (dir.), *La Constitution de la République française*, Economica, 3^{e}éd, 2008, p.1111 et s.〔G.Bergougnous〕：徳永貴志「フランス憲法改正における修正案提出権の現代化」工学院大学共通課程研究論叢46巻2号（2009年）63頁。
23) Pierre de Montalivet,《La juridicisation de la légistique.À propos de l'objectif de valeur constitutionnelle d'accessibilité et d'intelligibilité de la loi》, R. Drago (dir.), *La confection de la loi*, P.U.F., 2005, p.100.
24) L. Favoreu et al., *Droit constitutionnel*, Dalloz, 12^{e}éd, 2009, p.135.
25) Décicion n°99-421 DC du 16 décembre 1999, *Rec*. p.136.
26) Pierre de Montalivet, *op.cit.*, p.118.
27) *Ibid.*, pp.120-121.
28) M. Verpeaux, *op.cit.*, p.1888.
29) Décision n° 2004-500 DC du 29 juillet 2004〔con.13〕, *Rec.*, p.136.
30) B. Mathieu, *op.cit.*, pp.117-118.
31) A. L. Valembois, *La constitutionalisation de l'exigence de sécurité jurideque en droit français*, L.G.D.J., 2005, p.463.
32) Décision n° 2005-512 DC du 21 avril 2005〔con.8〕, *Rec.*, p.72.
33) V. Champeil-Desplats,《N'est pas normatif qui peut. L'exigence de normativité dans la jurisprudence du Conseil constitutionnel》, *Les cahiers du Conseil constitutionnel*, n° 21, 2006, *op.cit.*, p.96 et s.
34) *Ibid.*, p.99.
35) G. Burdeau,《La règle de droit et le pouvoir》, *Archives de Philosophie du droit et de Sociologie jurideque*, n^{os}3-4, 1937, p.82.
36) P. Rosanvallon, *Le modèle politique français. La société civile contre le jacobinisme de 1789 à nos jours*, Seuil, 2004, p.86.
37) J.-C. Bécane et M.Couderc, *La loi*, Dalloz, 1994, p.28.
38) R. Carré de Malberg, *La loi, l'expression de la volonté générale*, Seuil, 1931, p.4.
39) P. Rosanvallon, *op.cit.*, p.86.

40) G. Burdeau,《Essai sur l'évolution de la notion de loi en droit français》, *Archives de Philosophie du droit et de Sociologie jurideque*, n^{os}1-2, 1939, p.15 et s.
41) 自然法思想が民法典のひとつの基礎をなしていることについて、R. Sareilles,《Le Code civil et la méthode historique》, *Le Code civil 1804-1904. Livre du Centenaire*, reédition, Dalloz, 2004, p.107 et s. また、《société civile》の基本法であった人権宣言・憲法が、民法典にその地位を譲っていったことについては、水林彪「近代民法の本源的性格――全法体系の根本法としての Code civil」民法研究4（2008年）1頁が示唆に富む。
42) G. Burdeau, *op.cit.*, pp.20 et 22.
43) P. Rosanvallon, *op.cit.*, p.88.
44) R. Carré de Malberg, *Contribution à la théorie générale de l'Etat*, tome II, Seuil, 1922, p.231.
45) G. Burdeau, *op.cit.*, p.24.
46) *Ibid.*, p.29.
47) G. Ripert, *Le déclin du droit*, L.G.D.J., 1949, pp.1 et 7.「法の衰退」をめぐっては、ブリュノ・オプティ／北村一郎訳「西欧社会における法の衰退の仮説」日仏法学14（1986年）54-56頁も参照。
48) *Ibid.*, p.39.
49) H. Batiffol,《Le déclin du droit. Examen critique》, *Archives de Philosophie du droit et de Sociologie jurideque*, n° 8, 1963, p.52.
50) J.-M. Cotteret, *Le pouvoir législatif*, L.G.D.J., 1962 を参照。
51) J. Carbonnier, *Droit et passion du droit sous la Ve République*, Flammarion, 1996, pp. 10-12.
52) J. Carobonnier, *op.cit.*, pp.270-271.
53) J.-C. Bécane et M. Couderc, *op.cit.*, p.80.
54) J. Carobonnier, *op.cit.*, p.30 et s.
55) J. Chevalliers, *op.cit.*, p.118. フランスにおける法の変容をめぐり、浜川清「行政改革下における行政と行政法」公法研究70号（2008年）48頁以下も参照。
56) J. Chevalliers, *op.cit.*, pp.123-124.
57) *Ibid.*, p.141 et s.
58) G. Burdeau,《Essai sur l'évolution de la notion de loi en droit français》, p.38.
59) J. Chevalliers, *op.cit.*, p.125.
60) 川﨑・前掲注6）23頁以下、川﨑政司「立法をめぐる昨今の問題状況と立法の質・あり方」慶応法学12号（2009年）45頁以下も参照。
61) こうした視点につき、川﨑・前掲注6）23頁、赤坂正浩「立法の概念」公法研究67号（2005年）155頁以下等を参照。
62) J. Chevalliers, *op.cit.*, p.136.
63) C. Lefort, *Essais sur le politique. XIXe-XX^esiècle*, Seuil, 2001, p.30.
64) *Ibid.*, pp.27-30.
65) P. Rosanvallon, *Le peuple introuvable. Histoire de la représentation démocratique en France*, Gallimard, 1998, pp.12-14. 拙稿「フランス民主主義と多様性」日仏法学24号（2007年）44頁も参照いただければ幸いである。

66) 石川健治「憲法学における一者と多者」公法研究65号（2003年）127頁。
67) P. Rosanvallon, *Le peuple introuvable*, p.167 et s.
68) P. Rosanvallon, *La légitimité démocratique. Impartialité, réflexivité, proximité*, Seuil, 2008, p.14.
69) J. Chevalliers, *op.cit.*, p.162.
70) P. Rosanvallon, *La légitimité démocratique*, p.355.
　　ロザンヴァロンは、フランスの政治文化を特徴づけてきた「一般性」をめぐり、「特殊性から離れることにより実現される一般性」「社会的主権の表現の多元化の作業を介し実現される一般性」「状況の複数性の考慮、社会的特異性すべての承認により実現される一般性」といった新たな意味が生じてきており、それぞれに対応して、「公正の正統性」（独立行政機関）、「熟慮の正統性」（合憲性統制）、「近接の正統性」（参加民主主義）といった、民主的正統性と競合する新たな正統性が考慮されなければならないとしている（*Ibid.*, pp.17-18)。引用箇所の指摘は、こうした認識を前提としたものである。

貧困・差別問題と憲法学
――自律・社会的包摂・潜在能力――

西原　博史

1　空転する生存権論と生存権「保護」という発想の落とし穴

1　従来型の福祉政策の構造問題を告発する「格差社会」認識

「生存権が憲法上当然に保障されるべき生命権を核心とする具体的な権利」であることを踏まえて山内敏弘は、「生存権が憲法上の具体的な権利であることを確認すれば、そのような権利を行使するに際して、国の側からのパターナリスティックな介入やさまざまな人権制限が認められてよいという理屈は、少なくとも憲法論としては出てこないはずである」と強調する。この命題は山内にあって現状肯定的な理論として提示されたものではなく――彼の憲法論にとって特徴的とさえ言えるように――現在の法秩序における権利保障のありように対する痛切なまでの憤怒を下敷きにしている。この問題提起にも現れるように、憲法25条の行使に直面する者に対する行政の、そして黙示的には恐らく社会多数派に浸透した侮蔑的な位置づけは、人権なるものを真剣に捉える者にとって、もはや目を覆わんばかりの状況にある。

実際、現在の貧困問題は、日本国憲法の正当性さえ脅かし始めている。湯浅誠は、「衣食足りて、自宅の自室で感じられる憲法と、路頭に迷いながら感じられる憲法とでは、自分自身との距離が違う」ことを指摘し、その距離の違いを埋められるかどうかが「憲法が活きるか死ぬか」に直結することを強調す

る。これはもちろん、憲法学に対する痛烈な告発でもある。「みなが等距離で憲法を感じる」ことを妨げているのが、「お説教」によって人々に内面化された「自己責任論」だとされる時、自律的個人のモデルを出発点に据える憲法学は、排除に加担している側だということになりかねない。

　ただ、問題は本当に自律・自己決定・自己責任という観点の過剰なのだろうか。湯浅は先の指摘をするにあたり、自分を支えるための「溜め」という観点や、その「溜め」を奪って個人を追い詰める「排除」——それは最後、自分自身に対する排除へと至る——という視点を基礎に据える。この視点は、貧困を単なる所得不足と捉える考え方からはだいぶ距離がある。問題の本質にあるのが、排除のプロセスによって自己決定を行う基盤を崩されていることだと考えるなら、むしろ焦眉の課題は、自律と自己決定の前提条件に対する視点を社会政策の中に組み込むことなのではなかろうか。これは必ずしも、自律を指向する存在という個人の捉え方と矛盾しない。自律という観点の過少こそが問題だとも考えられる。

　実際には、貧困そのものは日本国憲法下においても一貫して存在した。そして現在に至る問題は、むしろ政策的に作られたものだった。1981年の第2次臨時行政調査会第1次答申に端を発して、必要ない人に生活保護が支給されているケースを見直す「適正化」が動き出したのは1980年代。1988年度予算の大蔵原案にはその効果が現れて生活保護予算の総額が初めて対前年比でマイナスになった。そして、そのマイナスは、その年の始めに北海道で保護を拒んだ1人の母親を餓死においやって蓄積した額であった。

　それでも、貧困の存在が社会問題として人々の意識の前面に出ていなかったとすれば、そこには一つの隠蔽構造があった。憲法25条で保障された生存権を、個人の権利としては見えなくする構造である。国内の生存権学説史を対象としない本稿では簡単にしか触れられないが、憲法25条に保障された権利を個人の権利から「国民の生存権」へと置換させ、「社会経済の均衡のとれた調和的発展」を目指す政策的配慮をもって生存権実現の手段と捉え、その枠組の中で個人において存在している生存権侵害に着目しない構造を作り上げてきたのが日本国憲法下の支配的な憲法学であった。

しかし現在の「格差社会」問題が告発するのは、生存権に対するこの責任隠蔽的な理解枠組そのものである。社会全体の「パイの拡大」を目指すことで貧困に対処できるとする考え方は——もともと弱者から目をそらす方便でしかなかったとしても——現在の段階で最終的に行き詰まる。資本がグローバルに移動する中で、収益性の高い産業への優遇政策が必ずしも国内の雇用創設につながらない現実が誰の目にも明らかになったからである。いわゆる「滴り効果（trickle-down effect)」を期待することは非現実的となった。

日本国憲法で25条が明文化され、また1950年の（新＝現行）生活保護法制定によって無差別平等原則（2条）が実質化されるとともに受給者の保護請求権が認められた時点で、「恩恵から権利へ」の転換が生じたものとされた。[7]しかし、現在の現実を見る限り、そこに「権利」の実質はない。「恩恵的」という姿勢こそが、実務のあり方の説明原理として説得力を持つ。このような権利構造からの逸脱は、どこから生じてきたのだろうか。どのように考えれば克服できるのだろうか。

2　問題としての所得中心主義とパターナリズム構造

生存権の実現に向けての理論化作業も実践も、戦後の食糧難と貧困の時代に始まった。また、旧生活保護法が保護受給権の発想を拒否していた背景に、権利の明示が「国民の自立心涵養の見地から不適当」だとする惰民観が支配していた現状が指摘されている。[8]そうした中で憲法25条を見る際に、生活困窮者、特に労働無能力者に対する所得保障に意識が集中するのは不可避的なことだった。『註解日本国憲法』は、25条のプログラム的性格に固執しつつ、実質的には労働能力のない者の生活確保に向けられたものと捉える。[9]生活保護額の算定について、マーケット・バスケット方式が採用されたのは、そうした枠組の直接的な帰結であった。

ただ、そのような位置づけの中では——名目上の権利性を踏まえたとしても、黙示的な構造の次元で——劣等処遇の原則、すなわち救済を受ける者の生活水準は自活する最下層労働者を下回らなければならないとする姿勢が組み込まれることを排除するのは容易なことではなくなる。「保護を必要とする」と

はどのような意味か、という点についての省察が法的推論に組み込まれることはなく、単にカネの問題として生存権が位置づけられたわけである。

　もう一度問おう。恩恵から権利への転換は生じたのか。仮に生じたのだとしても、そこでいう権利は、権利主体が独立の意思決定能力を持ち、平等な配慮と尊重に値する個人であるという前提を組み込んではいそうにない。

　堀勝洋は、社会保障法の基礎理念に自由・自律という要素を加えることを現実の社会保障法に対する過度の理想化であるとして退け、「社会保障法を支える直接の理念はやはり生存権と社会連帯」であることを強調する[10]。こうした文脈で、「連帯」の原理がしばしば引き合いに出されるが、そのイメージするところは必ずしも明らかではない。むしろ理想化を拒んだ現実の社会保障法という観点で見るならば、受給者に対する蔑視こそが連帯原理の内容であるようにさえ見て取れる。「自律能力のある個人によって構成された社会」が「自律能力のないことが証明された要保護者」に対して「連帯の精神」によって援助を行う、という構図。こうした保護提供者の視線から生存権保障のあり方に関する原理を組み立てる姿勢が、財源が厳しくなると「適正化」に走る態度を生み、劣等処遇の原則を無意識に適用して不都合を覚えない感受性を作る。

　しかし、余裕のある範囲で同情を寄せる、というこの構造が、本当に権利としての生存権に対応したものなのだろうか。むしろ生存権は、社会のあり方に対してもっと根本的な問題提起を含んだ異議申立ての権利としての意義を持つものではないだろうか。

2　「排除は、社会的原因によって、個人において生ずる」

1　自律の論理のアンビヴァレンツ

　社会福祉・社会保障の諸制度において、サーヴィス受け手を自律能力を欠いた存在として低く見るのではなく、あくまで対等な個人としての主体性を認める理論的方向は、近時、日本の社会保障法学においても強まってきている。社会保障法の体系の中で「自由」理念の位置を再確認した菊池馨実は、この理論要素から、①国家による個人生活への過度の介入をもたらすような制度設計は

望ましくない、②社会保障法関係において想定されるべき基礎的法主体としての個人とは、受動的な一方的受給主体ととらえられる「保護すべき客体」たるべき個人ではなく、能動的主体的な権利義務主体たる個人である、③自律した個人の主体的な生の追求による人格的利益の実現のための条件整備というとらえ方の中に、平等取扱の契機が含まれている、という三点の規範的要請を導き出した。[11]

ここで自律的生に向けた「条件整備」という観点が打ち出されているところが重要である。前述のように、個人が自律性の主体であったとしても、その自律的決定をどの範囲において下せるのかは、現実には様々な外的条件に依存する。実際には、何らかの原因によって自律「条件」が万全ではない状態ではじめて生存権を意識するとしても、その段階で回復すべきは「自律」条件であって、単なる動物的生ではない。その際に——従来の社会政策的な保護の中で時として見られたように——保護を行う側が被保護者の生き方を恣意的に標準化し、劣った生を強制するならば、それは個人の自律性に対する国家の側の積極的侵害となる。それを考えれば、憲法25条の保障するものの実体を「自由」や「自律」の原理と連続性をもったものと意識し続けることが必須となる。

ところが、個人の自律性を憲法25条解釈の基盤として重視することに対しては、強い批判もある。上記の堀のように、連帯の名による劣った生の強制を肯定する立場はもともと「権利としての福祉」を全否定する、克服の対象でしかないとしても、自律性論批判はそれにとどまらない。社会的排除を問題視する枠組の中で「保護を通じた恣意的支配」を克服することを目指す点において私見と共通の目標を目指すはずの笹沼弘志は[12]、他方において、個人の自律という観点を生存権の基盤に据えることに対しては極めて批判的である。彼は、私見を[13]「支配を克服するために保護への依存から脱却することを主張」するものであって、「『自立』のための条件を制約されているからこそ保護に依存せざるをえない人々の自由の条件を掘り崩す危険がある」と批判する。[14]

笹沼のこの自律性論批判は、多層的なものである。同じ批判が菊池に向けられる時、憲法27条にいう「勤労の義務」に——宮沢俊義以来憲法学で地歩を築いている[15]——法的な意義を認めて、稼働能力がある場合に自律に向けた取り組

みが「規範的に求められる」ものであるとする点が問題視される。これは現実には、近時の社会保障改革の中で進む「自立支援プログラム」の積極的導入に対する評価に関係する。生活保護制度の運用にあたって「自立支援プログラム」を組み込み、合理的理由なくプログラムへの参加自体を拒むような場合に保護停止等を視野に入れる動きが進んでいるが、これがどこまで許されるのか。原理的に肯定する菊池に対して笹沼は、これが「個人の自立・自己責任に重点をおく新自由主義的構造改革を正当化する」ものだと批判する。

この論争にあっては実際は——菊池が「個人の生き方への国家管理的な介入がなされる危険」を強く意識して「参加すべきプログラムの選定に際しては、その内容及び手順を明確に提示した上で、被保護者の同意を原則とする等の手続的配慮」を要請するように——見た目ほどには勤労の義務の位置づけのみが実践的帰結に直結するものではない。

2 「強い個人」を想定することの意味

笹沼の自律性論批判はもう一方で、日本における従来型の「連帯」思想の中に組み入れられた保護受給者に対する侮蔑的な視線を基礎づける上で、支配的な人権思想が正当化根拠を提供してきたのではないかという危惧を踏まえているものと理解できる。

1990年代に、フェミニズムやマルチカルチャリズムによるグループ・ライツ論の高まりに対する反応として、人権主体はグループの中でしか権利実現できないような弱い個人ではなく、一個の人間として自己決定できる「強い個人」である、という点を強調する論を樋口陽一らが意識的に展開するようになる。

笹沼はもともと、人間を作る上でのアソシエーションの意義を強調する立場から、樋口らの議論と真っ向からぶつかる立論を行っており、そこでの「強い個人」論批判は人間と社会の捉え方に関する出発点の選択に関わる、最も根源的な議論として打ち出されていた。この視点は福祉政策のあり方を問題とする文脈では、「強い個人」論が「個人の自立を強調して過重な個人責任を負わせ国家責任・企業責任の後退を正当化する新自由主義的改革と歩調を合わせている」という指摘につながる。

もっとも樋口にあっては、「強い個人」は擬制されたものでしかなく、実際の生身の人間が弱い存在であることも十分に意識されている[22]。自立と自律の能力はあくまで権利論の理論的前提として「想定」されるにとどまるものであり、自律と自己責任を機軸とした社会的制度を誰かに要請する趣旨のものではない。その意味で自己責任の論理によって福祉受給者が追い詰められるとしても、樋口の目から見ればそれは権利論の適用場所の選択においてねじれた事実上のプレッシャーの域を出るものではない。

　それに対し、一定の自己決定能力を直接的に人権主体性の条件として要請する見解にあっては、一人ひとりの能力が人権主体たり得る規範的な資格に影響する。最も明示的にそうした立場を明らかにするのが、長谷部恭男である。彼は、近代立憲主義で想定される「個人」——そのことによって、憲法によって尊重される「個人」——として、「私的空間では自己の生について構想し、反省し、志を共にする人々とそれを生きるとともに、公共空間では、社会全体の利益について理性的な討議と決定のプロセスに参与しようとする存在」としての能力を持つ人間を想定する[23]。

　もちろん長谷部のこの記述は、憲法上の権利の中で公共財としての価値に基づいて保障される部分と、人格の根源的な平等性に基づいて保障される「切り札」としての部分を区別した上で[24]、基本的に「切り札」を手にする者の資格を明示する趣旨のものである。個人に対して立法者が自分自身に対するものと同等な尊重と配慮を義務づけられ、自らの生の構想を押し付けるような介入をしてはいけないと説かれる時、その議論は、子どものように理性的推論能力のトレーニングをこれから受けるべき存在との関係では成り立たない。長谷部における「切り札」保有資格の限定は、人権の基礎づけとしての根源的平等性を語るにあたり、立法者自身との比較に単なる比喩を越えた意義を付与することの必然的な帰結である。公私を使い分けて公的議論のルールを守れる理性的な存在としては想定されない者との関係でも、別の観点において対等な人格性を擬制した方が混乱を避けられる範囲において、公共財として性格に基づく憲法上の権利が保障される。

　それでも「切り札」保有資格の限定は、特に生存権が「人権」なのかどうか

を考えるにあたって根本的な違いをもたらす。憲法25条が単に公共財としてのセイフティーネット設置・維持を国の責任として求めただけだと考えるならば、生存権は憲法上の権利ではあっても人権とは無縁だということになるだろう。福祉制度の運用においては、社会的な安心を確保するために公共財として確保されるべき部分は何か、という観点が決定的なものとなり、制度利用者の個人としての主体性や自律性は——高く見積もっても——二次的な問題となる。「恩恵から権利へ」の転換が生じていないとしても、実はそこに「人権」がなかったのだから当然の話、という説明さえ成り立ちかねない。

　長谷部の立場決定は、1970年代以降のアメリカにおけるリベラリズムの議論に影響を受けている。実は長谷部のいう、「公の討論に一緒に参加できる主体であるから尊重」という観点は、J. ロールズ以来のリベラリズム論の核でさえある。ロールズ理論の集大成『政治的リベラリズム』の問題提起において、すでにこれは紛う方なく現れている。そこで問われているのは、「自由で平等であり、生涯にわたって社会の協力的なメンバーであると認められた市民の間の、世代から世代にわたる社会的協力関係の公正な条件」である正義の適切な概念を問うことである[25]。この目的で、協力的メンバーであるために必要な能力は存在するものと仮定される。

　こうしたロールズにおける視点の限定は、平等に配分されていなければならない「基本財」(primary goods) を特定する場面で、実際上の帰結をもたらす。彼のいう基本財は、「ａ．基本的な権利と自由、ｂ．多様な機会を背景にした移動の自由と職業選択の自由、ｃ．基本構造に関わる政治的・経済的な制度の中における公職と責任ある地位のパワーと特権、ｄ．所得と富、ｅ．自尊心の社会的条件」を含む[26]。人々の間に平等に配分されるべきものを考えるにあたり、各人の善に関する考え方の多様性を踏まえて結果指向の基準を求めず、どのような善に関する考え方を持っていても共通に必要となるベーシックなものに限定するのがこの基本財アプローチであり、そのベーシックなものの中に「自尊心の社会的条件」までの複雑かつ多様なものを含み込む点でよく考えられた構図であることは間違いがない。しかし病気や事故の結果として生ずる身体的能力の差は、基本財として正義に基づく社会の基本構造のレヴェルで埋め

合わせるべき対象とはされず、あくまで政府の財政支出全体との関係で調整される「立法段階で処理すべき」問題とされる。[27]

つまり、障害者対策は社会のノーマルな構成員による「施し」の問題であり、それ以上でもそれ以下でもない、という観点がロールズ流のリベラリズムの中に組み込まれている。もともとの問題提起によって、原初状態において自分が重度障害者である可能性は考えなくてよいことになっている。アメリカにおけるリベラリズムにおいては、ヨーロッパの議論においてしばしば権力に服する個人の権利という視点が組み込まれるのとは異なって、自ら民主主義的な権力の一員である「市民」の権利に関する理論を指向する。そのことによって一方で連帯の礎が置かれるとしても、他方で、社会の尺度で測って無能とされる人々の権利は最初から考慮に昇ってこない枠組を作ってしまう危険がある。

個人の基本的な権利の問題として生存権を考えていくのは簡単なことではない。日本で保護関係の理解に組み込まれている被保護者に対する蔑視がある意味で特殊だとしても、それを克服する途は、伝統的なリベラリズムの権利論に求めても限界がある。

そうした中で、保護関係に依存するだけで主体性を認められにくい被保護者の権利を考えるにあたって、これを人権の論理から切り離し、特殊な者たちの特殊な権利に関わる主題だと位置づける論法にも一理ある。ただ注意すべきなのは、基本的な担い手としては理性的能力を持った人々によって構成される社会における公共財として保護の問題を位置づけるならば、そこでは「民主的多数者の意思に反してでも貫徹されるべき権利」という観点が失われ、保護受給者の主体性を制度に確実に組み込むための手がかりが失われかねないことである。その点で、自立・自律の能力を欠くように見えることを人権主体性の基準の中で直接に考慮することは、極めて危険であるといえる。この点を意識しながら、個人の権利を語る際の手がかりをもう少し探していこう。

3 潜在能力アプローチと社会的排除

上記のロールズの立場に対して根本的な批判を加えたのが、A. センである。彼は『不平等の再検討』の中で、あらゆる規範理論の核に何らかの変数に関す

る平等という要求を見つつ、最も適切な変数を追究する。その際にセンは、ロールズ同様に個人の価値観や善き生き方の構想に規定される達成された成果や機能に指標を置くことを拒否し、その限りで基本財アプローチの意義を評価しながら、最終的にはそこに不十分なものがあると指摘する。彼の分析にとって本質的なのは、人間の「多様性」であり、ロールズ批判の文脈では特に、与えられた基本財を実際の自由に変換する能力に関わる多様性である。同じ所得を得ていても、病気のために医療費を払い続けなければならない人は、その所得で得られるものが減少する。ロールズが配分の問題を考えるにあたり、個々人で異なる目的の問題を排除したのは正しいが、目的達成のための手段に集中するあまり、人々が享受する実際の自由を等閑視する不正義を犯している、とするのがセンによる批判である。

　それに代わって指標となる変数が、「潜在能力」(capability) である。貧困が問題なのは、単に所得不足というにとどまらず、所得を福祉に変換する能力差を考えに入れれば、最低限の潜在能力が欠けた状態にあるからだとされる。この潜在能力は、「ある特定の生き方をするための自由を反映した機能のベクトルの集合」と定義される。

　センの潜在能力アプローチを前提にした場合、社会的排除と呼ばれるプロセスは、潜在能力剥奪の構造的一部であり、また潜在能力欠如の道具的原因になるという点で、二重の形で潜在能力の欠如と関係する。労働（職場という人間関係として）、家族、政治的な参加機会などの社会関係から排除されれば、そのこと自体がまず福祉の低下をもたらす。人間関係を享受することそれ自体が生活の満足度につながるわけであり、そこから人為的に切断されることによって個人が失うものは少なくない。ここでは人間関係の享受それ自体が潜在能力に関わる問題となる。

　さらにセンが潜在能力欠如の道具的原因と呼ぶのは、社会的排除の過程を原因として別の潜在能力の欠如が生じる場合である。失業という排除は、所得の源を断つことにより、低所得という潜在能力の欠如した状態を引き起こす。特にセンが強調するように、政治参加能力の欠如は、政治的過程を通じた差別に対する救済を遮断することにより、差別という別の排除過程の永続化につなが

りやすい。

「排除は、社会的原因によって、個人において生ずる[33]」とセンが強調する時、これは社会的排除が特定グループに関わる集団的問題とされることによって、むしろ個人に対して生じる痛みを相対化してしまう可能性を意識し、それを防ごうとするものと位置づけられる。こうした方向設定は必ずしも、社会的排除の構造を問題視する論者に共通する分析視角ではない。

にもかかわらず本稿でセンの分析を詳しく取り上げたのは、この視角が社会的排除の問題と権利論との接点を形造る上で重要な役割を果たし得ると考えるからである。保護関係にある個人にあっても権利主体としての主体的地位を失わないような権利のあり方を探る本稿にとって本質的なのは、個人の――場合によっては潜在的な――自律能力を核としながら、潜在能力に対して生じる外部的剥奪の除去に向けて個人が権利主張できるような枠組みである。この点において、センの潜在能力アプローチは多くの手がかりを提供する。

3 「社会的排除との闘い」と障害除去モデル

1 社会的排除との闘い

貧困を貧困という結果だけで捉えず、貧困に至る過程の中にあった様々な排除を個別に可視化することによって、そうした排除を克服できる規範構造を確立しようとする方向が見えてくる。こうしたアプローチは、貧困除去に向けても重要な貢献を成し得るだろう。特に、一定の排除事由となる特徴を手がかりとした差別は社会的排除のある種の典型例を構成するため、差別禁止や平等という理念を前面に押し出すことによって社会的排除の克服に向けて歩を進めることができる場面がある。

この社会的排除に対する問題意識を政策レヴェルに転換させた点では、EC・EUが指導的な役割を果たした。大きな転機となったのが、2000年3月のリスボン理事会における議論を受けて同年6月にEU委員会が取りまとめた「社会政策アジェンダ[34]」である。そこでは、具体的目標を設定する中で、社会的排除との闘いが実質的な「社会的包摂の促進」を求めるものと定義され、

「開かれた協力メソッド」によって具体的な行動計画（action programme）を共有することを通じて目標達成に向かうことが明らかにされた。この「開かれた協力メソッド」は、各構成国とEUとの間で政策目標に関する合意を作成し、指標を定め、評価のための調査を行う手法である。

ここでも、社会的包摂の促進が様々な事由に基づく差別禁止、特にその中でもEC法の中で1970年代以降の重厚な蓄積と強烈な権利指向的アプローチに支えられて実効性を誇ってきた性差別禁止法理と連動すべきことが強調される。[35]

イギリスの労働法研究者H.コリンズが社会的包摂に関する法理論を展開するのも、特にEC法の差別禁止原則との関係で、平等取扱原理からの逸脱を正当化するための上位原理を探し求める文脈においてである。彼は社会的包摂を「どのようにしたら社会が統合され、調和されるかに関する理論」だと定義し、「すべての市民が社会に参加し、その社会の制度と可能性を評価できるようになるための条件と機会を作り出すことを狙いとする」ものと定式化する。[36]この社会的包摂は、市民同士の間で等しい結果を追求しないという点において実質的平等の原理と根本的に異なり、むしろ最低限の福祉をすべての市民に対して保障することを確保しようとするものと説明される。特にコリンズの理論化する社会的包摂にあっては、市民権の利益から排除されているグループを特定し、そこで生じている障害を除去しようとすることを目指すため、平等の原理と比べた場合、不利なグループを定義する特徴が不可変であることは要求されないという特色がある。[37]

このような形でコリンズによって定義された社会的包摂は、市民権の利益に参加することに対して存在している障壁の除去を確保しようとする。[38]そのため、社会的包摂の観点から要求される積極的措置は、単なる割当定員制などではなく、排除されたグループのメンバーが――たとえば――技術と能力に見合った労働を手に入れることを妨げている障害を克服できることを確保するために必要な調整を行うことに向かう。コリンズはここで、イギリス1995年障害者差別法の下で要求される「合理的便宜」義務を例に挙げる。たとえば障害者の採用に際して、比較的低廉なコストでバリアを除去できるのに、それを行わずにバリアの存在を理由に不採用とする場合に障害者差別が認定される、という

構造の法理である。[39]

　こうした構造の下で社会的包摂を位置づける場合、EC法において特に性差別との関係で発展してきた間接差別禁止法理もまた、社会的包摂の原理を実現するための重要な手がかりとなる。ここでコリンズは、日本では黒岩容子が唱える間接差別法理の理解を下敷きにする。[40]禁じられた区別の特徴（たとえば性別）に直接依拠はしないが、別の基準（たとえば身長165cm以上）を用いることによって特定グループに偏って不利を生じさせるルールや慣行を潜在的に間接的差別と分類し、そこに比例原則をあてはめて、目的達成のために非差別的な手段がある限りは当該ルール・慣行の適用を排除するところに間接差別禁止法理の本質がある、とする評価である。コリンズはこうした理解を踏まえて、間接差別禁止法理が上述の合理的便宜義務と同様の形で、ルール設定者の側に生じるコストを検証の対象とすることによって、基礎にある情報の提供を強制するルールとして機能すると位置づける。[41]

　このコリンズによる社会的包摂論で基礎に置かれているのは、黒岩の表現を借用すれば、「平等の障害という、差別的効果を生じる取扱を禁止する」ものとしての平等観であり、この禁じられたものの例外であるためには誰にとっても受け入れ可能な合理性を持つものでなければならないという想定である。[42]もっとストレートに表現すれば、特定の排除要因を持ち込んでいる社会（多数派）の側に対して「邪魔だ、どかせ」と要求する権利論である。ここでは、特定の負担を負った人々の立場を十分に考慮しないことによって、その負担を抱えた個人の自由を妨げていることに対する社会的責任が意識される。そのため、この枠組においては、社会的な苦境に陥ったことに対する個人の責任が前提とされがちな国家給付による救済の場合と異なり、排除に対抗する個人の側の権利主体性が視野から抜け落ちることはない。

　コリンズが準拠点として「最低限の福祉」の保障に言及するように、この社会的包摂という視点は、日本でいう生存権理念とも密接に関係する。そしてこの視点は、失われがちな生存権の権利主体性を確保し、平等原理との密接な協働の下で、個人が貧困に陥る原因に早い段階で対処していくことを可能にする原理として、大きな理論的可能性を有している。市民として社会参加を行うの

に必要な条件が確保されているか、という基準を持ち込むものである点においても、劣った生の強制に関わる要素は排除されている。

現代社会において必要とされる社会政策の理念は、給付の受け手の側の権利を構築する際、これまでと違った形で構造化された平等理念への配慮を要求する。平等という理念が何らかの標準を意識する限りで一定のパーフェクショニスティックな要素は付着せざるを得ないとしても、これは具体的な社会多数派を比較対象者として想定した「〇〇並み」を享受する権利とは異なる。具体的には、個々の排除過程に着目しながら、社会が組み立てる制度的枠組の中で——場合によっては多くの場合、非意図的な——誰かに対する排除構造に対して敏感であり、その排除構造が不利に影響している特定個人の視点を常に制度的吟味に組み込む視点である。「邪魔だ、どかせ」の権利論として構造化可能なものといえる。

その際の出発点となるのは、個人にとって不利な社会的仕組みを採用している社会の側が有する、個人の自由を妨げていることに対する社会的責任である。個人が生きていくために依存している様々な仕組みは、能力ある個人の自律による成果ではない。具体的な個人が置かれている様々な状況によっては、一般的な社会的仕組みでは個人の自律を可能にするインフラストラクチャーの整備として不十分であり、社会の特別な配慮が求められるように見える場合もある。しかし、この「特別な配慮の要求」が特別であるか否かは、何らかの意味で固有に決定可能なものではない。ただ単に、様々な特徴を持った個人が共同で営む社会の中で、誰を標準に据えるかに関する偶然的な決定の裏返しであるに過ぎず、その限りで極めて偶然的な性格を有する。いずれにしても、排除構造が妥当していることは、個人の責任ではない。[43]

このように考えても、社会保障法の基本目的を「自律した個人の主体的な生の追求による人格的利益の実現のための条件整備」に置く上記の菊池の見解に新しいものを付け加えるものではないだろう。むしろ見直されるべきは、憲法25条を解釈するにあたって、自律を妨げている社会の側の責任を等閑視し、恩恵的な保護の枠組を克服してこなかった憲法学自体の意識であるように思われる。

立憲主義の展望

【付記】 本稿は、2009年6月22日に開催された早稲田大学比較法研究所プロジェクト「新世紀における比較法研究の理論的・実践的課題」第4回講演会の成果を基礎にしている。その記録として、戒能通厚ほか編『法創造の比較法学』〔日本評論社、近刊〕所収の同名論文を併せ参照いただきたい。

注
1) 山内敏弘『人権・主権・平和』（日本評論社、2003年）88頁。
2) 湯浅誠「憲法との距離：25条と日本の現実」婦人之友103巻5号（2009年）137頁。
3) 湯浅誠『反貧困』（岩波新書、2008年）59頁。
4) 寺久保光良『「福祉」が人を殺すとき』（あけび書房、1985年）10頁。
5) 最判1972年11月22日刑集26-9-589＝小売市場判決。
6) 西原博史『自律と保護』（成文堂、2009年）28頁、196頁参照。より包括的な構造問題として、裁量の行政の「恩恵」として提供されるかつての「日本型生活保障」に関し、宮本太郎『生活保障』（岩波新書、2009年）42頁。
7) 保護請求権の承認がもつ意味につき、小川政亮『権利としての社会保障』（勁草書房、1964年）136頁
8) 小川政亮「保護請求権と争議権の成立」『小川政亮著作集6』（大月書店、2007年）151頁。
9) 法学協会『註解日本国憲法 上』（有斐閣、1953年）490頁。
10) 堀勝洋『社会保障法総論』（第二版、東京大学出版会、2004年）100頁。
11) 菊池馨実『社会保障の法理念』（有斐閣、2000年）143頁。
12) 笹沼弘志『ホームレスと自立／排除』（大月書店、2008年）50頁。
13) 西原博史「〈社会権〉の保障と個人の自律」早稲田社会科学研究53号（1996年）153-159頁、西原・前掲注6)61-66頁。
14) 笹沼・前掲注12)52頁。
15) 宮沢俊義『日本国憲法』（日本評論新社、1955年）272頁。
16) 菊池馨実「社会保障の規範的基礎付けと憲法」季刊社会保障研究41巻4号（2006年）311頁。
17) 転換点として、2004年12月15日の厚生労働省社会保障審議会「生活保護制度の在り方に関する専門委員会」報告書。http://www.mhlw.go.jp/shingi/2004/12/s1215-8a.html（2010年1月10日閲覧）。
18) 菊池馨実「自立支援と社会保障」菊池馨実編『自立支援と社会保障』（日本加除出版、2008年）358-362頁、菊池・前掲注11)311頁。
19) 笹沼・前掲注12)56頁。
20) 笹沼弘志「権力と人権」憲法理論研究会編『人権理論の新展開』（敬文堂、1994年）31頁。
21) 笹沼・前掲注12)49頁。
22) 樋口陽一『転換期の憲法？』（敬文堂、1996年）72頁。
23) 長谷部恭男『憲法の理性』（東京大学出版会、2006年）151頁。
24) 長谷部恭男『憲法』（第4版、新世社、2008年）116頁、長谷部・前掲注23)77頁。
25) John Rawls, *Political Liberalism,* (Columbia University Press) 1993, p.3.

26) Ibid. p.181.
27) Ibid. p.184.
28) Amartya Sen, *Inequality Reexamined*, (Harvard University Press) 1992, p.12（池本幸生ほか訳『不平等の再検討』（岩波書店、1999年）18頁）。
29) *Ibid.* p.25 ＝訳25頁。
30) Sen, *The Idea of Justice*, (Penguin Books) 2009, p.81; Sen, op.cit. (note 28), p.81 ＝訳125頁。
31) Sen, op.cit. (note 28), p.40 ＝訳60頁。
32) Sen, *Social Exclusion: Concept, Application, and Scrutiny*, Social Development Paper No.1, Asian Development Bank 2000, p.5.
33) Sen, op.cit. (note 28), p.8.
34) COM (2000) 379 final.
35) 西原博史『平等取扱の権利』（成文堂、2003年）、西原博史／黒岩容子「EC法における性差別禁止法理の発展と変容」比較法学41巻2号（2008年）201頁参照。
36) Hugh Collins, Discrimination, Equality and Social Inclusion, 66 *Modern Law Review* 16 (2003), p.24-24.
37) Collins, Social Inclusion: A Better Approach to Equality Issues?, 14 *Transnational Law & Contemporary Problems* (2005), p.913.
38) Collins, op.cit. (note 36), p.37; Collins, op.cit. (note 37), p.913.
39) Richard Whittle, The Framework Directive for Equal Treatment in Employment and Occupation: an Analysis from a Disability Rights Perspective, 27 *European Law Review* (2002), p.311.
40) 黒岩容子「EC法における間接性差別禁止法理の形成と展開(1-2)」早稲田法学会誌59巻1号（2008）89頁、2号（2009）173頁。なお、EC裁判所が採用する間接差別禁止法理の理解について黒岩と私の間に存在する論争にはここでは立ち入らない。西原／黒岩・前掲注35）222頁注66。
41) Collins, op.cit. (note 37), p.915.
42) 黒岩・前掲注40)(2)205頁。原文では「性平等」「性差別的効果」。
43) この認識は、障害者差別禁止法理の形成にあたって「障害」が個人的悲劇であることを否定して、社会的に構築されたものであることを強調する「社会モデル」障害観に典型的に現れる。杉山有沙「日英障害者法理における障害と障害者の概念──1995年障害者差別禁止法の比較法的検討」（2009年度早稲田大学大学院社会科学研究科修士論文、未公刊）。

フランスにおける「地域語」の憲法編入
――国民国家の言語政策演習――

糠塚　康江

1　はじめに――課題の設定

　2008年7月、フランスは「第5共和制の諸制度の現代化」(modernisation des institutions de la Ve République) を目的とする24回目の第5共和制憲法の改正を断行した。[1] この改正には、統治機構の革新に加え、パリテの拡大と条項整備が行われ、地域語に関する条項も新設された。[2]

　これまでフランスの言語政策は、「国内の地域語に対するフランス語の単一言語主義」と「ヨーロッパや世界に向かって主張する多言語主義」という矛盾する2局面によって特徴づけられてきた。[3] この矛盾が典型的に表れたのが、欧州地域語少数言語憲章 (Charte européenne des langues régionales ou minoritaires、以下 CELRM と略記) 批准問題であった。CELRM 批准に先立ってシラク (Jacques Chirac) 大統領が審査を申し立て、憲法院は、CELRM が(i)共和国の不可分性・法の前における市民の平等・フランス人民の一体性に反する、(ii)フランス語が共和国の言語であることに反する (99-412 DC du 15 juin 1999)、と判断した。[5] 以後、地域語を支持する諸団体は CELRM 批准を悲願として、10年近い歳月、地域選出の議員を通じて機会あるごとに違憲判決を乗り越えるために、憲法改正を提案してきた（例えば、「地方分権化された共和国」のための憲法改正審議における「フランスの遺産の一部である地域語を尊重して」あるいは「フランス

の遺産の一部である地域語を尊重しかつ保護して」を2条に挿入する提案)が、地域語の承認は共和国のコアな原理に抵触すると考えられたため、その度に阻止されてきた。そうした前史からすると、この度の改正がなぜ可能になったのかを問うことは、国民国家の言語政策を考える上で、興味深いことである。

そこで、まず、地方自治体に関する第12章に地域語条項が置かれたのはいかなる事情によるのか、クロノロジー風に振り返りたい(⇒2)。次に、地域語条項が設けられたことのフランス語条項にとっての意味を考えてみたい(⇒3)。その上で、フランス語の国語化によって周辺化された諸言語にとって地域語条項はいかなる効果を持つのか、若干の分析を加えることにしたい(⇒4)。

2　改正のクロノロジー

1　端緒――2条改正案

2008年1月15日、リスボン条約批准のための憲法改正をめぐる国民議会での審議の際、憲法2条のフランス語条項(「共和国の言語はフランス語である。」)に「フランスの遺産の一部をなす地域語を尊重しつつ」という文言を挿入するという提案(amendement 2)があった。提案支持者は「フランスがイタリアとともに、CELRMに批准していないEU構成国であることに甘んじていいのか」として、CELRM批准の意図を隠さなかった。ワルスマン(Jean-Luc Warsmann)委員長は、地域語の検討の必要性を認めたものの、この度の改正はリスボン条約批准に限ってのものであること、サルコジ(Nicolas Sarkozy)大統領が統治制度に関する憲法改正を予定している点を挙げ、この提案を受け入れなかった。地域語の検討の必要性に言及した委員長の発言を受けて、ダティ(Rachida Dati)法相は、「政府がデリケートな地域語問題をテーマとして議会審議の場を設ける」ことを約束した[6]。

4月23日に提出された政府の憲法改正案には地域語条項は含まれていなかったが、5月7日、政府は「地域語に関する政府声明」[7]を国民議会に提出し、審議が行われた[8]。声明のなかで政府は、フランスの言語的多様性を承認しつつ、

2001年に「フランス語およびフランスの諸言語総局 (délégation générale à la langue française et aux langues de France: DGLFLF)」を創設して以来、文化、教育、メディアの方面で地域語の振興を図っていることを強調し、それが「フランスは政治的に1つ、文化的に複数である」ことを含意しているとした。様々な地域の名において地域語の憲法的承認、そして CELRM 批准を求める議員の発言が続いたが、非領域的言語や移民の言語に言及する議員はいなかった。5月13日には元老院で、アルフォンスィ (Nicolas Alfonsi) 議員の口頭質問とそれに伴う審議が行われた。[9] 両院の審議に参加したアルバネル (Christine Albanel) 文化大臣は、政府は地域語への対応のために憲法を改正するつもりも、CELRM 批准のつもりもないと言明した。前文で公的空間における地域語を話す時効にかからない権利を承認する CELRM は、特定の集団に特別な権利を付与することを禁止する共和国の不可分性、法の前における市民の平等、フランス人民の一体性という「フランスの憲法上の堅固な核心 (notre noyau dur constitutionnel)」に反し、「言語的マイノリティ」の存在を認めることは言語的に抑圧されたマイノリティが存在しないフランスの哲学と現実にそぐわないからであった。さらに、ドイツ、スペイン、イギリスが CELRM に加盟しているのは、フランスとは異なる国家構造だからだ説明された。しかし政府は、言語的遺産 (patrimoine linguistique) として地域語を承認し、保護・奨励の参照枠組みとしての法律を2009年に制定する用意があることを明かした。[10]

2　2条改正案から75条の1改正案へ

両院の審議において地域語の憲法的承認を求める議員の発言が多くあったことから、憲法改正法案審議国民議会第1読会において、ワルスマン委員長は、憲法1条に「地域語はフランスの遺産に属する」という文言を挿入するよう提案した (Amendement n° 605 Rect.)。1999年の憲法院 CELRM 違憲判決を乗り越えることを希望する議員からは2条改正が提案されたが、委員長はこれを退けた。委員会の提案はフランス語と地域語を対立させるものではなく、新しい権利、とりわけ行政文書の翻訳を要求するような新しい権利を創出するものでもなく、もっぱら地域語を憲法上の存在とすることへの要望にこたえるものであ

ると説明された。ダティ法相も、「共和国は地方分権化される」という文言と論理的に接合するとして賛同した。こうして委員会案はほぼ満場一致で採択された。

「フランス語をその使用と威光において監視する」役割を担うアカデミー・フランセーズ（Académie française）は、6月12日の総会で、憲法1条に地域語条項を挿入する国民議会改正案の撤回を求める声明を採択した。同声明のなかで、アカデミー・フランセーズは、「5世紀以上前から、フランス語はフランスを形成してきた。その正当な返礼として、憲法2条『共和国の言語はフランス語である』があることは明白である」とし、地域語条項をフランス語条項に前置させる「挑戦（un défi）」は、「共和国の拒否」「国民の構成原理と政策目標との混同」であると批判した。地域語はフランスの文化的・社会的遺産であるが、憲法にその地位を設ける必要はないというのである。国民議会第1読会案を検討した元老院の法律委員会は、憲法1条に地域語条項を挿入する案を支持する報告書を6月11日に提出していたが、6月18日の元老院の第1読会で地域語条項削除案が216対103で採択された。アカデミー・フランセーズの声明を直接の理由にしてはいなかったが、地域語条項がフランス語条項に前置されていることの指摘、公権力を組織する憲法によって地域語を承認する必要はなく法律による承認で足りるとする意見、CELRM批准につながることへの懸念など、声明に重なる削除理由が示された。

この元老院の削除決定を受け、国民議会法律委員会は、第2読会に提出した報告書のなかで、ヴェイユ（Simone Veil）委員会によって並行して検討されていた憲法前文に地域語の地位を記載する方途を示唆しながらも、多くの議員によって憲法に地域語条項を挿入する希望が表明されたことを重んじて、地域語条項を復活させる基本方針を確認した。その上で地域語条項をフランス語条項に前置する不都合を避けるために、地域語条項として75条の1を新設することを提案した。7月8日の審議において、ダティ法相は、「この妥協的解法（cette solution de compromis）」を元老院も受け入れるだろうとして支持を表明した。ある議員からCELRMが飛び地のように各国の取り残されたマイノリティ保護を本来の目的としていることの指摘があったが、フランスはかような

状況になく、地域語条項がCELRM批准の効果を伴わないことが、法相、委員長によって確認され、委員会案通り可決された。[17] 国民議会の地域語条項案は7月16日、元老院第2読会で採択された。[18] 全体として両院を通過した法案は、21日の憲法改正議会（Congrès）の承認に付され、1票差で可決成立した。

3　改正の射程

ル・フュル（Marc Le Fur）議員の発言[19]にあるように、フランスでは「憲法の条項間に序列（hiérarchie）はない」。しかし、ある特定の条項に着目した場合、それが憲法上どこに位置するかで法的効果は変わる。CELRM批准派の地域語条項2条挿入案は、フランス語条項を相対化させる狙いがあった。共和国の言語の擁護者からすれば、フランス語は主権に関わるが、地域語は主権に関わらせるべきではない。地域語条項1条挿入案は、提案者の意図からすれば「地方分権化された（décentralisée）」に引き続く「フランス」を形容する文言の付加にすぎなかったが、2条のフランス語条項に前置される結果、それに対する挑戦であるとの批判を招いた。地域語が憲法のなかに見出した場所は、それらの条項から離れた、地方自治体について定める第12章中に新設された75条の1であった。

こうした経緯を通じて、政府および委員会は、(i)フランスの遺産としての地域語の承認は、共和国の言語であるフランス語の優越性に何らの影響を及ぼすものではないこと、(ii)地域語の使用は地域語の話者に新しい権利を承認するものではないこと、(iii)地域語条項はCELRM批准を可能にするものではないこと、(iv)地域語条項は1999年の憲法院判決が確認した共和国の言語規定および共和国の基本原理—共和国の不可分性・法の前における市民の平等・フランス人民の一体性—を再審に付すものではないこと、を確認した。それでは挿入された新しい条項は何を可能にするのであろうか。少なくとも、上記(i)〜(iv)を留保した地域語の保護・奨励立法が憲法院によって違憲判断されないという効果を期待できるが、すでに1999年の判決で、憲法院は、CELRM批准に際しフランスが選択した地域語少数言語を保護・奨励するための39具体的措置を合憲と判断していた。[20] その後、教育、メディア、文化の領域で、フランスは地域語の保

護・奨励政策を積極的に実施してきた。しかし、「フランスにおいて地域語の使用を認めている法律および行政法規規定はよく知られておらず、既存の裁量の余地も不十分にしか活用されていない」。例えば、現行でも地方自治体は地域語で作成する公式証書を発行できるし、フランスの諸言語の使用を規制する条項と法文が提供する可能性は広げられる。地域語条項がなくとも、フランス国内の地域語の保護・奨励のために、多くの政策が可能だったのである。そこで、フランス語条項の射程が改めて問われる。

3 共和国の言語としてのフランス語

1 国民国家と国語

　フランスは、多民族的な基盤の上に立って国民的な領土を擁する国の典型である。そこでは、「統一が、少なくとも政治的プロジェクトとしては、民族的により均質的な他の多くの国家に比べて、はるかに徹底的に行われた」[22]。フランス語は、1539年にヴィレール＝コトレの勅令（l'ordonnace de Villers-Cotterêts）によって「王の言語（langue du roi）」と規定されて以来、君主制の行政言語（langue de l'administration monarchique）であり、教養層とブルジョワジーの支配言語（langue dominante）であった。革命前夜のフランスにおいて大衆をフランス語化する必要はなかった。真のフランス語話者—大部分の場合は状況に応じて地方の様々な言語種を使用—といえるのは1000万人にすぎず、住民の半数以上はフランス語を解さなかったし、ましてそれを読み書きできる者は限られていた。ヒエラルキー化された社会のなかでは、フランス語は社会的な差別を確立するための道具でもあった。

　フランス革命は、君主主権から国民主権への転換をもたらした。社会的な差別を固定化する「君主の言語」から、市民の平等な参加を保障し、相互理解を可能にする「国民の言語＝国語」（langue nationale）への転換が図られなければならなかった。君主にとって代わった国民の意思が、国語を通じて表明され、伝達されなければならないからである。国語となったのは、指導者層に浸透していた「普遍言語」であるフランス語であった[23]。「国民国家の構成員は、国語

について、多少なりとも深い知識をもつことを、義務として負う」ことになり、政府は民衆の識字化政策（politiques d'alphabétisation des populations）に乗り出すことになった[24]。

社会空間と国民領土の均質化を可能にした国語の浸透には、義務教育の進展[25]、大衆文芸の発達、交通・通信手段の発達による個人の地平の拡大、そして徴兵制による軍隊経験が大きく貢献した[26]。新しく導入された代表制は、国語によって運営されるのみならず、正統な権威にとっての基礎となる人民への関与のために国語を必要とした[27]。公的に承認された言語を通じて、国家は人民に対してますます応答的になり、逆もまた同様であった。媒介する共通語がなければ、公的説明責任は損なわれてしまうからである。国語が代表（民主）制にとっての前提条件となることは、18世紀以降の自由主義的政治思想および実践において繰り返し論じられている。ミル（J.S.Mill）が言うように「異なった諸民族によって形成されている国では、自由な諸制度は、ほとんど困難である。同胞感情のない国民のあいだにあっては、ことにかれらが異なった言語を読み書きしているばあいには、代議制統治の運用に必要な、統一された世論が存在しえない[28]」。民主的統治システムにおける政治的安定性は、言語的均質性を必要とする。この見方からすれば、言語的マイノリティは、平等かつ効果的な政治参加と代表制制度を含む政治制度全般の適切な運用を確保するために、公用語に同化されるべきであり、それが社会的上昇への鍵となる[29]。

2　フランス語の憲法化

フランス憲法がフランス語条項を擁していなかった1991年に、コルシカ語による教育が問題となった法律の審査に当たった憲法院は、平等原則の名において、コルシカ語による教育が義務ではなく任意にとどまることを要請したことがあった（91-290 DC du 9 mai 1991）。1992年、マースレヒト条約批准に先立つ憲法改正時、憲法2条2項（1995年の改正後1項）として「フランス語は共和国の言語である」が新設された。「公用語（langue officiel）」ないし「国語」ではなく、特定の政治体制を示唆する「共和国の言語」を選択したことから、改めてその射程が問題となった。

語源的に res publica（＝公事）に遡る「共和国（République）」は、それ自体、公的・政治的性格を言語に与えている（公共空間の言語）。それは市民総体を指すのか、市民総体を具体化する公的組織（institutions publiques）を指すのか。この問題に直面した憲法院は、フランス語使用に関する法律（loi relative à l'emploi de la langue française）判決（94-345 DC du 29 juillet 1994）、フランス領ポリネシア自治特別組織法（loi organique portant statut d'autonomie de la Polynésie française）判決（96-373 DC du 9 avril 1996）を通して、私的空間と公的空間を区別することで概念化を試みた。[30] 憲法院によれば、私的空間でのフランス語以外の言語の使用は、1789年人権宣言11条に定められているコミュニケーションの自由（liberté de communication）の名において可能であるが、公的空間ではフランス語のみが使用可能な言語である。フランス語は、あらゆる公権力の担当者と公権力と関わりをもつ者に強制される公的な言語である。それ以外の者は、私的関係において好みの言語を自由に使用することができる。この解釈枠組みは、先に引用した CELRM 判決において確認された。すなわち、「人権宣言11条によって宣言された自由（思想および意見の自由な伝達）は、…憲法２条１項と両立されなければならない」(cons.7) ことから、「憲法２条の適用は、教育、研究、テレビ・ラジオ放送（communication audiovisuelle）の分野で、表現および伝達の自由が有する重要性を正当に評価しないことに至るべきではない」(cons.8)。人権宣言11条が憲法２条の限界を画すように構成されている。

　その後、ディワン（Diwan）会の運営する教育施設の公教育への統合を審査した憲法院（2001-456 DC du 27 décembre 2001）は、[31] 地域語の教育（教科）と地域語による教育（イメルジョン・メッソド）とを区別し、前者については「平等原則」、後者については「フランス語条項」を参照基準とした。教育が公役務（services publics）であるかぎり、教育施設内での生活でフランス語以外を強要されることは、２条に反するのである。憲法院は、公役務概念を通じて、公／私の対置を公用語と「自由」言語との分配境界としたのであった。

　フランス語条項導入の際、「フランスの地域語地域文化を尊重しつつ」という文言を挿入するという提案が退けられたが、フランス語にとって脅威となるのは地域語ではなく、国際語としてのプレゼンスをますます高めつつある英語

である。17世紀以来の王朝の栄華と18世紀の「啓蒙」によって、フランス語はヨーロッパの貴族と知識層のリングア・フランカであり、19世紀を通して外交語であった。国際条約でフランス語と並んで英語が正文とされたのは、1919年のヴェルサイユ条約が最初であった。以後、フランスは「自国」語の国際的ステータス維持のための戦いを強いられるようになる。現在、フランス語は国際機関の公用語・作業言語としての地位を獲得しているが、英語の媒介語としての比重が増し、相対的にフランス語の地位は低下している。加盟国の公用語すべてを公用語とするEUにあっては、運営のコスト面から、英語・フランス語・ドイツ語を作業言語としているが、英語の使用が近年突出している。これに危機感を抱くフランスは、「一言語主義」にかたむきつつあるEU実務の状況に対し、多言語主義の原則を貫くよう主張している。2009年3月にも元老院が、EU内部における英語の共通言語化に対する異議申し立てを決議している[32]。

　フランス語擁護という目的からするとフランスの言語政策には一貫性があるが、それによって欧州特許に関するロンドン協定（Accord de Londres relatives au brevet européen）の発効が懸念されたことがあった[33]。欧州特許とは、欧州特許条約（Convention sur le brevet européen: CBE）によって設けられた地域特許制度である。CBEに則った1つの特許（CBE）出願（英・独・仏語で出願）を欧州特許庁（Office européen des brevets: OEB）に提出し、OEBによる審査をパスすることで、欧州特許が付与される。それから一定期間内に指定国（全部の締約国と出願時に指定した拡大適用国）中の所望する国への移行手続を行えば、欧州特許は移行先国で有効になる。特許出願の翻訳料の削減を目的に2000年に締結されたロンドン協定では、フランス語がCBEの手続言語の1つであることから、例えば、英語でCBE出願され欧州特許が付与された場合、欧州特許を自国内で発効させるためにフランス語に翻訳された明細書全文を請求する権利をフランスは放棄しなければならない。同協定の発効には、欧州特許付与上位3ヵ国イギリス、ドイツ、フランスを含む最低8ヵ国の加盟が必要であった。フランス国内では、協定は英語優位に通じるとして反発が広まり、批准手続が遅れ、協定が発効しないのではないかと懸念されたのである。

批准に先立ち協定を審査した憲法院によれば、当該規定は、「欧州特許取得者と関係ある第三者との私法関係の枠内に含まれ」、国内法秩序において「公法人もしくは公役務の職務を行使する私法上の人にフランス語以外の言語の使用を義務付ける目的も効果もない」。問題とされる条項は、「私人に、フランスの行政および公役務、とりわけ工業所有権庁（Institut national de la propriété industrielle）との関係において、フランス語以外の言語の使用への権利を付与するものではない」し、「欧州特許権の効果を発効させるためにフランス語以外の言語で起草された文書に根拠をおく唯一の公的機関はOEBで、これは国内法体系に属さず、憲法2条に反することはありえない」ことから、ロンドン協定批准は合憲と判断された（2006-541 DC du 28 septembre 2006）。協定で問題になっているフランス語以外の言語の使用は私法領域に属するから、憲法2条が適用されないという論理である。

　憲法院判例によるルールは、フランス語使用に関して、公的領域においては義務、私的領域においては自由ということになる。その境界の判断は憲法院の審査に委ねられている。憲法院による「公役務」概念は、現代における公私区分の揺らぎを押しとどめる標識として役立つかどうかは、なお検討を要する。

　共和国の言語であるフランス語は、その習得に努力を要するかもしれないが、全員に理解可能な言語空間を創出する。この公的領域の言語は、強制（自由を否認）されることで、交換とコミュニケーションの言語、全員が理解する言語となる。他方、思うままに各人が自己表現する私的領域で用いられる言語は、人権宣言の11条の「伝達の自由」に依拠しながら、出自を同じくする者を除けば「理解されない」、他者への「伝達」不能のリスクを含む[34]。共和国の言語以外の諸言語が息づくのは私的領域であるが、「自由」に委ねられるだけで「言語」として存続することは困難である[35]。「言語」は話者とその理解者を必要とするからである。「自由」は言語の存続にとって空疎な殻である。自由に委ねて「淘汰」されるに任せるならば、言語とともに文化が失われる。それに抗して中身を充填する「措置」をとるのであれば、それを正当化する必要がある。

4　言語的被周辺化地域と「地域」語条項

1　言語と「領域性」

　2008年に『地域語少数言語と憲法―フランス・スペイン・イタリア―』を公刊したベルティル（Véronique Bertile）は、フランスの地域語が置かれている現実の困難から逃れる方途として、地域語に基本枠組みを提供する立法措置と地域語の憲法的承認という２つの道を示した。前者の道は、２条を尊重して地域語をフランスの文化的遺産とするもので、法的措置により強制力を持たせ、地域語に権威を与えることを狙いとしている。憲法的承認は、憲法院の判決が地域語の保護措置を阻んでいることへの対抗措置としてであった。2008年の憲法改正審議に際して政府が念頭に置いていたのは前者の道であったが、実際に選択されたのは後者の憲法改正であった。しかしその目的は、２で確認したように、憲法院判決を乗り越えるためではなかった。そこで、地域語条項の憲法編入の意味を考えたい。

　フランス憲法による「共和国」の言語と「地域」語という対比は、言語と領域の結びつきを意識させる。言語と領域の結びつきは広くみられる現象である。ヨーロッパの多言語主義の１潮流としての「併用公用語（co-officialité）」制は、国家レベルでは一言語主義であるが、「特定の地域に限定して国家語と地域語を平等の地位を持つ公用語として承認する」。「州国家（État régional）」であるイタリアのアオスタ自治州（イタリア語とフランス語）とトレンティーノ・アルト・アディージェ自治州（イタリア語とドイツ語）では、公共表示が二言語併記である。スペインは「自治州国家（État des Autonomies）」であるが、カタルーニャ（カスティーリャ語とカタルニア語）やバスク（カスティーリャ語とバスク語）などでは、二言語が行政上平等に扱われている。国家レベルで多言語主義をとるスイス、ベルギーは「連邦国家（État fédéral）」であるが、言語対立を避けるために領域性原理がとられ、地域レベルでは単一言語主義である。単一国家であるフランスはこれらの国と国家構造が異なる上に、３で確認したように、「共和国」は、領域のみならず、公共空間を独占する。国家構造と共

和国原理から、フランスが言語的平等を含意する多言語主義の採用は難しい。

　確かに、フランス語がアメリカ大陸やアフリカ大陸で話されているように、ある言語と地理的空間の間に本質的かつ不変の関係は存在しない。しかし言語は歴史的に特定の空間に結びついている。フランスにおける地域語とは、「フランス語が徐々に強制されるまで、一定の地域（zone）において社会全体の使用言語であって、当該地域で少数派になってしまっているもの」である。フランス本土にバスク語、ブルトン語、カタロニア語、コルシカ語、オック語など、海外公共団体にグアドゥループ・クレオール、マルティニック語、タヒチ語などがあり、なかでもギアナ、ニュー＝カレドニアの言語はきわめて多様である。言語は話し手とともに移動する。フランス文化省は、「非領域的」言語をフランスの諸言語に加えている。現代フランスの社会学的現実から、移民出身でフランス国内の特定の地理的空間と関係をもっていないが、昔から定着している人たちが使っている、外国の公用語ではない言語が存在する。ただし多くのフランス人がポーランド語や中国語などを話していても、それは外国の公用語であるから、フランスの諸言語ではない。フランスの非領域的言語には、アラブ方言、西欧アルメニア語、ベルベル語、ロマニ語、イディッシュ語などがある。これにフランス手話が加えられる。こうして示されたフランスの諸言語の一覧表は、CELRM署名の際のセルキリーニ（Bernard Cerquiglini）報告が伝えるフランスの言語状況に重なっている。

　20世紀末には、フランス語以外の言語を継承したフランス人は4人に1人にすぎず、そのうちの半数が地域語を継承し、さらにそれを自分の子どもに伝えたのは3人に1人であった。フランス語を除けば、「非領域的」言語と移民の言語は大半の地域語よりも国内でよく話されている。地域語の継承は、教育、文化活動領域、メディアへの地域語の進出にかかっていることから、これらの領域が、地域語の保護・奨励政策の柱に位置付けられている。もっとも、地域語の存在は公的空間にすでに可視化されており、標識の二言語表示、地名などに現われている。存続のためには話者の獲得が課題となろう。

2　「海外」自治体と「本土」自治体

　2003年3月28日の憲法改正はフランスを「地方分権化された」共和国に変えたが、その際、海外自治体の制度が再編整備された。とりわけ72条の3第1項は、すべての海外自治体の住民について、「海外住民 (les populations d'outre-mer)」という言葉を用いて、「フランス人民のなかに海外住民が存在すること」を認めた。これはかつて憲法院が違憲判断を下した「フランス人民の構成要素としてのコルシカ人民」(91-290 DC du 9 mai 1991) とは異なる。[42]「共和国」の主権主体としての「人民」の不可分性を侵すことなく、海外植民地に淵源を有する海外住民の文化的特性を認め、その特殊性に適合する特別な制度や、国法規定の一律適用の例外を認めようとするものである。第3共和制のフランスは対外的に植民地帝国の版図を広げ、現地住民を言語的文化的に同化する政策を遂行したが、第5共和制のフランスはその清算に追われ、公共空間における一定の「文化的」差異の承認を迫られている。「フランス人民」内部における予定調和の下に置かれたものにすぎないとしても、「海外住民」としての多様性が憲法上承認された意義は大きい。さらに特別な地位を認められているニュー＝カレドニア、仏領ポリネシアについては、一種の連邦主義になっている。[43] 仏領ポリネシアにおけるタヒチ語の教育は、法文上任意とされているが、事実上系統的に教育が行われているという。[44]

　同じく第3共和制において推進された「共和国の学校」による国民化教育は、地域語を撲滅しないまでも、屈辱の記憶(「方言札」)を地域に刻印することで、フランス語を浸透させたのであった。[45] 地域の言語と文化に致命的な侵害を被った点では、本土でフランス語の国語化に伴って周辺化された地域の住民と海外領地の住民で違いはなかろう。「お国訛り」を標準フランス語からの「偏差」として測定される点においても、同様である。この意味での歴史の清算を2008年7月の憲法改正で新設された75条の1に読み解くとすれば、それは、「フランス人民のなかに海外住民が存在すること」とアナロガスに捉えられた、「共和国の言語」が構成する言語共同体における予定調和の下で、地域の言語的多様性が承認されたのだという見方も可能であるかもしれない。

(2009年9月1日脱稿)

注
1) この改正の解説として、南野森「フランス—二〇〇八年七月の憲法改正について」法律時報81巻4号（2009年）92-100頁、曽我部真裕「《立法紹介》二〇〇八年七月の憲法改正」日仏法学25号（2009年）181-198頁、三輪和宏「フランスの統治機構改革——2008年7月23日の共和国憲法改正」レファレンス平成21年5月号（2009年）59‒80頁を参照。また邦訳として、調査及び立法考査局政治議会課憲法室訳「2008年7月23日付けフランス共和国憲法改正に関する新旧対照表」外国の立法240号（2009年）143-167頁。
2) いま1つ、87条として「共和国は、フランス語を共有する諸国と人民との間の連帯と協力の発展に参加する」というフランコフォニー（francophonie）条項が規定された。フランコフォニーはフランス語の言語共同体としての側面を持つが、フランス語を道具とした政治的意図を含意しており、具体的な組織として、現在56の国または政府、14のオブザーバーが参加しているフランス語圏国際機関（Organisation Internationale de la Francophonie）が存在している。フランコフォニーについては、鳥羽美鈴「フランコフォニーの政治性」一橋論叢133巻3号（2005年）291-312頁を参照。
3) ルイ＝ジャン・カルヴェ（西山教行訳）『言語政策とは何か』（白水社、2000年）118-132頁、三浦信孝「共和国の言語同化政策とフランコフォニー」同ほか編『言語帝国主義とは何か』（藤原書店、2000年）130-131頁を参照。
4) 糠塚康江「『地域・少数民族言語に関するヨーロッパ憲章』とフランス憲法——フランスの言語政策」関東学院法学10巻2号（2000年）139-168頁を参照。
5) この経緯の異例性について、糠塚康江「『一にして不可分の共和国』と多言語主義『欧州地域語・少数言語憲章』批准問題をめぐって—」中村睦男・高橋和之・辻村みよ子編『欧州統合とフランス憲法の変容』（有斐閣、2003年）159-179頁を参照。
6) *J.O.*, Assemblée nationale, Compte rendu intégral, 3e séance du 15 janvier 2008, pp. 241-243.
7) *Déclaration du gouvernement sur les langues régionales*, N°876, Assemblée nationale, le 7 mai 2008
8) *J.O.*, Assemblée nationale, Compte rendu intégral, séance du 7 mai 2008, pp.1959-1985
9) Sénat, Compte rendu analytique du 13 mai 2008, at http://www.senat.fr/cra/s20080513_4.html（最終アクセス2009年6月29日）
10) *J.O.*, Assemblée nationale, Compte rendu intégral, séance du 7 mai 2008, pp.1983-1985.
11) *J.O.*, Assemblée nationale, Compte rendu intégral, 2e séance du 22 mai 2008, pp. 2346-2350.
12) 12 juin 2008 : déclaration de l'Académie française, at http://academie-francaise.fr/actualites/index.html（2009年8月23日最終アクセス）
13) *Rapport*, N°387 (2007-2008) de M. Jean-Jacques Hyest fait au nom de la commission des lois, pp.49-p.53.
14) Sénat du 18 juin 2008 (compte rendu intégral des débats), at http://www.senat.fr/seances/s200806/s20080618/s20080618004html（最終アクセス2009年8月24日）
15) 2008年4月に発足したヴェイユ委員会は、2009年1月に諮問された事項について憲法

改正の必要はない旨の報告書を大統領に提出した。Voir *Redécouvrir le Préambule de la Constitution*, Rapport au Président de la République, du comité présidé par Simone Veil, La documentation Française, 2009.
16) *Rapport*, N°1009 (2007-2008) par M.Jean-Luc Warsmann, pp.56-57.
17) *J.O.*, Assemblée nationale, Compte rendu intégral, 2e séance du 9 juillet 2008, pp. 4504-4507.
18) *J.O.*, Sénat, Compte rendu intégral, séance du 16 juillet 2008, pp.4778-4780.
19) *J.O.*, Assemblée nationale, Compte rendu intégral, 2e séance du 9 juillet 2008, p.4504.
20) フランスが選択した措置については、糠塚・前掲注（4）150-153頁を参照。
21) L'intervention de Christine Albanel, ministre de la culture et de la communication, in Sénat,Compte rendu analytique du 13 mai 2008, supra note 9.
22) ダニエル・バッジオーニ（今井勉訳）『ヨーロッパの言語と国民』（筑摩書房、2006年）160頁、Daniel Baggioni, *Langues et nations en Europe*, Payot, Paris, 1997, p.134.
23) 革命政府は、フランス語を解さない民衆のために当初翻訳政策をとっていたが、「一にして不可分の共和国」の宣言後、1793-1794年を境に、フランス語への言語統一と連邦主義の象徴とされた地域語を撲滅する政策を打ち出した。革命期の言語政策については、糠塚康江「フランスの言語政策——フランスにおける平等原則の一断面」関東学院法学10巻1号（2000年）182-184頁を参照。
24) バッジオーニ・前掲注（22）254頁、Baggioni, *supra* note 22, p.212.
25) とりわけ第3共和制期における教育による言語政策につき、糠塚・前掲注（23）193頁以下を参照。
26) バッジオーニ・前掲注（22）256-257頁、Baggioni, *supra* note 22, p.214.
27) 以下については、Jennifer Jackson Preece, *Minority Rights : Between Diversity and Community*, Polity, 2005, pp.108-110.
28) J.S.ミル（John Stuart Mill）（水田洋訳）『代議制統治論（*Considerations on representative government*, 1861）』（岩波書店、1997年）376頁。
29) 言語統一化政策は、もっぱら異なった地域間の意思疎通を図るもの、あるいは《地方の自主独立運動》粉砕を決意する中央集権主義の表明とする見方が片面的であると指摘したのは、ブルデュー（Pierre Bourdieu）であった。フラス語と「お国訛り（patois)」の衝突は、心的構造の形成＝養成と再形成＝攻勢を賭けた、象徴的権力を求めての抗争である。「一にして不可分の共和国」というひとつにして同一の《言語共同体》への統合は政治支配の産物であり、支配言語を普遍的に認知させる能力を持つ機関＝制度によって絶え間なく再生産されている。この支配がいきわたると、この言語は、自らの支配を根拠づけてくれる権威そのものの増強に貢献する。正統な言語の規範と階級・地域ないしエスニシティによる方言との「距離」が、支配権力との「距離」を測定することになる。「社会的上昇」問題は、正統の言語能力＝言語資本の文脈で論じなければならないが、筆者にはその余力はない。この点については、ピエール・ブルデュー（稲賀繁美訳）『話すということ——言語的交換のエコノミー』（藤原書店、1993年）を参照。
30) Bertrand Mathieu et Michel Verpeaux, *Droit constitutionnel*, PUF, 2004, p.678 の整理による。
31) ディワン会の教育施設の統合問題については、糠塚康江「国民国家の言語政策演習

——フランスにおける被周辺化言語の保護政策をめぐって」樋口陽一他編『国家と自由——憲法学の可能性』（日本評論社、2004年）317-321頁を参照。

32) *Résolution*, N° 63 (2008-2009) adoptée par le Sénat le 25 mars 2009.
33) Commentaire de la décision n° 2006-541 DC du 28 septembre 2006, in *Les Cahiers du Conseil constitutionnel*, N°21, 2006, pp.22-23. またフランス国内の反応について http://www.jetro.de/j/trend/trend21022003.htm を参照（2009年8月21日最終アクセス）。
34) Michel Verpeaux,《La langue française et la liberté de communication》in Anne-Marie Le Pourhiet (dir.), *Langue(s) et Constitution(s)*, Colloque de Rennes des 7 et 8 décembre 2000, Paris, Economica-PUAM, 2004, pp.88-89 は、言語のコミュニケーション力による「公／私」区分に着目している。
35) 辞書的定義によれば、言語とは「人間が音声または文字を用いて思想・感情・意志などを伝達したり、理解したりするために用いる記号体系」（広辞苑）である。用いる側と受ける側が記号体系の意味をについて共通了解がなければ、「伝達」「理解」という効果を得ることはできない。
36) Véronique Bertile, *Langues régionales ou minoritaires et Constitution : France, Espagne et Italie*, Bruxelles, Bruylant, 2008, pp.139-140.
37) 長谷川秀樹「コルシカ島〈フランス〉を事例として——西ヨーロッパ周縁地域の状況」『ヨーロッパの多言語主義はどこまできたか』（三元社、2004年）93頁。
38) Délégation générale à la langue française et aux langues de France (DGLFLF), *Les langues de France, Référence 2009*, p.2
39) *Ibid.*, p.3
40) 糠塚・前掲注（31）307-309頁。
41) DGLFLF, *supra* note 38, p.3
42) 大津浩「『不可分の共和国』における地方自治と憲法改正」平成15年度比較地方自治研究会調査研究報告書『世界地方自治憲章と各国の対応』26頁。
43) Marc Frangi,《Les langues régionales, enjeu constitutionnel ?》in *Renouveau du droit constitutionnel : Mélanges en l'honneur de Louis Favoreu*, Paris, Dalloz-Sirey, 2007, p.687.
44) Ibid.,p.685.
45) 糠塚・前掲注（23）193頁以下を参照。

【追記】 憲法改正の際に政府が約束した地域語の保護・奨励策の参照枠となる法案は、2009年末現在、提出されていない。2009年12月8日の国民議会において、法案未提出に関する質問に、ブソン（Éric Besson）移民担当大臣は、関係機関とともに検討中であるとしながら、一方で法律が宣言的で過剰になり、他方で特定の話者に積極的な権利を与えるような法文は、共和国の不可分性と法律の前の平等という憲法原理に抵触するという困難に直面すると答弁した（*J.O.*, Assemblée nationale, Compte rendu intégral, séance du 8 décembre 2009, p.10266）。

「修正一条制度」論と学問の自由

松田　浩

1　修正一条理論における二つの転回――「社会秩序」と「制度」

　1990年代半ばのアメリカにおいて、二人の憲法学者が既存の修正一条法理の不統一と混乱、現実の事件解決への不適合を同じように慨嘆しつつ、それぞれ法理の再生へ向けたアプローチの基本方向を示した。ロバート・ポストは、「言論が憲法的保護の対象となるのは、言論の中に憲法価値が現実に存在している場合に限られる」とし、「憲法価値は、特定の形態の社会秩序に備わっている。実際の司法の実践の点では、言論は、特定形態の社会秩序の維持と成功を促すのに必要な憲法的保護を受ける」と指摘した。こうした「特定形態の社会秩序」を具体的に表現したものが、「共同体」・「管理」・「民主政」という三つの社会領域である。ポストは、一般的な言論の自由原理なるもの――「真理の発見」から「民主的自己統治」まで――の探究は、「形式的で、抽象的で、一般的に無益」であると批判する。それはこれらの価値が状況に応じて緊要性を変化させるからである。例えば、大学内の言論は真理発見の価値に仕えるが、医者=患者間の言論は必ずしもそうではないように[3]。

　他方でほぼ同じ時期に、言論の自由原理の探究を年来の課題としてきたフレデリック・シャウアーは[4]、既存法理が「社会を一体となって構成している異質な制度間の文化的、政治的、経済的差異を考慮に入れることをいつも嫌がって

きた」ことを批判するようになる。大学・図書館・研究所といった制度が「探究と知識の獲得という重要な目的」に仕え、制度としてのプレスが「政府の濫用をチェックし、民主的熟慮のフォーラムを提供する」ように、一定の社会制度は「修正一条価値の適切な貯蔵庫」であるがゆえに、制度特定的な憲法準則を構築すべきだとシャウアーは提唱する。これに従えば、裁判所の分析の焦点は、「問題の行為に修正一条の基底的価値を直接適用すること」から、「行為がこうした制度のものであったかどうかの仲介的決定」に移行する。

　憲法価値の所在を言論そのものの中に発見しようとする思考法から訣別を試みる点において、ポストとシャウアーは共通する。しかし、ポストが法＝社会理論に基づく「社会秩序」の諸類型に新たな修正一条分析の指標を求めたのに対して、シャウアーは法学的分析概念の外に実在する「制度」に修正一条分析のカテゴリーを求めた。シャウアー自ら認めるように、実体世界の経験的偶発的事実に基づくカテゴリー化は、裁判官にとって統御不能となる危険、ロナルド・ドウォーキンのいう原理の領域にあるべき憲法論が政策の領域に地滑りしてしまう危険を伴う。

　しかし、総じていって制度理論の最大の問題点は、デール・カーペンターの言によれば、「優遇された制度が、果たして所与の事案で現実に修正一条価値に仕えているのかに目を瞑る」ことにある。これに対するシャウアーの回答は、「制度と価値の関係はありうる（probabilistic）だけであって普遍的ではなく、制度の保護・促進はその価値に仕える傾向があるだろう」ということに過ぎないが、「制度の定義に当てはまる全員に保護を与えることが、カテゴリーの過剰包摂にもかかわらず、個々の事案に価値を直截適用するよりもある価値に仕えるのに効果的だろう（傍点松田）」、という説明に尽きる。この「過剰包摂」がいかなるかたちで正当化され、とりわけ制度とその構成員との間に生じる紛争事案においていかなる機能を果たすかによって、制度理論の当否は左右されることになるだろう。

　こうしたシャウアーの提唱を受けて（またポストの間接的影響も受けて）、主に大学という制度に焦点を当てた「修正一条制度」論を精力的に展開する論者に、ポール・ホーヴィッツがいる。連邦最高裁判例上、「修正一条の特別な関

心事」としての学問の自由の主体には、個々の教員・学生と並んで大学が登場する。ホーヴィッツが「修正一条制度」論の最初の適用対象に大学を選んだのは、それなりに理由があるだろう。本稿は、シャウアー、ホーヴィッツを中心とする制度学派の理論構想の意義と問題点を、学問の自由論の視点から検討する。

2 「個人の自律」と制度的権利理論——ヒルズ

　既存法理の「制度無視」の最大要因としてシャウアーが挙げるものは、修正一条の道徳的基礎に個人的権利としての性格があるという誤解、である。シャウアーにいわせれば、修正一条は、他者に関係する有害な行為にさえ保護を与えるだけでなく、言論の自由の正当化の多くは個人に道具的権利を与えることの社会的価値である。「個人の自己充足」を超えた、コンセクウェンシャルな諸価値——「思想の自由市場」・「政府濫用のチェック」・「民主的熟議の促進」——に仕えるのだとしたら、修正一条の権利は、道徳的基礎に依拠するよりも、より深いものに依存する道具的なものであり、経験的な制度タームで語ることは何もおかしくはない。制度学派は、こうして初手から、ドウォーキン流の強い意味での個人的権利観に批判的である。

　だが、制度学派の一人ローデリック・ヒルズは、制度そのものが「個人の自律」を促進すると説き、制度に憲法上の自律性を付与することを正当化しようとする。ヒルズは、「強制から個人を保護すること」が権利の本質であると見る「反強制理論」（ドウォーキンに代表される）が、制度に憲法的権利を付与する障害になっていると敵視する。むしろ「個人が正しい制度（the right sort of institution）によって強制される」ことが権利の本質であるとするヒルズ理論の一端を、学問の自由と大学制度の自律について、「反強制理論」の一人としてやり玉に挙がるマイアー・ダン＝コーヘンと対比させて見てみよう。

　ダン＝コーヘンは、修正一条の核心的価値である「個人の自律（自己表現、自己充足）」に仕えるレベルに応じて、さまざまな集団言論の保護範囲を類型化する。まず、集団が、大きく「共同体（community）」と「組織（organization）」

に区別される。組織の言論は、単一の個人の選好に左右されない意思決定プロセスが存在し、電話会社のオペレーターが「ご利用有り難うございました」と言うように、個人の役割とは距離を置いた組織の役割においてなされる。これに対して、家族を典型とする共同体の言論は、娘に親切にしてくれた隣人に父親が心から「有り難う」と言うように、役割から距離を置くことが許されない社会的結合体の中で動機づけられた自己表現そのものである。したがって、共同体の言論には個人の言論と同じ始源的権利性が認められるのに対して、組織の言論には他者への配慮に基づく派生的権利しか与えられない。ただし組織も一様ではなく、政治結社や労働組合のようにメンバーの始源的表現権を委託された「表現組織」、大学のようにメンバーの言論を保護促進する目的を帯びた「保護組織」の言論は、委託や目的の範囲内で自己実現の積極的利益を保護されるが、会社のような「功利組織」の言論には聞き手の判断能力の基礎を提供するという消極的利益しか認められない。

　ダン＝コーヘン理論では、大学教員の学問の自由は始源的な個人の自己表現権であり、大学はこれを保護促進する限りにおいてのみ派生的な言論権を付与される。[16] 集団の言論が憲法上保護される根拠と範囲は、こうしてその基底にある個人の自己実現利益によって正当化され、限界づけられる。これはリベラルな議論の典型であろう。しかしヒルズによれば、学問の自由は教員個人が好きなことを書いて公表する権利ではない。大学は教員に対して、教授会の管理する内容に基づく基準に適合することを雇用喪失の制裁のもとに「強制」する。そこで学問の自由が付与するものは、同僚審査という特定の意思決定の制度とプロセスへの権利にすぎない。[17]

　こうした学問の自由の記述は決して制度学派の専売特許ではない。[18] しかし、制度学派の独創性は、こうした事例から「個人の自律は、組織〔＝制度〕の目標を自律的なやり方で追求することを保護するために、共通にプールされた資源を管理することで初めて保護できる」、「制度が個人を『強制』する権限は、制度内での個人の創造性を最大化するべく共通にプールされた資源を制度が管理することに含まれる」という一般命題を引き出す点にある。こうした根拠でヒルズは、「個人の自律は部分的には制度の自律によって構成される」と説き、

立憲主義の展望

権利とは、「その社会領域に適切な判断を制度がなし得る可能性に基づいて、制度に先占的な (preemptive) 管轄権を配分するルール」だとされる。[19]

ヒルズ理論で重要なのは、制度 (institution) の語が、私的政府 (private government)、組織 (organization)、グループなど、ありとあらゆる中間団体を指す言葉と相互互換的に用いられる点にある。この中で唯一定義が与えられる私的政府は、「組織の財産、被用者、メンバー、その他の構成員に関して、共通の目標を追求することをそのメンバー、執行者、代理人に可能とする法的構造と判断プロセスを保持する私的集団」である。[20] ここには教会や労働組合や営利企業などのほか、世帯や家族さえも含まれる。ダン＝コーヘンが共同体やさまざまな組織を区別したのとは、著しく対照的である。ヒルズはそればかりか、私的政府という言い方から伺えるように、これらは連邦、州、地方の公的政府とも類似するものと見なし、公私の区分、権力と権利の区分、政策と原理の区分といった一切のリベラルな二分法を懐疑的に見る。あらゆる公私の諸制度が「権利(＝権力＝権限)」を保有して多元的に割拠し、裁判所の役割は個人を度外視して、それら諸制度間の適切な「権利」分配に徹することだという驚くべき法秩序観がここにある。

3　「修正一条価値の貯蔵庫」としての制度の自律——シャウアー

ヒルズも認めるように、一般的に制度理論は、コンセクウェンシャルな理論である。[21] 先に述べたように、コンセクウェンシャルな「修正一条価値の貯蔵庫」と見なされる特定の制度に自律権を認めようとするのがシャウアーのアプローチであった。おおむね実社会の言論関連機関を制度と捉えてきたシャウアーは、最近になって制度概念をより積極的に定義する試みを行っている。[22]「人間の介入なしに存在する金、雨、皮、鰐のような自然物とは違い、自動車、ねじ回し、油絵、糊のような人工物とも違い、制度はより複雑なものである。制度は、人間の創造にかかる産物であるばかりか、より多面的なルールと関係の組合せによって存在するからである」。この説明から、野球やエチケットは制度とされ、より公式の制度として、立法府、銀行、学校、大学、非営利組

308

織、会社、新聞等々が挙げられることとなる。[23]

　遡れば、シャウアーは1990年代末頃から、法以前に存在する実世界のカテゴリーに着眼するリーガル・リアリズムの伝統と、ニコラス・ルーマンの自己塑成する制度の拡大と制度的分節化という洞察に導かれて、実社会の制度を法カテゴリーとして採用することを提唱した。[24] その契機となったのは、1998年の二つの連邦最高裁判決であった。[25] 州立放送局と連邦芸術助成という内容観点に基づいた政府ビジネスにかかわる二つの判決で、それぞれの文化領域の専門職（professional expertise）の決定への関与が政府による内容差別の憲法的許容性に影響を与えた可能性を認め、[26]「異なった社会制度は、法的哲学的原理ではなく、その経験的社会状況によって差異化され、この経験的差異のゆえにある決定に対する推定的権限を付与される」という仮説をシャウアーは引きだした。制度の自律を尊重するこのアプローチは、少なくとも修正一条オーラを纏った制度―アート、図書館、大学、プレス―にかかわる政府の事業・助成の事案の解決に有用ではないか、というわけである。

　こうしたアプローチは、必然的に、それぞれの制度の特性と機能をより深く探究する必要へと誘う。シャウアーが大学という制度の自律性について、学問の自由との関連で説くところを見ていこう。[27] シャウアーは、大学内のアカデミックな上司（主として学部長、学科長などが想定されているであろう）の干渉から個々の教員が保護される特権という意味での学問の自由の憲法的権利の承認に否定的である。憲法の授業で野球や不法行為を論じるのが免責されないばかりか、「Brown 判決が共産党と NAACP とユダヤ人の陰謀である」と教えることすら不利益処遇の妥当な根拠となりうる。つまり通常の意味での主題・観点差別はアカデミックな上下関係の内部で十分に憲法上許容されるし、逆に過剰に党派的政治的で極端な観点差別への防御の必要性はアカデミックな関係には限られない。

　学問の自由は、個人的理解を犠牲にして制度的理解に一元化すべきだとシャウアーは考える。制度的学問の自由には、「学問的な判断について外部の政治的・行政的干渉から保護される執行可能な権利を有する制度としての資格でのアカデミックな制度の憲法的権利」、或いは「制度の政治的・官僚的・行政的

監督者(その監督者が選挙された立法者であれ、任命された管理者であれ)に対するアカデミックな制度の権利」という定義が与えられている[28]。ここでの「アカデミックな制度」の実質的な判断権者は、大学の教授会(同僚組織)、学部長、学長、理事会のどこまでが含まれるのか、輪郭が不鮮明だが、その解決のヒントは「言論制度の内部にいる第一次的専門職(primary professionals)の判断と、その制度の外からの非専門職(問題となる事項についての専門家でないという意味で)による統制、監督、干渉の区別」という表現[29]に見ることができる。シャウアーは、大学の自律的決定が実質的に専門職によってなされる場合にのみ、これを憲法的保護の対象として捉えているようであり、したがってここに素人理事会に対抗する教授会の自律権が保護される潜在的可能性を読みとることが許されるだろう。

　こうした「大学(実質的には専門職)の自律」が憲法的権利といえるのは、「大学が、即席の実践的応用の効かない新思想を生み、社会の他の部分が馬鹿げているとみなす思想を真面目に考える特別な一点集中的な修正一条機能に〔ほかの制度とは比較にならない程〕仕える」[30]ためであるが、そうした制度的な修正一条理解は、これと定義上衝突してしまう個々の教員のアカデミックな上司に対抗する憲法的権利を一般に否認せざるをえない。それでも、「過剰に党派的政治的な観点差別」の場合は例外に属すとシャウアーも考えるようだが、これは「学問的な判断」と見なされないためであろうか。だとすれば、何をもって「学問的な判断」とするかの基準が示されねばならない。こうして、制度の自律の範囲と限界の理論化は、制度学派にとって最も大きな課題となるはずである。

4　「修正一条制度」と司法敬譲の理論——ホーヴィッツ

　シャウアーは、「修正一条価値の貯蔵庫」の典型として大学制度を捉え、制度論の枠組みで大学の自律を説明したわけだが、そうした一般理論を剥ぎ取って学問の自由論としてだけ捉えると、制度的学問の自由論の旗手J・ピーター・バーン[31]のものとよく似ている。バーンも、国家による干渉から大学の中

核的な事項についての学問的な判断を遮断するものとして憲法上の学問の自由を定義する。そしてこの大学の自律権の保護は、あくまでも中核的な事項——公平な探究、理性的で批判的な討論、リベラル教育——に関連する範囲に限定される。このバーンと意識的に対照的な大学の自律論を展開するのが、制度学派のエース、ホーヴィッツであるが、管見に照らせばかれの「修正一条制度」論は、現在のところ最も包括的で洗練された制度理論と目される。

ホーヴィッツを「修正一条制度」論へと誘ったのは、2003年の連邦最高裁判決 *Grutter v. Bollinger* である。州立大学ロースクールの人種配慮型入試政策が、修正十四条の厳格審査に耐えられるかという論点の解決にあたって、最高裁は大学の教育の自律性への敬譲を根拠として、ロースクールの「学生集団の多様性」利益をやむに止まざるものと認め、厳格審査をパスさせた。その論理は以下のとおりである。——大学は修正一条の憲法伝統の中で「特別な間隙(niche)」を占める。大学の「教育の自律性」は修正一条に基礎を有する憲法的次元(dimension)を持つ。「憲法に規定される限界内で、大学の学問的判断にある程度の敬譲(deference)を行う」のが最高裁の伝統である。多様な学生集団の獲得が教育的使命にとって不可欠であるというロースクールの判断は、「第一次的に大学の専門性の中にある複雑な教育的判断」であって敬譲に値する。そのためロースクールの学生集団の多様性における利益はやむに止まざるものと認められる。——ホーヴィッツは、この判決が自治体や連邦政府のアファーマティブ・アクションに厳しい判例傾向とは様相を異にして大学制度の特性を慎重に配慮しており、その決め手が修正一条論にあることを重視した。この先例である *Regents of the University of California v. Bakke* と同様に、最高裁が修正一条論における「制度無視」の姿勢を極めて例外的に崩しているのではないか、と。ここからシャウアーの次に来る「修正一条制度」論が出立する。

ホーヴィッツは、シャウアーにインスパイアーされつつ、「修正一条制度」を、「公的討議に貢献する上で重大な役割を果たす制度であり、また、制度として別個独立(distinct)であるとともに、内部で生成された一連の規範・慣習・伝統に従っておおよそ自己規律する制度」として定式化する。ここには、

およそ三つの要件がある。第一に、明確な境界をもった制度として差異化できる存在であること。最高裁判例が、修正一条のプレス条項の存在にもかかわらず、取材源秘匿権などプレス制度の特権を認めるのに消極的なのは、プレスの境界が不分明だからである（ブログはプレスか？）。プレスに比べて大学は十分に明瞭な境界を持っているとホーヴィッツは考える。第二に、制度に修正一条価値が備わっていなければならないが、定義では「公的討議への貢献」というコンセクウェンシャルな価値が挙げられている。これが唯一かつ不可欠の要件なのかは不明であるが、ホーヴィッツは「大学は、うまくゆけば、発見と革新と異説の場所である」、という表現でこの価値を大学にも認める。ここでは言論の自由原理論における「真理発見」と「民主的討議」をさほど区別していないようであるが、この点のルーズさについては後に述べよう。

　さて、ここまではシャウアーとも共通するところだが、ホーヴィッツの場合、第三の要件が極めて重要である。「修正一条制度は、既に実体的に自己統治的制度である。詳細かつ高度に抑制的な内部規範を遵守している。この内部規範が、外部から課される修正一条ルールのトップダウンな執行に代替される」。「修正一条制度は、独自の制度文化によって定義され、抑制されている。大学、新聞、宗教団体は、独自の規範と慣習によって生きている。またこれらの規範を執行する手段（解雇、追放、テニュア否定）もある。だが最も強力な執行手段は、公式の懲戒ではなく、制度のメンバーが制度の規範の中で暮らし、制度の文化を自己のエートスとして内面化し、自己の意思に従ってルールを遵守しているという単純な事実のうちにある」。こうした自生的規範と制度文化（これを以下「自生制度規範」と呼ぼう）による自己統治能力の存在が、制度に自律権を付与し、裁判所に敬譲を要求できる最大の正当化根拠となる。こうした資格を最もよく備えているのが大学である。大学は高度に規律化された環境にあり、個別学問領域（discipline）の規範、一般的な学者としての規範、大学自体の統治規範という三重の形で、剽窃禁止、典拠の明示から同僚審査にいたるまで独自の規範が内面化された制度である。

　つぎに、こうして認定される「修正一条制度」としての大学には、どの程度の自律権が付与されるだろうか。ホーヴィッツは自律権の範囲と限界を「弱い

型」・「中間型」・「強い型」に分類して比較するが、かれが選好するのは現行判例法理も認めている、特殊な専門的制度として裁判所での敬譲が認められる「弱い型」よりも、それに加えて判断形成能力への政府介入を阻止する実質的な積極的特権（テニュア審査記録の開示命令に対抗する限定的特権など[41]）も付与される「中間型」である[42]。程度問題ではあるが、この型の自律権のおおよその範囲と限界は以下のとおりである[43]。①大学は一般的な法の執行から白紙の免責を受ける権利は持たない。②しかし大学が「真に学問的な判断」をしている範囲では、実質的な敬譲を受ける。③確立した規範と手続（「自生制度規範」）をおよそ遵守している事案では、強い敬譲を受ける。④大学に敬譲するさいに裁判所は、「真に学問的な判断」の限界をあまり厳格に固守すべきではない。⑤「学問的な判断」の適切な範囲の判断についても裁判所は大学に敬譲すべきである。

　こうした基準は具体的にどういう意味を持つだろうか。敬譲の限界について、一つの事案への評価を例に、ホーヴィッツとバーンの対立を素描してみよう。ロースクールが性指向に基づく差別に反対する政策を採り、同性愛者を差別する合衆国軍のリクルーターに対してキャンパスへのアクセス制限を課してきたのに対して、連邦議会が、他のリクルーターと同一の条件で軍にアクセスを認めない教育機関に連邦助成金の引き上げを規定する法律を制定した場合、「軍のリクルーターをキャンパスから排除する希望は、自己の学問的使命の感覚に迫られてのことであり、このロースクールの判断は敬譲に値する」という主張は成立するだろうか[44]。バーンは、キャンパス内のリクルート条件の統制権は、教育研究のコアな事項——公平な探究、理性的で批判的な討論、リベラル教育——に関連しておらず、憲法上の自律権の保護を受けないとする[45]。しかしホーヴィッツによれば、「学問的な判断」の範囲の評価についても大学の判断に敬譲すべきであり、この主張は十分に正当性をもつ[46]。

　この広い自律権の見方は、学問の自由についての独得な見方とも関連している。ホーヴィッツは、大学の「修正一条制度」としての自律権を、「制度的学問の自由」とは呼ばない点で、バーンやシャウアーと対照的である。「修正一条制度」の自律権は、裁判所外での学問の自由の一般原理（主として専門職能的

学問の自由が念頭に置かれている)とは厳格に区別しなければならず、自律権の範囲を定義するさいに、「学問の自由と大学の使命の固定的な概念を課すべきではなく、もっと柔軟であるべきだ。それぞれの大学の学問的使命が要求するものは何か、学問の自由が含むものは何か、大学の独自の感覚に敬譲を示し、トップダウンに司法によって課される学問の自由理解に照らして評価するのは止めるべきだ」、とホーヴィッツはいう。

5 制度理論の批判的考察——オルターナティブの可能性

　ホーヴィッツの主張にはアイロニーがある。自生制度規範の存在が大学の自律を基礎づけていたはずだが、この自生制度規範(その中核が専門職能的学問の自由である)の解釈を大学の自律に委ねてしまう結果、実は自生制度規範を遵守しているかどうかの判断権も大学にあることになり、結局のところ、自生制度規範の遵守という司法敬譲の条件は常に充足されてしまう(過剰な敬譲主張に対する抑制は大学界内部の倫理的道義的批判しかない)。制度の自律権の範囲は、制度自体が決定することができ、それを制約する法原理を裁判所は持たないことになる。ここに制度理論の一つの帰結がある。

　制度理論が、自己塑成する制度の自律的行動を法的に統制する視点を持たないのは、制度そのものが裁判所と並んで憲法解釈の正統な主体であり、裁判所と制度は相互作用の中で憲法価値の実現に共働しているという観点を持つからである。ホーヴィッツ自身の言葉を引こう。「憲法は単に裁判所の創造物なのではない。それは多様な当事者と価値の間の、常に変化し、交渉する関係の産物である。裁判所自身の憲法の解釈、裁判所外の『実社会』における制度の価値と規範についての裁判所の解釈、制度自身の規範と価値の解釈、そして広い憲法構造の中における自己の役割についての制度の解釈…。それは、ポスト教授の言葉では、憲法と憲法文化の常なる交渉である」。こうした観察は、憲法現象の記述的説明としてリアルな絵柄を表しているかもしれない。しかし、「修正一条制度が憲法的価値を既に内面化している水準、制度が憲法価値の形成に寄与している水準(傍点松田)」を一般に当てにして、「裁判所が修正一条

制度に敬譲すべきだ」と主張するのは、はたしてほんとうに「憲法の退位(abdication)」ではないのだろうか。

　ここで、「制度と価値」の関係如何という冒頭の問いにたち帰る必要があろう。制度が修正一条の価値と利益の貧弱な「代理(proxy)」に過ぎないと考えるデーヴィッド・マクガヴァンは、既存法理の内容区別・動機分析のような「代理」ルールであっても不完全なものであり、「代理」を利益と取り違えない限り、それは許されるのだという[51]。はたして制度学派は、制度があくまでも価値の「代理」に過ぎないことを真面目に考えているであろうか。この点で、まず注目しなければならないのは、大学制度がそもそもどんな修正一条価値の「代理」であるかについて、制度学派にまったく合意が成立していないという事実である。ヒルズは「個人の自律」が大学に限らずあらゆる制度によって促進されると説き、シャウアーは「新思想の生成」という一点集中的価値に大学が仕えているものと捉え[52]、そしてホーヴィッツは大学がメディア、宗教団体、図書館、公立学校などと共に「公的討議への貢献」をなしていると考える。三者三様の説明が表しているのは、価値を真面目に考えるという最重要の仕事が、「制度を真面目に考えよう」というスローガンの影で蔑ろにされている姿である。

　法認識上はともかく、制度学派の法実践上の提案が、自生制度規範の存在を根拠とする制度の広汎な自律権と司法敬譲論（日本でいえば「部分社会」論)[53]の下で、憲法価値の司法的定着の回避に帰着する可能性が高いとすれば、既存法理の混乱を見据え、制度学派の苛立ちそのものには共感しつつ、どのようなオルターナティブがありうるであろうか。制度学派にも大きな影響を与えつつ、「制度」ではなく「社会秩序」概念を使って修正一条法理の再建を試みるポストの理論が有力な手掛かりとなるだろう。憲法価値を言論そのものにではなく、特定の社会秩序（「共同体」・「管理」・「民主政」）に付着すると考えるポストは、大学における言論の憲法的保護を「管理」領域の問題と捉える[54]。「管理は…『合理的で、効率性志向で、目的追求型の組織をさす』。管理は所与の目的の達成のために社会生活を編成する。それは、…道具的合理性の論理に従う」[55]。管理領域には常に目的があり、言論の規制と保護もその目的のために不可避的

に行われる。目的の中に憲法価値が付着していると言い換えても良いだろう。ポストも制度という言葉を使うが、それはこの管理領域にある組織とまったく同義である。ポストの理論を引き継ぐレベッカ・リンチは、（公立）大学という管理組織内で行われる教育、研究、著述など教員の学問的言論の保護は、裁判所が十分に行うことは可能だと考える。リンチによれば、大学の制度的目的（最高裁判例から、最低限次の二点は認められる。①批判的民主的教育、②新発見の生成）の実現のために大学の言論規制が機能的必要性を有するかという道具的計算を、個別事案における言論の文脈と教員の役割を踏まえて行えば、多くの事例において学問的言論は大学の機能に必要なものとして保護されるはずである[56]。

ポストによれば、学問の自由は「大学の制度的使命についての特有の観念」と不可分に結びついている。「大学が人類の知識の総体を発展させ得るのは、学問的方法をもった専門家を雇用する場合のみであり、大学がこれらの専門家を解放し、自由にそのディシプリンの訓練が命ずるままに問題を探究させる場合のみである」。学問の自由と大学の使命がこうして堅く結びあって自生制度規範として生きている、というのがポストの認識である[57]。そして、おそらく判例が大学の自律を偏重するとともに、「統治（民主政）」領域に適用されるべき既存法理を大学内の言論規制にも機械的に適用する傾向が強いために、ポスト自身は消極的であるが[58]、リンチは「管理」領域における「機能的必要性」分析を適用すれば裁判所で執行可能な権利として個人の学問の自由を構成できると考えている。こうして司法が学問の自由と大学の使命の堅い概念を自ら手にしたとき、初めて憲法と憲法文化の実りある対話が始まり、生ける憲法価値の実現に繋がるのではないだろうか[59]。

注
1) Robert Post, Recuperating Fist Amendment Doctrine, 47 Stan. L. Rev. 1249, 1271, 1279 (1995).
2) *See* Robert Post, *Constitutional Domains: Democracy, Community, Management* (Harvard U.P., 1995).
3) Post, *supra* note 1, at 1271.
4) *See* Frederick Schauer, *Free Speech: A Philosophical Enquiry* (Cambridge U.P.,

1982).
5) Frederick Schauer, Principles, Institutions, and the First Amendment, 112 Harv. L. Rev. 84, 84 (1998).
6) Frederick Schauer, Towards an Institutional First Amendment, 89 Minn. L. Rev. 1256, 1273-1275 (2005). ここでシャウアーがそのほか「制度」として挙げるものに、博物館・美術館、芸術助成、放送局、出版局、選挙、インターネットなどがある。
7) Schauer, *supra* note 5, at 106-113; Schauer, *supra* note 6, at 1264-1269.
8) Dale Carpenter, The Value of Institutions and the Values of Free Speech, 89 Minn. L. Rev. 1407, 1414 (2005).
9) Frederick Schauer, Institutions as Legal and Constitutional Categories, 54 UCLA L. Rev. 1747, 1764 (2007).
10) 日本の制度理論家・奥平康弘は制度の「権力の侵害から制度内構成員の権利・自由をいかにして守るか」(『憲法Ⅲ』(有斐閣, 1993年) 113-114頁) を制度論の試金石として指摘する (参照、奥平康弘「『人権総論』について」公法研究59号 (1997年) 87-88頁)。これについて、石川健治は、「運用参加機会 (内部的自由) の強調は、善き生 (well-being) が、社会的参加の質に因って規定されると説く、或種の共同体主義を手招いている」(『自由と特権の距離 (増補版)』(日本評論社, 2007年) 259頁) と批判する。本稿は、この論点に深入りはしないが、奥平や石川と同様にフィリップ・セルズニックを引くポストの「共同体」と「管理」の区別は、ここでも重要であろう (Post, *supra* note 2, at 3-6)。(さらに参照、西原博史「憲法上の権利と制度との関係をめぐって」長谷部恭男・中島徹編『憲法の理論を求めて』(日本評論社, 2009年)。) なお、結論を先取りすれば、本稿も石川の「制度の概念は、できるだけ節約的に使われなくてはならない」(前掲253頁) という箴言には従うことになろうか (参照、同前278頁)。
11) Keyishian v. Board of Regents, 385 U.S. 589, 603 (1967).
12) 参照、拙稿「合衆国における『二つの学問の自由』について」一橋論叢120巻1号 (1998年)、同「合衆国における『二つの学問の自由』・再訪」現代法学17号 (2009年)。
13) Schauer, *supra* note 6, at 1268-1269. 奥平康弘『なぜ「表現の自由」か』(東大出版会, 1988年) 56-61頁も、こうした表現の自由のコンセクウェンシャルな価値 (とりわけ民主主義的価値) から、「補正措置としての制度的保障」の構想を導き出す。
14) Roderick M. Hills, Jr., The Constitutional Rights of Private Governments, 78 N.Y.U. L. Rev. 144 (2003).
15) Meir Dan-Cohen, Freedoms of Collective Speech: A Theory of Protected Communications by Organizations, Communities, and the State, 79 Cal. L. Rev. 1229 (1991).
16) *Id.* at 1251-1254.
17) Hills, *supra* note 14, at 185-187.
18) *See* Robert Post, The Structure of Academic Freedom, in *Academic Freedom after September 11* (Beshara Doumani ed., Zone Books, 2006).
19) Hills, *supra* note 14, at 184-188.
20) *Id.* at 149.
21) *Id.* at 188 n.147.
22) Schauer, *supra* note 9, at 1752-53.

23) 最近のシャウアーは、修正一条的価値と関連しない制度（例えば、病院やホームレス避難所）まで、憲法分析のカテゴリーとして有用だと見なしているようである。Id, at 1757 n.51. しかし、憲法的価値と結合しない制度概念の濫用は、いたずらに制度理論を混乱させるだけであろう。
24) Schauer, *supra* note 5.
25) National Endowment for the Arts v. Finley, 524 U.S. 569 (1998); Arkansas Educational Television Commission v. Forbes, 523 U.S. 666 (1998).
26) 参照、蟻川恒正「政府と言論」ジュリスト1244号（2003年）。蟻川は、アメリカの判例・理論状況を踏まえつつ、専門職の介在の有無に応じて政府の言論・給付・規制の憲法的統制方法をマッピングする。
27) Frederick Schauer, Is There a Right to Academic Freedom?, 77 U. of Colorado L. Rev. 907 (2006).
28) *Id.* at 920-921.
29) *Id.* at 923.
30) *Id.* at 926.
31) *See* J. Peter Byrne, Academic Freedom: A "Special Concern of the First Amendment", 99 Yale L. J. 251 (1989); J Peter Byrne, Constitutional Academic Freedom after *Grutter:* Getting Real about the "Four Freedoms" of a University, 77 U. of Colorado L. Rev. 929 (2006). シャウアーとバーンの異同については、参照、拙稿「合衆国における『二つの学問の自由』・再訪」前掲註12)、41-43頁。
32) Paul Horwitz, Universities as First Amendment Institutions: Some Easy Answers and Hard Questions, 54 UCLA L. Rev. 1497 (2007).
33) 539 U.S. 306 (2003).
34) Paul Horwitz, *Grutter*'s First Amendment, 46 B.C. L. Rev. 461 (2005).
35) 438 U.S. 265 (1978).
36) Horwitz, *supra* note 32, at 1497.
37) 以下、大学が三要件に該当することについては、*Id.* at 1513-1515.
38) *See* Paul Horwitz, "Or of the [Blog]", 11 Nexus 45 (2006).
39) Horwitz, *supra* note 32, at 1511.
40) Horwitz, *supra* note 34, at 572-573.
41) *See* University of Pennsylvania v. EEOC, 493 U.S. 182 (1990). 最高裁はこの特権主張を憲法的の学問の自由として認めなかった。
42) Horwitz, *supra* note 32, at 1516-1523.
43) *Id.* at 1541-1542.
44) *See* Rumsfeld v. Forum for Academic and Institutional Rights, 547 U.S. 47 (2006). 最高裁は被上告人（FAIR）側のこの敬譲主張を無視している。
45) Byrne, Constitutional Academic Freedom after *Grutter, supra* note 31, at 948-953.
46) Paul Horwitz, Three Faces of Deference, 83 Notre Dame L. Rev. 1061 (2008).
47) アメリカの学問の自由は、大学教授の専門職能団体 American Association of University Professors が定義する専門職能的自由と、連邦司法が修正一条解釈として打ち出す憲法的学問の自由の二種類の権威的定義がある。その歴史と内容については、拙稿「合

衆国における『二つの学問の自由』について」前掲註12)、85-90頁。
48) Horwitz, *supra* note 32, at 1545-1549.
49) Horwtiz, *supra* note 46, at 1135.
50) Horwitz, *supra* note 34, at 573-574.
51) David McGowan, Approximately Speech, 89 Minn. L. Rev. 1416, 1433-1436 (2005). マクガヴァンは、裁判所は修正一条事件として採りあげるかどうかの coverage 判断の段階で暗黙のうちに制度を十分考慮に入れており、protection 判断の段階まで制度を考慮に入れる必要はないという。
52) *See* Joseph Blocher, Institutions in the Marketplace of Ideas, 57 Duke L. J. 821 (2008). ブロッカーは、ここでのシャウアーの議論を補強するため、新制度派経済学に依拠して、学校や大学のような言論制度が思想の市場における取引コストを削減させるため、裁判所は制度の言論ルールに敬譲すべきだと説く。
53) 周知のように、「自律的な法規範」の存在を根拠に部分社会の内部問題への司法審査を否定するのが「部分社会」論であるが、アメリカの制度理論との対比でみると、大学を部分社会と認める最三小判1977・3・15民集31巻2号234頁（富山大学単位不認定事件）は、大学と憲法価値の関係を全く示していない。地方議会の除名決議の効力を争った事件における補足意見のなかにある「国立大学をふくめて学問的協同体であり、その故に高度の自治を享有する大学」という表現（最大判1960・3・9民集14巻3号355頁の田中・斎藤・下飯坂補足意見）に、憲法価値の微かな示唆を読み取ってよいだろうか。
54) Post, *supra* note 2, at 324.
55) *Id.* at 4-5.
56) Rebecca Gose Lynch, Pawns of the State or Priests of Democracy?: Analyzing Professors' Academic Freedom Rights Within the State's Managerial Realm, 91 Cal. L. Rev. 1061, 1081-1099 (2003).「機能的必要性」分析についてくわしくは、拙稿「合衆国における『二つの学問の自由』・再訪」前掲註12)、47-48頁。
57) Post, *supra* note 18, at 63-74.
58) *See* Matthew W. Finkin & Robert C. Post, *For the Common Good: Principles of American Academic Freedom* 8 (Yale U.P., 2009). 自生制度規範（専門職能的学問の自由）をリステイトする本書は、「学問の自由の憲法は、独自の一風変わった（idiosyncratic) 道に沿って展開してきた」と表現する。また、この書物が、大学の制度的自律に対する最も仮借ない反対論を法学界において唱えてきたフィンキンとの共著であることも、本稿の視点からは注目すべきだろう。*See* Matthew W. Finkin, On "Institutional" Academic Freedom, 61 Tex. L. Rev. 817 (1983).
59) ポストによれば、司法の観点が「憲法」であり、司法以外の諸主体の信念と価値が「憲法文化」であるが、「憲法文化なくして憲法はないとともに、憲法は憲法文化に解消されない（傍点松田)」。Robert C. Post, Fashioning the Legal Constitution: Culture, Courts, and Law, 117 Harv. L. Rev. 4, 8, 76-77 (2003).

【付記】　山内敏弘先生には学問上のことはもとより、人生の折にふれ温かく身の引き締まるご指導を頂戴してきた。その温顔に甘えすぎてきたことに忸怩たる思いであるが、今後の研鑽を期して、拙稿を先生の古稀の記念に捧げることとしたい。

山内敏弘先生　略歴・著作目録

略　　　歴

1940年1月3日	山形県東田川郡大和村に生まれる。
1958年3月	愛知県立一宮高等学校卒業。
1958年4月	一橋大学法学部入学。
1962年3月	同卒業。
1962年4月	一橋大学大学院法学研究科修士課程入学。
1964年3月	同修了。法学修士となる。
1964年4月	同大学院博士課程入学。
1967年9月	同修了。法学博士となる。
1968年4月	獨協大学法学部専任講師となる。
1972年4月	同助教授となる。
1977年4月	同教授となる。
1983年8月	西ドイツ・フランクフルト大学留学（1984年9月帰国）。
1994年4月	一橋大学法学部教授となる。獨協大学名誉教授となる。
1995年7月	アメリカ・プリンストン大学客員研究員となる（同年8月帰国）。
1999年4月	一橋大学大学院法学研究科教授となる（大学院重点化による配置転換）。
2000年5月	一橋大学大学院法学研究科長・法学部長となる（2002年4月まで）。
2003年4月	龍谷大学法学部教授となる。一橋大学名誉教授となる。
2005年4月	龍谷大学法科大学院教授となる。
2010年3月	龍谷大学を退職する。

　その他、青山学院大学法学部（1971年4月～1975年3月）、都立大学法学部（1973年10月～1974年9月）、東京経済大学経営学部（1974年4月～1983年3月、1985年4月～2000年3月）、一橋大学一般教育課程（1981年4月～1982年3月）、専修大学法学部（1990年4月～1991年3月、1992年4月～1998年3月）、獨協大学法学部（1994年4月～1996年3月）、国際基督教大学教養学部（1997年9月～1997年11月）、一橋大学大学院法学研究科（2003年4月～2004年3月）で非常勤講師をつとめた。

　また、日本公法学会理事（1992年10月～2001年10月、2004年10月～2007年10月）、全国憲法研究会運営委員（1987年10月～2005年10月）及び同代表（2001年10月～2003年10月）、憲法理論研究会運営委員長（1994年10月～1996年10月）、日本学術会議連携会員（2006年3月～現在）などをつとめてきた。

著作目録

I 著書・編著

1977年6月	『憲法入門(1)』(有斐閣)(樋口陽一、森英樹、佐藤幸治、浦部法穂、中村睦男の諸氏と共著)
1978年2月	『安保体制論〔文献選集日本国憲法14〕』(三省堂)(深瀬忠一氏と共編著)
1982年1月	『現代社会(実教出版)』(都留重人、小林直樹、城塚登、伊東光晴の諸氏と共著)
1985年8月	『現代憲法講座(下)』(日本評論社)(阿部照哉、江橋崇、中村睦男、浦部法穂、樋口陽一の諸氏と共著)
1989年7月	『憲法の現況と展望』(北樹出版)(古川純氏と共著)
1990年3月	『憲法入門(1)(新版)』(有斐閣)(樋口陽一氏ほかの諸氏と共著)
5月	『憲法判例を通してみた戦後日本』(新地書房)(樋口陽一、辻村みよ子、篠原一の諸氏と共著)
1992年5月	『平和憲法の理論』(日本評論社)
1993年11月	『憲法読本』(社会評論社)(星野安三郎、いいだもも、山川暁夫の諸氏と共編著)
11月	『戦争と平和』〔岩波市民大学13〕(岩波書店)(古川純氏と共著)
1994年1月	『政治・経済』(実教出版)(都留重人、小林直樹、寺沢一、伊東光晴、古川純、中村達也、小寺彰の諸氏と共著)
5月	『憲法判例を読みなおす――下級審判決からのアプローチ』(日本評論社)(樋口陽一、辻村みよ子の両氏と共著)
1996年5月	『憲法の現況と展望(新版)』(北樹出版)(古川純氏と共著)
1998年2月	『日本国憲法史年表』(勁草書房)(杉原泰雄〈編集代表〉、浦田一郎、渡辺治、辻村みよ子の諸氏との共編著)
12月	『憲法と平和主義〔現代憲法体系2〕』(法律文化社)(太田一男氏と共著)
1999年3月	『日米新ガイドラインと周辺事態法――いま「平和」の構築への選択を問い直す(法律文化社)(編著)
3月	『憲法判例を読みなおす――下級審判決からのアプローチ(改訂版)』(日本評論社)(樋口陽一、辻村みよ子の両氏との共著)
2002年9月	『有事法制を検証する』(法律文化社)(編著)
2003年1月	『政治・経済』(実教出版)(都留重人、伊東光晴、古川純、最上敏樹、中村達也、岩本武和の諸氏と共著)
3月	『人権・主権・平和――生命権からの憲法的省察』(日本評論社)
2004年4月	『新現代憲法入門』(法律文化社)(編著)
2006年7月	『無防備地域運動の源流―林茂夫が残したもの』(日本評論社)(池田眞規、古川純、松尾高志、丸山重威、吉池公史の諸氏と共編著)
2007年1月	『新版政治・経済』(実教出版)(伊東光晴、古川純、中村達也などの諸氏と

共著）
2008年6月　『立憲平和主義と有事法の展開』（信山社）
　　　　7月　『体系憲法事典（新版）』（青林書院）（杉原泰雄〈編集代表〉、浦田一郎、辻村みよ子、阪口正二郎、只野雅人の諸氏と共編著）
2009年5月　『新現代憲法入門（第2版）』（法律文化社）（編著）

Ⅱ　論文・解説等

1964年3月　「西ドイツ連邦憲法裁判所論」（修士論文）
1965年3～8月　「西ドイツ連邦憲法裁判所における法令審査の判決の効力（1・2）一橋論叢53巻3号、54巻2号
1966年6月　「立法者の不作為に対する憲法訴願――社会的法治国家・西ドイツにおける新しい訴の形態」一橋研究13号
1967年9月　「西ドイツにおける憲法裁判の研究」（博士論文）（論文要旨と審査報告は、一橋論叢59巻2号掲載）
1969年5月　「抵抗権」法律時報41巻5号
1970年6月　「抵抗権と諸運動」憲法判例研究会編『現代の憲法論』（敬文堂）
1971年1月　「西ドイツ非常事態憲法における抵抗権」一橋論叢65巻1号
1972年5～9月　「自衛官の内なる人権と国家――小西反軍裁判で問われているもの・1～5完」法学セミナー197～201号
1973年2～3月　「憲法第九条への今日的視点（正・続）」現代法ジャーナル10号・11号
　　　　12月　「小西反軍裁判」法学セミナー218号
1975年7月　「抵抗権の根拠と本質」法学教室〈第二期〉8号
　　　　8月　「勤労の権利・労働基本権」阿部照哉＝池田政章編『憲法(3)』（有斐閣）
　　　　10月　「日本国憲法と『自衛権』観念」法律時報47巻12号
　　　　11月　「戦争の放棄」小林孝輔ほか編『憲法副読本』（文真堂）
1976年1月　「抵抗の思想」小林直樹＝水本浩編『現代日本の法思想』（有斐閣）
　　　　4月　「天皇と軍隊――戦後憲法史における問題状況」法律時報48巻4号
　　　　10月　「平和的生存権の裁判規範性」法律時報48巻11号
　　　　10月　「『防衛力』肯定論の憲法的基礎」「平和のうちに生存する権利」奥平康弘＝杉原泰雄編『憲法学4』（有斐閣）
　　　　10月　「国家緊急権と抵抗権」「統治行為論」阿部照哉編『憲法　判例と学説1』（日本評論社）
1977年3月　「戦争の放棄」小林孝輔編『新選憲法演習問題〈新版〉』（一粒社）
　　　　5月　「戦争の放棄」法律時報49巻7号
　　　　6～8月　「自衛隊裁判と『統治行為』論（1・2完）」法律時報49巻8号・10号
1978年5月　「憲法第19条」永井憲一編『コンメンタール教育法Ⅰ　日本国憲法』（成文堂）
　　　　7月　「包括的戦争準備の研究」軍事民論13号
　　　　10月　「自衛隊のすべて（Q&A）」（小沢和夫氏ほかの諸氏と分担執筆）法学セミナー増刊・総合特集シリーズ七『戦争と自衛隊』
　　　　12月　「有事立法と日本国憲法の立場」法学セミナー285号
1979年1月　「『有事立法』論をどう見るべきか」世界398号

	1月	「日本国憲法と国家緊急権」Law School　2巻1号
	5月	「平和的生存権と有事立法」法律時報51巻6号（和田英夫氏と分担執筆）
	10月	「西ドイツの国家緊急権――その法制と論理について」ジュリスト701号
1980年	3月	「有事立法」清宮四郎ほか編『新版憲法演習1』（有斐閣）
	12月	「自衛隊法制30年の軌跡と行方」法学セミナー24巻12号
1981年	1月	「九条をめぐる防衛論争と憲法学の課題」ジュリスト731号
	2月	「"スパイ"防止法の恐ろしさ」軍事民論22号
	3月	「改憲の論理と日本国憲法原理」法学セミナー増刊・総合特集シリーズ『日本の防衛と憲法』
	5月	「改憲・『防衛』論議への基本視角」法律時報53巻6号
	5月	「文民統制と自衛隊」月刊社会党298号
	5月	「司法権の範囲と限界」大須賀明編『憲法』（三省堂）
	6月	「軍事秘密と情報公開」ジュリスト742号
	8月	「有事法制研究30年史」軍事民論24号
	10月	「平和と憲法」公法研究43号
1982年	1月	「『軍拡』時代における平和的生存権」法学セミナー26巻1号
	2月	「憲法原理としての平和主義」法学教室17号
	3月	「西ドイツの軍隊と兵士の人権」獨協法学18号
	10月	「教育の自由と国家的介入の限界」法律時報54巻10号
	10月	「日本国憲法と集団的自衛権」軍事民論30号
	11〜12月	「戦争放棄・平和的生存権（1・2）」法学セミナー26巻11号、12号
1983年	1月	「戦争放棄・平和的生存権（3完）」法学セミナー27巻1号
	5月	「勤労の権利・労働基本権」阿部照哉＝池田政章編『新版・憲法(3)』（有斐閣）
	5月	「戦争放棄（第9条）理念の試練」法学セミナー増刊・総合特集シリーズ22『憲法と平和保障』
	5月	「戦争放棄」「平和的生存権」和田英夫編『法学基本講座・憲法100講』（学陽書房）
	6月	「平和主義(1)(2)」吉田善明＝中村睦男編『司法試験シリーズ1憲法〈新版〉』（日本評論社）
1984年	4月	「戦後における憲法解釈の方法」杉原泰雄編『憲法学の方法（講座・憲法学の基礎3）』勁草書房
	11月	「緊急権」芦部信喜ほか編『演習憲法』青林書院（影山日出弥氏と分担執筆）
1985年	5月	「地方自治の本旨―自治という言葉の意味をかみしめて」法学セミナー30巻5号
	5月	「最高法規―なぜ憲法は最高法規なのか」法学セミナー30巻5号
	5〜9月	「西ドイツの憲法裁判と改革立法(1−3)―司法的自己抑制論に関連して」法律時報57巻6、8、10号
	9月	「核軍縮とボン基本法(1)―西ドイツにおけるパーシングⅡ等の配備に関連して」獨協法学22号
1986年	1月	「国家秘密法案を批判する」軍事民論43号
	5月	「『防衛』制度の改変とシビリアン・コントロール」ジュリスト859号

	5月	「平和主義論─戦後憲法学の動向と課題」法律時報58巻6号
	5月	「自衛隊と象徴天皇制」法学セミナー増刊・総合特集シリーズ33『天皇制の現在』
	10月	「憲法21条」有倉遼吉＝小林孝輔編『基本法コンメンタール・憲法〈第三版〉』（日本評論社）
	11月	「防衛白書（86年版）を批判する」法律時報58巻12号
1987年2月		「国家機密法案を批判する」破防法研究57号
	4月	「国民主権と天皇制」小林直樹＝はらたいら編『マイルド憲法考』（憲法擁護国民連合）
	5月	「平和の維持における法と政治」ジュリスト臨時増刊884号『憲法と憲法原理─現況と展望』
	5月	「象徴天皇制の現状と憲法」法律時報59巻6号
	7月	「平和の担い手と運動と世論」和田英夫ほか編『平和憲法の創造的展開─総合的平和保障の憲法学的研究』学陽書房
	8月	「有事立法」清宮四郎ほか編『新版憲法演習1（改訂版）』（有斐閣）
1988年1月		「『批判的峻別論』論争に思う（論争・憲法学8）」法律時報60巻1号
	4月	「『わが国の防衛政策』の批判的検討」法と民主主義226号
	7月	「平和主義」別冊法学教室・基本問題シリーズ2『憲法の基本問題』
	11月	「『自衛権』をめぐる最近の論議について」和田英夫教授古稀記念論集『戦後憲法学の展開』（日本評論社）
	11月	「平和と人権についての現代的視角─『平和への権利』をめぐる国際的動向」法律時報60巻12号
1989年1月		「安全保障会議の危険な役割(上)─『戦争指導機構』による国家緊急権発動への道」軍事民論55号
	5月	「平和主義と天皇制（シンポジウム報告5）」法律時報61巻6号
	5月	「憲法と平和（憲法を学ぶ12の視点・3）」法学セミナー34巻5号
1990年1月		「『防衛』情報と国民の知る権利─那覇市自衛隊資料公開請求事件に関連して」法律時報62巻1号
	1月	「国民の憲法意識を問い直す─象徴天皇制」法学セミナー35巻1号
	3月	「憲法からみた財政の公共性」日本財政法学会編『財政の公共性』（学陽書房）
	4月	「教科書裁判における適用違憲論」芦部信喜編『教科書裁判と憲法学』（学陽書房）
	5月	「議会制と大衆運動」ジュリスト955号
	5月	「憲法」寺沢一編『法学の基礎』（青林書院）（第2章を加藤一彦氏と分担執筆）
	5月	「天皇の戦争責任」横田耕一＝江橋崇編『象徴天皇制』（日本評論社）
	7月	「個人情報の保護と公的情報の公開」情報科学研究8号（獨協大学情報センター）
	9月	「天皇の代替わりと日本国憲法の立場」獨協法学31号
	10月	「平和憲法から逸脱する国連平和協力法」エコノミスト68巻42号（1990年10

		月9日号)
	10月	「安全保障会議の危険な役割(下)」軍事民論62号
	11月	「Constitutionalism in Japan」深瀬忠一教授退官記念論文集『平和と国際協調の憲法学』(勁草書房)
	12月	「平和憲法を蹂躙する国連平和協力法」法学セミナー35巻12号
1991年	1月	「憲法・派兵と自衛隊」情況2巻1号
	5月	「国際社会のなかの平和憲法——湾岸戦争に関連して」法学教室128号
	5月	「1990年代と平和憲法」憲法問題2号
	6月	「日本国憲法とPKO(論争・憲法学34)」法律時報63巻7号
	6月	「平和憲法と地球環境」軍縮問題資料127号
	9月	「平和憲法と国際『貢献』」小林直樹先生古稀祝賀記念論文集『憲法学の展望』(有斐閣)
	9月	「湾岸戦争と政府の『貢献』策—批判的検討」獨協法学33号
	11月	「全面的な海外派兵への一歩——PKO法案の危険な狙いと内容」破防法研究72号
	12月	「憲法政治の崩壊をもたらすPKO法案(法律時評)」法律時報63巻13号
	12月	「PKO法案を成立させてはならない」軍縮問題資料133号
1992年	1月	「PKO法案の特質とねらい」法学セミナー37巻1号
	1月	「平和憲法と国際『貢献』」法学セミナー37巻1号
	1月	「PKO、PKFの是非を聴く〈衆院・国際協力特別委公聴会〉」国会月報39巻517号
	3月	「Constitution and Requirements of Democracy」獨協法学34号
	4月	Gunning for Japan's Peace Constitution, Japan Quarterly, vol.39, no.2
	6月	「平和憲法と安保・PKO法案」軍縮問題資料139号
	9月	「PKO法と平和憲法の危機(法律時評)」法律時報64巻10号
	9月	「憲法9条と国際貢献」季刊教育法90号
	9月	「違憲のPKO法は無効である」マスコミ市民286号
	11月	「情報公開法(条例)と『防衛』情報」法律時報64巻12号
	11月	「PKO協力法の憲法上の問題点」ジュリスト1011号
1993年	1月	「憲法・PKO法・国際貢献」月刊フォーラム3巻1号
	4月	「最近の改憲論の動向と問題点」社会主義350号
	5月	「最近の憲法論議と新護憲運動の課題」月刊フォーラム4巻5号
	5月	「ポスト冷戦の国家主権と『国連協力』」ジュリスト1022号
	5月	「国際協力の指針としての九条」軍縮問題資料150号
	11月	「司法権と人権保障」憲法理論研究会編『違憲審査制の研究』(敬文堂)
1994年	4月	「自衛官の人権と『服務の本旨』—反戦自衛官裁判に関連して」杉原泰雄教授退官記念論文集『主権と自由の現代的課題』(勁草書房)
	4月	「歴史的岐路にたつ平和憲法」人間と教育1994年4月号
	4月	「自衛権と自衛力」岩間昭道＝戸波江二編『別冊法学セミナー・憲法1』(日本評論社)
	5月	「『国際貢献』論と憲法—『平和基本法』構想を中心に」法律時報66巻6号

	5月	「国の安全と情報公開」ジュリスト増刊『情報公開・個人情報保護』
	6月	「平和憲法と非核三原則」軍縮問題資料163号
	7月	「国家主権と国民主権」樋口陽一編『講座憲法学2・主権と国際社会』（日本評論社）
	11月	「日本国憲法とPKO」「『批判的峻別論』論争」杉原泰雄・樋口陽一編『論争憲法学』（日本評論社）
	12月	「平和憲法と国際貢献」司法の窓82号
1995年	1月	「勤労の権利・労働基本権」阿部照哉ほか編『憲法(3)（第三版）』（有斐閣）
	3月	「立憲主義を無視した改憲試案」軍縮問題資料172号
	5月	「戦後改憲論にみる立憲主義の欠落」法律時報67巻6号
	7月	「自衛隊の災害出動の問題点と災害救助隊創設の課題」行財政研究25号
	7月	「NPTの無期限延長と非核法・非核条約の課題」国際労働運動2888号
	8月	「『防衛』法制」ジュリスト1073号
	11月	「日本国憲法を国際社会に生かしてゆく道」日本ジャーナリスト会議編『病めるマスコミと日本』（高文研）
1996年	2月	「憲法公布五十年と日本人」軍縮問題資料183号
	3月	「平和憲法の理念と現実」永井憲一編『戦後政治と日本国憲法』（三省堂）
	4月	「違憲審査制」渡辺治編『現代日本社会論』（労働旬報社）
	5月	「憲法制定史のなかでの憲法学—立憲主義憲法学は、なぜ自前で憲法を構想できなかったか」法律時報68巻6号
	5月	「分権デモクラシー論の50年」樋口陽一ほか編『憲法理論の50年』（日本評論社）
	6月	「平和憲法と『平和基本法』」平和研究20号
	8月	「安保『再定義』と集団的自衛権」月刊フォーラム8巻8号
	12月	「憲法の原点から安保体制を問い直す」軍縮問題資料193号
	12月	「私たちに戦争責任はないのか—戦争責任・戦後責任Q&A」『私たちの戦争責任』（システムファイブ）
1997年	4月	「第9条と戦後50年」法学教室199号
	5月	「憲法50年の検証」Mook Condor 5（破防法研究会）
	6月	「外国人の人権と国籍の再検討」国際人権8号
	9月	「東アジアの平和と非核化の課題」世界憲法研究2号（国際憲法学会　韓国学会）
	11月	「破防法の違憲性の再検証」法学セミナー42巻11号
	11月	「新ガイドラインの憲法上の問題点」軍縮問題資料204号
	12月	「国際安全保障と平和的生存権」岩波講座『現代の法2・国際社会と法』（岩波書店）
1998年	4月	「生存権論の再構成」中央評論223号
	5月	「戦後改憲論にみる立憲主義の欠落」比較憲法史研究会編『憲法の歴史と比較』（日本評論社）
	5月	「国際協力のあり方と国連改革の方向」深瀬忠一ほか編『恒久世界平和のために—日本国憲法からの提言』（勁草書房）

	7月	「平和憲法のワク突破する『周辺事態法案』」住民と自治423号
	9月	「軍事に対する立憲的統制」法律時報70巻10号
1999年2月		For the Achievement of Peace and a Nuclear Free Zone in East Asia, Hitotsubashi Journal of Law and Politics, vol.27
	5月	「平和主義の現況と展望」憲法問題10号
	7月	「新ガイドライン関連法の憲法上の問題点」ジュリスト1160号
	8月	「憲法との齟齬をどうするか」法学セミナー44巻8号
	12月	「護憲論の先進性と改憲論の時代逆行性」軍縮問題資料230号
2000年5月		「21世紀の指針としての平和憲法」月刊社会教育44巻5号
	6月	「基本的人権としての生命権の再構成」杉原泰雄先生古稀記念論文集刊行会『二一世紀の立憲主義―現代憲法の歴史と課題』（勁草書房）
2001年1月		「21世紀における平和憲法の貢献―なぜ、いま9条改憲論議か」軍縮問題資料243号
	5月	「『安全保障』論のパラダイム転換―human security のために」法律時報73巻6号
	5月	Constitutional Pacifism: Principle, Reality, and Perspective, in Five Decades of Constitutionalism in Japanese Society (Yoichi Higuchi ed., University of Tokyo Press)
	11月	「平和憲法と『人道的介入』論」一橋大学法学部創立五十周年記念論文集『変動期における法と国際関係』（有斐閣）
2002年2月		「平和憲法の理念と『テロ対策特別措置法』」軍縮問題資料256号
	3月	「生命権と死刑制度」一橋法学1巻1号
	6月	「個人情報保護法案・人権擁護法案の憲法上の問題点」法と民主主義369号
	7月	「有事関連法案の何が問題なのか」法律時報74巻8号
	8月	「平和憲法の基本原則を脅かす有事法制」軍縮問題資料262号
	12月	「安保改定・沖縄返還・日米ガイドライン」全国憲法研究会編『法律時報臨時増刊・憲法と有事法制』（日本評論社）
2003年1月		「衆議院憲法調査会中間報告書を批判する（法律時評）」法律時報75巻1号
2003年7月		「歴史的岐路に立つ平和憲法―テロ対策特措法と有事法案に関連して―」小林正弥編『戦争批判の公共哲学』（勁草書房）
	9月	「『有事』三法と憲法の危機」法律時報75巻10号
	10月	「有事関連三法の批判的検討」憲法理論研究会編『憲法と自治』
	12月	「『有事』法制下の日本社会」人間と教育40号
2004年1月		「衆議院選挙結果とイラク派兵問題」法律時報76巻1号
	3月	「イラク特措法の批判的検討」龍谷法学36巻4号
	4月	「平和憲法と『有事』法体制」部落問題研究168号
	5月	「最近の憲法状況と護憲の課題」法と民主主義388号
	9月	「有事7法の狙いと問題点」法律時報76巻10号
	12月	「改憲情勢と改憲阻止の課題」自治体労働運動16号
2005年4月		「日本国憲法の価値と到達点」上田勝美先生古稀記念論文集『総批判改憲論』（法律文化社）

	4月	「平和憲法の今日的意義を考える」軍縮問題資料294号
	5月	「立憲主義と非武装平和主義の堅持を」コンパス21刊行委員会『九条改憲NO！』
	5月	「外国人の公務就任権と国民主権概念の濫用」法律時報77巻5号
	5月	「平和主義と改憲論」法律時報臨時増刊『憲法改正問題』
	10月	「国民保護法と医療の権利自由の制限」保険診療2005年10月号
	12月	「日本国憲法原理の廃棄狙う『新憲法草案』」法と民主主義404号
2006年		「日本の軍事大国化と改憲論」徐勝編『現代韓国の安全保障と治安法制』（法律文化社）
		「最近の改憲動向と立憲主義の危機」季刊現代の理論7号（2006年春）
	4月	「国際社会における法の支配と民主主義の確立」法学館憲法研究所編『憲法の多角的検証』（日本評論社）
	9月	「日本における改憲動向とアジアの平和」龍谷法学39巻2号
2007年8月		「『無防備地域宣言』による平和保障」吉田善明先生古稀記念論文集『憲法諸相と改憲論』（敬文堂）
	10月	「日本国憲法60年と改憲論議の問題点」憲法理論研究会編『憲法の変動と改憲問題』（敬文堂）
	12月	「防衛省の設置と自衛隊海外出動の本来任務化」龍谷法学40巻3号
2008年3月		「ドイツのテロ対策立法の動向と問題点」龍谷法学40巻4号
	12月	「東北アジア非核地帯条約締結の課題」深瀬忠一ほか編『平和憲法の確保と新生』（北大出版会）
2009年3月		「憲法改正手続法の問題点」『渡辺洋三先生追悼論集・日本社会と法律学』（日本評論社）
2010年1月		「憲法改正の観念と限界」法学館憲法研究所報2号

Ⅲ 判例評釈

1972年3月		「自衛隊法59条1項違反の罪の成立を認めた事例」（東京地判昭和46年1月23日）」獨協法学4号
	4月	「公務員の労働基本権と政治スト」憲法判例研究会編『日本の憲法判例—その科学的検討〈続〉』（敬文堂）
1973年4月		「名誉毀損と謝罪広告」長谷川正安編『セミナー法学全集1（憲法Ⅰ）』
1974年6月		「地方公務員の労働基本権—都教組事件」別冊ジュリスト『憲法判例百選（第三版）』
	12月	「基本的人権としての政治活動の自由—猿払事件最高裁判決に欠落するもの」判例時報757号
1975年12月		「自衛隊裁判と軍事秘密—小西反軍裁判第1審判決に関連して(1)」獨協法学7号
1976年10月		「長沼控訴審判決批判」軍事民論特集6号
1977年1月		「憲法77条〜80条」有倉遼吉編『判例コンメンタール 憲法Ⅱ』（三省堂）
	6月	「長沼ナイキ基地訴訟控訴審判決」ジュリスト臨時増刊『昭和52年度重要判例解説』

	8月	「自衛隊裁判と軍事秘密について―小西反戦自衛官裁判控訴審判決に関連して」ジュリスト646号
	12月	「全逓中郵事件―公務員の労働基本権」池田政章編『憲法の歩み』(有斐閣)
1982年2月		「差し戻し審無罪判決の意義」小西誠編『小西反軍裁判』(三一書房)
	6月	「百里基地訴訟控訴審判決」ジュリスト臨時増刊768号『昭和56年度重要判例解説』
	11月	「私人間における人権と思想信条の自由―三菱樹脂事件」大須賀明ほか編『憲法判例の研究』(敬文堂)
1983年4月		芦部信喜編『判例ハンドブック・憲法』(日本評論社)の分担執筆
1985年12月		「旅券の発給の拒否と海外渡航の自由」別冊法学教室・基本判例シリーズ1『憲法の基本判例』
1987年6月		「第一次教科書訴訟控訴審判決」ジュリスト臨時増刊887号『昭和61年度重要判例解説』
1988年2月		「自衛隊裁判と統治行為―長沼事件」別冊ジュリスト96『憲法判例百選Ⅱ・第二版』
1992年4月		芦部信喜編『判例ハンドブック・憲法〈第二版〉』(日本評論社)の「請求権」ほかの分担執筆
1994年5月		「77条〜80条」浦田賢治＝大須賀明編『新判例コンメンタール・日本国憲法3』(三省堂)
	10月	「自衛隊と統治行為―長沼事件」別冊ジュリスト131『憲法判例百選Ⅱ・第三版』
1995年5月		「ドイツ連邦軍のNATO域外派兵に関する連邦憲法裁判所判決」法学教室176号
	7月	「ドイツ連邦軍のNATO域外派兵の合憲性(1994年7月12日連邦憲法裁判所第二法廷判決)」自治研究71巻7号
	8月	「那覇市『防衛』情報公開取消訴訟判決の意義と課題」法律時報67巻9号
1996年2月		「良心的兵役拒否と非軍事的代役」ドイツ憲法判例研究会編『ドイツの憲法判例』(信山社)
	4月	「海外渡航の自由と旅券発給の拒否」樋口陽一＝野中俊彦編『憲法の基本判例〈第二版〉』(有斐閣)
1999年3月		「ドイツ連邦軍のNATO域外派兵の合憲性」ドイツ判例研究会編『ドイツの最新憲法判例』(信山社)
2007年3月		「自衛隊と統治行為―長沼事件控訴審」別冊ジュリスト187『憲法判例百選Ⅱ(第5版)』
2009年10月		「恵庭事件」法学教室349号(2009年10月号)

Ⅳ　書評・翻訳・辞典・資料等

1964年7月		「書評・鈴木安蔵教授還暦祝賀論文集『憲法調査会総批判―憲法改正問題の本質』」一橋新聞1964年7月15日
1969年12月		「書評・K. F. Bertram 著『Widerstand und Revolution, 1964』」獨協法学1号

1970年6月	「書評・阿部照哉ほか編『憲法講義』」法律のひろば23巻6号
1974年6月	「書評・天野和夫編『抵抗権の合法性』」法律時報46巻6号
7月	「書評・稲垣真美著『仏陀を背負いて街頭へ——妹尾義郎と新興仏教青年同盟』」法学セミナー226号
1975年9月	伊藤正己=阿部照哉=尾吹善人編『憲法小辞典』（有斐閣）で分担執筆
1976年9月	「書評・深瀬忠一著『長沼裁判における憲法の軍縮平和主義』」法律時報48巻10号
1978年10月	「重要論文著作紹介・平和主義と自衛隊」法学セミナー増刊・総合特集シリーズ7『戦争と自衛隊』
1981年3月	「重要論文著作紹介・改憲問題と『防衛』論議」法学セミナー増刊・総合特集シリーズ『日本の防衛と憲法』
9月	「高校『現代社会』における教科書検定の実態（資料）」獨協法学17号
1986年7月	「書評・進藤栄一編『平和戦略の構図』」エコノミスト7月22日号
1988年4月	『世界大百科事典』（平凡社）で「砂川事件」など3項目を分担執筆
1990年3月	「Göetz, Frank著・西ドイツ基本法における憲法的規制の対象としての平和（翻訳）」獨協法学30号
1991年4月	大学教育社編『現代政治学事典』（ブレーン出版）で「戦争放棄」など8項目を執筆
5月	「書評・小西誠=星野安三郎編『自衛隊の海外派兵』社会評論社」図書新聞2053号（1991年5月18日号）
1998年8月	「書評・憲法研究所=上田勝美編『平和憲法と新安保体制』（法律文化社、1998年）」京都民報1998年8月23日
1999年2月	「書評・森英樹=渡辺治=水島朝穂編『グローバル安保体制が動きだす』（日本評論社、1998年）」月刊東京189号（東京自治問題研究所）
2000年3月	伊藤正己=園部逸夫編集代表『現代法律百科大事典』（ぎょうせい）で「緊急権」など7項目を執筆
2001年5月	大須賀明=栗城壽夫=樋口陽一=吉田善明編『憲法辞典』（三省堂）で「日本国憲法」など82項目を分担執筆
2002年3月	「書評・専修大学社会科学研究所編『グローバリゼーションと日本』（専修大学出版局、2001年）」専修大学社会科学研究所・社会科学年報36号
2007年3月	「書評 小林直樹『平和憲法と共生六十年』」法律時報79巻3号

V 座談会・シンポジウム等

1965年4月	「誌上シンポジウム『学問と現実』」一橋研究12号
1972年2月	「シンポジウム・財産的自由の再検討Ⅲ 憲法29条をめぐる解釈論」法律時報44巻2号
1974年9月	「シンポジウム・憲法と公務員の人権」ジュリスト569号
1978年7月	「シンポジウム 日本の安全保障をめぐって」（藤井治夫氏ほかの諸氏と）平和と民主主義364号
1983年5月	「共同討議 戦争をどう防ぐか」（奥平康弘氏ほかの諸氏と）季刊文学的立場8号

1986年5月		「いま、日本国憲法は―天皇の60年と日本国憲法の40年（座談会）」（小林直樹、小中陽太郎の諸氏と）法学セミナー31巻5号
1987年2月		「討論・憲法と財政」（宮本憲一氏ほかの諸氏と）『憲法9条と財政（財政法叢書3）』
1989年5月		「シンポジウム・天皇制と法―『昭和天皇制』の憲法学的総括」（長谷川正安、清水睦、横田耕一、江橋崇の諸氏と）法律時報61巻6号
	10月	「第二回獨協インターナショナル・フォーラム　現代国際社会における基本的人権〈趣旨説明、総括〉」獨協国際交流年報2号
1990年3月		「National Reporter として参加して（アジア憲法シンポジウム）」ジュリスト951号
	12月	「研究会・国連平和協力法案の法的意味」（筒井若水、成田頼明、樋口陽一の諸氏と）ジュリスト970号
1991年3月		「座談会・放送と憲法9条」（清水英夫氏ほかの諸氏と）放送批評260号
1991年12月		「研究会・PKO協力法案の法的意味」（筒井若水、成田頼明、樋口陽一の諸氏と）ジュリスト991号
1992年5月		「徹底討論・自衛隊のPKO参加」（浅井基文、小林節、西修の諸氏と）朝日ジャーナル34巻19号
	5月	「憲法と自衛隊〔対論・PKO法案1〕」（西修氏と）朝日新聞朝刊1992年5月28日
1994年5月		「徹底討論・国家非武装と民衆の武装」月刊フォーラム5巻5号
1999年7月		「シンポジウム・これでよいか地方自治改革」（加茂利男氏ほかの諸氏と）住民と自治435号
	8月	「対談・新ガイドライン関連法の成立と国家法体制の再編」（古川純氏と）法律時報71巻9号
	11月	「リレー対談『地方分権』で何が変わる？　第1回　新ガイドラインと『地方分権』」（白藤博行氏と）住民と自治439号
2000年8月		「対談・新ガイドラインと地方分権」白藤博行編『改正地方自治法を超えて』（自治体研究社）
2003年6月		「対論　国民保護法制　具体像は」（久間章生氏と）朝日新聞6月30日朝刊
2004年1月		「座談会　憲法9条の過去・現在・未来」（高橋和之・五十嵐武士・安念潤司・浅田正彦の諸氏と）ジュリスト1260号（2004年1月1・15日号）
	6月	「座談会　イラク戦争、改憲論の中で憲法9条を生かす道をさぐる」（藤田久一、杉田敦、愛敬浩二の諸氏と）法律時報76巻7号（2004年6月号）
2005年9月		「座談会　憲法調査会報告書の検討とこれからの課題」（浦部法穂、戸波江二、愛敬浩二の諸氏と）法律時報77巻10号

VI　その他（新聞論説・時評・エッセイ等）

1964年6月		「最高裁判所裁判官の国民審査」風土と論理4号
1971年4月		「真実を隠蔽し、居直る検察側」小西反軍裁判ニュース6号
	5・7月	「70年代憲法状況への一視点」憲法理論研究ニュース26・27合併号（憲法理論研究会）

1973年2月		「知らされないで裁かれる主権者・国民」小西反軍裁判ニュース21号
1974年5月		「憲法9条の現況と反戦平和の視座」平和と民主主義313号
	10月	「『刑法改正』を考える―治安優先の国家主義」東京大学新聞1974年10月28日号
	11月	「国政調査権の意義」北海道新聞1974年11月24日
1975年4月		「小西反軍裁判新潟地裁判決の意義と問題点」平和と民主主義324号
1978年11月		「防衛庁は秘密主義改めよ（論壇）」朝日新聞朝刊1978年11月12日
1979年6月		「憲法記念日にあたって」平和と民主主義375号
	7月	「非核三原則法案」（小林直樹氏ら16名と共同提案）法学セミナー23巻8号
	9月	「反戦平和―9条違反の実態」憲法擁護国民連合編『違憲白書』
	12月	「『司法権の限界』論について」憲法理論研究会ニュース1979年12月1日号
1981年4月		「『有事法制研究』の中間報告」毎日新聞1981年4月23日
	7月	「司法権の観念と限界について」憲法理論研究会ニュース1981年7月1日号
	7月	「長沼第一審判決の今日的意義」平和と民主主義400号
1982年4月		「憲法―基本書の選び方・使い方」法学セミナー増刊『法学入門』
	9月	「『防衛力』増強と国民の基本的人権」東京大学新聞1982年9月14日
	10月	「自民党改憲論を斬る・戦争放棄」平和と民主主義415号
1983年5月		「最近一年間の憲法問題と今後の展望」平和と民主主義422号
1985年3月		「西ドイツ雑感」じっきょう社会科資料11号
	7月	「スパイ防止法をめぐる動きとその危険性」平和と民主主義448号
1987年2月		「憲法原理の破壊と虚偽の『スパイ天国論』―国家機密法案を批判する」破防法研究57号
1989年2月		「憲法と皇位継承問題」平和と民主主義491号
1990年8月		「イラク経済制裁と中東貢献策―憲法違反の危険性も」朝日新聞朝刊1990年8月30日
	10月	「この法律を通すわけにはいかない」朝日ジャーナル1990年10月19日号
1991年1月		「今日の憲法状況と課題」平和と民主主義514号
	5月	「PKO軍事部門参加は違憲（論壇）」朝日新聞朝刊1991年5月17日
	5月	「湾岸戦争の本質と日本の戦争協力」自主の道41号
	5月	「湾岸戦争終結で残された14の疑問」（林茂夫氏ほかの諸氏と）法学セミナー36巻5号
1992年1月		「PKO法案―危うし憲法の平和主義」新生326・327号
	2月	「海外派兵を〈合法化〉するPKO法案」自主の道44号
	7月	「今日の国際社会と平和憲法の役割」草の実378号
	11月	「国際社会における逗子市の平和政策」逗子市非核平和基本理念調査研究会（吉田善明、古川純の両氏との共同研究）
1993年1月		「正念場を迎える平和憲法」平和と民主主義538号
	3月	『平成2年度憲法講座の記録』（日野市）
	4月	「PKOと平和憲法そして今後」未来をひらく教育92号
	11月	「平和憲法・PKO・国連改革」わだつみのこえ97号
1994年3月		「インタビュー・研究室訪問」法学セミナー471号
	4月	「憲法学の焦点・下」朝日新聞夕刊1994年4月15日

	4月	「軍事力による権益確保へ」PKO法「雑則」を広める会編『アヒンサー』
	8月	「非核・平和の現状と課題」月刊保団連451号
	10月	「非核法案・非核条約案の趣旨と内容について」新護憲の三千語宣言運動編『非核法・非核条約』
	12月	「安保常任理事国入りを問う」PKO法「雑則」を広める会編『アヒンサーPART Ⅱ』
1995年1月		「『戦後50年』を考える」赤旗1995年1月15日
	3月	「那覇市情報公開取消訴訟　判決を読んで(上・下)」琉球新報1995年3月30日・31日
	5月	「いま、考える憲法(上・下)」週刊新社会9・10号
	5月	「時代逆行的な読売試案」草の実1995年5月号
	6月	「国内外に大きな意義をもつ日本国憲法」いま私のいいたいこと（全国革新懇）
	11月	「軍用地強制使用」琉球新報1995年11月28日
1996年2月		「代理署名訴訟(上・下)」琉球新報1996年2月28日・29日
	2月	「非核法・非核条約運動のさらなる発展を！」非核・みらいをともにニュース1号
	3月	「浮かび出た安保の問題点　訴訟をどうみるか」朝日新聞1996年3月24日
	4月	「米軍・楚辺通信所問題　識者に聞く」毎日新聞1996年4月2日
	5月	「平和主義の理念生かす運動を」住民と自治397号
	5月	「平和憲法の現状と展望―憲法制定五〇年を迎えて（上・中・下）」琉球新報1996年5月2日・3日・4日
	7月	「代理署名訴訟　最高裁判決への視角」琉球新報1996年7月16日
	10月	「安保・沖縄・天皇」憲法みどり農の連帯編『沖縄・安保・天皇』
	12月	「国家の存続か、人類の存続か―国際司法裁判所の勧告的意見について」非核・みらいをともにニュース3号
1997年3月		「平和憲法と非軍事（化）の国際協力」上智大学学内共同研究報告書『国際協力と憲法』（1996年度）
	4月	「特措法改正案に高まる政府不信」毎日新聞1997年4月3日
	5月	「沖縄と憲法」沖縄タイムズ1997年5月2日
	5月	「日本国憲法と日米安保条約」週刊新社会56号
	8月	「映像で語るわたしたちの日本国憲法」（ビデオ、監修杉原泰雄、同朋社）の「第3巻天皇制について」と「第25巻ドイツの憲法」担当
	9月	「平和憲法を踏みにじる日米安保条約の超法規的改変」週刊金曜日1997年9月19日号
	9月	「基地が奪う沖縄の土地と人権」国連・憲法問題研究会報告集11集
	11月	「国民主権を生かす道」不戦10巻6号（不戦兵士の会）
	11月	「危険な有事法制整備」労働新聞782号
1998年3月		「平和憲法と被爆者補償」原爆被害と国家補償12号
	4月	「皇室関連文書開示仙台地裁判決」毎日新聞1998年4月14日夕刊
	4月	「国会権限切り崩し　識者の見方」朝日新聞1998年4月28日夕刊
	4月	「新安保と有事立法（1～4）」週刊新社会100～103号

	4月	「新ガイドライン―有事法制化の危険」赤旗1998年4月15日
	4月	「新安保で進められる有事立法」国連・憲法問題研究会報告集13号
	11月	「憲法に違反する周辺事態法案」月刊かたつむり295号
1999年3月		「戦争法案・ガイドライン いま言わなければ」赤旗1999年3月24日
	5月	「あす憲法記念日 今どきの学生意識は」朝日新聞1999年5月2日
	5月	「憲法と沖縄 ガイドライン法案」沖縄タイムズ1999年5月3日
	7～8月	「改憲論への反撃(上・中・下)」週刊新社会163～165号
	8月	「盗聴法 市民を監視下に」信濃毎日新聞1999年8月13日
	12月	「ここまで来てしまったニッポンの憲法危機」まなぶ498号（労働大学）
	12月	「日本国憲法の平和主義は21世紀の世界への指針」平和遺族会だより36号
2000年1月		「2000年を『憲法改悪元年』にするな」週刊金曜日2000年1月14日号
	4月	「世界平和と人権保障への路」週刊金曜日2000年4月28日・5月5日合併号
	4月	「改憲論議の動向と平和憲法の役割」JRUセミナー62号
	4月	「憲法改悪阻止の課題」教団社会委員会通信29号（日本基督教団社会委員会）
2000年8月		「改憲をすすめる三つの潮流について」2000年私たちと憲法のひろば記録集（許すな！憲法改悪・市民連絡会）
	9月	「在日外国人の公務就任権と憲法学の対応」横浜市職員採用の国籍条項撤廃をめざす連絡会編『横浜の人権づくり』
2001年4月		「法科大学院設立のめざすもの」国立学報7号
	7月	「真の改革とは (5)憲法・集団的自衛権」東京新聞2001年7月25日夕刊
	10月	「いま思う テロ・報復と日本 テロ対策特措法成立」南日本新聞2001年10月31日
	10月	「『軍事的報復』は『無限の正義』か？」非核・みらいをともにニュース11号
2002年4月		「総合法政策実務提携センターの開設」国立学報9号
	5月	「私の視点 メディア『規制法案』は違憲の疑い」朝日新聞2002年5月11日
	5月	「有事法制3法案 なにが問題か」赤旗2002年5月24日
	8月	「有事法制論議の現在と問題点」反改憲ネット21通信29号
	9月	「今こそ、早急に非核法の制定を」非核・みらいをともにニュース14号
	12月	「雑想」国立学報10号
2003年1月		「改憲への道・有事法制」憲法調査会市民監視センター編『改憲への道を走る憲法調査会』
	1月	「有事法制の本質は何か」第9条の会なごや編『いま私たちに問われていること』
	5月	「憲法と日本の進路――アジア非核の先導者に――」沖縄タイムズ 2003年5月1日朝刊
	5月	「有事法制より非核化を」京都新聞2003年5月2日
	5月	「平和主義離れる政策」信濃毎日新聞2003年5月3日朝刊
	5月	「将来に禍根を残す有事法制制定」赤旗2003年5月13日朝刊
	5月	「憲法と小泉内閣」図書新聞2629号（2003年5月17日）
	8月	「日本国憲法の今日的な意義と役割――生命権の視点から考える――」如水会報880号（2003年8月号）

	9月	「『有事』三法とイラク特措法の問題点——歴史的岐路に立つ平和憲法——(1～3)」大阪保険医新聞1474, 1475, 1476号（9月5, 15, 25日）
2004年1月		「新春講話・平和を守る運動の推進を」婦人有権者59巻1号（2004年1月1日）。
	1月	「自衛隊イラク派兵——憲法の眼目は不戦」しんぶん赤旗日曜版2004年1月25日
	4月	「自衛隊のイラク派兵を批判する」憲法研究所ニュース17号（2004年4月15日）
	4月	「9条こそが改憲論の標的」連合通信7520号、2004年4月15日
	8月	「改憲論を批判する(上・下)」赤旗2004年8月15日、16日
	10月	「憲理研40年に寄せて」憲理研編『現代社会と自治』（憲法理論叢書12）
	12月	「人間の安全保障を実現」平和文化155号（2004年12月1日）
2005年3月		「憲法九条を生かす無防備地域運動」世界へ未来へ　九条連ニュース123号
2005年9～10月		「一からわかる憲法塾　日本国憲法の話(1～8)」しんぶん赤旗（日曜版）2005年9月4日、11日、18日、25日、10月2日、9日、16日、23日
	11～12月	「検証　自民党新憲法草案(1～5)」週刊・新社会2005年11月15日、22日、12月6日、13日、20日
	12月	「最近の憲法状況と調査会報告書総論」専修大学社会科学研究所月報510号
2006年2月		「9条改憲と『戦争できる国家体制』」九条の会編「改憲論が描く日本の未来像」
	6～12月	「いま憲法を読む(1～7)」ひろばユニオン2006年6月号～12月号
	12月	「平和の規範力——自由の支えを捨てるのか」京都新聞2006年12月7日
2007年2月		「立志(11)・砂川事件と安保闘争」法学セミナー52巻2号
	5月	「日本国憲法60年と改憲論議の動向」月刊経理部長2007年5月号
	8月	「防衛『省』と『集団的自衛権』」国連・憲法問題研究会報告41集
2008年6月		「無防備地域運動の今日的意義」NPO現代の理論・社会フォーラム「NEWS LETTER」2008年6月号
	8月	「『靖国』について」京都新聞2008年8月27日
	10月	「新テロ対策特措法の延長問題」京都新聞2008年10月29日
	12月	「禍根を残す田母神問題の幕引き」週間・新社会2008年12月2日
2009年1月		「死刑制度について考える」京都新聞2009年1月7日
	3月	「裁判員制度」京都新聞2009年3月11日
	5月	「海賊対処法案」京都新聞2009年5月8日
	7月	「東北アジア非核地帯条約の締結　京都新聞2009年7月2日
	8月	「一票の格差」京都新聞2009年8月25日
	11月	「選挙制度を再考する」京都新聞2009年11月2日
2010年1月		「日米安保条約改定50年」京都新聞2010年1月28日
	3月	「永住外国人の地方選挙権」京都新聞2010年3月12日

執筆者紹介 (執筆順、＊は編者)

愛敬　浩二（あいきょう　こうじ）	名古屋大学大学院法学研究科教授
石村　　修（いしむら　おさむ）	専修大学法科大学院教授
稲　　正樹（いな　まさき）	国際基督教大学教養学部教授
＊浦田　一郎（うらた　いちろう）	明治大学法科大学院教授
栢木　めぐみ（かやき　めぐみ）	日本学術振興会特別研究員
辻村　みよ子（つじむら　みよこ）	東北大学大学院法学研究科教授
内藤　光博（ないとう　みつひろ）	専修大学法学部教授
李　　京柱（り　きょんじゅ）	韓国・仁荷大学教授
池端　忠司（いけはた　ただし）	神奈川大学法学部教授
植野　妙実子（うえの　まみこ）	中央大学理工学部教授
＊加藤　一彦（かとう　かずひこ）	東京経済大学現代法学部教授
＊阪口　正二郎（さかぐち　しょうじろう）	一橋大学大学院法学研究科教授
佐々木　弘通（ささき　ひろみち）	東北大学大学院法学研究科教授
宍戸　常寿（ししど　じょうじ）	東京大学大学院法学政治学研究科准教授
＊只野　雅人（ただの　まさひと）	一橋大学大学院法学研究科教授
西原　博史（にしはら　ひろし）	早稲田大学社会科学部教授
糠塚　康江（ぬかつか　やすえ）	関東学院大学法学部教授
＊松田　　浩（まつだ　ひろし）	東京経済大学現代法学部准教授

2010年5月3日　初版第1刷発行

山内敏弘先生古稀記念論文集
立憲平和主義と憲法理論

編者　浦田一郎・加藤一彦
　　　阪口正二郎・只野雅人
　　　松田　浩

発行者　秋山　泰

発行所　株式会社 法律文化社
〒603-8053　京都市北区上賀茂岩ヶ垣内町71
電話 075 (791) 7131　FAX 075 (721) 8400
URL:http://www.hou-bun.co.jp/

©2010 I. Urata, K. Kato, S. Sakaguchi,
M. Tadano, H. Matsuda Printed in Japan
印刷：中村印刷㈱／製本：㈱藤沢製本
装幀　前田俊平
ISBN978-4-589-03248-5

山内敏弘編〔現代法双書〕
新現代憲法入門〔第2版〕
四六判・426頁・3045円

最新の理論動向をふまえて，基本理念とその具体的内容を明確に概説した基本書。現代的課題に言及し，進行形の憲法状況を考えながら学べる。初版刊行（04年）以降の新たな立法・判例動向を踏まえ加筆修正した最新版。

山内敏弘・太田一男著〔現代憲法大系2〕
憲法と平和主義
A5判・470頁・4725円

第一部（山内）では，平和主義をめぐる解釈と運用を概観し，裁判例の展開を通して理論課題を具体的に明らかにする。第二部（太田）では，現代社会における国家間戦争の可能性を問い，そのための軍事力の存在意義の喪失を明示する。

山内敏弘編
有事法制を検証する
―「9.11以後」を平和憲法の視座から問い直す―
A5判・380頁・2835円

「有事」関連三法案提出の背景とその問題点を，総合的に批判・検証するとともに，有事法制によらない平和構築のオルタナティブを提示する。9.11以後の日米両政府の対応を平和憲法の視座から問い直す。

山内敏弘編
日米新ガイドラインと周辺事態法
―いま「平和」の構築への選択を問い直す―
A5判・364頁・3045円

日米新ガイドラインと99年に成立した周辺事態法―その成立の背景と様々な問題点を明らかにし，真の平和構築のためのオルタナティブを提示する。著名な平和研究者らが，憲法価値に照らして解釈した「怒り」と「謝罪」の書。

樋口陽一×杉田敦×西原博史×北田暁大・
井上達夫×齋藤純一／愛敬浩二（コーディネーター）
対論 憲法を／憲法からラディカルに考える
四六判・290頁・2310円

憲法学，政治学，社会学，法哲学など気鋭の学者らが分野を越えて，国家・社会の根源的問題を徹底討論。「基調論考」を踏まえた対論は，新たな思考プロセスや知見を含み，〈憲法を／憲法から〉考えるための多くの示唆を提供する。

―法律文化社―
表示価格は定価（税込価格）です